Katja Doubek

KATHARINA KEPLER

Katja Doubek

KATHARINA KEPLER

Die Hexenjagd auf die Mutter des großen Astronomen

Piper
München Zürich

Die als Vignetten verwendeten Pflanzenbilder wurden mit freundlicher Genehmigung des Jan Thorbecke Verlages entnommen aus:
Hans-Dieter Stoffler: *Kräuter aus dem Klostergarten*. Wissen und Weisheit mittelalterlicher Mönche. Stuttgart: Jan Thorbecke 2002.
Werner Dressendörfer: *Blüten, Kräuter und Essenzen*. Heilkunst alter Kräuterbücher. Stuttgart: Jan Thorbecke 2003.

Bildteil: Günter und Helga Adolphs, Bonn: Tafel 9 unten • akg-images, Berlin: Tafel 1, 3, 5 unten, 6, 7, 8, 10, 11, 14 • Bayerische Staatsbibliothek München: Tafel 4 unten [Signatur 92.50006], 12, 13 [Signatur Inc.s.a. 1299. g] • Corbis: Tafel 4 oben • Hauptstaatsarchiv Stuttgart: Tafel 16 • Landesmedienzentrum Baden-Württemberg: Bildseite 2 • Russische Akademie der Wissenschaften, Wawilow-Institut für Geschichte der Naturwissenschaften und Technik, St. Petersburg: Tafel 5 (oben) [Signatur PFA RAN, F. 285, Register 2, Akt 1 – Johannes Kepler, F. 285, Register 2, Akt 2 – Barbara Kepler] • Universitätsbibliothek Salzburg: Bildseite 15 [»Politicorum libri duo. Frankfurt 1620.« Signatur 97.901 l] • Zentralbibliothek Zürich: Tafel 9 oben.

ISBN 3-492-04526-x

Satz: Satz für Satz. Barbara Reischmann, Leutkirch
Druck und Bindung: GGP Media, Pößneck
Printed in Germany

www.piper.de

Diese Geschichte einer starken Frau
ist drei starken Frauen gewidmet,
Anna, Beate und Connie.
Ich danke Euch für Freundschaft,
Loyalität und Warmherzigkeit

INHALT

VORWORT

Tapfer, temperamentvoll und mit ungewöhnlichen, für ihre Zeitgenossen bisweilen sogar anstößigen Methoden zieht Katharina Kepler alleine vier Kinder groß. Ihr ältester Sohn, Johannes, schreibt als berühmter Astronom Weltgeschichte.

Auf den Spuren seiner Mutter begeben wir uns in das ausgehende 16. und beginnende 17. Jahrhundert. Die frühe Neuzeit ist bunt, laut, gesellig, oft jedoch auch hart und roh. In der festen Überzeugung, daß Naturgeschehen und menschliches Leben untrennbar miteinander verquickt sind, verschwimmen die Grenzen zwischen Glauben und Aberglauben. Was die Menschen nicht wissenschaftlich auslegen können, erklären sie mit Hexenwahn und Teufelsglauben.

Gewitter und Kometen, Sturmflut und Zwillinge, Erdbeben und Seuchen, Heuschreckenschwärme und Waldbrände, Mißgeburten und Epilepsie, Sonnen- und Mondfinsternisse, Vulkanausbrüche und Regenbogen, Dürreperioden und Giftpilze – Phänomene und Ereignisse, deren Ursachen nicht erkennbar sind, werden durch das dämonische Treiben von Hexen und Zauberern erklärt.

Die Menschen erdichten greuliche Rituale und verbreiten sie genüßlich in Schrift und Wort: Hexen reiten auf Wolken, Besen und Teppichfetzen. Hexen rühren in großen Kesseln, brauen giftige Tränke. Aus deren schwefligen Dämpfen steigen weitere Hexen, Dämonen und scheußliche Insekten. Sie sitzen mit Teufeln zusammen, verspeisen Säuglinge und trachten danach, den Menschen zu schaden. Hexen sind eine Gefahr, lautet das Fazit, und:

Hexen müssen vernichtet werden.

Selten finden die Verfolger ihre Opfer in den Reihen von Fürsten und Adligen. Statt dessen sind es fast immer die Töchter, Frauen und Mütter von einfachen Bauern und Handwerkern, die – der Hexerei bezichtigt – in die Fänge der Justiz geraten.

Unterstützt von fanatischen Kirchenmännern macht diese Justiz die Hexenjagd zum lukrativen Geschäft. Der örtliche Adel, Bischöfe, Könige, Richter, Gerichte, Gemeinden, städtische Magistrate und andere hohe und niedere Funktionäre, sie alle erhalten ihren Anteil an der Beute, die sie aus dem Nachlaß ihrer Opfer zusammentragen. Besonders beliebt ist die Hinrichtung vermögender Hexen, auf deren Kosten sich die Richter im Anschluß gerne ein üppiges Mahl gönnen.

Sogar den Strick, mit dem sie an den Pfahl gebunden werden, und das Holz für den Scheiterhaufen müssen die Verurteilten selbst bezahlen. Einzelne Foltergänge haben ihre festgelegten Gebühren. Für jede verbrannte Hexe bekommt der Scharfrichter ein festgesetztes Honorar. Da er kein anderes Handwerk ausüben darf, muß er herausholen, was herauszuholen ist. Unter qualvoller Folter zwingt er die gemarterten Frauen, weitere Namen preiszugeben. Auf diese Weise zieht mancher Prozeß bis zu einhundert weitere nach sich. Das Geschäft bringt so viel, daß die Frauen vieler Henker sich mit Seidenkleidern schmücken und auf fein geputzten Rössern reiten können.

Die Gesetze der Hexenverfolgung erlauben keinen Widerruf des Geständnisses. Frauen, die zurücknehmen, was sie bereits zugegeben haben, werden erneut in die Folterkammer geführt und der schrecklichen Pein so lange ausgesetzt, bis sie, »vom Widerruf gereinigt«, die »Wahrheit« sagen.

»Der Hexerei überführt durch Schweigen der Angeklagten«, lautet das Urteil für diejenigen, die die Aussage verweigern. Wer einmal in die blutigen Mühlen gerät, hat fast keine Chance, dem Scheiterhaufen zu entkommen.

Katharina Kepler lebt in Leonberg bei Stuttgart, als ebendort im Winter 1615 sechs Frauen bei lebendigem Leibe verbrannt werden. Es ist das Jahr, in dem die Hexenjagd auf die Mutter des großen Astronomen beginnt.

Katja Doubek, München 2004

DAS GASTHAUS GULDENMANN

Donnernd ließ Melchior Guldenmann, Schultheiß und reichster Wirt am Platz, seine Faust auf das grob gezimmerte Faß mitten in seiner Wirtschaft krachen.

»Du hast den Wein gesoffen, also wirst du den Wein auch bezahlen!« brüllte er einen Gast auf der anderen Seite der bauchigen Holztonne an und schlug erneut zu, daß die Dauben ächzten.

Der Mann stierte aus glasigen Augen, krümmte sich leicht zur Seite, erbrach sich auf den binsenbestreuten Holzboden und wischte mit dem Handrücken seinen Mund.

»Da hast du deinen Wein zurück«, lallte er mit schwerer Zunge und verließ, ohne auch nur einen Groschen zu hinterlassen, schwankend die Schenke.

»Katharina!« Guldenmanns Stimme ließ das kleine Fachwerkhaus erzittern. »Katharina!« schrie er noch einmal. Aus einer der hinteren Kammern kam eilig und beflissen ein zartgliedriges Mädchen herangewieselt.

»Bin schon da, Vater«, das Kind knickste artig und heftete den furchtsamen Blick auf des Gastwirts Stirn. Dort wand sich von der geröteten Schläfe zum Haaransatz wie ein dicker, blauer Wurm eine bedrohlich geschwollene Zornesader. Melchior Guldenmann wies mit bebendem Zeigefinger auf das Erbrochene: »Mach die Sauerei weg!« befahl er seiner Tochter barsch.

Petroselinum crispum

Katharina knickste erneut, hielt die Luft an und raffte so schnell wie möglich die besudelten Binsen zusammen. Das ekelhafte Bündel in den kleinen Händen, flitzte sie, noch immer ohne zu atmen, quer durch die Wirtschaft vor das Haus und warf die Binsen auf die Straße. Sie wischte sich die Hände an ihrer Schürze ab und lief wieder hinein, um neues Stroh auf der nackten Stelle vor dem Ausschank zu verteilen.

Der gereizte Guldenmann würdigte sie keines Blickes. Seit Stunden lagen seine Nerven blank. Seit Stunden drangen die verzweifelten Schmerzensschreie seiner Frau aus dem ersten Stock in die Schankstube. Um sie nicht hören zu müssen, hätte er sich am liebsten die Ohren zugehalten, aber die Arbeit ging vor, und wie immer gab es genug zu tun.

In einer kleinen, stickigen Kammer kämpfte und flehte die Guldenmannin seit nicht weniger als sechzehn Stunden um ihr Leben und das Leben ihres ungeborenen Kindes. Die Geburt hatte begonnen, als sollte alles normal verlaufen. Bei den ersten Wehen schickte Margarete Guldenmann den Knecht mit dem schnellsten Gespann ins benachbarte Weil der Stadt. Dort lebte Renate Streicher, kräuterkundige Hebamme und enge Vertraute der Guldenmannin. Niemals hätte die Frau des Schultheißen ihr Schicksal in die Hände der betagten Hebamme des Dorfes gelegt. Jeder im württembergischen Eltingen wußte, daß die Alte sich längst um den Verstand gesoffen hatte und ihre Anwesenheit mehr schadete als nutzte. Anders Muhme Renate, sie hatte vor knapp fünf Jahren schon der kleinen Katharina auf die Welt geholfen und die Schmerzen der beiden folgenden Fehlgeburten gelindert.

Jetzt stand die Streicherin vor dem Bett ihrer Freundin und schüttelte ratlos den Kopf.

Mindestens einen Liter abgekochten Sud aus Petersilienwurz hatte sie verabreicht. Probat zur Beschleunigung schwerer Geburten und genauso zubereitet, wie sie ihn sonst bei den heimlichen Aborten unvorsichtiger Dirnen verwendete.

Zweimal vier Stunden hatte die werdende Mutter den wallenden Rock von Fruchtwasser und Blut getränkt, auf dem unbequemen, hölzernen Geburtsstuhl gesessen, gepreßt, gehechelt, gestöhnt und sich gewunden, doch das Kind im Dunkel ihres Leibes wollte das Licht der Welt nicht erblicken.

Die Nacht war längst angebrochen, als die erschöpfte Kreißende ins Bett gestützt wurde. Es war das Wochenbett, in das sie eigentlich erst nach erfolgreicher Entbindung hätte gelegt werden sollen. Muhme Renate machte sich unter dem Rock der Guldenmannin zu schaffen und versuchte, mit erfahrenen Händen die Wurzel des Übels zu ertasten. Vergeblich. Schließlich jagte sie die beiden Mägde, die ihr mit heißem Wasser und gewrungenen Tüchern zur Hand gingen, vor die Tür.

»Runter mit den Kleidern!« befahl sie Margarete Guldenmann. Die sah sie entsetzt an. »Stell dich nicht an, ich habe schon mehr nackte Menschen gesehen. Angezogen kann ich dich nicht richtig untersuchen.« Zu schwach zur Gegenwehr, ließ die mitgenommene Frau die beschämende Prozedur über sich ergehen und leistete nicht einmal Widerstand, als Renate Streicher ihr auch noch das Leibchen auszog. Jetzt lag sie da, bar jeden Schutzes, die großen, weißen Brüste schwer auf dem gewölbten Bauch. Nachdem längst alles Fruchtwasser abgegangen war, schmiegte sich die Bauchdecke wie ein leicht gewebtes Wolltuch über den Fötus. Ein Blick genügte und die Hebamme erkannte den Grund für die Komplikationen: Das Kind hatte sich nicht richtig gedreht und befand sich in halber Steißlage. Die Hebamme runzelte besorgt die Stirn, deckte die verängstigte Guldenmannin zu und rief die Mägde wieder herein. »Noch mehr heißes Wasser, noch mehr Tücher, und das hier erhitzen!« Sie reichte einem der Mädchen einen tönernen Tiegel.

Die Mägde beeilten sich, den Befehlen nachzukommen. Renate Streicher hatte sich inzwischen auf das Fußende des Bettes gesetzt und griff beherzt in ein Töpfchen mit geschmolzenem Rindertalg. Sie rieb sich Hände und Unterarme damit ein und sagte mit ruhiger Stimme: »Spreiz deine Beine und beiß die Zähne zusammen. Dein Kind liegt falsch, ich werde versuchen, es zu drehen. Es wird dir weh tun, aber es ist die einzige Hoffnung auf eine Lebendgeburt.«

»Wenn du es für richtig hieltest und ich die Kraft noch hätte, würde ich sogar einen Kopfstand machen, nur um dieses Kind auf die Welt zu bringen.« Kaum ließen die Wehen ihr einen Augenblick Luft, meldete sich der Humor der Guldenmannin zurück.

Renate Streicher lächelte kurz. »Wir werden das schon hinkriegen, haben schon ganz andere Sachen geschafft.« Sie machte sich an die Arbeit.

Der Schrei der Gebärenden gellte in die Schankstube, von dort auf die Straße und wieder zurück in die Kammer, aus der er kam. Schultheiß Guldenmann spürte einen angstvollen Stich in der Magengrube. Schweißperlen standen auf seiner Stirn. »Herr hilf, daß alles gut geht«, er richtete einen flehenden Blick gen Himmel. Sechs Jahre war es jetzt her, daß er um die Hand seiner Frau angehalten hatte. Er, ein armseliger Habenichts von außerhalb, ohne Vermögen, nur mit seiner verwitweten Mutter im Schlepptau.

»Wenn du Gott fürchtest, den Menschen dienst, fleißig arbeitest und meiner Nichte von Herzen gut willst, sollst du sie haben.« Das waren die Worte des Oheims und Vormunds gewesen, als er Margarete – verwaiste Alleinerbin eines ansehnlichen Vermögens – aus seiner in die Obhut von Melchior Guldenmann entließ. Und wie wohl er ihr wollte, seiner Frau. Gott war sein Zeuge, er liebte sie wirklich über alles. Doch jetzt lag sie oben in der Kammer, quälte sich, und er konnte nichts für sie tun. Schultheiß Guldenmann wischte sich den Schweiß von der Stirn.

Aus dem Nichts stand plötzlich die kleine Katharina vor ihm: »Vater, die Muhme braucht einen Krug Bier! Und du sollst auch schnell kommen.« Mechanisch ging der Wirt zum Faß. Bier? Was wollte die Wehmutter mit Bier? Warum sollte er kommen? War das ein gutes oder ein schlechtes Zeichen? War alles vorbei? Sein Kind, ein Sohn vielleicht, geboren? Verwirrt schöpfte er mit einer großen Kelle das Bier aus dem Faß in einen Krug und fand so schnell keine Erklärung für den absonderlichen Wunsch.

In der Kammer war das Schlimmste nur vermeintlich überstanden. Renate Streicher hielt einen kleinen Knaben im Arm und versuchte soeben, die dreifach um den Hals gewickelte Nabelschnur zu lösen. Das Gesicht des Säuglings war blau angelaufen, er gab keinen Ton von sich. Irgendwo zwischen Ohnmacht und Bewußtsein lag weiß wie purer Kalk die Guldenmannin auf dem Rücken. Zwischen ihren Beinen rann das Blut, doch sie spürte lediglich den brennenden Schmerz des Zerreißens.

Besorgt, das Kind könne nur zum Sterben geboren sein, hatte die Hebamme eine der Mägde sofort nach dem Pfarrer geschickt, um ihn zu einer Nottaufe rufen zu lassen. Aber der Pfarrer war noch nicht eingetroffen, und Renate Streicher sah, daß die Zeit drängte. Auch der letzte Tropfen Wasser war verbraucht und frisches aus dem Fluß zu holen, hätte zu lange gedauert, also mußte statt des Kirchenmannes der Hausherr den Segen sprechen. Und statt mit geweihtem Wasser mußte eben mit Bier getauft werden. Es war nicht das erste Mal, daß Renate Streicher ähnliches erlebte. Die Kirche schätzte dergleichen Bräuche ganz und gar nicht, und die Pfarrer der Umgebung, ob protestantisch oder katholisch, ließen keine Gelegenheit aus, in ihren Predigten gegen die Taufe mit Bier oder Milch zu wettern. Aber ehe die Kinder ungetauft begraben wurden, griff man immer wieder darauf zurück.

Mit dem Rücken zur Guldenmannin rieb die Streicherin den blauen Jungen mit einem groben Leinen, um seine Durchblutung in Gang zu bringen. Noch während sie sich an dem Neugeborenen zu schaffen machte, fühlte sie, wie die gespeicherte Wärme des Mutterleibes aus dem kleinen Körper wich.

Die Tür zur Kammer wurde aufgestoßen. Herein platzte Schultheiß Guldenmann mit einem Krug schwappenden Bieres in der Hand, die kleine Katharina im Gefolge. Er sah den Säugling, sah seine Frau und sah die Augen der Hebamme. Mehr brauchte er nicht, um zu wissen, was von ihm erwartet wurde. Mit liebevoll-traurigem Blick schaute er auf den winzigen Jungen, der noch keinen Atemzug getan hatte und auch keinen mehr tun würde.

Alles könnte seine strenggläubige Frau verkraften, das wußte der Wirt, aber daß eine ihrer Leibesfrüchte ungetauft hatte sterben müssen, würde sie um den Verstand bringen. Um keinen Preis durfte die Guldenmannin erfahren, daß ihr Sohn bereits tot war, ohne die Aufnahme in Christi Gemeinde zu ewigem Irrlichtern verdammt.

»Im Namen des Vaters, des Sohnes und des Heiligen Geistes, taufe ich dich auf den Namen Melchior. Amen«, unternahm Guldenmann den verzweifelt vergeblichen Versuch, seinen eigenen Namen in die nächste Generation zu tragen. Er beendete das kurze Gebet und besprengte das spärlich beflaumte Köpfchen mit Bier. Dann verließ er die Kammer. Hier gab es für ihn nichts mehr zu tun, und die Schenke durfte nicht länger unbeaufsichtigt bleiben.

Renate Streicher kannte die Regeln des traurigen Spiels. Es war eines der Kreuze ihrer Zunft, Müttern, die soeben unter Qualen entbunden hatten, ihre sterbenden oder schon verstorbenen Kinder für einen ersten und letzten Kuß in den Arm zu legen.

Die Hebamme wusch das Kind, wickelte es in ein sauberes Tuch, hüllte es in eine Decke und trat an das Bett. Die Wöchnerin hatte noch immer die Augen nicht geöffnet. Gezeichnet von den vergangenen Strapazen, nahm sie nur durch einen dicken, wattigen Nebel wahr, was um sie herum geschah.

»Was ist es?« fragte sie flüsternd.

»Ein Junge, er heißt Melchior«, lautete die ebenfalls geflüsterte Antwort.

»Lebt er?« Mühsam und bang bemühte sich die Guldenmannin, die Augen aufzuschlagen.

»Er ist auf dem Weg zum Herrn«, wagte Renate Streicher den Spagat zwischen Lüge und Wahrheit.

Die Mutter verstand. Aus den wieder gesenkten Lidern quollen Tränen, als sie das kleine Bündel an sich drückte, um es zärtlich zu küssen.

Die Hebamme ließ ihr die gebührende Zeit. »Versuch zu schlafen«, sagte sie sanft. Dann nahm sie das Kind wieder an sich, winkte Katharina, ihr zu folgen, und ging auf Zehenspitzen hinaus. Die Guldenmannin wähnte sich mit ihren Schmerzen allein. Aber mächtig, wenn auch unsichtbar, saß der Tod am Bett und zerrte während der kommenden vier Tage auch an ihrem Leben.

Margarete Guldenmann fieberte hoch, redete wirr, klapperte mit den Zähnen und wand sich vor Schmerzen. Doch noch bevor die Woche vergangen war, hatte sie den Kampf um ihr Leben gewonnen. Ihr Atem wurde ruhiger, das Fieber sank, nur die mit Lymphe gefüllten Beine wollten nicht abschwellen. Bei dem Versuch, dem Säugling den Weg in die Welt zu erleichtern, hatte Renate Streicher den Damm tief schneiden müssen, und doch war er bis zum After gerissen. Gefäße waren verletzt, die nie mehr heilen würden. Margarete Guldenmann blieb für den Rest ihres Lebens bettlägerig und pflegebedürftig.

Ein langer Leichenzug folgte dem kleinen Sarg. Mit dem Vater trauerten die Eltinger Bürger um den dritten verstorbenen Stammhalter. Die Guldenmanns zählten zu den beliebtesten Familien in Eltingen. Mit kleinen Schritten war Katharina an der Hand der drallen Line, einer zuverlässigen Magd, hinter dem Sarg ihres Bruders hergetrottet, hatte den Worten des Pfarrers gelauscht – und nichts verstanden. Hatte mit Line geweint, und auch das nicht verstanden. Warum weinten alle um sie herum, wenn der Bruder im Himmel war? Der Himmel war doch ein schöner Ort. Dort gab es Engel, die sangen, und vor allem Zuckerwerk, das wußte sie genau.

Das Mädchen dachte an den Nachmittag vor wenigen Wochen, als sie mit ihrer hochschwangeren Mutter im Gemüsegarten gestanden und den Herbsthimmel betrachtet hatte. Kleine Wölkchen zogen am Horizont entlang, und die untergehende Sonne tauchte alles in weiches Rosa. »Schau, Trinchen«, hatte die Mutter gesagt, »Weihnachten ist nicht mehr weit, die Engel backen Zuckerbrezen. Siehst du, wie die Glut des Ofens den Himmel glühen läßt und rosa färbt?« Katharina hatte mit geröteten Wangen genickt. Seither war sie sicher, daß es im Himmel Leckereien gab. Und als beim ausgiebigen Leichenschmaus das bleiche Gesicht des Vaters wieder Farbe bekam und er irgendwann sogar lachte, verflog auch der Kummer des Kindes.

Zwei Wochen war es her, daß Melchior Guldenmann den Sohn zu Grabe getragen hatte. Seine Frau hatte seither das Bett nicht verlassen, und wenn er dem Arzt Glauben schenkte, würde sie dazu auch nie wieder in der Lage sein. Doch in einer Zeit, in der Geburt und Tod so nah beieinander lagen, blieb nicht viel Raum für lange Trauer, und der Alltag hatte den Schultheißen und Gastwirt längst wieder fest im Griff. Der jedoch war mit der neuen Situation überfordert. Die kräftig zupackenden Hände seiner Frau fehlten an allen Ecken und Enden. Die Mägde halfen so gut sie konnten, aber keine von ihnen konnte den Garten so bestellen, das Haus so führen, den Flachs spinnen und die Kleider flicken, geschweige denn den kleinen Wildfang Katharina im Zaum halten, wie es die tüchtige Guldenmannin verstanden hatte.

»Was täte ich nur ohne dich?« sagte er dankbar zur drallen Line, die ihr Bestes gab, um zu ersetzen, was zunächst nicht zu ersetzen schien. Die Magd lächelte kokett. Sie hatte ein kugelrundes Gesicht, umrahmt von einem dicken Kranz goldblonder Zöpfe. Milchweiße, hohe Brüste blitzten vorwitzig aus einem knappen Mieder, und unter der wohlgeformten Taille zeichneten sich trotz der Weite des Rockes pralle Hinterbacken und feste Schenkel ab. Guldenmann spürte eine Regung und wandte sich irritiert ab. »Oben in der Kammer siecht meine Frau, und mir kriecht die Wollust in die Hose«, er schämte sich bei dem Gedanken. Line war ein pragmatisches Mädchen. Schon vor Zeiten hatte sie ein Auge auf Guldenmann geworfen, sich aber immer hübsch zurückgehalten. Jetzt hielt sie den Moment für gekommen, sich unentbehrlich zu machen und damit seine Aufmerksamkeit auf sich zu lenken.

Der Wirt wußte vor Arbeit kaum, wo ihm der Kopf stand. Seine Aufgaben als Bürgermeister nahmen viel Zeit in Anspruch. Mit dem Amt hatte er auch den Vorsitz des gewählten Viererausschusses übernommen, der sich um die alltäglichen Dinge des Dorflebens zu kümmern hatte. Maße und Gewichte mußten immer wieder kontrolliert, Grundstücke und Gemarkungsgrenzen gesichert werden. Es galt das Einhalten einer Vielzahl von Bestimmungen zu gewährleisten und die gewerblichen Betriebe regelmäßig zu überwachen. Die Mühle, die Wirtshäuser, die Schmiede – vom Badehaus ganz zu schweigen, das war ohnehin ein Fall für sich.

Und dann war da schließlich sein Gasthaus, Guldenmanns ganzer Stolz und Haupterwerb.

In seiner Wirtschaft konnten Gäste nicht nur trinken, nein, es gab auch gut und reichlich zu essen und außerdem Schlafstätten für Reisende, die vor allem jetzt im Herbst und in den drohenden Winternächten ihre oft weiten Wege nicht fortsetzen wollten. Wenn die abendlichen Besucher die Stube verlassen hatten, schob Melchior Guldenmann persönlich die langen Tische und Bänke in einer Ecke zusammen, verdoppelte die Binsenschicht auf dem Boden und warf mit Stroh gefüllte Wergsäcke darauf. Diese dienten als Matratzen, die Decken waren aus fest gewebter Wolle. In kalten Nächten schliefen die Fremden, ob von hoher oder niederer Geburt, dicht an dicht. Die Gaststube war immer ein bißchen feucht und oft verqualmt vom Rauch des offenen Feuers.

Guldenmann selbst nächtigte in einer kleinen Kammer direkt neben der Schenke. Das war ein unüblicher Luxus, den er und seine Frau sich von Anfang an geleistet hatten. Andere – weniger wohlhabende Leute – schliefen gemeinsam mit dem Gesinde, doch die Guldenmannin hatte auf einem eigenen Raum bestanden und nicht nur das, auch ein eigenes Bett hatte es sein müssen. Mit seiner Hände Arbeit hatte der jungverliebte Wirt damals noch vor der Hochzeit ein breites Holzgestell gezimmert, in dem er bis vor zwei Wochen eng umschlungen mit seiner Frau die Nächte verbrachte. An der Wand, mit dem Rücken zu den Eltern, schlief die kleine Katharina, kaum daß sie der Wiege entwachsen war. Jetzt lag das Mädchen Abend für Abend, Stunde um Stunde allein in dem riesigen Holzkasten.

»Bis es mir besser geht, bleibe ich hier in der Kammer«, hatte ihre Mutter gesagt, »ich schlafe so schlecht und störe euch nur.« Ohne seine Frau mochte Melchior Guldenmann sich nur ungern zur Ruhe begeben. Solange er etwas zu tun hatte, holten ihn die Sorgen nicht ein, doch kaum legte er sich hin und zog die Decke bis zum Kinn, krochen düstere Gedanken in sein Bewußtsein und hinderten ihn am Einschlafen.

Katharina fror. Aus der Schankstube drang das Lachen und Gläserklirren in die Kammer. Das kleine Mädchen rieb die kalten Füße aneinander, aber sie wollten nicht warm werden. Schließlich schlüpfte sie in ihrem Unterkleidchen aus dem Bett und tappte barfuß hinüber in die Wirtschaft. Der Vater stand wie immer am großen Faß und füllte soeben zwei irdene Krüge mit Rotem.

»Was willst du denn hier? Es ist mitten in der Nacht, du sollst längst schlafen!« herrschte er seine Tochter an.

»Vater«, Kind und Stimme zitterten, »mir ist so kalt, es will und will nicht warm um mich herum werden. Wann kommt denn die Mutter wieder? Sie hat mich immer gewärmt.« Mit Tränen in den Augen sah das Mädchen den Vater hilfesuchend an. Guldenmann fühlte eine Welle des Mitleids in sich aufsteigen. Er nahm Katharina hoch und setzte sie vor sich auf den Deckel der bauchigen Tonne.

»Rühr dich nicht, ich bin gleich wieder da.« Mit eiligen Schritten durchquerte er die halbe Stube und ging zur Feuerstelle. Dort lagen am Rand der züngelnden Flammen, eigens für diesen Zweck dort postiert, ein paar Ziegelsteine, von der

Wärme des offenen Feuers aufgeheizt. Guldenmann griff einen mit der eisernen Zange und legte ihn auf einen Lumpen aus Rupfen. Dann wickelte er den Stoff um den Stein und klemmte sich das Päckchen unter den Arm. Katharina saß stocksteif auf dem Faß und strahlte. Sie liebte die heißen Ziegel, die eigentlich – gegen einen saftigen Aufpreis verstand sich – für gut zahlende Gäste bestimmt waren. Ganz selten, und nur wenn sie nicht gebraucht wurden, gönnten sich die Guldenmanns diesen Luxus.

Den eingewickelten Ziegel unter dem linken, die Tochter auf dem rechten Arm, verließ der Vater die Wirtschaft und brachte sein Kind zu Bett. Bevor er es mit einem zweiten Wolltuch zudeckte, schob er den Stein unter die eiskalten Beinchen.

»So, und jetzt wird geschlafen! Nicht mehr lang, und ich komme auch. Daß du mir ja das Bett einstweilen warm hältst, sonst muß ich mir den Ziegel unter meine Füße schieben«, scherzte er und strich Katharina liebevoll die braunen Locken aus dem Gesicht. Sie hatte die Augen schon geschlossen und genoß das Gefühl der wohligen Wärme, die von den Fersen über Waden und Schenkel in den Bauch kroch. »Wie sie ihrer Mutter ähnelt«, dachte Guldenmann gerührt und kehrte zurück in die Schenke.

Es war der 8. November 1552, der fünfte Geburtstag der kleinen Katharina. Ein erster Lichtstrahl drang durch den Frühnebel in die Schlafkammer und fiel direkt auf des Schläfers Auge. Schultheiß Guldenmann wälzte sich vom Rücken auf die Seite, rieb mit dem Zeigefinger die juckende Nase und ließ einen gewaltigen Furz.

Katharina schreckte hoch. Seit sie denken konnte, erwachte ihr Vater auf diese Weise, und so lange sie sich erinnern konnte, erschrak sie jeden Morgen von dem donnernden Geräusch, das da unter der Decke hervorgrollte. Hellwach lag sie neben dem Vater, tat jedoch, als schliefe sie noch. Der Schultheiß war morgens nicht gut zu genießen. Besser, sie ließ ihn in Ruhe und wartete, bis er die Kammer verlassen hatte.

Guldenmann saß auf der Bettkante, betrachtete seine schmutzigen Füße und kratzte sich am bloßen Gemächte. Nie hatte er anders als nackt geschlafen, und so schlief er auch jetzt, da er das Bett nur noch mit seiner fünfjährigen Tochter teilte. Kleidung zum Schlafen brauchte er nicht, nur auf seine Nachtmütze, von der Guldenmannin selbst genäht, mochte er nicht verzichten. Katharina blinzelte auf den breiten Rücken, der sich langsam in die Höhe hob. Ihr Vater trat einen Schritt vom Bett weg, griff nach dem baumelnden Zipfel seiner Kopfbedeckung und warf diese hinter sich. Katharina kniff die Augen fest zusammen und kuschelte sich für die letzten Minuten unter ihre Decke. Die Kammer war ungeheizt und novemberklamm. Sie haßte es, bettwarm in die Kälte zu müssen. Guldenmann hatte seine Hose vom Boden aufgehoben, das Beinkleid brummig von links auf rechts gedreht, angezogen und steckte gerade den Kopf durch den Ausschnitt seines kittelähnlichen weißen Hemdes. Den Latz zu knöpfen lohnte noch nicht, erst würde er sich hinter dem Haus erleichtern. Er schlurfte aus dem Raum.

Jetzt öffnete Katharina die Augen. Draußen wurde es langsam hell. Sie sah die milchige Trübe der Luft und wußte, daß es ein sonniger Tag werden würde. Daß es ihr Geburtstag war, wußte sie nicht.

Aus der Schankstube hörte sie den Vater: »Katharina, aufstehen! Mach voran! Es ist lichter Tag, und die Tage sind nicht zum Verschlafen da! Schick dich, es gibt viel zu tun.«

Katharina kletterte aus dem Bett, zog das Kleidchen, das sie in den letzten zwei Wochen getragen hatte, ein weiteres Mal über das Unterkleidchen, das sie ebenso lange am Leib trug, schlüpfte in ihre Holzpantinen und flitzte in die Wirtsstube. Dort stapelte Guldenmann bereits die Strohsäcke der Nachtgäste. Sie hatten ihre Lager mit Anbruch des Tages geräumt und waren entweder schon aufgebrochen oder saßen an einem der langen Tische und krümelten ihre Fladen in die hölzernen Schüsseln mit Sauermilch.

Katharina sprang über das dick aufgeschüttete Stroh. Ihr größtes Vergnügen des Tages bestand darin, am frühen Morgen durch die Stube zu hopsen und das sanfte Knacken der dichten Halme zu hören. Doch heute ließ der Vater ihr keine Zeit.

»Schluß jetzt!« sein Ton war energisch. »Nimm den Besen und kehr ordentlich zusammen, aber so, daß wir es heute am Abend wieder benutzen können. Ich muß die Stube herrichten. Wir haben eine Gesellschaft.«

Katharina ging in die hintere Ecke der Schenke. Hier lehnte ihr Besen, von Guldenmann eigens auf kindliches Maß zurechtgestutzt. Angewiesen auf die Hilfe seiner Tochter, hatte er festgestellt, daß diese wesentlich besser arbeiten konnte, wenn das Gerät, das sie dafür brauchte, sie nicht um das Doppelte überragte.

Katharina fegte den gestampften Lehmboden so sauber es eben ging, dann verteilte sie die übliche Tagesschicht Binsen darauf und klopfte sich das Stroh vom Kleid.

»Jetzt geh heraus und hol die Eier«, befahl ihr Vater. »Nimm den kleinen Korb, und daß du mir keines zerbrichst!«

Unter den Hühnern die noch warmen Eier hervorzuklauben, war eine tägliche Pflicht, die Katharina gerne erfüllte. Auf allen vieren krabbelte sie durch den Verschlag in die entlegensten Ecken und freute sich jedesmal, wenn sie fündig wurde. Heute war die Ausbeute mäßig, zehn Stück nur – sie würde es am Nachmittag noch einmal versuchen müssen.

Aber zunächst hieß es, den Mägden in der Küche zu helfen. Der Sohn des Schulmeisters heiratete, und der Vater der Braut richtete das Hochzeitsmahl im Gasthaus Guldenmann aus. Schon seit Tagen ging es in der Küche hoch her. Katharina wendete das Kraut, formte Knödel und rührte im Weizenbrei. Sooft sie konnte, schnupperte sie an dem großen Kessel, in dem der fette Speck kochte. So etwas Feines gab es sonst bestenfalls an Sonn- und hohen Feiertagen. Der aufsteigende Dampf roch köstlich.

»Trinchen! Weg da vom Kessel, das Wasser ist siedend heiß, was, wenn du dich verbrühst!« Die alte Küchenmagd zerrte Katharina vom Kessel. »Hast du die Ziege schon gemolken?« fragte sie. Katharina schüttelte den Kopf und nahm einen kleinen hölzernen Zuber. Die Ziegen melken machte beinahe so viel Spaß wie Hühnereier auflesen.

Sie ging in den Stall. Dort war es warm und roch nach Mist. Normalerweise waren die Ziegen draußen auf der Wiese, aber vor zwei Tagen war eine von ihnen von einem Hund angefallen worden, und Guldenmann hatte entschieden, sie im Stall zu lassen, bis die Verletzung vollständig geheilt war. Katharina wurde mit einem freundlichen Stups begrüßt, streichelte die feuchte Nase der Ziege und besah sich das verletzte Bein. Die Wunde war verschorft. »Bald darfst du wieder raus«, sagte sie und rückte umständlich ihren kleinen Schemel zurecht. Das Melken hatte sie eben erst gelernt. Katharina dachte an ihre Mutter und wie sie Griff für Griff so lange geduldig vorgeführt und wiederholt hatte, bis die Tochter es beherrschte. »Und sei achtsam mit dem Eimer, daß sie ihn nicht mit den Hufen umstößt, sonst ist die Milch vergeudet, und alle Arbeit war für die Katz.« Einen Augenblick meinte das Mädchen, die Stimme der Guldenmannin zu hören – aber im Stall war niemand. Nur Minka, das einäugige Kätzchen, das immer da auftauchte, wo vielleicht etwas Eßbares abfallen konnte. Katharina molk behutsam. Es ging noch nicht so schnell wie bei den Erwachsenen, aber sie verschüttete auch nichts. Die Ziege tat ihr den Gefallen, ganz still zu stehen.

Als sie fertig war, tauchte sie erst ihren Finger, dann die ganze Hand tief in den Zuber und ließ Minka die köstliche, noch lauwarme Milch abschlecken. »So, und jetzt bringen wir der Mutter ein Glas, vielleicht mag sie ja heute etwas trinken.« Das Kind tätschelte der Katze den Rücken. Einen hölzernen Becher mit frischer Ziegenmilch in der Hand, kletterte Katharina wenig später die steile Stiege in den ersten Stock hinauf. Sie klopfte an die Tür.

»Wer ist da?« Die Stimme der Guldenmannin klang matt.

Katharina öffnete und trat leise ein. »Ich habe gemolken und wollte dir etwas Milch bringen.« Sie ging zum Bett. Ihre Mutter hatte die Hände gefaltet. So lag sie jetzt schon seit Wochen und sprach den ganzen Tag Gebete ohne Anfang und Ende. Jetzt unterbrach sie ihr Gemurmel und sah ihre Tochter aus traurigen Augen an.

»Du bist ein gutes Mädchen, stell den Becher hier ab, vielleicht bekomme ich später Lust darauf«, flüsterte sie. Katharina tat wie geheißen. »Und nimm das hier gleich mit und leer es aus.« Ihre Mutter zeigte auf das Nachtgeschirr.

Katharina bekam eine Gänsehaut. Im bräunlich gefärbten Urin schwammen kleine Kot- und Blutklumpen. Sie ekelte sich. Es war das dritte Mal in Folge, daß sie den Topf fortbringen mußte. Vorsichtig balancierte sie die schwappende Brühe die Treppe hinunter und kippte sie hinter das Haus. »Wenn ich erst am Nachmittag hinaufgehe, muß ich es vielleicht nicht mehr machen«, überlegte sie und nahm sich vor, in Zukunft die kranke Mutter lieber nicht mehr um diese Zeit zu besuchen. Dann brachte sie den Topf wieder hinauf und ging in den Stall, um die restliche Milch zu holen.

Es war fast Mittag, und Katharina hatte noch nicht einmal gefrühstückt. Als sie den Milchzuber in die Küche trug, fühlte sie, wie ihr Magen knurrte. »Ich habe Hunger«, krähte sie den schwer arbeitenden Mägden entgegen, doch niemand fühlte sich angesprochen. Katharina griff sich ihr Holzschüsselchen und nahm ein Stück Fladen vom Tisch. Der war so hart, daß sie ihn nicht beißen konnte.

»Darf ich ein bißchen Brühe vom Speck haben«, bat sie die dralle Line.

»Brühe vom Speck! Ja ist denn heute Sonntag? Der Speck ist für die Hochzeit vom Schulmeistersohn, nicht für uns. Hier, Wassersuppe kannst du kriegen.«

»Bitte! Brühe vom Speck«, Katharina setzte ihren flehentlichsten Blick auf. »Ich hab dich dann auch ganz lieb«, schmeichelte sie.

»Fuchsgescheit, unsere Kleine.« Die Magd lachte, ließ sich erweichen und schöpfte eine große Kelle aus dem Kessel. Katharina knickste brav, verzog sich in eine Ecke und weichte den harten Fladen in der wunderbar salzigen Brühe ein, bis sie ihn kauen konnte. »Zwei Bissen für mich, und einer für dich«, sagte sie zu Minka, die ihr schnurrend um die Beine strich.

In der Wirtschaft trafen die ersten Gäste ein. Katharina hatte gerade aufgegessen, da rief der Vater nach ihr. Sie beeilte sich.

»Katharina, wo steckst du denn immer? Gleich sind alle Gäste hier, hilf mir, die Humpen und Labebecher auf den Tischen zu verteilen, die Gesellschaft wird einen ordentlichen Durst beieinander haben.«

Katharina wieselte durch die Schankstube. Immer vier lederne Becher für den Wein auf einmal konnte sie tragen – oder zwei irdene Krüge, in jeder Hand einen. Eifrig bestückte sie die Tische, zu jedem Sitzplatz ein Trinkgefäß, so wie sie es gelernt hatte. Guldenmann füllte derweil Bier und Wein in die Krüge und notierte gewissenhaft jeden ausgeschenkten Tropfen.

Als sich die Hochzeitsgäste vollzählig versammelt hatten, war alles bereit. Die Gesellschaft setzte sich lärmend zu Tisch, und binnen weniger Minuten glich die Schenke einem Tollhaus. Viele der Männer hatten schon vor dem Kirchgang den ein oder anderen Humpen geleert und waren entsprechender Stimmung – laut und lustig. Die Mägde in der heiß verqualmten Küche arbeiteten, daß ihnen der Schweiß rann. Unterstützt von den Knechten, schafften sie Schüssel um Schüssel heran. Und dazwischen immer die kleine Katharina. Seit Stunden ohne Pause auf den Beinen, schleppte sie einen gefüllten Krug nach dem anderen und konnte so schnell kaum für Nachschub sorgen, wie die Gäste tranken. Längst war ihr Leibchen feucht von verschüttetem Bier und Wein, und die Augen des Kindes brannten vom Rauch der Feuerstelle.

Im Verlauf der nächsten Stunden entwickelte sich das Festessen zu einem Gelage. Becher klirrten und zersprangen in tausend spitze Scherben. An einem Tisch hatte sich eine Gruppe junger Burschen zum Wettrinken zusammengefunden. Als gelte es das Leben, schütteten sie sich Bier, Wein und scharf Gebrautes in wildem Durcheinander die Kehlen hinunter.

»Katharina!« Guldenmann machte eine Kopfbewegung in Richtung ebendieses Tisches. Zum dritten Mal innerhalb einer Stunde war einem der Trunkenbolde übel geworden. Mit angeekeltem Gesicht brachte Katharina die Binsen vor die Tür.

Es war spät. Das kleine Mädchen spürte, wie bleischwer die Müdigkeit von ihr Besitz ergriff, und kauerte sich in eine Ecke.

»Katharina!« Die Stimme des Vaters ließ sie hochschrecken. Artig trug sie einen weiteren Krug. Dann schlich sie sich aus der Schankstube, um ins Bett zu gehen. Die Kammer war kalt, die Decken klamm. Katharina behielt ihr Kleid an. Es roch nach Alkohol und Qualm, aber die Wärme der Schenke hielt es nicht. Wann würde die Mutter wohl wieder gesund werden? Mit ihr an der Seite war es niemals so kalt gewesen. Kleine Tränen kullerten aus den Augenwinkeln in die Ohren. Nach einer Weile versiegten die Tränen, aber warm war es noch immer nicht. Heute konnte sie den Vater nicht um einen heißen Ziegel bitten. An Tagen wie diesem war es nicht ratsam, mit dergleichen Wünschen zu kommen, das wußte Katharina. Sie nahm ihre Wolldecke, schlüpfte in ihre Pantinen, huschte ganz leise aus der Hintertür des Hauses und von dort in den Ziegenstall. Minka, eben vom erfolgreichen Mäusefang zurückgekehrt, folgte ihr auf dem Fuß.

Die Ziege lag auf dem Heu und schlief. Als Katharina sich vorsichtig durch das Dunkel heranpirschte, öffnete sie müde die Augen und stand auf. »Du wunderst dich, daß ich um diese Zeit zu dir komme, nicht? Ich will dich aber nicht melken. Komm leg dich wieder hin, ich will hier bei dir schlafen.« Katharina kuschelte sich auf den von der Ziege vorgewärmten Strohhaufen und deckte sich gewissenhaft zu. Der Stall, vom

Knecht am Morgen ausgemistet, roch frisch und gut. Minka bohrte sich mit der Nase zuerst unter die Decke und rollte sich glücklich schnurrend in Katharinas Magengegend zusammen. Die Ziege, erstaunt über den nächtlichen Besuch, entschloß sich, ihrem Instinkt zu folgen, knickte die Vorderläufe ein und legte sich wieder hin. Katharina schmiegte sich ganz eng an sie; jetzt war es endlich warm. Sie schlief sofort ein.

In der Schankstube schickten sich die letzten Gäste an, nach Hause zu wanken. Melchior Guldenmann stand hinter dem Faß, das ihm als Tresen diente und rechnete die Zeche zusammen. Er erledigte das immer – ganz gleich, wie spät es war – noch am Tage oder, wie heute, spät in der Nacht selbst. Der Brautvater war zwar längst gegangen und würde frühestens morgen bezahlen, doch heute wußte der Wirt noch ganz genau, was er zu berechnen hatte, und das notierte er jetzt gewissenhaft.

»Das nenne ich einen erfolgreichen 8. November«, die dralle Line war aus dem Nichts neben ihm aufgetaucht und machte sich mit den Bechern zu schaffen.

»Ja, von mir aus könnte jeder Tag so sein!« Guldenmann rieb den müden rechten Fuß an der linken Wade. »8. November!« durchzuckte es ihn. »8. November«, er schlug sich mit der flachen Hand auf die Stirn. Katharinas Geburtstag! Er hatte den Geburtstag seines einzigen Kindes einfach vergessen. Und niemand sonst im Haus hatte daran gedacht, nicht einmal seine Frau, die der Welt täglich ein wenig mehr entsagte und Trost in langen Gebeten suchte.

Das Feuer schwelte nur noch leise, Guldenmann löschte die letzten Talglichter. Auf dem Weg in die Schlafkammer gelobte er feierlich, das Versäumte am nächsten Tag nachzuholen. Er beugte sich über das Bett, seinem schlafenden Kind wenigstens noch einen Kuß zu geben, und schreckte entsetzt hoch, kurz bevor er den Strohsack küßte. Mit suchenden Händen tastete er das ganze Lager ab, doch überall war es kalt, und seine Tochter lag eindeutig nicht in diesem Bett. »Das gibt's doch gar nicht. Wo kann sie denn sein?« murmelte er und dachte einen Augenblick nach. Dann fiel ihm ein, daß Katharina neulich einmal zur drallen Line unter die Decke gekrochen war, um ein wenig zu schmusen. Das war die Lösung. Der Schultheiß zog sich beruhigt aus. Sicher schlief seine Tochter bei der Magd. Er legte sich hin und begann noch im gleichen Augenblick laut und vernehmlich zu schnarchen.

Das Gesinde war schon auf und damit beschäftigt, die Spuren des vergangenen Abends zu beseitigen, als Guldenmann am nächsten Morgen – etwas später als gewöhnlich – die Schenke betrat. »Wo ist Katharina? Hat sie heute nacht bei dir geschlafen?« war seine erste Frage an Line. Die unterbrach das Scheuern des Tisches und schüttelte den Kopf.

»Nein, bei mir war sie nicht. Bei mir war niemand, ich habe ganz allein geschlafen – leider.« Sie beugte sich so weit nach vorne, daß sich das Mieder wölbte und Guldenmann gar nicht anders konnte, als einen Blick auf das Rosa ihrer Brustwarzen zu werfen. Der Wirt fühlte eine Hitzewelle aufsteigen. Er räusperte sich.

»Sie ist weg, sie war heute nacht nicht im Bett, ich war sicher, sie würde bei dir schlafen.« Sein Herz schlug schneller. Ob wegen Lines Ausschnitt oder Katharinas Verschwinden vermochte er im Augenblick nicht zu sagen. »Wir müssen sie suchen!« Er kratzte sich den Kopf. In diesem Moment stapfte der Jungknecht in die Tür.

»Schultheiß, willst du mal ein Bild für die Götter sehen?« Er grinste.

»Mir ist nicht zum Scherzen! Katharina ist verschwunden. Mach keine dummen Witze, hilf lieber, sie zu finden.«

Der Bursche grinste weiter. »Sag ich doch, ein Bild für die Götter, komm, ich weiß wo die Kleine ist.«

»Du weißt es? Wo steckt sie?« Guldenmann fiel ein Stein vom Herzen. Mit den Mägden folgte er dem Knecht, der ihn zum Ziegenstall führte. Auf dem Stroh lag, noch immer erschöpft vom Vorabend, Katharina. Schlafend, Nase an Nase mit der einäugigen Minka, von der nur das Köpfchen unter der Decke hervorlugte. Neben den beiden stand die Ziege. Als wäre es das Normalste auf der Welt, daß Kind und Katze bei ihr nächtigten, mümmelte sie gleichmütig vor sich hin. »Dem armen Wurm fehlt die Mutter«, sagte Line mitleidig und so leise, daß es Guldenmann nicht hören sollte. Aber der hörte es dennoch und wußte, daß sie recht hatte.

ALRAUNE

»Weibersterbe, kein Verderbe, Kühverrecke, großer Schrecke!« wußte der Volksmund, und tatsächlich bekam Melchior Guldenmann einen furchtbaren Schrecken, als er an zwei aufeinanderfolgenden Tagen je eine seiner Kühe tot auf der Weide fand. Der Hirtenjunge hatte angeblich nichts bemerkt und schwor Stein und Bein, daß ihm kein Tier der Herde entwischt und in das nachtfrostig saure, kolikgefährliche Grün gestapft war. Der Schultheiß lud das verendete Tier auf den Ochsenkarren und machte sich auf den Weg zum Abdecker.

»Ich bin vom Pech verfolgt«, brummte er, und sein Atem hinterließ kleine, dampfweiße Wolken in der Luft. »Die Frau liegt siech und jetzt die zweite Kuh in zwei Tagen«, sprach er weiter mit sich selbst. »Was, wenn es eine Seuche ist, und ich die ganze Herde verliere.« Er drehte sich um und warf einen besorgten Blick auf den steifen Kadaver. Plötzlich durchzuckte ihn ein Gedanke: Jemand mußte sich das Tier ansehen, bevor es der Abdecker in die Finger bekam. Jemand, der etwas davon verstand, mußte sich überhaupt die ganze Herde ansehen, um Schlimmeres zu verhindern. Und da fiel Guldenmann nur ein Mensch ein, dem er wirklich vertraute Renate Streicher aus Weil der Stadt.

Mandragora spec.

Melchior Guldenmann wendete den Karren und stellte ihn mitsamt der toten Kuh hinter sein Haus. Er ließ das schnellste Pferd satteln, befahl dem Altknecht, sich um die Wirtschaft zu kümmern, und galoppierte die acht Kilometer nach Weil der Stadt, so schnell die Hufe seines Tieres es zuließen.

Renate Streicher lebte allein in einer winzigen Hütte direkt neben dem Hof des reichen Bauern Wellinger. Wie fast überall in der Stadt hatte sie auch der Bäuerin bei ihren regelmäßigen Entbindungen geholfen. Nach zwei früh verstorbenen Kindern hatte diese – seinerzeit noch in Eltingen – endlich eine kleine gesunde Appolonia auf die Welt gebracht. Bald darauf war die Familie nach Weil der Stadt gezogen. Wellinger erwarb ein ansehnliches Grundstück. Wenig später schenkte er der Hebamme aus Dankbarkeit ein Stückchen seines Landes, auf dem ein kleines, strohgedecktes Häuschen stand.

Guldenmann saß ab. Die Tür zur Hütte stand offen, der Geruch gekochter Minze erfüllte die Luft.

»Streicherin«, der Schultheiß betrat den einzigen Raum und hätte beinahe auf ein Huhn getreten, das aufgeregt gackernd die Flucht ergriff. Renate Streicher stand an der Feuerstelle und rührte in einem großen gußeisernen Kessel. Sie drehte sich um.

»Guldenmann, was tust du denn hier? Ist was mit Margarete?« Sie sah den seltenen Besuch überrascht an.

»Nein, mit Margarete geht's immer gleich. Sie liegt fest im Bett und betet den ganzen Tag. Streicherin, ich brauche deine Hilfe«, er nahm den Hut ab und drehte ihn in den Händen, während er der weisen Frau von den beiden toten Tieren berichtete. Renate Streicher rührte im Kessel, der Duft der siedenden Minzeblätter wurde immer intensiver.

»Heute kann ich nicht kommen«, sie schüttelte bedauernd den Kopf und fügte mit einem Blick auf die Feuerstelle hinzu, »habe noch zu tun. Aber morgen. Morgen schaue ich mir deine Viecher an, wenn du willst.« Melchior Guldenmann bedankte sich, setzte seinen Hut wieder auf und ritt zurück nach Eltingen.

Am nächsten Mittag traf die Streicherin ein und bekam als erstes ein üppiges Mahl vorgesetzt. Dann begleitete sie den Wirt zur Weide. Kuh um Kuh nahm sie in Augenschein, konnte jedoch nichts feststellen. »Freund, deine Tiere sind gesund.

Der Grund muß woanders liegen.« Der Hirte entfernte sich erleichtert, offenbar kam man ihm nicht darauf, daß die beiden Kühe eben doch zuviel der sauren Blätter gefressen hatten und jämmerlich an ihren Koliken eingegangen waren.

Guldenmann sah Renate Streicher ratlos an. »Wie meinst du das, der Grund muß woanders liegen?« Renate Streicher legte ihm beschwörend die Hand auf den Arm.

»Erst deine Frau, jetzt zwei Kühe.« Ihr Blick war bedeutungsschwanger. »Das ist ein Zeichen. Guldenmann, das ist ein Zeichen.« Sie machte eine Pause. »Hast du deine Alraune noch?«

Er nickte. »Natürlich habe ich die Alraune noch, und ich tue alles so, wie du es mir gesagt hast. Sie liegt, in rote und weiße Seide gewickelt und mit einem schwarzen Samtumhang bedeckt, in ihrem Kästchen. Jeden Freitag nehme ich sie heraus und bade sie in einem Glas Roten.«

»Das ist es Guldenmann. Du hast die Alraune zu lange. Du hast dem Schicksal mehr Glück abgetrotzt, als dir zusteht. Und jetzt rächt sich das Schicksal dafür. Bedenke nur, wie reich du geworden bist, Schultheiß! Hast die Wirtschaft, Weiden, einen großen Hof, Äcker und Vieh. Sieh zu, daß du die Wurzel los wirst. Ihre Kraft hat sich gegen dich gewendet, sie wird dir von jetzt an nur noch mehr Unglück bringen. Glaub mir, ich kenne mich da aus.«

Guldenmann glaubte ihr jedes Wort. Renate Streicher, das war verbürgt, kannte sich tatsächlich wie keine andere mit den magischen Wurzeln aus. Vor mehr als fünf Jahren hatte er ihr die seine für viel Geld abgekauft, und prompt war das Glück im Haus eingezogen. Erst die Geburt von Katharina, dann seine Wahl zum Bürgermeister, von der prosperierenden Schenke ganz zu schweigen. Nach drei totgeborenen Söhnen und zwei verendeten Kühen lag es jetzt auf der Hand: Die Wurzel mußte weg. Sie war gefährlich geworden, das stand ganz außer Frage. Guldenmann wunderte sich, daß er nicht selbst darauf gekommen war.

Beim Kauf hatte Renate Streicher ihn seinerzeit nicht nur über die Herkunft des Glücksbringers aufgeklärt, sondern auch ausdrücklich vor den Risiken des Besitzes gewarnt. Er erinnerte sich noch genau: Zunächst hatte er eine ganze Weile warten müssen, bevor die Streicherin eines Tages vor der Tür stand und das heißbegehrte Kleinod aus ihrer Tasche zog.

»Sie ist ganz frisch. Ich habe sie erst letzte Nacht ausgegraben. Am Galgenhügel. Du weißt, sie haben vor einem Jahr auf den Tag den gehängt, der den Nachtwächter erschlagen hat. Sein Todessamen ist genau auf die Stelle getropft, an der ich die Wurzel gefunden habe.«

Guldenmann hatte andächtig und beeindruckt gelauscht. Erwachsen aus dem Sperma eines Schurken, besser konnte es gar nicht sein, versicherte die Streicherin. Und Guldenmann überlief eine Gänsehaut bei dem Gedanken, er selbst hätte bei Nacht und Nebel zum Galgenhügel gehen und dort nach dem magischen Gewächs graben sollen. Nein, statt sich zu tummeln, wo die Überreste von gehängten, geköpften oder auf dem Streckbett zu Tode gefolterten Gaunern verfaulten – er schüttelte sich angewidert. Da war es bei weitem besser, die begehrte Wurzel käuflich zu erwerben, auch wenn das eine hübsche Stange Geld kostete. Renate Streicher war geübt, die Kostbarkeit teuer zu verkaufen, und sparte nicht mit Worten, die Schrecken des Fundortes, die Mühen des Suchens und Grabens, aber auch die Verheißungen der Rarität in den leuchtendsten Farben zu schildern. Alles zusammen, sie wußte es aus Erfahrung, trieb den Preis in die Höhe und garantierte schließlich die Bereitschaft der Käufer, weit über sechzig Taler zu berappen:

»Wenn du sie richtig behandelst, kann dir keiner etwas an Leib und Leben. Wenn du es brauchst, wirst du jede Waffe zu handhaben wissen. Du wirst reich werden, hohes Ansehen genießen, und deine Frau wird nie einen anderen auch nur anschauen, sondern immer nur dich lieben. Aber sieh dich vor! Achte auf Zeichen! Wer mit Hilfe der Alraune mehr Glück hat, als ihm zugedacht ist, begibt sich in große Gefahr, wenn er die Wurzel nicht ganz schnell wieder verkauft. Sie wird sich gegen ihn wenden, ihn bis zum Jüngsten Gericht verfolgen und dort ihren Anteil am ewigen Leben fordern.«

Als hätte sie sie eben erst gesprochen, hörte Guldenmann die Worte der Streicherin in seinem inneren Ohr. Alles war eingetroffen, genau wie sie es vorausgesagt hatte. Truhen und Laden waren wohl gefüllt. Er war beliebt bei jung und alt, seine Position als Bürgermeister unangefochten. Und seine Frau, wie sehr hatten sie sich geliebt, wie glücklich waren sie all die Jahre gewesen. Zuviel des Guten. So war es.

»Streicherin«, der Wirt schüttelte die Erinnerung ab. »Du hast vollkommen recht. Keinen Tag länger mag ich die Wurzel in meinem Haus behalten. Laß uns gehen, ich will sie gleich aus der Kammer holen und dir mitgeben. Du findest sicher einen neuen Käufer, kannst einen Teil des Geldes für dich behalten. Tu mir den Gefallen. Hier im Dorf kann ich es nicht selbst tun. Soll keiner denken, das Glück hätte sich gegen mich verschworen und ich hätt's nötig, meine Alraune feilzubieten.« Renate Streicher nickte verständnisvoll. Das war ein Geschäft so recht nach ihrem Gusto. Erst einmal verkaufen, dann zurücknehmen und für den Wiederverkauf noch etwas kassieren.

Sie hakte sich beim Schultheißen unter und begleitete ihn zur Wirtschaft. Der Altknecht lud eben frischen Mist auf den großen Haufen vor dem Haus.

»Nimm den Karren und fahr die tote Kuh zum Abdecker. Wir brauchen sie nicht mehr«, befahl der Schultheiß, fest überzeugt von der Erklärung der Streicherin. Auf dem Hof lief ihnen Katharina entgegen. Sie trug ein hauchdünnes Sommerkleid. Die Nase war rot von der Novemberkälte, und der Rotz hing bis aufs Kinn. Mit Schwung sprang sie der Streicherin in die Arme.

»Muhme Renate!« Katharina jubelte. »Du kommst uns besuchen, wie schön!« Sie schmiegte sich an. Renate schwenkte sie im Kreis.

»Kind Gottes, du bist ja nur mehr halb so schwer wie bei meinem letzten Besuch! Ißt du nicht gescheit! Dein Vater hat den größten Gasthof am Ort, und du wirst immer dünner. Und kalt wie ein Eiszapfen! Was hast du denn da an? Das ist ein Kleid für den Sommer, ein Fetzen für heiße Tage, und jetzt ist Winter, und in den Nächten friert es.« Guldenmann fing einen vorwurfsvollen Blick und öffnete betreten die Tür zur Schankstube. Beißender Rauch und köstliche Wärme quollen ihnen entgegen.

»Ich bin nach dem Melken ausgerutscht und in die Schweinescheiße gefallen, da mußte ich mir doch wohl was anderes anziehen. Und ich hab nur das gefunden.« Katharina kicherte. An der Glut des Feuers lief ihre Nase mit doppelter Geschwindigkeit, sie zog sie geräuschvoll hoch.

Der Schultheiß rief nach der drallen Line.

»Geh, zieh dem Kind was Ordentliches an, es holt sich noch den Tod. Schaut denn hier keines von euch Weibern! Katharina ist zu klein, sie sich selbst zu überlassen.« Folgsam ließ sich das Mädchen an die Hand nehmen und aus der Stube führen.

Melchior Guldenmann verbarg das Gesicht in den Händen und seufzte. »Ich schaffe das nicht alleine. Es ist zu viel. Die Kleine braucht eine Mutter, aber Margarete ist schwer krank, redet immer öfter wirres Zeug. Sie ist kaum mehr von dieser Welt. Und die Mägde haben den ganzen Tag zu arbeiten. Niemand hat Zeit, sich wirklich um Katharina zu kümmern.« Er nahm die Hände vom Gesicht. »Kannst du sie nicht für eine Weile zu dir nehmen? Es soll dein Schaden nicht sein. Ich zahl's dir gut!«

Renate Streicher antwortete nicht.

»Nicht für immer, wirklich nur eine Weile. Und wenn ich soweit bin, hole ich sie wieder«, bat Guldenmann, der ihr Schweigen fälschlich als Ablehnung deutete. Die Wahrheit war, daß die Streicherin kalkulierte, rechnete und überschlug, was sie verlangen sollte, um das kleine Mädchen, das sie gerne leiden mochte, bei sich aufzunehmen. Die Gleichung in ihrem Kopf lautete denkbar einfach: »Der Schultheiß hat Geld, das Kind ist umgänglich, der Winter ist lang und kalt. Ich werde weniger verdienen als im Sommer. Die Kleine sichert mir geregelte Einnahmen, kann mir zur Hand gehen, und ich bin nicht so alleine.«

»Drei Florin, und sie kann bis zum Frühling bei mir bleiben«, antwortete sie schließlich.

»Drei Florin!« Guldenmann schluckte. »Das ist mehr, als ich dem Jungknecht im Jahr bezahle!«

»Dann bezahlst du dein Gesinde schlecht«, beschied ihn die Streicherin unbarmherzig.

»Was hältst du davon, wenn ich dir die Alraune zurückgebe, einfach so. Du kannst sie verkaufen und den ganzen Erlös behalten, und dafür kommt Katharina so lange zu dir, bis ich sie wieder herholen kann, und du versorgst sie mir gut.« Er streckte Renate Streicher die Hand entgegen. Sie schlug sofort ein. Was waren drei Florin gegen den Wert einer Alraune!

Als Katharina mit gewaschenem Gesicht, einem knöchellangen Wollkleid und einer kleinen Jacke darüber die Schenke betrat, war ihr Schicksal für die nächste Zukunft besiegelt.

MUHME RENATE

Drei Tage nach Weihnachten saß Katharina auf dem Karren, warm angezogen, in ihre Wolldecke gewickelt, ein Bündel mit den wenigen Kleidungsstücken, zwei kleine Holzkugeln und den geliebten Reifen neben sich.

»Du darfst die Muhme für eine Weile besuchen«, hatte der Vater ihr die Entscheidung verkauft, und Katharina freute sich. Ein paarmal schon war sie mit ihrer Mutter nach Weil der Stadt gefahren, je nur für einen Tag, aber immer waren es schöne Stunden gewesen. Auf dem gefrorenen Weg hatte der Klepper Mühe, die Last vorwärts zu bringen. Das Tier schnaufte vor Anstrengung, aus den Nüstern dampften weiße Wölkchen. Geduldig hielt Melchior Guldenmann die Zügel. Katharina schaute sich um. Die Landschaft sah ganz anders aus, als sie sie von Frühling und Sommer her kannte. Blattlos die Bäume. Die Äcker karg und braun, die Wiesen von grauem Grün. Hier und da bedeckte ein wenig Schnee die Hügel. Es war bitterkalt.

Endlich standen sie vor der Hütte der Streicherin. Sie hatte ordentlich eingeheizt. Holz war teuer, und nur ausnahmsweise glühten dicke Scheite auf der Feuerstelle mitten im Raum.

Iris germanica L.

»Da bist du ja endlich«, sie nahm Katharina auf den Arm und drückte ihr einen Kuß auf die Wange, den das Kind innig erwiderte. Guldenmann lud die Sachen vom Wagen und trug sie herein.

»Ich will mich nur ein wenig aufwärmen«, sagte er und rieb sich die kalten Hände, »dann muß ich zurück.« Er warf einen liebevollen Blick auf seine Tochter. »Ich komme dich besuchen, und daß du mir der Muhme nur ja folgst«, ermahnte er sie. Katharina nickte eifrig.

»Freilich Vater, will ich folgen. Ich bin doch eingeladen, und die Mutter hat immer gesagt, wenn man eingeladen ist, muß man sich schicken«, entgegnete sie altklug. Renate Streicher lächelte. »Mach dir keine Sorgen, Schultheiß, wird schon werden.« Sie strich Katharina über den Kopf.

Noch bevor ihr Vater den Wagen wieder Richtung Eltingen lenkte, hatte das Mädchen alles um sich herum vergessen. Zwar stand in der Stube kein mit Zuckerwerk geschmückter Tannenbaum, wie sie mit Bedauern feststellte, aber dafür entdeckte sie einen halbhohen Bretterverschlag direkt neben der niedrigen Holztür. Katharina reckte sich auf die Zehenspitzen und stieß einen entzückten Schrei aus. In dem kleinen Karree drängten sich eine fette Muttersau mit sechs Ferkeln und eine schneeweiße Ziege mit zwei Kitzen.

»Wohnen die hier drin bei dir?« fragte sie begeistert.

»Nur im Winter, wenn es draußen zu kalt für die Kleinen ist. Im letzten Jahr sind mir drei verendet. Da hat mir der Knecht vom Wellinger die Bretter festgezimmert, damit ich sie in der Wärme halten kann, bis der Frühling kommt.«

»Hast du denn keinen Stall?« Katharina war erstaunt.

»Nein«, lachte die Muhme, »für einen Stall habe ich auf meinem kleinen Grund keinen Platz. Das bißchen Erde, das mir gehört, brauche ich für Gemüse und Kräuter. Du wirst mir bald helfen, das Gärtchen in Ordnung zu halten, nicht wahr?«

»Darf ich mit ihnen spielen?« Angesichts der Jungtiere brachte Katharina keinerlei Interesse für Gartenarbeit auf. Renate Streicher nickte. Sie hatte den Verschlag ohnehin nur geschlossen, weil Guldenmanns Ankunft bevorstand. Normalerweise wuselten Schweine und Ziegen den ganzen Tag in der Stube herum. Von Zeit zu Zeit jagte sie sie vor das Häuschen, immer in der Hoffnung, sie würden ihre Notdurft draußen verrichten. Meist bevorzugten sie allerdings die Wärme und kamen eben zu diesem Zweck wieder herein. Katharina schob den Holzriegel zur Seite und klatschte vor Vergnügen in die Hände, als eines der Ferkel sofort an ihrem Rocksaum zu knabbern begann.

Guldenmann gab seinem glücklichen Kind einen Abschiedskuß. »Ich danke dir von Herzen. Du nimmst eine schwere Last von mir«, sagte er in der Tür und blickte die Streicherin dankbar an. Die nickte.

»Schon gut. Jetzt mach, daß du in deine Schenke kommst, daß du vor Anbruch der Dunkelheit in Eltingen bist.« Szenen der Rührung waren ihre Sache nicht.

Als es Abend wurde, hatte Katharina ein Lieblingsferkel erkoren, bei den Kitzen war sie noch nicht sicher, welches ihr am besten gefiel. »Du hast Zeit, der Winter ist noch lang. Jetzt setz dich zu mir, daß wir etwas essen, und dann wird geschlafen.«

Während Katharina die Holzschüssel mit dem Zeigefinger sauber auswischte, wie sie es zu Hause gelernt hatte, holte die Streicherin zwei Strohsäcke aus einer Ecke und legte sie so nah wie möglich an die Feuerstelle. Ihr kleiner Gast zog mißbilligend die Nase kraus.

»Hast du keine Schlafkammer?«

»Siehst du irgendwo eine Tür, die in eine Kammer führen könnte?« fragte Renate Streicher zurück.

Katharina schaute sich um. Tatsächlich, der Raum hatte nur eine Tür, und die führte ins Freie. »Und du hast auch kein richtiges Bett?« Die Muhme schüttelte den Kopf.

»Wo sollte ich denn hier ein Bett unterbringen, noch dazu eines, das für uns beide groß genug ist? Dann wäre ja kein Platz mehr für den Tisch, und die Tiere könnten auch nicht hier bei uns sein.« Auf den Tisch hätte Katharina zugunsten eines Bettes gerne verzichtet, aber die Sache mit den Tieren leuchtete ihr ein. Sie nahm ihre Wolldecke, zog das Kleid aus, kuschelte sich auf den Strohsack und schloß die Augen.

»Du hast zwar kein Bett, aber dafür ist es hier viel wärmer als zu Hause in der Kammer«, murmelte sie, bevor sie fest einschlief.

Der Winter verging. Es war die Zeit, in der die Hebamme nicht viel zu tun hatte. Entbindungen waren rar. In den kalten Monaten wurden Kinder gezeugt, nicht geboren. Renate Streicher fand die nötige Muße, sich gewissenhaft ihrer neuen Aufgabe zu widmen. Sie sorgte dafür, daß Katharina immer der Temperatur entsprechend gekleidet, regelmäßig satt und ab und zu sogar gewaschen war. Das schmale Gesichtchen rundete sich ein wenig, die Kleidersäume rutschten immer höher. »Schau nur wie du in den Himmel schießt! Ich werde dich zum Frühjahr neu einkleiden müssen.« Katharina strahlte, sie liebte neue Kleider.

Zweimal hatte Guldenmann seine Tochter besucht, mit Grüßen von der Mutter, dem Gesinde und besonders von der drallen Line, und stets mit ihrem Lieblingsfladen und einem Stück gekochten Speck in der Tasche. Katharina freute sich, ihren Vater zu sehen, doch mit jedem Tag, den sie in Weil der Stadt verbrachte, fühlte sie sich dort heimischer, und immer seltener dachte sie an Eltingen, die Schenke und die Mutter.

Die Luft roch nach Frühling. Es gab viel zu tun. Tagaus, tagein mühte sich Renate Streicher in ihrem Kräutergarten. Schnitt und pflegte, was den Frost überlebt hatte, setzte neue Sämlinge, wässerte und jätete.

»Hier, sieh nur die Stachelbeeren, die sind ganz wichtig. Stachelbeeren müssen in jedem Garten wachsen, und sei er noch so klein. Sie schützen die anderen Pflanzen vor Zauberei und Vergiftung.« Katharina hörte aufmerksam zu und half nach Leibeskräften. Bald kannte sie alle Gewächse und wußte die nützlichen vom wuchernden Unkraut zu unterscheiden.

Je kräftiger die Strahlen der Sonne vom Himmel schienen, um so mehr verlagerte sich das Leben vom Inneren der Häuser auf die Straße.

Nachbar Wellingers Tochter Appolonia hatte schon vor Wochen bemerkt, daß in der Streicherhütte eine neue Bewohnerin eingezogen war. Neugierig spähte sie immer wieder herüber. Die Streicherin hatte in den letzten acht Jahren zwar noch drei gesunden Wellinger-Knaben auf die Welt geholfen, aber Appolonia konnte mit den Brüdern nicht viel anfangen. Die beiden größeren rauften unentwegt, und der jüngste hing noch an Mutters Rockzipfel, machte in den Augen der älteren Schwester nichts als Arbeit und taugte keinesfalls zum Spielen. Da kam ihr die unbekannte Nachbarin gut zupaß. Sie war zwar eindeutig jünger als des reichen Bauern Tochter, aber immerhin ein Mädchen. Eines Tages faßte sich Appolonia ein Herz und stapfte los.

»Hast du im Winter ein Kind gekriegt?« lautete ihre unverblümte Frage, als sie die Streicherin vor der Tür antraf. Renate Streicher lachte laut auf.

»So kann man es sagen, Appolonia, ja, ich habe ein Kind bekommen. Warte einen Moment, ich rufe sie gleich. ›Katharina! Komm geschwind einmal her, wir haben Besuch!‹« Katharina, eben noch emsig mit dem Ausfegen der Stube beschäftigt, kam eilig heraus.

»Das ist Katharina, die habe ich auf die Welt geholt, und das ist Appolonia, die habe ich auch auf die Welt geholt«, knüpfte die Streicherin sogleich ein gemeinsames Band zwischen den Mädchen. Die schwiegen sich dennoch einen Augenblick verlegen an. Katharina hatte einen starren Blick. Unverwandt starrte sie auf einen großen, braunen Leberfleck, der auf der linken Wange der Bauerntochter prangte.

»Die Musch hat auch Kinder gekriegt. Wir haben vier junge Katzen, willst du sie sehen?« unterbrach Appolonia die Stille und löste mit der Aussicht auf einen Wurf kleiner Kätzchen bei Katharina ungeduldige Vorfreude aus.

»Darf ich Muhme, bitte!« Renate Streicher hatte keine Einwände, und so liefen die Kinder Seite an Seite zum Bauernhof der Wellingers.

Von Stund an waren die Mädchen unzertrennlich. Wenn sie ihre häuslichen Pflichten erfüllt und den Ansprüchen der Erwachsenen genügt hatten, verbrachten sie jede freie Minute miteinander. Mutter Wellinger unterwies sie im Halten der

Wollspindel und brachte ihnen die Handhabe des Webstuhls bei. Renate Streicher lehrte sie, Kräuter zum Trocknen zu binden und aus dem richtigen Verhältnis von Ei und Honig die Basis für heilende Salben zu mischen.

Bald konnten die geschickten Mädchen Umschläge aus Rotkohlblättern und Wundpasten aus Ziegenkot fertigen.

Mit Hilfe von kleinen Stöcken pflückten sie Spinnweben aus Büschen, hölzernen Nischen und gemauerten Ecken. Möglichst unversehrt auf eine Scheibe Brot gelegt und gegessen, halfen diese gegen Fieber. Um die Wette nähten sie kleine Beutel, die sie gegen Halsschmerzen mit den getrockneten Genitalien kastrierter Tiere füllten. Bei Bedarf schickte die Streicherin sie Grillen zu fangen, die dann für Asthmageplagte geröstet und ihnen zusammen mit Honigwein verabreicht wurden. Schweinekot wollte sorgfältig gepreßt sein, denn der Saft wurde, mit Branntwein vermischt, gegen Bauchschmerzen verordnet, hingegen eignete sich frischer Kuhkot bestens zur Heilung von eiternden Wunden. Während sich Katharina ein wenig vor dem Glibber ekelte, erwies sich Appolonia als besonders anstellig, wenn Frosch- und Krötenlaich für die Behandlung von Hautausschlägen gebraucht wurde. Gegen Ohrenschmerzen mußten dicke Regenwürmer gefunden werden, die der Kranke lebend zu schlucken hatte. Wofür oder wogegen Renate Streicher allerdings Hanfsamenblüten und Hasenhoden kochte, sagte sie ihren eifrigen Schülerinnen vorläufig noch nicht.

Als beide Kinder gleichzeitig an den Masern erkrankten, wurde gegen ein Entgelt auch Wellingers Tochter bei der Streicherin einquartiert. Sie wusch die Mädchen, um den Juckreiz zu lindern, abwechselnd mit Erbsenbrühe ab und brachte zur Beschleunigung des Heilungsprozesses geröstete Mäuse auf den Speiseplan.

Kaum wieder genesen, lernten sie hüben der Muttersau bei komplizierten Würfen zu assistieren, drüben wurde gezeigt, wie man aus Milch Butter und Käse bereitete. Und weil sie es zu zweit erlebten, war alles Vergnügen und nichts lästige Pflicht.

Übers Jahr hatte sich im Wirtshaus zu Eltingen einiges verändert. Oben in der Kammer lag noch immer die kranke Guldenmannin. Auf Haut und Knochen abgemagert, war sie so schwach, daß sie gefüttert werden mußte. Statt ihrer nächtigte jetzt die dralle Line im großen Bett und stillte einen gesunden Knaben, der eindeutig Melchior Guldenmanns Züge trug.

Der Schultheiß erwog, Katharina zurückzuholen. Doch als er eines Tages vor der Streicherhütte stand und das Thema anschnitt, schauten ihn sowohl die Ziehmutter als auch Appolonia und vor allem seine Tochter so entsetzt an, daß er die Sache noch einmal verschob.

»Hat ja noch Zeit«, sagte er »muß ja nicht heute sein.« Auf dem Rückweg dachte er, daß es vielleicht auch für ihn und alle Beteiligten ganz gut war, noch ein paar Wochen ohne Katharina miteinander zu verbringen. Aus Wochen wurden Monate, aus Monaten wurden Jahre, und Katharina Guldenmann lebte noch immer in Weil der Stadt.

Muhme Renate, ohne Zweifel eine heilkundige Frau und erfahrene Wehmutter, wurde zwar jederzeit zu Geburten gerufen und im Krankheitsfall um Rat gefragt, doch viele ihrer Patienten waren arme Leute und zahlten bestenfalls in Naturalien. Deswegen pflegte sie schon seit langer Zeit insgeheim einen äußerst lukrativen, wenn auch strengstens verbotenen Nebenerwerb.

»Mädchen, nehmt eure Holzmesser zur Hand, wir gehen Siegwurz stechen«, sagte sie zu Katharina und Appolonia, die vor dem Haus Kränze aus bunten Wiesenblumen flochten. Begeistert ließen die Kinder Gräser und Blumen fallen und holten aus der Stube zwei spitz zugeschnitzte Hölzer. Siegwurz stechen war immer mit einem herrlichen Spaziergang durch den Wald verbunden. Sie schnatterten und lachten, während sie neben der Muhme über den torfigen Boden liefen. Katharina zog ihre Holzpantinen aus.

»Der Weg ist so weich, sieh nur, Muhme, wie die Erde zwischen den Zehen hervorkommt«, juchzte sie.

»Wirst du wohl gleich die Schuhe wieder anziehen«, wurde sie brüsk zurechtgewiesen. »Du weißt doch, daß es hier von Vipern nur so wimmelt! Willst du, daß sie dich in deine kleinen Haxen beißen?« Nein, das wollte Katharina nicht, und so schlüpfte sie folgsam wieder in ihre Schuhe. Hinter dem Wald tat sich eine moorige Wiese auf. Das satte Grün war mit den schönsten Blüten geschmückt.

Da die magischen Kräfte der Alraune nur wirkten, wenn sie zu bestimmten Stunden, auf bestimmte Weise und an bestimmten Stellen ausgegraben wurde, war sie heiß begehrt und entsprechend teuer. Seit jeher erzählten die Händler und Sammler ihren Kunden, daß die bizarr geformte Wurzel, falsch berührt und aus der Erde gezogen, so entsetzlich zu weinen und zu schreien beginne, daß derjenige, der ihren Frieden störe, in Wahnsinn und Taubheit verfalle. Alraunen zu stechen war mithin eine äußerst gefährliche Angelegenheit, und die Verkäufer ließen sich ihren Mut und Einsatz hoch bezahlen. Konnte es eine bessere Werbung für sie und ihr Geschäft geben als die Gefahr, die sie selbstlos und zum Wohle der Menschheit auf sich nahmen?

Nicht enden wollende Nachfrage und mangelnde Ware hatten Betrüger auf den Plan gerufen; Fälscher, die neben echten Alraunen unechte, aus Faselrüben und Siegwurz gefertigte Nachbildungen verkauften. Renate Streicher war eine von denen, die sich vortrefflich auf eben diese Nachbildungen verstand.

Der Siegwurz stand kerzengerade im Morast der feuchten Wiese. Er war leicht zu erkennen, denn seine purpurroten Kelche leuchteten weithin sichtbar dreißig bis fünfzig Zentimeter über dem Gras. Die Streicherin und ihre beiden emsigen Helferinnen gruben Pflanze um Pflanze aus der schweren Erde. Dann schnitten sie Stengel und obere Blätter des Gladiolengewächses ab und steckten die grob gesäuberten Wurzeln in ihre Beutel aus Werg, die sie quer über der Schulter trugen. Den Kindern hatte die Muhme gesagt, daß sie den Siegwurz zum

Kochen eines Gebräus gegen Magenbeschwerden benötige. Und weil die Mädchen aus eigener Erfahrung wußten, daß man immer wieder aus heiterem Himmel von Bauchweh geplagt wurde, wunderten sie sich auch nicht über die Menge der Wurzeln, der es bedurfte.

Erst als alle drei ihre Säcke prall gefüllt hatten, begaben sie sich auf den Heimweg.

Es war schon dunkel, Katharina schlief längst, da machte sich Renate Streicher an den ersten Schritt der Bearbeitung. Kerzen waren für den Alltag zu teuer, und so tauchte sie die Wurzeln im matten Schein glimmender Kienspäne eine nach der anderen in einen wassergefüllten Bottich. War auch der letzte Erdkrümel abgewaschen, wurden die kostbaren Stücke an Hanfschnüren aneinandergereiht und – hinter Kräuterbüscheln sorgfältig verborgen – an der Wand zum Trocknen aufgehängt. Ein paar Abende später holte sie ihr scharfes Messer aus der Lederhülle und schnitt und schabte so lange, bis die kleinen Strünke der embryoähnlichen Gestalt einer Alraune zum Verwechseln ähnelten. Zufrieden betrachtete sie ihr Werk. Oben das kleine Köpfchen, die vier seitlichen Stränge Armen und Beinen gleich, ein wenig wie Backenzahnwurzeln.

Kundschaft gab es genug. Von ihren Hausbesuchen wußte die Hebamme genau, wo es sich lohnte, ihre Imitate anzubieten. »Ich habe sie ausgegraben – nur für dich! Aber ich finde jederzeit einen anderen, der sie mir für einen guten Preis abnimmt, wenn du sie nicht willst«, leitete sie den Verkauf der Wurzeln meist ein. Und beinahe jeder, dem sie die vermeintliche Alraune offerierte, griff sofort zu und zahlte die verlangte Summe.

»Daß du es aber bei dir behältst!« beschwor sie den Käufer. »Du weißt, wie schnell Neider auf dem Plan sind. Also halte den Mund und werde reich und glücklich.« Auf diese Weise befanden sich die wohlhabenden Bürger von Weil der Stadt fast alle im Besitz eines ihrer kleinen Kunstwerke, ohne voneinander zu wissen.

Die Zeit verging, Katharina wurde verständiger, und immer öfter nahm Muhme Renate sie zu Krankenbesuchen mit. Eines Tages durfte sie die Streicherin zum ersten Mal zu einer Entbindung begleiten. Es war keine schwere Geburt, und der kerngesunde Junge brüllte sich zur Zufriedenheit aller Beteiligten sofort die Kehle aus dem kleinen Leib. In Katharinas Kopf setzten sich jedoch vor allem die Schmerzensschreie der Kreißenden und der Anblick des vielen Blutes fest. Sie dachte an ihre Mutter. Kinderkriegen war eindeutig etwas Schreckliches. Was sie da in den vergangenen Stunden erlebt, gesehen und gehört hatte, kam für sie nicht in Frage, das stand fortan für Katharina fest.

Je älter sie wurde, um so mehr Pflichten hatte sie zu erfüllen. Das Führen des kleinen Haushaltes, die Pflege der Tiere, der Alltag schlechthin, lag inzwischen in ihrer Hand. Renate Streicher widmete sich fast ausschließlich ihren Kräutern, Mixturen und zunehmend dem Sammeln und Nachschlagen von nützlichen Heil- und Segenssprüchen. Unter Zuhilfenahme eines entsprechenden Buches hatte sie längst versucht, Katharina in der Kunst des Lesens zu unterweisen. Doch so gelehrig das Mädchen sonst auch war, beim Bemühen, sie zu Worten zu ordnen, gerieten ihr die Buchstaben immer wieder durcheinander. Ihr ungeduldiges Temperament erschwerte die Sache erheblich.

»Kind des Herren! So schwer ist das doch nicht, es heißt nicht dei, sondern die! Siehst du denn nicht, was da geschrieben steht«, brauste ihre Lehrmeisterin mehr als einmal auf. Dann las sie das Geschriebene vor. Katharina mochte nicht gescholten werden, suchte einen Ausweg und verlegte sich darauf, die Sprüche auswendig zu lernen und brav herunterzuleiern, wenn die Muhme ihr die jeweiligen Seiten vorlegte.

»Wie lautet das Mittel gegen Viehverhexung?« fragte diese zum Beispiel und schlug das Buch auf. Katharina schaute angestrengt auf den handgeschriebenen Text:

»Fünffingerkraut, Beifuß, fünfzinkige Raute, Wüllenkraut

und vierzinkigen Klee zusammen in ein Kissen einnähen und dann den Tieren entweder um den Hals hängen oder auf die Stalltür legen. Dann sprechen – ›Mark und Bein, Fleisch und Blut, Haut und Haar, ist mit dir gewachsen und geboren, alle Zauberei sei an dir verloren, das helfe Gott Vater, Sohn und Heiliger Geist‹.«

An zwei Stellen stockte sie gekonnt, als könne sie die Lettern nicht recht entziffern, und so hatte die sonst so gewiefte Streicherin keine Ahnung, daß ihre Schülerin sie nach Strich und Faden beschwindelte.

Schultheiß Guldenmann hatte seine Tochter nicht vergessen. Immer wieder, wenn auch in immer größer werdenden Abständen, war er nach Weil der Stadt gefahren, um nach Katharina zu sehen. Inzwischen wäre es dem Wirt und Bürgermeister mehr als recht gewesen, wenn er seine Älteste zurück nach Eltingen hätte holen können. Sowohl im Haushalt als auch in der Schenke hätte er ihre Hilfe gut gebrauchen können. Doch Katharina war im letzten Jahr nur einmal für einen kurzen Besuch im Elternhaus aufgetaucht. Instinktiv ahnte sie, daß die dralle Line längst mehr war als nur des Vaters Magd. Alle zwei Jahre schenkte diese einem gesunden Kind das Leben, samt und sonders Ebenbilder ihres Erzeugers. Line war fleißig, liebenswürdig und bemühte sich sogar um Katharinas Zuneigung. Aber die Vorstellung, in einem Haushalt zu leben, in dem sie einst die Prinzessin gewesen war, statt des elterlichen Bettes die Schlafstatt des Gesindes zu teilen, die kranke Mutter zu pflegen und womöglich ständig auf die jüngeren Halbgeschwister aufpassen zu müssen, behagte dem jungen Mädchen ganz und gar nicht. Was kleine Kinder bedeuteten, sah sie nach wie vor bei ihrer Freundin, die mit jedem Neugeborenen ihrer Mutter stärker eingespannt wurde. »Weißt du, sie sind ja ganz nett anzuschauen in ihrer tolpatschigen, unbeholfenen Art, aber dieses ewige Geschrei und erst die vollen Windeln! Der Herr bewahre mich davor!« vertraute sie Appolonia an.

Statt Kinder zu hüten, bevorzugte sie es, bei großen Festen oder an Sonn- und Feiertagen unten am Marktplatz im Gasthaus »Zum Engel« auszuhelfen. Die Wirtschaft gehörte Sebald Kepler, Bürgermeister in Weil der Stadt, und Katharina fühlte sich immer warm an ihre Kindheit erinnert, wenn sie den Geruch der Schenke einatmete und das Stimmengewirr der Gäste in ihren Ohren rauschte.

»Geh nur Kind, da hast du ein wenig Abwechslung und ein paar Münzen obendrein«, hatte die Muhme sie ermutigt. Katharina war zufrieden und hütete sich zuzugeben, daß es noch einen anderen Grund für ihre Arbeit im »Engel« gab.

Keplers Heinrich war ein fescher Bursche, das hatte sie schon beim ersten Besuch wahrgenommen. Der schwarzlockige Junge, gleich alt, aber hoch aufgeschossen und einen guten Kopf größer als sie, gefiel ihr über die Maßen. Ihm zuliebe zog sie ihre sauberste Schürze an, wenn sie aushelfen ging, ihm zu Gefallen zerrte und zupfte sie so lange das Mieder in Richtung Taille, bis es im Ausschnitt ein klein wenig mehr ihrer dunklen Haut als schicklich freigab. Wenn er in der Nähe war, rieb sie sich kräftig die Wangen, auf daß sie leuchteten und biß sich auf die Lippen, um diese ein wenig röter erscheinen zu lassen. Doch so sehr sie sich auch bemühte, seine Aufmerksamkeit zu erringen, Heinrich Kepler ließ mit keinem Blick, durch keine Geste erkennen, daß er Katharina überhaupt bemerkte. Statt ihr in den mageren Ausschnitt zu schauen, ging er lieber mit der Zwille auf Kleinvogeljagd. Sein Vater, der Wirt, hingegen mochte das temperamentvolle Mädchen gern, und mehr als einmal hörte man ihn sagen: »So eine wie diese sollte unter meinen Kindern sein. Die hat Pfeffer in ihrem kleinen Arsch und versteht zu arbeiten.«

Alltäglich widmete sich Katharina gewissenhaft dem Auskehren und Aufräumen der kleinen Streicher-Hütte. Für alles hatte sie einen festen Platz gefunden, und was immer die Muhme suchte, Katharina wußte, wo es zu finden war. Einmal im Monat scheuerte sie den Tisch mit Sand, daß das Holz beinahe weiß schimmerte. »Wenn ich regelmäßig Grund reinbringe, sieht es immer ordentlich aus«, versicherte sie der Streicherin, die das dauernde Wischen und Wienern zwar eher überflüssig, aber nicht störend fand.

Es war der Tag des monatlichen Großputzes. Ein Küken geriet zwischen ihre Füße. Bei dem Versuch, es nicht zu verletzen, strauchelte Katharina und machte eine ungeschickte Drehung mit dem Besen. Dabei riß sie mit dem Stiel die aufgereihten Kräuter von der Wand und staunte nicht schlecht, als dahinter eine lange Kette Alraunen zum Vorschein kam. Da hing ja ein Vermögen! Wieso, fragte sie sich, wieso hatte die Muhme ihr nie davon erzählt? Es gab ein paar Dinge, über die die Muhme nicht sprach, das hatte Katharina längst verstanden. So auch das Nestelknüpfen, dessen Bedeutung sie zu gern erfahren hätte. Aber immer, wenn sie das Gespräch darauf brachte, wurde sie nur barsch zurechtgewiesen:

»Es gibt Dinge zwischen Himmel und Erde, die verstehst du noch nicht, und es gibt Dinge zwischen Himmel und Erde, die gehen dich nichts an. Für das Nestelknüpfen gilt beides!« Hier allerdings hingen zwei Dutzend kostbare Alraunen, hinter getrockneten Kräutern verborgen, und das verstand Katharina sehr wohl – glaubte sie jedenfalls. Wenn die Muhme es vor ihr verbarg, konnte es nur sein, daß es sie nichts anging, schloß das Mädchen messerscharf. Sie war klug genug, der Streicherin gegenüber für sich zu behalten, was sie gesehen hatte, und beeilte sich, die Kräuterbündel wieder an Ort und Stelle zu befestigen, als sei nichts gewesen.

»Denk dir nur, eine neben der anderen! Ein wahrer Schatz hängt da, und ich habe es die ganze Zeit nicht gewußt«, erzählte sie Appolonia am Nachmittag aufgeregt.

»Da tut sie immer, als sei sie ein armes Kräuterweiblein, und in Wirklichkeit ist sie eine reiche Frau«, Appolonia, die die Rechtschaffenheit ihres Vaters geerbt hatte, schüttelte den Kopf. Katharina pflichtete ihr bei. »Aber kein Wort zu niemand! Schwör es!« Appolonia leistete den verlangten Eid.

Keine Woche später hatte sie den heiligen Schwur vergessen und erzählte ihrer Mutter nebenbei und völlig unbeschwert beim Melken von Katharinas Entdeckung. Die Wellinger Bäuerin nahm die Hände vom Euter der gefleckten Kuh und schüttelte ungläubig den Kopf. »Wie macht sie das nur? Die Wurzeln sind so selten und schwer zu finden, wie kann sie da einen ganzen Vorrat davon haben?« wunderte sie sich, nicht ahnend, daß ihre Tochter fleißig beim Beschaffen eben dieses Vorrates geholfen hatte. Ihr liebenswürdig einfaches Gemüt ließ keine weiteren Schlüsse zu, und so molk sie weiter und vergaß die Alraunen der Nachbarin, noch bevor der Abend anbrach.

Am folgenden Freitag fielen sie ihr wieder ein. Selbstverständlich hatte auch ihr Mann eine der magischen Wurzeln von Renate Streicher erworben, und als sie in die Stube trat, und sah, wie er die Alraune mit Rotwein bestrich, kam ihr Appolonias Bericht wieder in den Kopf. »Denk nur, Wellinger, die Streicherin hat einen ganzen Berg von den Dingern in ihrer Hütte verborgen.«

Der Bauer schaute auf. »Das glaubst du doch selbst nicht, wo sollte sie die denn herhaben?«

»Ich hab's auch nicht geglaubt, aber die Appolonia weiß es von der Katharina, und die hat es mit eigenen Augen gesehen.«

Wellinger legte die Alraune wieder in das eigens gezimmerte Kästchen. Er runzelte die Stirn. Niemand besaß mehrere dieser heißbegehrten Kostbarkeiten. Mehr als eine, bestenfalls ein Pärchen, brauchte man nicht im Haushalt, und jeder wußte, daß sie viel Geld brachten. Warum sollte also die Streicherin, die immer vorgab, arm wie eine Kirchenmaus zu sein, warum sollte ausgerechnet sie Alraunen horten. Er dachte nach. Sein Gesicht verhieß nichts Gutes, als er zu einem Ergebnis gekommen war:

»Sie wird doch nicht zu denen gehören, die Siegwurz stechen und Fälschungen verkaufen?« Seine Frau war entsetzt.

»Wellinger, wie kannst du so etwas auch nur denken!« wies sie ihn zurecht. »Die Streicherin ist eine ehrbare Frau! Hat sie nicht alle unsere Kinder auf die Welt geholt, und ist nicht Apolonia beinahe jeden Tag in ihrer Hütte, und zieht sie nicht selbstlos die kleine Guldenmann groß?« In den Augen der Bäuerin machte die Summe all dessen die Nachbarin über jeden Verdacht erhaben.

»Und kann sie nicht trotzdem eine Betrügerin sein?« fragte ihr Mann und fuhr fort, ohne eine Antwort abzuwarten. »Ich werd's mit dem Bürgermeister besprechen.«

Sebald Kepler war ein enger Freund des Bauern. Wie oft hatten sie sich schon gemeinsam humpenweise das Bier in die Kehlen geschüttet und sich dabei über die Frauen, die Last mit den Kindern und das Leben überhaupt ausgetauscht. »Der Kepler ist klug, dem kann man vertrauen, er wird wissen, was zu tun ist«, beendete Wellinger das Gespräch.

Am Sonntag traf man sich wie stets in der Kirche; die protestantische Gemeinde Weil der Stadt lauschte andächtig den Worten des Pfarrers und faltete schließlich die Hände zum Schlußgebet.

»Auf einen Tropfen bei mir, Wellinger?« Nach jedem Kirchgang pflegte Sebald Kepler zum Ärger seiner zänkischen und habgierigen Frau seine engsten Freunde zum Frühschoppen in den »Engel« einzuladen.

»Auf einen Tropfen und ein Wort, Kepler«, nickte der Bauer. »Ich habe etwas Wichtiges mit dir zu besprechen.

Im »Engel« war die Hölle los. Es roch nach Feuer, Wein, Bier und ungewaschenen Leibern. Seite an Seite saßen Katholiken, Kalvinisten und Lutheraner auf den langen Holzbänken und tranken, was die Fässer hergaben. »Katharina, mir noch ein Stübchen Wein!« »Katharina, hier noch ein Bier!« schallte es durch die Schenke, und wie jeden Sonntag sorgte Katharina mit geübten Griffen und wachsamen Augen dafür, daß niemand lange warten mußte.

»Ein prächtiges Mädchen!« lobte Kepler. »Wenn sie nur nicht so knochig wäre. Von hinten wie von vorn flach wie ein Brett, nichts in der Bluse und nichts im Rock!« Er folgte jeder ihrer Bewegungen mit wohlwollenden Augen. Das Mädchen erinnerte ihn in ihrer zarten Feingliedrigkeit und der Zähigkeit, die sie gleichzeitig ausstrahlte, auf merkwürdige Weise an seine Frau – als diese noch jung gewesen war.

Wellinger grinste. »Kepler, halt an dich, sie ist doch noch ein halbes Kind.« Wenn er daran dachte, jemand könnte solch lüsterne Gedanken beim Anblick seiner Appolonia haben, beschlich ihn ein unwohles Gefühl.

»Du wolltest was mit mir besprechen?« eröffnete Kepler das Gespräch und setzte nach einem großen Schluck den Becher ab. Wellinger rutschte ein wenig näher an ihn heran und berichtete mit verhaltener Stimme von der Entdeckung seiner Tochter.

»Die Streicherin! Nicht möglich!« Auch Kepler hatte die Stimme gesenkt. Betroffen dachte er an das Alraunenpärchen, das er der Wehmutter direkt nach seines Sohnes Heinrich Geburt abgekauft hatte – und siehe, nach drei verstorbenen Kleinkindern war dieser am Leben geblieben. Also hatten die Wurzeln geholfen und konnten mithin keine Fälschungen sein.

»Ich sage ja nicht, daß sie dir oder mir was angedreht hat«, beharrte Wellinger, der sich tief im Innersten genau davor fürchtete, »aber gib zu, daß es merkwürdig ist, wenn sie die ganze Stube voll mit den Dingern hat.«

Kepler pflichtete ihm bei. »Wir müssen die Alte im Auge behalten. Vielleicht ist doch was dran, dann muß sie zur Rechenschaft gezogen werden. Armes Ding!« sagte er mit einem Blick auf Katharina. »Erst verliert sie die Mutter, und jetzt so was.«

DER »HEXENHAMMER«

Beinahe neunzig Jahre waren vergangen, seit zwei fanatische Patres der Dominikaner mit einem blutrünstigen Werk die unbarmherzige Verfolgung von Hexen und anderen Satansanbetern schriftlich legitimiert hatten. »Hexen sind Mitglieder einer großen, gegen die christliche Gesellschaft gerichteten Verschwörung, können durch Gottes Zulassung enormen Schaden anrichten, müssen vernichtet werden«, lautete das Credo der beiden Mönche. Auf dieser Grundlage widmeten sich Heinrich Institoris und Jakob Sprenger voller Eifer ihrer Aufgabe und Pflicht, Verdächtige aufzuspüren und ihnen den Garaus zu machen.

Heinrich Kraemer, alias Institoris, brachte es vom Lektor der Theologie bis zum »Censor Fidei« und erfreute sich trotz bisweilen geäußerter Kritik an seinen gnadenlosen Methoden großen Ansehens im Orden.

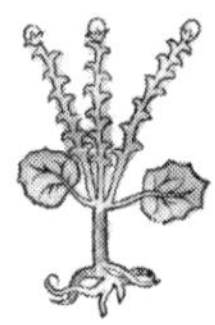

Conium masculatum

Jakob Sprenger, promovierter Theologe und Prior seines Ordenskonvents, erklomm auf der Himmelsleiter die Stufe des Dominikaner-Provinzals für Deutschland. Gemeinsam wurden sie zu Generalinquisitoren ernannt.

Papst Innozenz VIII. hatte ihnen persönlich die Vollmacht erteilt, Hexen als Angehörige einer neuen ketzerischen Sekte zu entlarven, ihnen auf bestialische Weise die entsprechenden Geständnisse zu entlocken und sie zu vernichten. Seite an Seite verfaßten die beiden Männer den »Hexenhammer« und brachten es mit ihrer makaberen Schrift Auflage um Auflage zu trauriger Berühmtheit. Zwischen 1487 und 1520 wurde das

Buch dreizehnmal nachgedruckt. Sechzehn weitere Auflagen folgten.

In einer Welt voller Dämonen, guter und böser Geister, Teufel und Aberglauben, nahm die Furcht der Menschen immense Ausmaße an: Hexen waren abtrünnig vom katholischen Glauben, pflegten Geschlechtsverkehr mit dem Teufel, machten Frauen unfruchtbar, vereitelten Geburten, trieben Kinder ab, verzauberten Neugeborene, verdarben die Leibesfrucht der Tiere und die Früchte der Felder. Hexen konnten für schlechtes Wetter sorgen und damit ganze Ernten vernichten. Mit der Kunst des Nestelknüpfens machten sie Männer zeugungsunfähig. Durch ihre teuflischen Sprüche erweckten sie Krankheiten und Schmerzen bei Mensch und Tier. Und all ihre Übeltaten dienten nur einem Zweck: dem Bösen in Gestalt des gefallenen Engels Luzifer zur Weltherrschaft zu verhelfen.

Auf das genaueste beschrieben Sprenger und Institoris in ihrem »Hexenhammer«, welche Elemente die Hexen kennzeichneten, wie die Behexung von Menschen vor sich ging. Hexen, so ließen sich die hochwürdigen Verfasser darin vernehmen, versuchten auf jede Art ihr Ziel zu erreichen. Mit magischer Kraft sorgten die vermaledeiten Weiber zunächst für entsprechende Seelenzustände: Verdruß, Trauer, Erregung und Fleischeslust eigneten sich besonders, wenn es darum gehe, Menschen gefügig zu machen. Denn in dergleichen Verfassung seien die Betroffenen am ehesten durch die Verlockungen des Höllenfürsten verführbar.

»Domini Canes« – »Hunde des Herren« – wurden die eifernden Dominikaner vom Volk hinter vorgehaltener Hand verunglimpft, doch auch der Spott konnte nicht davon ablenken: Wer in ihre Fänge geriet, hatte Schreckliches zu erwarten. Mit drohenden Worten und qualvollster Pein brachten sie unbescholtene Bürger zu den seltsamsten Aussagen. Vor allem ältere und mittellose Frauen waren es, die stets in der Gefahr schwebten, wegen oft nichtiger Eigenheiten ihres Lebenswandels denunziert, verurteilt und getötet zu werden. Mit brutalen

Händen und allerlei Marterwerkzeug erpreßten die Henker und ihre Schergen das, was die inquisitorischen Richter hören wollten. Brave Weiber, die Jahr um Jahr ihren Männern zur Seite gestanden und gesunden Kindern das Leben geschenkt hatten, gaben plötzlich an, nächtens auf dem Besen zu Walpurgistreffen geritten zu sein und im Schein höllischer Feuer inbrünstig um den Teufel gebuhlt, ihm gar den Allerwertesten geküßt und sich am Ende fleischlich mit ihm vereinigt zu haben.

Der »Hexenhammer« entwickelte sich zum Handbuch für alle Hexenrichter. Präzise gab er vor, wie ein Prozeß zu verlaufen, das Urteil vollstreckt zu werden hatte. Ohne Geständnis kein Schuldspruch, war eine der Maximen, und um eben dieses Geständnis mit Sicherheit zu erlangen, war beinahe jede Form der Folter sanktioniert.

Bald ein Jahrhundert später hatte das Buch nichts an Prominenz und Wirksamkeit verloren. Noch immer galt es als Basis und Leitfaden für Kirche und Justiz, wenn es um das Erkennen und Vernichten magisch gefährlicher Elemente ging.

TOD AUF DEM SCHEITERHAUFEN

Bürgermeister Kepler und sein Freund Wellinger verabredeten, vorläufig nichts zu unternehmen. Statt dessen wollten sie die Streicherin ein wenig im Auge behalten.

»Das ist ja nicht weiter schwer. Schließlich bin ich ihr Nachbar, und meine Appolonia verkehrt täglich mit der kleinen Guldenmann. Ich will sehen, ob ich nicht etwas aus den Mädchen herausbringe«, sagte der Bauer, und Sebald Kepler befand, dies sei ein guter Vorschlag. Renate Streicher ging seitdem, von Argusaugen beobachtet, aber dessen nicht gewahr, vollkommen ahnungslos ihrem Tagwerk nach.

Auch für Katharina änderte sich zunächst nichts. Wie zuvor verbrachte sie viel Zeit mit ihrer Freundin, mal im Bauernhaus, mal in der Hütte. Beiden Mädchen fiel nicht auf, daß Wellinger sich jetzt öfter zu ihnen gesellte, wenn sie in Stall oder Stube ihren Geschäften nachgingen. Vertrauensselig beantworteten sie seine Fragen.

Sambucus ebulus

»Oh ja, die Muhme ist eine weise Frau. Sie versteht sich ausgezeichnet auf allerlei Heilkünste. Wellinger, du solltest nur einmal ihren Kräutergarten sehen. Wie sie ihn hegt und pflegt und jedes Pflänzchen bei Namen kennt. Und die ganze Mühe nimmt sie auf sich, um kranken Menschen zu helfen«, sagte Katharina voller Bewunderung für ihre Ziehmutter.

»Freilich helfen wir ihr beim Siegwurzstechen, Vater«, antwortete Appolonia bei anderer Gelegenheit. »Sie braucht die Wurzeln für einen Sud gegen Bauchweh, und sie braucht viel davon, denn Bauchweh hat ja fast jeder hin und wieder. Denk nur an unseren Kleinen, wie oft der sich damit quält. Erst neulich hat die Mutter ihm den Trunk der Streicherin gegeben, und gleich war ihm wohler.« Appolonia fühlte sich wichtig, schließlich war es ja auch ihr Verdienst, daß ausreichend Siegwurz zur Verfügung gestanden hatte, um die Schmerzen des kleinen Bruders zu lindern. Während sie weiter plapperte und dabei das Schiffchen im Webstuhl flink hin- und hersausen ließ, schrillten in Wellingers Kopf die Alarmglocken. Siegwurz! Das war das Stichwort. Allenthalben wurde vor Betrügern gewarnt, die zur Kirchweih oder anderen Festen ganze Beutel gefälschter Alraunen mit sich führten und zum Verkauf boten. Er mußte noch einmal mit dem Bürgermeister sprechen.

Über den Hof gellte die Stimme der Streicherin: »Katharina! Katharina! Herrschaftszeiten! Mädchen, hörst du mich denn nicht?« Katharina sprang auf und stieß beinahe die Spindel um. »Ich komme!« rief sie und schürzte Rock und Unterrock in Kniehöhe, um schneller laufen zu können. Die Müllerin war hohen Leibes, das Kind konnte jederzeit kommen, und Katharina hatte der Muhme – wenn auch ungern – versprochen, bei der Geburt zu helfen.

»Sie ist mit ihren vierzig Jahren wahrlich nicht mehr die Jüngste. Das kann schwierig werden. Möchte sein, daß ich deine Hilfe brauche«, hatte die Hebamme ihr die bevorstehende Arbeit angekündigt. Vor der Hütte stand der protzige Wagen des Müllers. Auf dem Bock sein Knecht, der zur Eile drängte. Katharina kletterte hinauf.

»Ich dachte schon, du bist taub«, schalt die Streicherin und fügte besänftigend hinzu, »na, jetzt bist du ja da. Wir können!« gab sie dem Knecht das Kommando. Der schnalzte mit der Zunge und ließ die beiden Pferde traben.

Vor der Mühle mußten die Rösser ihre Schritte bis zum Stillstand verlangsamen. Des Müllers Schweine blockierten den Hof. Fette Säue und feiste Ferkel suhlten sich voller Wonne im Matsch.

»Mein lieber Herr«, entfuhr es Katharina. »Der hat aber viele Borstenviecher.«

»Hat fast jeder Müller, weil so viel Kleie bleibt, mit der sie gefüttert werden können. Ich sag's ja, der Teufel scheißt immer auf den dicksten Haufen. Und jetzt mach, daß du vom Wagen kommst. Wir laufen die letzten Meter, sonst ist das Kind draußen, bevor wir drinnen sind.« Renate Streicher ließ sich von der Pritsche auf den Boden gleiten. Der Müller hatte sie gehört und rannte ihnen entgegen. Auf seinem halbkahlen Kopf sprossen nur noch wenige Haare, er hielt sich den dicken Bauch.

»Der ist auch nicht mehr der Jüngste«, dachte Katharina, während sie höflich knickste. Der Müller japste: »Streicherin, gut daß du da bist. Die Meinige leidet Höllenqualen, komm schnell.« Er drehte sich um.

»Na, mal ganz mit der Ruhe, Müller«, beschwichtigte ihn die Hebamme. »Ist ja nicht das erste Mal, daß wir hier ein Kind holen, und gequält hat sich die Deinige immer.«

Sechs Stunden später durchlitt die Müllerin eine letzte heftige Preßwehe, und kurz darauf hielt Renate Streicher ein kleines Mädchen in den Händen. Als sie in das Gesicht des Neugeborenen sah, stockte ihr Atem. Sie drehte sich so, daß die Mutter ihr Kind nicht gleich sehen konnte. Während die Magd der Wöchnerin die schweißnasse Stirn abtupfte, holte Katharina schnell den Zuber mit warmem Wasser, Tücher zum Trocknen und eine Decke, um den Säugling nach dem Bad einzuhüllen.

»Ich kümmere mich um die Nachgeburt, bade du sie«, sagte Renate so ruhig wie möglich und reichte Katharina den Säugling mit weit aufgerissenen Augen und einem Blick, der Katharina sofort die Lippen versiegelte.

Das Gesicht des Kindes war völlig entstellt. Verzerrt bis zur Unkenntlichkeit durch einen Spalt in der Oberlippe, der sich bis tief in den Gaumen zog. Katharina gefror das Blut in den Adern. So etwas kannte sie bisher nur aus den Büchern der Muhme. Aber in Wirklichkeit sah es noch viel grauenhafter aus als auf den Zeichnungen, die dort abgebildet waren. Sie erinnerte sich an den Text, den sie zum Bild auswendig gelernt hatte. Das, was sie hier sah, war ein Wolfsrachen, keine Hasenscharte, sondern ein Wolfsrachen, und wenn sie recht hatte, war das das Todesurteil für das kleine Würmchen in ihren Armen. Neugeborene mit dieser Mißbildung hatten kaum eine Chance zu überleben. Weil sie nicht saugen konnten, verhungerten sie meist jämmerlich. Katharina wurde von tiefem Mitleid ergriffen. Die Tränen liefen ihr über das Gesicht, als sie den winzigen Schreihals in das lauwarme Wasser tauchte. Und einmal mehr stand fest: Niemals würde sie eigene Kinder haben! Dazu konnte sie keine Macht der Erde zwingen. Sie wußte zwar weder, wie und warum man Kinder bekam, noch wie man es verhindern konnte, aber schließlich war die Muhme auch kinderlos, also gab es einen Weg, diesem schrecklichen Schicksal zu entgehen. Vielleicht gab es bestimmte Tränke, Salben oder Sprüche, vielleicht mußte man einfach nur regelmäßig darum beten. Um nichts zu versäumen, nahm sie sich vor, bei nächster Gelegenheit danach zu fragen.

Das Neugeborene war gebadet, gewickelt und warm eingepackt. Jetzt kam der Moment der Wahrheit. Renate Streicher hielt das Kind im Arm und schickte Katharina nach dem Müller. »Lieber beide gleichzeitig, es wird eh schlimm, aber zweimal hintereinander ist schlimmer, als beide auf einen Schlag.« Aufgeregt betrat der Müller das Zimmer.

»Ein Junge! Ist es ein Junge? Hab ich alter Hengst noch einmal einen Sohn gezeugt?« fragte er mit einer Mischung aus Stolz und Vorfreude in der Stimme.

»Es ist ein Mädchen«, antwortete seine Frau. »Du toller Hengst hast auf deine alten Tage noch ein Mädchen gezeugt«, lächelte sie. »Komm, Wehmutter, reich sie mir, daß ich mein kleines Püppchen endlich sehen kann.« Sie streckte die Arme nach ihrem Kind aus. Es ließ sich nicht länger hinausschieben. Renate Streicher, die bis jetzt das Gesicht des Säuglings an ihrem großen Busen verborgen hatte, wendete sich zur Mutter.

Die zuckte entsetzt zusammen, zog die Arme zurück, und im gleichen Augenblick entfuhr den Kehlen beider Eltern ein so markerschütternder Schrei, daß Katharina meinte, ihr Trommelfell müsse zerplatzen.

» Hier gibt es für uns nichts mehr zu tun. Laß uns gehen, sie müssen allein damit fertig werden«, flüsterte die Streicherin in Katharinas Ohr, dann sagte sie laut: »Ich schicke euch den Pfarrer, wenn ich im Dorf bin.« Katharina war schon draußen, als Renate Streicher leise die Tür schloß. Die weinenden Eltern und ihr entstelltes Kind überließ sie dem Schicksal. Daß eben diese mißgebildete Müllerstochter ihr eigenes Los besiegeln würde, stand in den Sternen schon geschrieben.

Der Himmel strahlte in klarstem Blau, nur ein paar kleine Wolken standen wie steif geschlagener Eischnee, aber über der Streicherschen Hütte braute sich ein bedrohliches Gewitter zusammen. Längst hatte im Dorf die Nachricht von der Müllerin Mißgeburt die Runde gemacht. Das Kind lag kaum unter der Erde, da saßen Bauer Wellinger und Sebald Kepler wieder an einem Tisch. Diesmal hatten sie den unglücklichen Müller zu sich gebeten.

»Aber ich war doch nicht dabei! Ich habe doch keine Ahnung, was sie angestellt hat. Ich kam erst ins Zimmer, als die Kleine schon fertig zurechtgemacht war«, beteuerte er bereits zum vierten Mal. »Könnt ihr euch vorstellen, wie die Meinige trauert?« Er seufzte. »Sie wird nach diesem kein Kind mehr haben und hatte sich so gefreut.« Er seufzte lauter. »Und ihr meint wirklich, die Streicherin hat da die Finger im Spiel?« Auch diese Frage wiederholte er zum vierten Mal.

Sebald Kepler nickte bedeutsam.

»Müller, stell dich nicht dümmer als du bist«, Wellinger grinste, denn in Weil der Stadt wußte jeder, daß der dicke Müller nicht einer der Hellsten war. »Zähl doch einfach mal eins und eins zusammen: Sie braut Heiltränke, sammelt Kräuter, weiß unzählige magische Sprüche, verkauft Alraunen und hat deine Tochter verhext«, reihte der Bürgermeister eine Untat an die andere und bildete damit eine feste Kette schlüssiger Indizien. »Alraunen, die vermutlich gefälscht sind«, fügte Wellinger hinzu und verschwieg geflissentlich die Beteiligung seiner Tochter am Sammeln der Wurzeln. Der Müller nickte; was die beiden da anführten, klang auf erschreckende Weise logisch.

»Und jetzt?« fragte er mit treuherzigem Blick.

»Jetzt gehe ich zur Streicherin und lasse mir als erstes die Alraunen zeigen. Ich weiß ja, wo sie zu finden sind, sie kann sie also gar nicht vor mir verbergen. Und dann sind wir klüger«, entschied Wellinger und machte sich mit Sebald Keplers Zustimmung sogleich auf den Weg.

Renate Streicher saß vor ihrer Tür auf einem halbhohen Baumstumpf, der ihr sonst als Hackklotz für das Winterholz diente, und band Kräuter, als ihr Nachbar auftauchte.

»Gott zum Gruß, Wellinger, was führt dich zu mir?« Der Bauer druckste. Von Angesicht zu Angesicht fiel es ihm doch schwer, der Frau, die so viel für seine Familie getan hatte, die Vorwürfe entgegenzuschleudern, von denen er eben noch fest überzeugt gewesen war. »Streicherin«, nahm er all seinen Mut zusammen. »Streicherin, der Bürgermeister schickt mich. Ich muß etwas mit dir klären.«

»Kläre nur, Nachbar, kläre nur. Um was geht es denn?« Renate Streicher hob nicht einmal den Kopf und konzentrierte sich auf ihre Arbeit.

»Streicherin, du bist verdächtig des Betruges und womöglich noch schlimmerer Dinge.« Jetzt war es heraus. Die Hebamme schaute ihn fragend an und wiederholte:

»Des Betruges und schlimmerer Dinge? Bist du noch gescheit, Bauer, wer hat dir denn diesen Floh ins Ohr gesetzt?«

Wellinger, der sich eigentlich vorgenommen hatte, ein geschicktes Verhör zu führen, sah sich mangels passender Worte gezwungen, die mißliche Angelegenheit klar und deutlich auszusprechen.

»Es heißt, du handelst mit gefälschten Alraunen.«

»Wer sagt das?« Renate Streichers Stimme klang schriller, als sie es sich gewünscht hätte. Der Angstschweiß brach ihr aus. Als der Bauer ihr schreckensbleiches Gesicht sah, tat sie ihm beinahe ein wenig leid. Einen Augenblick lang hoffte er, die Anschuldigungen würden sich als nichtig erweisen.

»Das ist doch ganz gleich, wer das sagt«, entgegnete er. »Laß mich in deine Hütte schauen, wenn ich hinter den getrockneten Kräuterbüscheln nichts finde, bis du schon halb aus dem Schneider.«

Die Streicherin schluckte.

»Nein, du hast in meiner Hütte nichts zu suchen, und deshalb lasse ich dich auch nicht hinein. Was geht's dich an, was ich hinter meinen Kräutern bewahre!« Sie war aufgestanden und versuchte, ihm den Weg zu versperren. Wellinger schob sie unsanft zur Seite. Vier große Schritte nach rechts, eine gezielte Handbewegung, ein Blick, der Bauer sah mehr, als er erwartet hatte und als ihm lieb war. Da hingen sie in Reih und Glied sauber nebeneinander, die magischen Wurzeln, die angeblich so selten waren. Erdrückt von der Last dieses Beweises verlegte sich die Hebamme aufs Betteln.

»Wellinger, ich habe alle deine Kinder auf die Welt gebracht. Ich war immer zur Stelle, wenn bei euch einer krank war, ob Mensch oder Vieh. Deine Tochter geht seit Jahr und Tag bei mir ein und aus. Laß einer alten Frau den kleinen Nebenverdienst. Du weißt, ich habe kaum genug zum Leben.« Aber der rechtschaffene Wellinger ließ sich auch durch ihr Flehen nicht erweichen. »Der Bürgermeister weiß schon Bescheid. Es ist zu spät. Ich kann jetzt nicht mehr so tun, als hätte ich dies hier nie gesehen.«

»Du hast eine echte Wurzel!« versuchte die Streicherin ihn umzustimmen und log weiter: »Einen guten Freund wie dich würde ich nie betrügen.« Der Bauer schüttelte den Kopf. »Dann leg wenigstens ein gutes Wort für mich ein«, bat sie verzweifelt.

»Will sehen, was ich tun kann«, brummte Wellinger, wohl wissend, daß er kaum vermochte, etwas auszurichten.

Noch bevor die Dämmerung hereinbrach, wurde Sebald Kepler beim Vogt vorstellig und brachte das verwerfliche Treiben der Streicherin zur Anzeige. Wenn es um Hexerei ging, gab es kein Pardon. Die Schergen waren schnell bei der Hand. Schon am nächsten Morgen standen sie vor der Hütte und nahmen die Hebamme mit sich.

»Mach dich auf den Weg nach Eltingen«, konnte diese Katharina gerade noch anweisen, »und hol mir deinen Vater her. Sag ihm, ich brauche seine Hilfe«, waren ihre Worte, bevor sie in den Kerker geworfen wurde.

Katharina gehorchte auf der Stelle. Sie schaute nicht rechts, nicht links, hatte keinen Blick für die Wiesen und Blumen. Während ihr unablässig die Tränen über das Gesicht liefen, stapfte sie mit geballten Fäusten in ihr Heimatdorf. Der Altknecht begrüßte sie freudig, als sie die Schenke betrat.

»Laß gut sein! Für Freundlichkeiten ist keine Zeit! Wo ist der Vater?« fragte sie ohne Umschweife.

»Dein Vater ist heute ganz in der Früh nach Leonberg gefahren. Dort ist eine große Hochzeit. Er wird sicher ein paar Tage fortbleiben«, antwortete der Knecht. Katharina rang verzweifelt die Hände.

»Die Muhme bittet eilig um seine Hilfe. Wenn er zurückkehrt, soll er sofort zu uns kommen. Richte ihm das aus, gleich, wenn du ihn siehst, ja?« Der Knecht versprach es. Katharina sah kurz nach ihrer Mutter, dann ging sie in die Küche, umarmte die Mägde, ließ sich einen Becher Wasser geben und brach wieder auf nach Weil der Stadt. Die Füße schmerzten vom ungewohnten Marsch, doch das Geschick der Ziehmutter ließ ihr keine Ruhe.

Schnell wie ein Lauffeuer hatte sich die Nachricht von Renate Streichers Verhaftung herumgesprochen. Als Katharina zur Hütte kam, war eine aufgebrachte Meute bereits eingedrungen und hatte das Unterste zuoberst gekehrt. Alles war von den Wänden gerissen, von den Brettern geworfen, lag auf dem Boden. Zerbrochene Krüge, zersprungene Töpfe. Salben, Tränke, Tinkturen flossen über die irdenen Scherben. Die ehemals verborgenen Wurzeln allerdings waren samt und sonders verschwunden. Katharina fühlte einen heiligen Zorn in sich aufsteigen. Beinahe ohnmächtig vor Wut nahm sie einen großen Besen und fegte das Durcheinander zu einem Haufen zusammen. Den beförderte sie auf die Feuerstelle und zündete ihn an. Dann verließ sie die Stube und lief zum Marktplatz.

Vor dem »Engel« stand Sebald Kepler und stritt heftig mit seiner Frau. Katharina konnte ihr Gekeife von weither hören. Der Bürgermeister kratzte seinen Vollbart. Allzeit bereit, sich mit jedem anzulegen, zog er es im allgemeinen vor, Auseinandersetzung mit seinem zänkischen Weib zu vermeiden. Als das Ehepaar Katharina sah, schwiegen beide auf der Stelle still und sahen betreten auf die Straße. Das Mädchen grüßte höflich. Kepler nickte ihr zu und legte die Hand auf den Arm seiner Frau. Doch die beschwichtigende Geste war vertan:

»Es ist dir wohl klar, daß du in Zukunft nicht mehr bei uns arbeiten kannst – jetzt, wo die Streicherin verhaftet ist!« Katharina wurde weiß im Gesicht.

»Aber noch ist doch gar nicht erwiesen, daß sie schuldig ist«, wagte sie zu widersprechen.

»Ach, papperlapapp! Erwiesen, nicht erwiesen! Die Alte ist eine Hexe und eine Betrügerin dazu. Auf den Scheiterhaufen gehört sie«, sagte die Wirtin und ging ohne ein weiteres Wort ins Haus. Sebald Kepler zog bedauernd die Schultern hoch:

»Du kennst sie, ich kann da gar nichts machen. Wenn alles gut ausgeht, kannst du ja wieder bei uns anfangen.« Auch er kehrte ihr den Rücken.

Renate Streicher war ins Narrenhäuslein gebracht und dort eingesperrt worden. Katharina versuchte durch die vergitterte Luke mit der Verhafteten zu sprechen, doch die beiden bewaffneten Wächter stellten sich ihr in den Weg.

»Muhme, ich war beim Vater, er kommt so schnell wie möglich, und ich komme auch wieder. Muhme, halt aus, ich habe dich lieb«, konnte sie noch rufen, bevor der eine Wachmann sie davonscheuchte.

Die Obrigkeit hielt sich nicht lange auf. Renate Streicher wurde der Hexerei und des Betruges angeklagt. Zeugen zu finden war nicht schwer. Einer nach dem anderen standen sie vor dem Vogt: der Gerber, der Zinngießer, der Schmied und der Glaser, einige Bauern, der Schlachter und sogar der Schuster gaben an, womöglich von der Delinquentin betrogen worden zu sein und auch anderweitiges Übel von ihr zu wissen. Sie alle hatten der Streicherin Alraunen abgekauft und fürchteten, auch wenn es ihnen schwerfiel, das zuzugeben, von ihr hinters Licht geführt worden zu sein. Und weil es für dieses ungute Gefühl keine Erlösung gab, zögerten sie nicht, sich mit schändlich erfundenen Berichten über vermeintliche Missetaten der Hebamme zu rächen. Die Streicherin kam vor Gericht.

Sorgfältig suchte der Henker nach Warzen, Muttermalen, Pickeln, Pockennarben, Leberflecken und anderen Schönheitsfehlern – allesamt als Hexenzeichen bekannt. Renate Streicher ließ die gierigen Männerhände widerwillig unter ihre Kleidung und über ihren Körper gleiten. Ihre Augen funkelten böse.

»Kriegst wohl zu Hause nicht genug, daß du so an mir herumfummeln mußt?« Der Mann fühlte sich ertappt und zog die Finger zurück, dann führte er sie vor das Hohe Gericht.

Doch sosehr der Richter sie auch anschrie und ihr drohte, die Angeklagte blieb stur.

»Ich habe keineswegs Alraunen gefälscht, und eine Hexe bin ich auch nicht«, beharrte sie in der Hoffnung, auf diese Weise ihre Freiheit wiederzuerlangen.

»Du lügst!« brüllte der Richter. »Wellingers Appolonia hat bezeugt, daß sie dir beim Siegwurzstechen geholfen hat. Und die verstorbene Tochter des Müllers ist ja wohl Beweis genug! Gestehe deine Schuld!«

»Sie schweigt«, vermerkte der Gerichtsschreiber im Protokoll.

Nachdem die einfache Befragung keine Wirkung zeigte, ging der Richter den zweiten Schritt, so wie er im »Hexenhammer« vorgeschrieben war.

»Die Daumenschrauben!« ordnete er an. Renate Streicher wurde abwechselnd heiß und kalt, als man ihr die beiden Eisenschellen um die Daumen legte und so fest zuschraubte, daß es ihr beinahe die Finger zerquetscht hätte. Sie jammerte und wehklagte. Aber ein Geständnis ließ sie sich nicht abpressen.

Am nächsten Prozeßtag befahl der Richter die Spanischen Stiefel zu bringen, in perfider Konstruktion den Daumenschrauben ähnliche Schienen, mittels derer die ohnehin empfindlichen Schienbeine malträtiert wurden. Renate Streicher schrie vor Schmerz und gestand doch keines der ihr vorgeworfenen Delikte. Der erboste Richter wies den Scharfrichter an, die renitente Angeklagte in der folgenden Nacht auf die Leiter zu spannen. Die Angst raubte Renate Streicher das Bewußtsein. Mit einem Eimer kalten Wassers weckte der Henkersknecht erbarmungslos ihre Lebensgeister und schleifte sie, die mit ihren geschundenen Beinen kaum einen Fuß vor den anderen zu setzen vermochte, wieder in ihr Gefängnis.

Draußen war es dunkel. Die Streicherin harrte wie gelähmt ihres Schicksals. Stumpf und ohne einen Laut von sich zu geben, leistete sie keine Gegenwehr, als die beiden Wachmänner sie in ein Gewölbe unter dem Gerichtssaal führten. Feinfühlig bestand der Gesetzgeber darauf, daß die Folterkammern sich entweder in tiefen Kellern oder zumindest außerhalb stark bewohnter Gegenden zu befinden hatten. Auf diese Weise sollten die Ohren der Mitmenschen von den entsetzlichen Schreien der Gequälten verschont bleiben. Renate Streicher stolperte die Steinstufen hinab. Es roch feucht und muffig, die Kälte kroch ihr in alle Glieder.

An der linken Seite des Raumes stand, schräg an Wand und Boden befestigt, eine überbreite Leiter aus dickem Holz. Mit einem heftigen Ruck wurden Mieder und Rock der Sünderin heruntergerissen. Trotz ihrer Furcht vor dem, was kommen sollte, schämte sich die Streicherin, im Unterkleid vor den fremden Männern zu stehen. Der Knecht legte ihr eiserne Fesseln um die Knöchel. Grob zerrte er ihre Arme auf den Rücken und band auch diese mit Eisen. Von beiden Schellen baumelten schwere Ketten. Sie klirrten leise, als die Angeklagte auf die Leiter gehoben wurde. Um die Kette an den Handgelenken an einer der oberen Sprossen einzuhängen, wurden dem Opfer die Arme rückwärts über Kopfhöhe gezogen. Die Schulterkugeln gaben knackende Geräusche von sich. Die Streicherin schrie auf. Die Kette an ihren Füßen wurde an einer Winde befestigt. Jede Drehung, und war sie auch nur halb, dehnte den Körper und bedeutete pures Martyrium. Renate Streicher weinte, flehte und bettelte um ihr Leben. Doch statt Gnade zu erweisen, erhöhte der Scharfrichter die Pein. Er riß ihr auch noch das Leibchen vom Körper, kletterte, ein Bündel brennender Kerzen in der Hand, auf die Leiter und brannte damit die Achsel- und Schamhaare der Hebamme ab.

»Näßt ein«, vermerkte der Protokollant.

»Sie pißt sich an, dann haben wir sie gleich so weit«, rief der Henkersknecht und drehte die Winde ein Stückchen nach vorn. Dies war der Moment, in dem Renate Streicher alles gestanden hätte, nur um ihren Qualen ein Ende zu machen. Wimmernd und unter Tränen gab sie zu, was immer ihr vorgeworfen wurde. Ja, sie war schuldig des Betruges! Ja, sie hatte das Kind des Müllers verhext. Ja, sie hatte Schaden bei Mensch und Tier mit ihren Zaubersprüchen angerichtet.

»Ja! Ja! Ja! Ich gebe alles zu, nur lockert die Kette! Ihr zerreißt mich bei lebendigem Leibe!« Die Stimme versagte ihr. Doch der Scharfrichter war noch nicht fertig.

»Du bist es nicht allein, nicht wahr? Sei klug und erleichtere dein Gewissen freiwillig. Nenne mir die Namen derer, die dich bei deinem Tun unterstützt und begleitet haben!« forderte er.

»Nein, das ist nicht wahr! Ich kann dir niemand nennen!

Es gibt niemand, der mir geholfen hat! Mach mich um der Barmherzigkeit Gottes willen los, ich kann dir nichts anderes sagen!«

»Du wagst es, den Namen Gottes im Munde zu führen! Schande über dich!« tobte ihr Peiniger. Der Knecht drehte die Winde weiter. In Sturzbächen rannen der Streicherin die Tränen über das Gesicht. Fast besinnungslos vor Schmerzen schrie sie wie ein gequältes Tier:

»Ich kann keinen Namen nennen!«

Der Henker war nicht zufrieden. Jede durchgeführte Folter bedeutete bares Geld. Die Tarife waren festgelegt, er überschlug im Kopf:

1 Florin für Territio und Schrecken. Keine Frage, das stand ihm zu.

1 Florin 15 Groschen für Tortur. Sauber durchgeführt und im Protokoll beschrieben, das Geld war sein.

1 Florin 9 Groschen für Schläge. Darauf würde er wohl diesmal verzichten müssen.

10 Groschen für die Knechte. Sollten sie haben. Die Burschen hatten gute Arbeit geleistet.

3 Florin für die Exekution. Die standen noch aus, waren aber nach dem Geständnis so gut wie in seiner Tasche.

Sein Weib konnte sich freuen, bei dem Verdienst sprang bald das vornehme Kleid heraus, das sie sich so sehnlich wünschte. Während die Knechte die straff gespannten Ketten lockerten und Renate Streicher von ihrer Marter erlösten, dachte der Scharfrichter zärtlich an sein Weib. Es war die Tochter des Schinders, seines Vorgängers, die er geheiratet hatte. Ein wunderschönes Mädchen, nicht gerade begabt für Haus und Stall, aber dafür hatte sie andere Talente – und was für welche. Dem Scharfrichter wurde ganz schwül um die Lenden, wenn er nur daran dachte. Um in den Genuß ihrer Zärtlichkeiten zu kommen, war ihm beinahe jedes Mittel recht. Und weil seine junge Frau nach Höherem strebte, jedoch als Tochter des einen und Gattin des anderen Henkers zeitlebens auf gesellschaftliche

Anerkennung würde verzichten müssen, kleidete sie sich wie eine Prinzessin – nein, eigentlich wie eine Göttin, fand der Scharfrichter just jetzt, da er an die verlockenden Ausschnitte ihrer Roben dachte.

Es war ein von der Öffentlichkeit abgeschiedenes Leben, das die Henker und ihre Familien von Gesetzes wegen führten. Meist wohnten sie außerhalb der städtischen oder dörflichen Gemeinden, konnten keine Bürgerrechte erwerben, geschweige denn vor Gericht als Zeugen auftreten oder gar eine Patenschaft übernehmen. Scharfrichter, so wollte es die Justiz, hatten möglichst jeden Kontakt zu meiden. Wenn sie ins Wirtshaus gingen, durften sie nicht mit anderen Gästen gemeinsam trinken oder speisen, und sogar in der Kirche hatten sie sich abseits von den anwesenden Gläubigen zu halten. Die Teilnahme an öffentlichen Festen war ihnen untersagt, und sogar für die Kleidung galten bestimmte Vorschriften, damit sie überall und von jedermann gleich erkannt werden konnten. Die Folge der strengen Regeln waren feste Familientraditionen. In kaum einem Beruf blieben die Söhne dem Amt des Vaters so treu, während die Töchter fast immer einen Henker der nächsten Generation heirateten.

Mit ihren ausgerenkten Gliedmaßen konnte Renate Streicher sich nicht mehr auf den Beinen halten und war einer Ohnmacht nahe. Der Gerichtsschreiber schloß das Protokoll und während der eine Knecht die Pfütze unter der Leiter aufwischte, schulterte der andere die geschundene Beschuldigte wie einen Sack Mehl und trug sie in ihr Gefängnis zurück.

Der Scharfrichter räumte seine Folterwerkzeuge an Ort und Stelle. Was waren schon die lächerlichen Geldstrafen, die er zu berappen hatte, weil sein schönes Weib ständig gegen die Kleiderordnung verstieß. Was waren diese albernen Beträge gegen das Vergnügen, mit den Händen über ihre nur von feinster Seide verhüllten Brüste zu gleiten, ganz zu schweigen von dem Vergnügen, wenn die Seide erst von diesen Brüsten glitt! Er schloß die Gewölbetür hinter sich, legte den schweren Riegel vor und beeilte sich, zufrieden mit seinem Tagwerk und voll freudiger Erwartung, nach Hause zu kommen.

Am folgenden und letzten Prozeßtag hatte das auf der Leiter erpreßte Geständnis den unausweichlichen Schuldspruch zur Folge. Renate Streicher versagten die Knie.

»Tod auf dem Scheiterhaufen, denn die Kirche vergießt kein Blut«, lautete das im »Hexenhammer« vorgeschriebene Urteil. Es halfen keine Tränen, kein Bitten und Flehen. Der Richter schloß die Akte.

Als Melchior Guldenmann wohlgemut von den Leonberger Feierlichkeiten ins heimische Eltingen zurückkehrte, überfiel ihn der Knecht, noch bevor die Pferde abgeschirrt waren, mit Katharinas Nachricht.

»Um Himmels willen, was mag da los sein!« Der Schultheiß war besorgt. Daß seine Tochter mit einer derartigen Botschaft auftauchte, hatte es in all den Jahren nicht gegeben. Er ließ zwei ausgeruhte Tiere anspannen und machte sich sofort auf den Weg nach Weil der Stadt.

Der schaulustige Mob hatte sich schon am Rabenstein, dem Galgenhügel außerhalb der Stadtmauern, eingefunden. In der Mitte der steinernen Umfriedung waren dicke Scheite und Reiser rings um einen hölzernen Vierkantpfahl aufgetürmt. Der Henker hatte seinen Platz ein wenig abseits eingenommen, nicht weit entfernt von einem kleinen Tisch, an dem Richter und Gerichtsschreiber saßen. Ganz am Rande, mit gramgebeugten Schultern, mager, bleich und traurig, stand Katharina.

»Laß mich in der schweren Stunde nicht allein«, hatte die Muhme geweint und ihrer Ziehtochter trotz deren Protests das Versprechen abgerungen, an der grausamen Vollstreckung teilzunehmen.

Aus der Menge brandeten dumpfes Johlen und schrille Pfiffe. Es war soweit. Der Armesünderkarren rumpelte heran. Auf dem kurzen Leiterwagen befanden sich drei Menschen. Vorne auf dem Bock der Kutscher, dahinter Renate Streicher und einer der beiden Folterknechte vom Vorabend. Der Scherge des Henkers hielt sie fest. Unnötig fest, denn nach überstandener Marter war Renate Streicher keinesfalls in der Lage zu fliehen.

»Zieht sie aus und peitscht sie! Mit Hasel- oder Weidenruten, die zischen in der Luft und machen Striemen!« schrie einer aus der Meute und griff sich lüstern zwischen die Schenkel.

»Nicht zu hastig das Ganze«, forderte ein anderer, »sonst bleibt für uns wieder nur der Gestank!« Zwei weitere fabulierten von nackten Weibern, die sich unter Schmerzen auf der Streckbank winden, als das Gefährt mit der Verurteilten näher kam.

»Na, von dem trockenen Braten hat der Scharfrichter nicht viel gehabt«, lachte ein Dritter. »Die ist alt und zäh wie Juchtenleder.«

»Alt und trocken«, feixte sein Nachbar, »dann brennt sie hoffentlich wie Zunder.«

»Besser sie brennt als zu viel von dem teuren Holz«, kreischte eine Frau in Lumpen. »Wie das im Winter die Stube wärmen würde! Eine Schande!«

Der Fronknecht schubste die Streicherin vom Wagen. Mit letzter Kraft versuchte sie, seinem Griff zu entkommen. Vergeblich. Der Mann packte sie an ihrem dünnen Sünderhemd und riß es dabei auf der linken Seite so tief ein, daß es eine Brust des Opfers freigab. Unter dem Jubel der Zuschauer bedeckte die verzweifelte Hebamme ihre Blöße mit der Hand. Katharina schluchzte laut auf und schloß die Augen. Dies war mehr, als sie ertragen konnte, und doch stand das Schlimmste noch bevor. Um sie herum wurde es stiller. Renate Streicher befand sich jetzt direkt vor dem Richtertisch. Der Gerichtsschreiber verlas das Urteil. Der Richter brach den Stab. Ein Raunen ging durch die Menge. Seine Ehren hatte der Angeklagten sogar die übliche Gnade versagt. Sie wurde nicht, wie es sonst Brauch war, zunächst enthauptet und dann verbrannt, sondern sollte lebendigen Leibes angezündet werden. Das versprach ein

Spektakel besonderer Güte. Lediglich der Henker machte ein enttäuschtes Gesicht. Auf diese Weise gingen ihm drei Florin extra für den Schwertschlag verloren.

Des Priesters laute Stimme übertönte das Murmeln der Menschen, als er aus Johannes XV, 6 zitierte: »Wer nicht in mir bleibt, der wird weggeworfen wie eine Rebe und verdorrt, und man sammelt sie und wirft sie in das Feuer, und sie muß brennen.« Der Richter nickte selbstgefällig. Konnte es eine deutlichere göttliche Bestätigung für seinen Schuldspruch geben?

Bis jetzt hatte die Streicherin leise gebetet. Doch als der Fronknecht sie derb am Arm faßte, um sie auf den Scheiterhaufen zu schleppen, mobilisierte sie ein letztes Mal beinahe übermenschliche Reserven. Kraftvoll wehrte sie sich mit Händen und Füßen, spuckte, kratzte, trat gezielt und traf den Knecht mitten zwischen seinen Beinen. Der knickte für den Bruchteil einer Sekunde ein, rappelte sich wütend auf, holte aus und schlug seinem Opfer mit einem rechten Haken die Vorderzähne aus. Die Zuschauer kreischten vor Vergnügen. Renate Streicher achtete nicht auf das Blut, das in Strömen aus ihrem Mund lief. Zähnespuckend wurde sie auf den Holzstoß gehievt und am Pfahl festgebunden.

Katharina war auf die Knie gesunken und betete mit gefalteten Händen ein »Vaterunser« nach dem anderen. Der Lärm verebbte. Umständlich entzündete der Henker seine Fackel. In Erwartung der ersten Flammen wurde das Volk ganz still. Renate Streicher schleuderte einen Fluch in das Schweigen:

»Verflucht sollt ihr sein, ihr Mörder, alle miteinander! Verflucht sollt ihr sein zu ewiger Verdammnis, ihr, eure Weiber, eure Kinder und Kindeskinder! Auf daß ihr vom Satan besessen durch euer Leben irren und in der Hölle schmoren werdet in alle Ewigkeit!«

Ein Stöhnen entrang sich den anwesenden Müttern. Keuchend zogen sie ihre mitgebrachten Sprößlinge an sich, umschlossen sie ängstlich mit festen Armen. Ein aufregendes Spektakel hatten sie dem Nachwuchs präsentieren wollen. Und dann so etwas! Wie konnte sie! Wie konnte diese Unholdin sie verfluchen! Sie und die unschuldigen Kinder!

Die Flammen züngelten. »Jesus Christus, Sohn des lebendigen Gottes, erbarme dich meiner!« schrie die Streicherin in Todesangst, dann verschlug ihr der beißende Rauch den Atem.

In Blasen löste sich die Haut von Gesicht und Körper, die Haare loderten, Renate Streicher verbrannte.

Der Himmel sah aus, als hätten ihn kundig geführte Pinsel blau lackiert. Weil der Stadt war wie ausgestorben. Schultheiß Guldenmann wunderte sich über die Leere. Es waren nur noch wenige Meter zur Hütte der Hebamme. Als er durch die offene Tür in die geplünderte und verwüstete Stube sah, schwante ihm Böses. Er lief zum Nachbarhof und fand die Wellinger Bäuerin im Stall.

»Wo ist Katharina? Wo ist die Streicherin? Was ist hier los?« fragte er atemlos und vergaß in seiner Sorge zu grüßen. Ein Blick in die verquollenen Augen der Frau sagte Guldenmann, daß etwas Furchtbares geschehen sein mußte.

»Sie sind alle am Rabenstein«, antwortete die Bäuerin tonlos. »Ich bin nicht hin. Sie war eine gute Frau, immer zur Stelle, immer für uns da.« Lautlos rannen die Tränen über ihre Wangen.

Grußlos, wie er eingetreten war, verließ Guldenmann den Stall. Hastig wendete er den Karren und trieb sein Pferd Richtung Rabenstein. Eine graue Qualmsäule vernebelte das Himmelsblau. Guldenmanns Herz schlug bis zum Hals.

Noch bevor er den Richtplatz erreichte, hatte die Streicherin bereits alle irdischen Qualen überstanden und ihre gequälte Seele ausgehaucht. Weit vor den anderen hatte Katharina mit gebeugtem Nacken den Ort des Grauens verlassen. Wirre Gedanken jagten ihr unkontrollierbar durch den Kopf.

Wo die Muhme jetzt wohl war? Ob sie ewigen Frieden fand? Wahrscheinlich schon, schließlich hatte sie ein Leben lang viel Gutes getan. Und wenn an der Sache mit den Wurzeln doch etwas dran war? Reichte das, um in die Hölle zu kommen? Nein, das mußte doch gegeneinander aufgerechnet werden, oder etwa nicht? Und was würde aus ihr selbst werden? Wo sollte sie hingehen? Zurück nach Eltingen? Natürlich, wohin sonst? »Dann kann ich Appolonia nicht mehr sehen – und den Heinrich auch nicht«, dachte sie. »Ich habe vergessen, die Muhme zu fragen, wie man keine Kinder kriegt«, durchzuckte es sie unvermittelt. Wer konnte so etwas noch wissen? Sicher nicht die Wellinger Bäuerin, die bekam schließlich eines nach dem anderen, ebenso die dralle Line. Die Altmagd des Vaters vielleicht – die hatte auch keine.

Den Blick fest auf den Boden gerichtet, wäre sie beinahe mit dem Wagen des Schultheißen zusammengestoßen. Guldenmann sprang von der Deichsel und schloß seine Tochter in die Arme. Stammelnd und unter heftigem Schluchzen berichtete Katharina von den schrecklichen Ereignissen der letzten Tage.

»Und ich war nicht da, ihr zu helfen!« Der Vater war beinahe ebenso verzweifelt wie seine Tochter. Er riß sich zusammen.

»Es hilft ja alles nichts! Komm, steig auf. Wir holen deine Sachen, und dann geht's zurück nach Hause. Es ist eh langsam an der Zeit, daß du zurückkommst, meinst du nicht?«

Katharina meinte gar nichts. Sie war nur froh, den Vater neben sich zu wissen, und wäre ihm bis ans Ende der Welt gefolgt, wenn er es hier, jetzt und heute von ihr verlangt hätte.

DIE KEPLERS IN WEIL DER STADT

Etwa fünfzig Jahre zuvor hatte ein umtriebiger Handwerksmeister aus der Zunft der Kürschner, Johannes Sebald Kepler mit Namen, seine Heimatstadt Nürnberg verlassen und war 1520 nach Weil der Stadt gezogen.

Nachdem sein Vater, ein unbescholtener und tüchtiger Buchbinder in Nürnberg, aus finanzieller Not seinen Adelstitel hatte ablegen und in den Handwerkerstand eintreten müssen, sah es Johannes Sebald als seine Pflicht und Schuldigkeit, den Namen Kepler wieder unter die ersten der Stadt zu bringen. In Nürnberg schien ihm das ehrgeizige Ziel unerreichbar, und so schnürte er sein Bündel und begab sich auf Wanderschaft, um den Wohnsitz zu wechseln.

Weil der Stadt tat es ihm schon aus der Entfernung an. Lang und schmal wie ein Schiffsrumpf, erstreckte sich die freie Reichsstadt an der Würm auf einer leichten Anhöhe. Ringsum lagen Äcker, Wiesen und kleine Wälder. Der mit Fruchtbarkeit gesegnete Fleck Erde im weinseligen Schwaben, am Rande des Schwarzwalds, schien ihm der rechte Ort, mit seinem Können zu Ansehen und Wohlstand zu gelangen. Über allen Dächern weithin sichtbar, beherrschten die drei Türme der gotischen

Symphytum officinale

Kirche die Stadt. Kepler betrat den fremden Ort durch das Tor der Stadtmauer und fühlte sich gleich heimisch. Wie in Nürnberg wohnten die reichen, angesehenen Bürger in der Stadtmitte in schmalen hochgiebeligen Häusern um den Marktplatz herum und in den unmittelbar angrenzenden Seitengassen.

Weniger Angesehene und Arme lebten in der Nähe der Stadtmauer. Die Juden bewohnten eine Gasse für sich, so wie auch bestimmten Gewerben bestimmte Straßen zugeordnet waren. Gerber und Bader hatten ihren Platz in der Nähe des Wassers, also etwas außerhalb. Der Kürschner besah sich das Kornhaus, das die Versorgung der Stadt sicherte, entdeckte ein Spital für Alte und Kranke und war auch auf den zweiten Blick äußerst beeindruckt vom Mittelpunkt des Stadtkerns, der katholischen Kirche. Er begutachtete alles genau und entschied dann, sich eine Bleibe am Marktplatz zu suchen. Zunächst ging er jedoch in das nächstgelegene Gasthaus und bestellte sich einen Humpen Bier zur Stärkung.

Johannes Sebald Kepler war ein stolzer Mann. Schließlich konnte er auf eine ansehnliche Ahnenreihe verweisen. Daher ließ er auch keine Gelegenheit aus, die Geschichte seiner berühmten Vorfahren zu erzählen. Kaum hatte er sich an einen der langen Holztische gesetzt, kam er mit zwei Männern ins Gespräch.

»Wir gehen im 13. Jahrhundert sogar auf einen Edelmann zurück, von dem ist auch das Wappen mit dem Engel«, pflegte er die Familienchronik einzuleiten, um dann zu beschreiben: »Es ist ein Schild, in der Mitte quer in ein gelbes oberes und ein blaues unteres Feld geteilt. Im oberen Feld ist die Halbfigur eines ganz in Rot gekleideten Engels mit goldenen Flügeln zu sehen, der seine Hände auf die Teilungslinie legt. Imposant!« Er machte eine gewichtige Pause, während der seine Zuhörer versuchten, ihn von der Darstellung weiterer Details abzulenken. Doch Johannes Sebald Kepler hatte seine eigenen Vorstellungen und beendete den Vortrag erst, wenn seiner Meinung nach alles gesagt war. Dazu gehörten die genaue Schilderung des Hutes, den der Engel trug, und vor allem die Legende von Konrad und Friedrich Keppler – die Schreibweise des Nachnamens variierte im Laufe der Jahrhunderte je nach Gehör der Schreiber von Kepler über Keppler bis Kettner und Ketpner.

»Das waren richtige Helden«, sprach er unbeirrbar weiter. »Die Brüder Konrad und Friedrich sind nachweislich am 31. Mai 1433 in Rom auf der Tiberbrücke von Kaiser Sigismund an dessen Krönungsfest wegen besonderer Tapferkeit zu Rittern geschlagen worden. Den Adelsbrief gibt es noch. Ja, wir Keplers sind ein großes Geschlecht!« beendete der Kürschner seine ausführlichen Berichte, nachdem er die Heldentaten der in Ehre Verblichenen nach Bedarf und Laune ausgeschmückt oder gar neu erfunden hatte. Seine Zuhörer nickten voll pflichtschuldiger Bewunderung und beeilten sich, das Thema zu wechseln.

Für kurze Zeit nahm der Neuankömmling mit einer Unterkunft beim Stellmacher vorlieb. Dann schlug sich das Glück auf seine Seite. An einer Ecke des Marktplatzes, am Beginn der kurzen Gasse, die zur Kirche führte, stand ein Fachwerkhaus zum Verkauf. Käufer und Verkäufer waren schnell handelseinig. Der Kürschner hatte die entscheidende Hürde genommen: Er besaß ein Haus in erster Lage.

Fleißig und gewissenhaft brachte er es in den folgenden Jahren tatsächlich zu Wohlstand und Ansehen in der Stadt. Auf seinen ausdrücklichen Wunsch bestätigte Kaiser Maximilian II. persönlich das Wappen der Familie erneut. Seiner vornehmen Abkunft mit Brief und Siegel gewiß, versah Kepler sogar eine Weile das Amt des Stadtrechners, und als 1530 auf dem Kirchplatz feierlich eine Linde gepflanzt wurde, gehörte er längst zu den Honoratioren.

Um das Fortbestehen des »großen Geschlechtes« zu sichern, heiratete Johannes Sebald Kepler alsbald und gründete selbst eine große Familie. Besonders die Söhne unter seinen zahlreichen Sprößlingen taten sich hervor. Einige wurden einflußreiche Ratsmitglieder, und der im Jahre 1521 Zweitgeborene, wie sein Vater auf den Namen Sebald getauft, brachte es nach dessen Tod gar zum Bürgermeister und Pfründverwalter zu Weil der Stadt.

In seiner Jugend war eben dieser Sebald ein wilder Bursche, eigentlich das schwarze Schaf der Familie, gewesen. Aber ausgerechnet er, der mit exzessiven Besäufnissen und nicht enden wollenden Weibergeschichten den Vater mehr als einmal bis zur Weißglut getrieben hatte, wurde nach seiner Hochzeit wenn schon nicht fromm wie ein Lamm, so doch um einiges ruhiger und bedächtiger.

»Endlich hat der Junge seinen Weg gefunden«, stellte der Kürschner beruhigt fest, als sein Sohn – immerhin schon jenseits der Hälfte seines zweiten Lebensjahrzehnts – ein Mädchen aus dem benachbarten Marbach freite.

Die zierliche Auserwählte hieß Katharina Müller. Sie war gottfromm, ausgesprochen klug und zählte zweiundzwanzig Lenze. Aus Eitelkeit, und damit nur ja niemand auf den Gedanken käme, es hätte bis dahin an heiratswilligen Freiern gemangelt, behauptete sie allerdings steif und fest, sie habe eben erst ihren achtzehnten Geburtstag gefeiert. Tatsache war hingegen, daß sie bereits zwei mögliche Kandidaten mit ihrer zänkischen, rechthaberischen und – wie sich später herausstellen sollte – lügenhaften Art in die Flucht gejagt hatte.

Sebald Kepler mit seinem roten, fleischigen Gesicht war keineswegs der Mann ihrer Träume. Doch als er sich um ihre Gunst zu bemühen begann, redete Mutter Müller der wählerischen Tochter heftig ins Gewissen:

»Sei doch froh, daß er es ernst mit dir meint! Und benimm dich, um Himmels willen. Wie lange willst du noch warten? Wenn du so weiter machst, sinkst du noch als alte Jungfer ins Grab. In deinem Alter hatte ich schon drei Kinder geboren! Er ist stattlich, hat Hände zum Arbeiten, kommt aus einem guten Stall und hat Geld im Hintergrund. Also Schluß mit dem zögerlichen Gehabe, der wird geheiratet, und zwar schnell.«

Die Worte der Mutter hatten Gewicht; und wenig später führte Sebald Kepler seine junge Frau erst zum Altar und dann nach Hause. Jetzt hatte er zwar ein Weib, wußte aber noch immer nicht so recht, wie er ohne Unterstützung des Vaters seine ständig wachsende Familie ernähren sollte. Er versuchte sich hier, probierte dort. Wirklich gelingen wollte ihm nichts. Es war seine Frau, die den Gedanken hatte und ihn dazu brachte, mit »dem Alten«, wie sie ihren Schwiegervater nannte, zu sprechen.

Der Standort des Keplerschen Hauses war ideal, direkt am Marktplatz, mitten im Ort.

»Laß uns eine Schenke aufmachen. Ich will sie mit meiner Frau führen, und das wird uns allen gut bekommen. Immer warmes Essen, immer genug zu trinken«, der frischgebackene Ehemann lachte. Sein Vater dachte an dessen ausschweifende Gewohnheiten von ehedem und fand den Scherz keineswegs gelungen. Eisern sperrte er sich zunächst gegen die Pläne des Sohnes. Der jedoch ließ nicht locker, und eines Tages hing ein Schild mit dem Wappen der Keplers und der Aufschrift »Zum Engel« über der Tür.

Das Ehepaar arbeitete von früh bis spät. Nicht nur, daß sie aus der Küche der Wirtschaft die ganze Familie versorgten, darüber hinaus warf das Gasthaus regelmäßig einen ordentlichen Batzen Geld ab. Zusätzlich zum Verkauf von Speisen und Getränken betrieben sie an den Schanktischen einen schwunghaften und sehr lukrativen Handel mit gewebtem Tuch. Auch dies hatte die junge Frau Kepler ausgeklügelt. Trotz ihres nimmermüden Einsatzes gebar sie in den folgenden einundzwanzig Jahren nicht weniger als zwölf Kinder. Die ersten drei, ein Sebald, ein Johann und noch ein Sebald, starben im frühen Kindesalter. Dann überredete die unglückliche Mutter ihren Mann, der Hebamme Renate Streicher eine Alraune abzukaufen. Sebald Kepler sah das tränenüberströmte Gesicht der Wöchnerin, und es bedurfte keiner weiteren Worte, um ihn den Schritt zur Hütte der Streicherin lenken zu lassen. Die drehte ihm mit dem üblichen Brimborium gleich zwei der angeblich magischen Wurzeln an, und Sebald Kepler trat mit dem zufriedenen Gefühl, ab jetzt das Glück im Griff zu haben, vor seine Frau.

Als am 19. Januar 1547 das vierte Kind, ein Junge, geboren und wenig später auf den Namen Heinrich getauft wurde, zweifelte niemand daran, daß der Knabe zu einem starken Mann heranreifen würde.

»Ein Bild von einem Bengel«, sagte Sebald Kepler jedesmal, wenn sein Blick auf den schwarzen Lockenkopf seines Sohnes fiel.

»Die Haare hat er von mir«, lächelte die stolze Mutter dann und beeilte sich hinzuzufügen: »Aber sonst ist er ganz dein Ebenbild.«

»Schmeichlerin!« feixte ihr Mann. »Paß nur auf, daß ich dich nicht gleich schnappe und dir noch eins mache!« Er liebte es, mit seiner Männlichkeit zu prahlen und zwickte seine kichernde Frau in den Hintern. Das Ergebnis der neckischen Spiele waren hintereinander Kunigunde, eine kleine Katharina, die früh starb; endlich ein Sebald, der am Leben blieb, noch eine kleine Katharina, die überlebte, und ein Frühchen namens Maria, auf deren schwere Geburt nach einer etwas längeren Pause noch drei weitere Säuglinge folgten. Liebling beider Eltern war und blieb jedoch Heinrich, den sie nach Strich und Faden verwöhnten.

Anstrengende Arbeit, ständige Schwangerschaften und die Sorge um die Kinder hatten die unangenehmen Anlagen von Mutter Kepler verstärkt. Zunehmend häufiger geriet sie wegen Kleinigkeiten in Rage, konnte aus nichtigem Anlaß wie ein Rohrspatz schimpfen und stiftete durch ihr feuriges Temperament ständig Unruhe.

Ihrem Mann, der den Inhalt seiner stets gefüllten Fässer nicht nur teuer verkaufte, sondern auch allzugern die eigene Kehle hinunterrinnen ließ, wurde ihr Gezanke oft zu viel. Insbesondere wenn er dem Wein gut zugesprochen hatte, übermannte ihn bisweilen einer seiner gefürchteten cholerischen Anfälle. Dann brüllte er so laut und lange, bis Frau und Kinder um ihn herum vor Schreck erstarrt und verstummt waren.

Sohn Heinrich verehrte seinen mächtigen, autoritären Vater. Je älter er wurde, um so heftiger bemühte er sich, ihm in allem nachzueifern. Er kopierte den Gang, die Gesten und die Blicke. Kaum halbwüchsig, wies er seine jüngeren Geschwister zurecht, zwang sie, kleine und größere Aufgaben für ihn zu erledigen, und verteilte nach seinem Dafürhalten und Belieben Maulschellen und Kopfnüsse, wenn sie ihm nicht zu Willen waren. Darum bisweilen von der Mutter gescholten, beschwerte er sich sofort beim Vater, von dem er wußte, daß er ihn stets verteidigte: »Ist halt ein Rauhbautz, der Junge. So soll's doch auch sein, schließlich muß er sich später im Leben durchsetzen – auch gegen die Frauen!« Bei diesen Worten grinste Sebald Kepler verschwörerisch und knuffte seinen Sohn in die Seite.

Während die jüngeren Kinder in Haushalt und Gaststätte nach Alter und Fähigkeiten helfen mußten, verstand es Heinrich, sich vor beinahe jeder Arbeit zu drücken.

»Nie ist er zur Stelle, wenn ich ihn brauche«, murrte Mutter Kepler, doch Vater Sebald hielt schützend die Hand über seinen Ältesten. Heinrich schoß in die Höhe, seine Stimme senkte sich zu männlicher Tiefe, und Bürgermeister Kepler bemerkte wohlgefällig, daß sich die Mädchen, von der geringsten Magd bis zu den Töchtern wohlhabender Städter, nach dem hübschen Jungen die Hälse verdrehten. Da dieser Sohn, so stand es geschrieben, dereinst sein Erbe antreten würde, unterwies ihn sein Vater in allem, was er zu diesem Zweck wissen mußte. Mit schneller Auffassung begabt, fiel es Heinrich nicht schwer, dem Vater zu folgen. Landwirtschaft und der Handel mit Wein sowie der Verleih der Rösser, mit denen Sebald den Wohlstand seiner Familie sicherte, das fand er schnell heraus, interessierten ihn herzlich wenig.

Anders das Betreiben der Wirtschaft. Hier fühlte er sich wohl. Die Rolle des zukünftigen Hausherrn gefiel ihm über die Maßen. In der Schenke konnte er das Gesinde in nahezu sklavenhalterischer Manier scheuchen, und unter den Gästen war immer einer in Laune, ein Schwätzchen zu halten. Ganz zu schweigen davon, daß Heinrich schon sehr früh einen Labebecher kühlen Bieres klarem Wasser eindeutig vorzog, und hier saß er an der Quelle. Bald war es ihm in Fleisch und Blut übergegangen, die Schankstube zu kontrollieren. Sebald Kepler, dem er damit viel Arbeit abnahm, bestärkte ihn. Anders die Mutter, der es ganz und gar nicht gefiel, wenn sie sah, daß Heinrich manchmal schon am frühen Nachmittag schwankte und kaum mehr einen klaren Satz herausbrachte. Immer wieder erhob sie Einspruch gegen die ungesunde Entwicklung:

»Kepler, du machst einen rechten Taugenichts aus deinem Sohn, wenn du ihn sich betrinken läßt, statt ihn mit Egge und Pflug aufs Feld zu schicken«, protestierte sie, doch gegen das Bündnis von Vater und Sohn war kein Ankommen.

Der Bürgermeister war froh, daß Heinrich inzwischen beinahe soweit war, den »Engel« ohne väterliche Unterstützung ganz und gar selbständig zu führen. Die zunehmende Ausbreitung von Martin Luthers umstrittener Lehre forderte ihn in seinem Amt. Noch war der größere Teil der Bürger von Weil der Stadt dem katholischen Glauben verbunden. Doch wie überall stieg auch in der tausendköpfigen Gemeinde die Zahl der Protestanten von Tag zu Tag. Je höher sie wurde, um so stärkere Spannungen entwickelten sich zwischen den Lagern, und schließlich kam es so weit, daß sich die Streitigkeiten und ihre Folgen einschneidend auf das Alltagsleben in der Stadt auswirkten. Wegen unterschiedlicher Glaubensauffassung verweigerte etwa der Müller dem Schuster das Mehl, der Schuster kaufte kein Leder mehr vom Gerber, und der Faßbinder jagte den Bader aus der Werkstatt, wenn der einen neuen Metallreifen für einen seiner Bottiche bestellen wollte. Abwechselnd, gemeinsam, miteinander und gegeneinander gaben sie sich beim Bürgermeister die Tür in die Hand. »Wer hat nun recht?« wollten zerstrittene Parteien immer wieder von ihm wissen. Doch Sebald Kepler konnte die Frage zunächst nicht beantworten.

Im katholischen Glauben erzogen, gehörte er allerdings zu denen, die der neuen Lehre offen gegenüberstanden. Je ausführlicher er sich von Amts wegen mit der Materie beschäftigen mußte, um so stärker wuchs in ihm das Gefühl, daß an den Ideen und Thesen der Reformation, so wie sie Martin Luther formuliert hatte, viel Bedenkenswertes und Überzeugendes war. Der Bürgermeister dachte nach, überlegte hin und her und wog die Argumente schließlich ab. Ausnahmsweise einmal einvernehmlich mit seiner Frau entschied er sodann: Seine Familie sollte zum evangelischen Glauben übertreten. Gemeinsam mit einem seiner ebenfalls konvertierten Brüder, dem Ratsherren Daniel Kepler, führte er fortan die protestantische Fraktion in Weil der Stadt.

Während beide Eltern das neue Bekenntnis sehr ernst nahmen, war es den Kepler-Kindern einerlei, wann sie in welcher Kirche welche Predigt hörten und wie die zu sprechenden Gebete lauteten. Auch Heinrich hatte die Prozedur der Taufe zwar ohne Widerrede in Anstand über sich ergehen lassen, maß der ganzen Sache ansonsten aber keine große Bedeutung bei. Gott war Gott, ob katholisch oder evangelisch war ihm gleich. Seine Interessen lagen derzeit auf völlig anderem Gebiet:

Wie die Mädchen dem kecken Jungwirt schöne Augen machten, war auch er – hier trat er ganz und gar in seines Erzeugers Fußstapfen – dem anderen Geschlecht sehr zugeneigt.

»Der braucht sich nicht im Badehaus zu bedienen und die Franzosenkrankheit zu riskieren.« Bei den Erinnerungen an die eigene Jugend leuchteten Vater Keplers Augen. Mit wehmütigem Neid und einer ordentlichen Portion Stolz verfolgte er seines Sohnes Entwicklung zum Schürzenjäger. So derb und grob sich dieser oft unter dem Einfluß von Alkohol gebärdete, so charmant und verführerisch konnte er nüchtern sein. Und so manche Maid, die ihm in die elterliche Scheune gefolgt war, ließ ihre Jungfernschaft und ein gebrochenes Herz im Heu zurück. Vom Scheitel bis zur Sohle ein Hallodri, fochten Heinrich die Tränen seiner ehemaligen Gespielinnen nicht an. Hatte er erst bekommen, was er wollte, reizte ihn die Betreffende in der Regel nicht mehr, und er begab sich erneut auf die Pirsch.

KIRCHWEIH

Nur von gelegentlichem Schluchzen geschüttelt, verbrachte Katharina die Fahrt nach Eltingen schweigend neben ihrem Vater. Der Schultheiß hielt lustlos die Zügel der Pferde und lenkte die Klepper geistesabwesend nach Hause. Voll Kummer darüber, daß er Renate Streicher nicht mehr rechtzeitig zu Hilfe gekommen war, schwieg auch er.

In Haus und Wirtschaft hatte sich während Katharinas Abwesenheit einiges verändert. Als sie auf den Hof fuhren, wurde Guldenmann sofort von einer vierköpfigen Schar rotwangiger Kinder begrüßt. Katharina betrachtete sie vom Wagen herab und erkannte sofort die Ähnlichkeit mit dem Vater. Die drei Jungen und das kleine Mädchen machten einen gesunden, munteren Eindruck.

»Wen hast du denn da mitgebracht?« Die Kinder umringten sie neugierig.

»Das ist die Katharina. Sie kommt aus Weil der Stadt«, druckste Guldenmann und legte seiner ältesten Tochter liebevoll den Arm um die Schulter.

Glycyrrhiza glabra

Aus der Wirtschaft schallte die Stimme der drallen Line:

»Guldenmann, bist du wieder da?« Sie kam zur Tür heraus, stutzte einen Moment und warf dem Schultheißen einen fragenden Blick zu. »Katharina, was für eine Überraschung! Wie schön, daß du uns mal wieder besuchen kommst«, sagte sie freundlich.

»Sie ist nicht zu Besuch. Sie ist zurück und bleibt ab jetzt bei uns«, korrigierte Guldenmann und stieg vom Karren. Katharina entging nicht, daß sich die Miene der Magd verdunkelte.

Doch in Stall und Küche wurde sie überschwenglich empfangen. Die Altmagd, der Knecht und das restliche Gesinde waren sichtlich gerührt, als Katharina plötzlich vor ihnen stand.

»Eine junge Dame bist geworden drüben in der Stadt; und wie du angezogen bist«, die Altmagd konnte ihre Bewunderung kaum verbergen. »Sie hat jetzt das Sagen hier«, sie machte eine Kopfbewegung in Richtung Line. »Deine Mutter liegt noch immer oben in der Kammer. Die meiste Zeit weiß sie kaum mehr, wer sie ist. Betet wirres Zeug. Wir haben ihr nichts gesagt von den Kindern.« Katharina sah sie dankbar an.

»Ich gehe gleich hinauf und sehe nach ihr.« Schon bei dem Gedanke grauste es sie. Ihre Mutter lag mit geflochtenen Haaren, zum Skelett abgemagert, im Bett. Mit leerem Blick sah sie durch Katharina hindurch. Die Kammer roch nach Schwäche und Krankheit. Katharina setzte sich zu ihr.

»Mutter, ich bin es. Deine Tochter. Erkennst du mich denn nicht?« Die Augen der Guldenmannin lagen in dunklen Höhlen.

»Tochter? Ich habe keine Tochter. Tot, alle tot. Meine Kinder sind alle tot. Ich bete für sie. Das ist alles, was ich noch tun kann. Verflucht sei der Samen, der mich zerrissen hat!« Sie drehte den Kopf erschöpft zu Seite, schloß die Lider und bewegte lautlos die Lippen. Katharina wischte sich die Tränen ab und verließ auf Zehenspitzen das Krankenlager.

Inzwischen hatte Line in der Schenke auftischen lassen. Doch so sehr sie sich auch bemühte, Katharina brachte keinen Bissen herunter.

»Sei mir nicht bös, aber ich kann heute nichts essen. Ich muß immer an die Muhme denken, und auch der Anblick der Mutter ist nicht gerade erfreulich«, entschuldigte sie sich und begann zu weinen. Line, derweil in groben Zügen von den Ereignissen in Weil der Stadt ins Bild gesetzt, zeigte Verständnis.

»Ist ja auch schrecklich, was du heute erlebt hast. Am besten ist, wenn du dich jetzt erst einmal richtig ausschläfst. Ich lasse dir in der Kammer ein Lager richten, dann stört dich niemand, und du kannst dich erholen.« Katharina nickte dankbar.

Die Schlafkammer sah aus wie ehedem. Das große Bett stand noch immer an seinem Platz, und durch die Butzenscheiben des kleinen Fensters fiel noch immer ein milchig trüber Lichtschein, als hätte Katharina das alles eben erst verlassen. Gerade wollte sie wie zu Kinderzeiten ihr Kleid ausziehen und ins Bett unter die wollene Decke kriechen, da kam die Magd mit einem Strohsack herein.

»Ich soll dir das bringen zum Schlafen, wo soll ich es hinlegen?« Katharina sah sich um. In dem kleinen Raum kam nur eine Ecke in Frage, und auf die zeigte sie. Schlagartig wurde ihr bewußt, daß zwar alles noch so aussah wie früher, aber nichts mehr so war wie einst. Natürlich war ihr Platz nicht mehr in dem großen Bett, in dem sie als kleines Mädchen mit ihren Eltern geschlafen hatte. Da nächtigten jetzt der Vater, seine neue Frau und vermutlich die Kinder. Sie war zu müde, um weiter darüber nachzudenken, legte sich auf den Strohsack, deckte sich zu und merkte nicht mehr, wie der Vater ihr leise einen warmen Ziegelstein unter die Füße schob.

Äußerlich fand sich Katharina schnell wieder in den Eltinger Alltag. Sie half in der Wirtschaft und erntete viel Anerkennung für das, was sie bei ihrer Arbeit im »Engel« gelernt hatte. Sie ging in Stall und Küche zur Hand, bewies ihr Geschick am Webstuhl, und wenn es sich gar nicht vermeiden ließ, kümmerte sie sich sogar um die Kinder. In ihrem Inneren sah es jedoch ganz anders aus. Sie hatte Heimweh. So stark, daß sie manchmal meinte, es möchte sie zerreißen. An die hundert Mal am Tag dachte sie an die Muhme, an Appolonia und an den schönen Heinrich. »Wenn ich könnte, würde ich ihn heiraten«, durchfuhr es sie immer wieder. Was hätte sie gegeben, um ihn wiederzusehen. Was hätte sie gegeben, mit Appolonia bei deren Mutter in der Stube zu sitzen, die Spindel zu halten und zu schwatzen, und was hätte sie nicht erst gegeben für den Schlafplatz am Feuer in der kleinen Hütte der Streicherin.

»Für uns alle ist das hier zu eng«, sagte Line am ersten Morgen nach Katharinas Rückkehr zu Guldenmann. »Ich denke, es ist besser, wenn sie sich ab morgen die hintere Stube mit dem Gesinde teilt, meinst du nicht?«

Der Schultheiß stimmte ihr zu, auch er fühlte sich nächtens in Anwesenheit seiner beinahe erwachsenen Tochter nicht wohl. Und so zog Katharina am folgenden Tag mit Strohsack, Decke und ihren paar Habseligkeiten zu Mägden und Knechten und empfand sich bald mehr zu jenen, als zur Familie zugehörig.

Je mehr Zeit verging, um so stärker wurde ebendieses Gefühl, und Katharina wünschte sich nichts so sehr, wie eine vertraute Freundin und einen Platz, an dem sie zu Hause war.

Es war im Oktober 1570, als Katharina eines Spätnachmittags zu ihrem Vater in die Schankstube ging:

»Vater, sie feiern Kirchweih in Weil der Stadt, und es wäre mein Schönstes, dabeizusein. Wenn du mich entbehren kannst, will ich für ein paar Tage herübergehen. Ich würde endlich die Appolonia wiedersehen und kann sicher beim Bauern Wellinger wohnen.«

Melchior Guldenmann liebte seine Tochter. Längst hatte er bemerkt, wie sehr sie sich sehnte, und sah keinen Grund, ihr die Bitte abzuschlagen. Katharina machte einen Luftsprung und stieß einen kleinen Freudenschrei aus.

»Daß du mir aber keine Dummheiten machst«, ermahnte sie der Schultheiß freundlich.

»Wie könnte ich, Vater. Ich weiß doch, was sich gehört.« Mit diesen Worten rannte seine Tochter aus der Schenke, um ihre besten Kleider zusammenzupacken. In der Küche besorgte sie sich noch etwas Proviant und stapfte in den frühen Morgenstunden des nächsten Tages überglücklich los. Die Vorfreude machte den Weg kürzer, als er ihr jemals erschienen war. Katharina sang und pfiff abwechselnd, dann lachte sie leise in sich hinein und sagte einen Reim aus der Kinderzeit vor sich her: »Mädchen, die pfeifen, und Hühnern, die kräh'n, soll man beizeiten die Hälse umdrehen.«

Schon als sie von weitem den Hof der Wellingers sah, wurde ihr ganz warm ums Herz. Das war das Gefühl, das sie so lange vermißt hatte, hier war sie zu Hause. Sie beschleunigte ihre Schritte. Beim Anblick der kleinen Hütte, in der sie so viele Jahre mit der Muhme gelebt hatte, spürte sie einen Stich. Das Häuschen war offensichtlich bewohnt. Die Tür stand offen, Hühner scharrten auf der lehmigen Straße, und Katharina meinte, eine weibliche Stimme zu hören. Von Neugier getrieben, konnte sie der Versuchung nicht widerstehen, ging näher heran und lugte vorsichtig um die Ecke. Die einfache Feuerstelle in der Mitte gab es nicht mehr, statt ihrer prangte jetzt an der Seite ein nagelneu gemauerter Ofen. Und an diesem Ofen stand keine andere als ihre Busenfreundin Appolonia, summte leise vor sich hin und rührte in einem Kessel. Auf Zehenspitzen schlich sich Katharina von hinten an sie heran, hielt ihr mit den Händen die Augen zu und versetzte ihr damit einen solchen Schrecken, daß Appolonia beinahe den heißen Kessel umgestoßen hätte. Eine Sekunde später lagen sich die Mädchen in den Armen.

»Wohnst du jetzt hier? Es sieht alles ganz anders aus. Und der Tisch, der ist auch neu, nicht wahr?« Katharina schaute sich um.

»Der Vater hat damals alles weggeworfen und verbrannt«, Appolonia stockte einen Augenblick und senkte den Blick. »Und dann hat er gesagt, daß es ja eigentlich unsere Hütte ist, hat alles neu gemacht, und jetzt lebe ich hier.« Katharina nickte.

»Du brauchst kein schlechtes Gewissen zu haben, ob du hier wohnst oder nicht, macht die Muhme auch nicht wieder lebendig, und du kannst ja nichts dafür.« Sie scheuchte die traurigen Gedanken weg. »Laß uns nicht mehr daran denken. Ich bin gekommen, Kirchweih mit dir und den anderen zu feiern.« Appolonia klatschte begeistert in die Hände.

»Du bleibst natürlich bei mir. Wir gehen gleich rüber und holen etwas, worauf du schlafen kannst. Was meinst du, wie die Mutter sich freuen wird, dich zu sehen. Wir sprechen oft von dir. Du fehlst uns allen sehr.«

Mutter Wellinger begrüßte Katharina tatsächlich überschwenglich.

»Ach Kind, wie schön, dich wiederzusehen. Es kommt mir vor wie eine Ewigkeit. Du mußt mir unbedingt erzählen, wie es dir geht.« Sie wischte sich eine Freudenträne aus dem Augenwinkel und räusperte sich: »Jetzt schickt euch aber. Es ist Zeit für den Kirchgang, und ihr müßt euch noch fertigmachen, oder wollt ihr etwa so, wie ihr seid, zum Fest?« Katharina küßte sie auf die Wange und beeilte sich, Appolonia in die Hütte zu folgen.

»Hilf mir mal, ich stecke fest«, Appolonia hatte sich mit ihrem Armband im Stoff des Unterrockes verhakt, als sie ihn über den Kopf ziehen wollte. Katharina kicherte:

»Du siehst aus wie ein Gespenst.« Sie erlöste die Freundin. Die Mädchen tauschten Mieder und Tücher und machten sich schließlich schwatzend und lachend auf den Weg.

Es war ein goldener Oktobertag. Die Sonne brannte vom Himmel, und auf dem Kirchplatz ging es hoch her. Mit tatkräftiger Unterstützung der Gemeindejugend hatte Sebald Kepler im Schatten der großen Linde lange Tische und Bänke aufgestellt. Gerade hatte der Pfarrer am Schluß seiner Predigt noch zu Mäßigung gemahnt, doch jetzt war der Gottesdienst vorbei, seine Worte verklungen. Das Fest begann. Es wurde gegessen, getrunken, getanzt.

Die Kirchweih war neben dem Fasching das wichtigste Fest des Jahres. Spiele, Wettkämpfe und Umzüge wurden veranstaltet, und es gab sogar einen Jahrmarkt.

Als freie Reichsstadt hatte Weil der Stadt die begehrte, hochherrschaftliche Genehmigung, diesen Jahrmarkt zu veranstalten. Die Aussicht darauf, neben dem Feiern auch noch kaufen und verkaufen zu können, zog viele Fremde, Gaukler, Handwerker und Kaufleute an. Sogar die kleinsten Städte hatten ihre Wochenmärkte, doch ein Jahrmarkt war etwas ganz Besonderes. Wann sonst gab es die Möglichkeit, Waren von auswärtigen Händlern zu erwerben; Dinge, die auf dem städtischen

Markt nicht zu haben waren. Wann sonst sah man eine solche Ansammlung von Seiltänzern, Akrobaten, Jongleuren, Kunstreitern und – wenn man Glück hatte – Feuerschluckern, die gegen Geld ihre Tricks und Künste vorführten.

Katharina hatte Appolonia aus den Augen verloren und bestaunte einen Bärenführer. Der Mann zwang ein unglückliches, zerrupftes Tier an einem Ring durch die Nase aufrecht auf dem Platz hin und her zu gehen. Dabei mußte Meister Petz einen Dudelsack halten, den sein Besitzer ihm zwischen die Pfoten geklemmt hatte. Von kläffenden Hunden erschreckt, ließ der Bär das Instrument fallen und bezog dafür derart heftige Stockhiebe, daß Katharina sich voll Mitleid abwendete.

Sie meinte, zu Stein zu erstarren, als ihr Blick auf Heinrich Kepler traf. Der Mann ihrer Träume stand nur wenige Meter von ihr entfernt. »Lieber Heiland, der sieht ja noch viel besser aus, als ich ihn in Erinnerung hatte!« Katharinas Herz klopfte, in ihren Ohren sauste es. Heinrich, der sie in all den Jahren kaum wahrgenommen hatte, lächelte sie an und kam näher.

»Du hier?« fragte er mit angenehm erstaunter Stimme. Katharina schluckte trocken:

»Ich wollte doch die Kirchweih nicht verpassen«, sie hätte sich ohrfeigen können für diese einfältige Antwort. Doch Heinrich Kepler schien ihre Unsicherheit nicht zu bemerken.

»Gelungenes Fest, nicht?« Er stand jetzt so dicht neben Katharina, daß sie gar nicht anders konnte, als seinen herben Geruch aus frischem Schweiß und ein wenig Alkohol einzuatmen. Ihr gefiel, was sie roch. »Jetzt nur nicht den Gesprächsfaden abreißen lassen, so eine Gelegenheit kommt nicht wieder«, pochte es in ihrem Kopf, als sie krampfhaft nach passenden Worten suchte.

»Ja, hier ist allerdings mehr los als bei uns in Eltingen, das kannst du glauben.« Sie strich verlegen ihre weiße Schürze glatt.

»Willst du was trinken? Mein Bier ist leer, ich hole mir ein neues, soll ich dir eins mitbringen?« Katharina traute ihren

Ohren nicht. Heinrich Kepler, ihr Schwarm seit ewigen Zeiten, hatte sie gefragt, ob sie etwas mit ihm trinken wolle. Gerechter Gott, war das Leben schön!

»Ja, sehr gern, ich habe auch Durst«, nahm sie die Einladung an und hätte sich eher die Zunge abgebissen, als zuzugeben, daß sie in ihrem Leben erst zwei Schlucke Bier getrunken und widerlich gefunden hatte.

Heinrich machte sich auf den Weg zu seinem Vater. Der stand neben dem großen Bottich mit Bier vor der Wirtschaft und ließ es sich auch in diesem Jahr nicht nehmen, persönlich Humpen um Humpen gegen Bares an die Feiernden zu verteilen. »Ich sollte ihn nicht aus den Augen verlieren«, fuhr Katharina durch den Kopf. »Wer weiß, wer oder was ihm über den Weg läuft, und dann ist er abgelenkt und vergißt, daß er mir etwas zu trinken bringen wollte«, dachte sie den Gedanken besorgt zu Ende. Sie bahnte sich den Weg vorbei an einer Gruppe ausgelassen tanzender Bauern und folgte ihrem Angebeteten auf dem Fuß.

»Wenn's dich nicht stört, komme ich mit, dann kann ich auch gleich deinem Vater guten Tag sagen.« Heinrich nickte. Am Bierfaß herrschte gewaltiger Andrang. Sebald Kepler hatte alle Hände voll zu tun, die lange Schlange seiner Kundschaft, einen nach dem anderen, abzufertigen. Erst als nur noch vier Männer vor ihnen standen, sah er seinen Sohn und Katharina.

»Ja, wen haben wir denn da! Das nenne ich eine nette Überraschung. Bist du zum Feiern gekommen oder zum Helfen?« fragte er das Mädchen.

»Eigentlich zum Feiern, aber wenn Ihr Hilfe braucht, helfe ich natürlich«, Katharina haßte sich für den Satz, der ihr herausgerutscht war, bevor sie nachdenken konnte. Aus der Schenke erscholl Frau Keplers Stimme:

»Spinn dich aus Sebald, was soll denn das? Wenn du Hilfe brauchst, ruf nach der Magd, und heuere keine Fremden an. Die kosten nur Geld und bringen keins.«

»Dich brauche ich ja wohl nicht zu fragen, ob du mir helfen

willst – bei der hübschen Begleitung, oder?« Sebald Kepler füllte zwei Labebecher für seinen Sohn und zwinkerte ihm zu. Heinrich grinste.

»Wie gut du mich doch kennst, Vater«, sagte er und zu Katharina gewandt: »Komm, wir suchen uns ein ruhiges Plätzchen, wo man ungestört ein bißchen reden kann.« Katharina schwebte im siebten Himmel. »Wenn ich nur könnte, ich würde ihn heiraten«, dachte sie wieder. Während sie an Heinrichs Seite ihren Bierbecher balancierte und sich bemühte, nichts zu verschütten, sah sie neben der Kirche Appolonia mit ein paar Gleichaltrigen, die auch sie von früher kannte. Wäre nicht Heinrich neben ihr gewesen, hätte sie gerne ein Schwätzchen mit ihnen gehalten. So aber begnügte sie sich damit, Appolonia zuzuwinken und versuchte, mit Heinrich Schritt zu halten.

Der lotste sie ohne Umschweife hinter das Elternhaus. Das Tor zur Scheune stand sperrangelweit offen und gab den Blick auf frisch gedroschene Ähren und Säcke voller Korn frei. An den Wänden lehnten die Dreschflegel, und hinten führte eine schmale Holzleiter hinauf zur Tenne. »Los, wir klettern da hoch, da haben wir unsere Ruhe, und du kannst mir erzählen, wie es dir inzwischen ergangen ist«, Heinrich bemühte sich, seiner Stimme einen gleichgültigen Klang zu verleihen. Er streckte die Linke nach Katharinas Becher aus: »Gib mir das, dann hast du beide Hände frei, dich festzuhalten«, bot er – ganz Kavalier – an. Während sie die steilen Stufen erklomm, blieb Heinrich unten stehen und versuchte, einen Blick unter ihren Rock zu erhaschen. Zu seinem Leidwesen hatte das züchtige Mädchen gleich zwei Unterröcke übereinander gezogen, so daß es außer ein wenig weißer Spitze nichts zu sehen gab. Auf der Tenne angekommen, drehte sich Katharina um:

»Wo bleibst du denn die ganze Zeit, soll ich hier oben alleine bleiben und noch dazu verdursten?« scherzte sie kokett. »Auf, reich mir die Humpen, und mach, daß du hinaufkommst, oder willst du da unten Wurzeln schlagen?« Sie beugte sich so weit nach vorne, daß der Ausschnitt ihres Mieders Heinrich köstliche Einblicke gewährte.

Behende klettere er die Leiter hoch und ließ sich rücklings auf ein Lager aus Strohballen plumpsen. »Geh her zu mir, schönes Fräulein! Hier sitzt es sich ganz angenehm«, er lachte und dachte bei sich: »Hier sitzt es sich nicht nur, hier liegt es sich auch bequem.« In gebührendem Abstand setzte sich Katharina neben ihn. Heinrich richtete sich auf. »Na, so weit weg? Brauchst keine Angst zu haben, daß ich dir was tue«, er lachte wieder. Katharina spürte ein mulmiges Gefühl aufsteigen. Hier oben auf der Tenne, ganz allein mit einem jungen Mann, das war nicht schicklich, sie wußte es genau. Aber was tun? Wenn sie jetzt ging, war die Gelegenheit, dem schönen Heinrich ein wenig näher zu kommen, ein für allemal vertan. Und wenn sie blieb? Was würde dann geschehen? Hin- und hergerissen nahm sie einen großen Schluck Bier, und noch einen und noch einen. Der ungewohnte Alkohol zeigte sofort Wirkung. Katharinas Besorgnis verflog. Sie lehnte sich zurück und streckte die Beine aus. Heinrich, geschickt und geübt im Umgang mit jungen Mädchen, verlegte sich zunächst tatsächlich aufs Reden. Katharina erzählte, kicherte, plapperte und entspannte sich mit jedem Satz.

Als Heinrich seinen Arm um ihre Schulter legte, sie sanft zu sich heranzog und vorsichtig zu küssen begann, schien es ihr, als sei dies das Normalste auf der Welt. Der Kuß schmeckte nach Bier – und nach mehr. Eng umschlungen, versank das Pärchen in immer heftigeren Küssen. Heinrich atmete schwer. Unter Katharinas Röcken bahnte sich seine Hand den Weg zu ihrem Knie und höher in Richtung ihrer weichen Schenkel. Das Mädchen kniff die Beine zusammen und wand sich aus seiner Umarmung.

»Was denkst du, was du da tust?« fragte sie flüsternd. Heinrich zog die Hand zurück. »Mir platzen gleich die Eier, und die dumme Gans macht Zicken«, dachte er verärgert, ließ sich aber nichts anmerken, sondern küßte Katharina erneut und lenkte ihre Hand in seinen Schritt. Sie wußte nicht genau, was sie tat, aber sie tat instinktiv das Richtige, registrierte er und war beeindruckt vom Geschick ihrer flinken Finger. Die kleine Guldenmann war offensichtlich noch Jungfrau und unerfahren, aber durchaus begabt, stellte er fest und nahm sich vor, das Talent seiner Partnerin beim nächsten Treffen ausführlicher zu testen.

In Katharinas benebeltem Kopf drehten sich Hopfen und Malz um die Wette. Sie lehnte sich an Heinrichs Schulter und schlief sofort ein. Als sie Stunden später aufwachte, drang durch die angebrochene Dämmerung das Grölen vom Festplatz an ihr Ohr. Sie sah sich um. Ihr Galan hatte sie verlassen. Katharina war durstig. Sie kletterte von der Tenne, strich sich das Stroh aus Haar und Kleidern, ging in den »Engel« und bat um einen Becher Molke. Mit dem säuerlichen Getränk in der Hand trat sie vor die Wirtschaft, gesellte sich zu Sebald Kepler und hielt vergeblich Ausschau nach Heinrich.

»Da bist du ja wieder«, begrüßte der Wirt sie freundlich. »Wo treibst du dich denn alleweil herum?« Die säuerliche Molke weckte ihre Lebensgeister, und Katharina geriet in fröhliche Schwatzlaune.

Von hinten zog sie jemand am Haar. Als sie sich umdrehte, stand Heinrich vor ihr:

»Na, ausgeschlafen?« Er sah sie verschmitzt an. »Willst du mit mir tanzen, oder willst du deine Zeit lieber weiter mit alten Männern vergeuden?« feixte er mit einem frechen Blick auf seinen Vater.

»Ich vergeude niemals meine Zeit«, lächelte Katharina, hakte sich unter und zog ihn in Richtung Tanzplatz. Es wurde ein langer, lustiger Abend. Heinrich lud sie zum Essen ein, versorgte sie mit Wasser und Molke – vom Bier hatte sie einstweilen genug, und als irgendwann Appolonia neben ihr auftauchte und mahnte, den Heimweg anzutreten, ging Katharina bereitwillig und müde mit. »Morgen wieder hier?« hatte Heinrich sie zum Abschied gefragt.

»Morgen wieder hier!« war ihre glückliche Antwort gewesen.

Die Mädchen richteten ihre Lager in der kleinen Hütte und Katharina streifte eilig ihre Holzpantinen ab. Sie rieb sich die Zehen.

»Ojemine, tun mir die Füße weh. Diese Schlappen mögen ja gut zum Laufen sein, zum Tanzen taugen sie nicht.« Im Dunkeln erzählte sie Appolonia von ihrem Erlebnis am Nachmittag.

»Paß nur auf, daß er dir kein Kind anhängt«, war die erste Reaktion der Freundin. Eine Welle des Schreckens durchflutete Katharina.

»Ein Kind! Aber vom Küssen kriegt man doch kein Kind?« Blankes Entsetzen schwang in ihrer Stimme. »Die weiß nicht Bescheid«, dachte Appolonia und zögerte mit der Antwort.

»Vom Küssen wohl nicht gerade«, sie zauderte und fügte schließlich unsicher hinzu: »Aber von dem, was auf das Küssen folgt, schon.« Doch da war Katharina bereits eingeschlafen und träumte von Heinrich.

Das Kirchweihfest zog sich über vier Tage. Vier Tage, an denen Katharina rund um die Uhr mit Heinrich zusammen war und jede Minute genoß. Wild entschlossen, das Mädchen aus Eltingen zu erobern, lockte er sie regelmäßig auf die Tenne, kam jedoch keinen Schritt weiter. Katharina blieb eisern. Küssen ja, streicheln auch, aber sonst nichts. Heinrich wunderte sich über sich selbst. Während er in ähnlichen Fällen immer schnell Lust und Interesse verloren hatte, verhielt es sich diesmal anders. Die Bestimmtheit, mit der Katharina ihn auf Distanz hielt, reizte ihn um so mehr. Und als sie am Ende der Woche aufbrach, um zurück nach Eltingen zu marschieren, spannte er den Wagen an und brachte sie nach Hause.

Melchior Guldenmann zeigte sich hocherfreut, als seine Tochter in männlicher Begleitung auftauchte. Das Mädchen würde demnächst den dreiundzwanzigsten Geburtstag feiern, es wurde also durchaus Zeit, daß sie unter die Haube kam. Von Bürgermeister zu Bürgermeister und von Wirt zu Wirt kannte er Sebald Kepler als einen honorigen Mann. Der Sohn war eine gute Partie für Katharina, daran konnte kein Zweifel bestehen. Er lud Heinrich ein, sich in der Schenke zu stärken. Der nahm das Angebot dankend an und versprach Katharina, sie am kommenden Sonntag wieder zu besuchen. Dann stieg er auf seinen Karren, winkte und trat den Rückweg an. Katharina sah ihm nach, bis er hinter einer Kurve verschwand. Sie ging in die Schankstube und drückte ihrem verdutzten Vater einen glücklichen Schmatzer auf die Wange.

»Da hast du dir aber einen schmucken Kerl geangelt! Gratuliere«, ließ sich Line aus dem Hintergrund vernehmen. Katharina glühte vor Stolz. »Sieh nur zu, daß er es ernst meint und dich nicht mit einem Bastard sitzen läßt«, sie machte eine nachdenkliche Pause. »Du weißt doch, wie das ist mit den Kindern, oder?«

»Na, vom Küssen kriegt man jedenfalls keine«, rutschte der vergnügten Katharina heraus. Ihr Vater lachte.

»Nein vom Küssen kriegt man sie wirklich nicht. Du kennst dich ja offenbar gut aus!« Katharina lachte mit ihm.

Schon vor geraumer Weile hatte sie versucht, aus der Altmagd etwas herauszubekommen. Die hatte zwar ein wenig in Rätseln gesprochen und war eher zugeknöpft gewesen, aber Katharina meinte verstanden zu haben, was es zu verstehen gab:

»Die Männer wollen alle nur das eine – deinen kostbarsten Schatz. Ich kann dir nur raten, halt die Beine zusammen und füge dich erst, wenn dir die Ehe versprochen ist und du dein Brautpfand in der Hand hältst!« lautete der entscheidende Satz – und daran wollte sie sich halten.

Der Oktober neigte sich dem Ende zu; ein grauer, nebliger November kam, dem folgte der verschneite Dezember. Heinrich Keplers Pferd stand jeden Sonntag vor dem Gasthaus der Guldenmanns.

»Der ist aber treu«, irrte sich die dralle Line, die wie Katharina keine Ahnung hatte, daß ihr Besucher seinen Lebenswandel in Weil der Stadt nicht um ein Jota verändert hatte. Es wurde Frühling, und alles war noch wie im Herbst. Katharina hielt fest an ihren Vorsätzen: Küssen ja, streicheln auch – sonst nichts.

»Nun nimm mich doch endlich zu dir«, drängte Heinrich eines Nachmittags im Heu, »oder muß ich dich etwa erst heiraten?« Katharina sah ihn ernsthaft an:

»Und wenn? Würdest du es tun?« So kam er also hier ans Ziel, Heinrich zögerte keine Sekunde. »Aber natürlich heirate ich dich, wenn du das willst.« Er öffnete seine Hose und zog Katharina an sich. Die stemmte die Hände gegen seine Brust.

»Ja, das will ich. Und ein Brautpfand will ich auch.« Und noch einmal, ein letztes Mal, waren es ihre Finger, die Heinrich, ehe er sich versah, erst um den Verstand und dann die ersehnte Entspannung brachten.

Keine war je so langsam vergangen, wie diese zweite Märzwoche. Ganz gleich, auf welche Weise sie versuchte, sich abzulenken, Katharina konnte an nichts anderes denken als an das Eheversprechen und vor allem das Brautpfand. Am folgenden Sonntag hielt sie Ausschau, und als sie Heinrich nahen sah, lief sie ihm aufgeregt entgegen. Wie ein Ritter seine Angebetete hob er das schlanke, federleichte Mädchen vor sich auf sein Pferd und trabte die letzten Meter zum Hof.

Vor Aufregung hatte Katharina das Gefühl, sie hätte Fieber. Aber Heinrich war die Ruhe selbst. »Monatelang hat sie mich zappeln lassen, jetzt wird sie ein paar Stunden zappeln«, hatte er sich vorgenommen, als er am Morgen aus der geheimen Lade seines Vaters einen Gulden entwendete, den er jetzt als Brautpfand in der Tasche trug. Doch bevor er Katharina die Münze überreichen würde, wollte er erst wie jeden Sonntag ausgiebig mit ihrem Vater speisen und beim Bier ein Männergespräch führen.

Sonst war es immer Heinrich, der die Regeln der Höflichkeit nur mit Mühe wahrte und nach dem Essen nicht schnell genug vom Tisch kommen konnte, heute war es Katharina, die ihrem Vater am liebsten die halbvolle Schüssel weggenommen hätte, um das Mahl zügig zu beenden. Sie saß auf heißen Kohlen, aber ihr Heinrich hatte offenbar alle Zeit dieser Welt. Katharina spürte, wie ihre Ungeduld in Zorn umschlug. Da, endlich war es soweit. Heinrich stand auf, bedankte sich und leerte seinen Becher auf einen Zug:

»So, meine Schöne, wollen wir vielleicht noch einen kleinen Spaziergang machen, bevor ich wieder aufbreche?« Er lächelte sie an. Katharinas Herz hüpfte. Jetzt würde es passieren, jetzt würde er ihr das Pfand geben, mit dem er sein Versprechen besiegelte. Sie war so gut wie verheiratet. Sie würde ihren eigenen Hausstand gründen, ein eigenes Bett haben. Vor ihrem geistigen Auge sah sie kupferne Kessel, mit Leinen und feinem Tuch gefüllte Truhen und Laden und sogar irdenes Geschirr.

Die frühnachmittägliche Märzsonne gab ihr Bestes und schien warm auf Katharinas Rücken, als sie Arm in Arm mit Heinrich über die Wiesen ging. Überall sprossen gelbe, weiße und violette Krokusse aus dem Boden. Katharina war glücklich. Sie drehten die übliche Runde und schlichen in die Scheune. Dort gab es ein Eckchen, in dem sie niemand vermutete und niemand störte. Heinrich kaute auf einem Halm.

»Ich habe dir etwas mitgebracht«, unterbrach er die erwartungsvolle Stille. Katharinas Herz schlug zum Zerspringen. Umständlicher als nötig kramte Heinrich in seiner Tasche und förderte schließlich den blanken Gulden, den er seinem Vater gestohlen hatte, zutage. »Bist du nun zufrieden? Glaubst du mir jetzt, daß ich dir wohlgesonnen bin?« Er lavierte mit den Worten, um sicherheitshalber nicht die Worte Heirat und Versprechen benutzen zu müssen. Katharina legte ihre Arme um seinen Hals und küßte ihn auf die Nase. Heinrich nahm den Kuß als Einverständniserklärung und zog sie zu sich.

Was dann folgte, war eine herbe Enttäuschung. Heinrich, der sich nach Monaten endlich am Ziel sah, hatte nur die Erfüllung seiner Wünsche im Sinn. Katharina fand kaum Zeit, den

Gulden zu verstauen, da drehte er sie schon auf den Rücken und legte sich auf sie. Ängstlich und verkrampft ließ sie über sich ergehen, was jetzt unvermeidlich war. Ihr letztes bißchen Neugierde wich einem stechenden Schmerz, als Heinrich in sie eindrang. Sie unterdrückte einen Schrei und biß sich auf die Lippen, während Tränen leise ihre Schläfen hinab ins Heu kullerten.

Heinrich war noch nicht zufrieden. Kaum eine halbe Stunde später holte er sich noch einmal, wofür er seiner Meinung nach teuer bezahlt hatte. Dann zog er seine Hose hoch.

»Ich komme nächste Woche wieder«, sagte er, während er sein Hemd in den Bund stopfte. Katharina zupfte ihr Mieder zurecht und nickte. Wie sollte sie laufen, fragte sie sich. Zwischen ihren Beinen brannte ein Feuer, das bei jedem noch so kleinen Schritt schmerzhaft aufloderte.

»Auf bald«, Heinrich versuchte, seine Ernüchterung zu verbergen. Das eben war keine Offenbarung gewesen. So viel Zeit und einen ganzen Gulden hatte er investiert, um es zu bekommen, doch seine Erwartungen waren in keinster Weise erfüllt worden. »Mehr als die Hälfte der Mädchen aus Weil der Stadt kann es besser«, dachte er.

Noch bevor er auf sein Pferd stieg, war er entschlossen, sich sein Geld zurückzuholen und keinesfalls eine feste Bindung mit Katharina Guldenmann einzugehen.

Die winkte ihm wie nach jedem seiner Besuche. Beschäftigt mit ihrem Befinden, bemerkte sie nicht einmal, daß ihr Bräutigam sich vor der Kurve nicht mehr wie sonst nach ihr umdrehte, und ging mit verkrampftem Schritt ins Haus.

HOCHZEIT ZU ELTINGEN

Am folgenden Sonntag wartete sie vergeblich auf ihren Verlobten.

»Er wird daheim in der Wirtschaft helfen müssen«, tröstete sie ihr Vater, aber Katharina wurde von bösen Ahnungen geplagt. Immer wieder ging sie an den Leinenbeutel, in dem sie ihre Sachen verwahrte, und tastete nach dem Gulden. Noch ein Sonntag verging, und Heinrich tauchte nicht auf.

Der Kummer machte Katharina blaß und elend. Sie mochte kaum etwas essen und konnte an nichts anderes als an Heinrich denken. Melchior Guldenmann fragte nicht mehr nach dem jungen Mann, sondern sah seine Tochter nur von Zeit zu Zeit mitleidig an. In der dritten Woche wurde diese zornig. Und dann bekam sie Angst, denn ihre Regel blieb aus.

Narcissus pseudonarcissus

Die Altmagd schlug die Hände vors Gesicht.

»Wenn dein Blut nicht fließt, heißt das, daß du was Kleines erwartest. Du willst doch nicht etwa einen Bastard zur Welt bringen! Mädchen, was hast du getan. Hab ich dir nicht gesagt, du sollst die Beine zusammenhalten, bis er dir die Ehe versprochen hat«, schimpfte sie. Katharina legte den Zeigefinger auf die Lippen.

»Schscht! Nicht so laut. Es muß ja nicht gleich die ganze Welt erfahren. Hat er doch, schau nur, ich habe sogar ein Pfand«, sie zeigte den Gulden. Die Altmagd war erleichtert.

»Na, dann wird schon alles richtig sein. Wenn ich du wäre,

würde ich nach Weil der Stadt gehen und dort nach dem Rechten sehen, vielleicht ist ihm ja auch etwas zugestoßen.«

Daran hatte Katharina noch gar nicht gedacht. Was, wenn Heinrich sich verletzt hatte, vom Karren überrollt, ausgerutscht, vom Pferd gefallen, ein Bein gebrochen, einen Arm? Dann konnte er ja nicht kommen. Sie schöpfte Hoffnung.

»Ich möchte Appolonia besuchen«, sagte sie zu ihrem Vater, der sie durchschaute und verständnisvoll nickte.

Als Katharina durch das Stadttor trat, ging sie schnurstracks zum Marktplatz in Richtung »Engel«. Der April machte seinem Namen alle Ehre, vom eben noch strahlend sonnigen Himmel hatte sie ein Wolkenbruch von Kopf bis Fuß durchnäßt. Es war gegen elf Uhr am Vormittag und beinahe jeder Platz im Gasthaus besetzt. Heinrich füllte Krug um Krug und achtete nicht auf die Tür. Er bemerkte Katharina erst, als sie direkt vor ihm stand. Der Schreck fuhr ihm in die Glieder, die Farbe wich aus seinem Gesicht. Das war er, der Moment, vor dem er sich seit einem Monat gefürchtet hatte.

»Warum bist du nicht mehr gekommen?« Als Katharina sah, daß ihr Bräutigam keineswegs schwer verletzt, sondern im Gegenteil kerngesund und munter war, konnte sie nicht länger an sich halten. Heinrich geriet ins Stottern:

»Ich … ich, äh. Ich habe so viel zu tun hier, ich konnte einfach nicht weg!« versuchte er sich aus der Affäre zu ziehen.

»Auf einmal? So viel zu tun, daß du nicht mal für einen halben Tag nach Eltingen kommen konntest? Verkauf mich nicht für dumm!« Sie stampfte wütend mit dem Fuß auf. »Ich bin nämlich nicht dumm!« Ihre Stimme überschlug sich, ein Teil der Gäste hatte die Gespräche unterbrochen und verfolgte das Geschehen gespannt. Heinrich stellte einen Krug ab. Er packte Katharina am Arm.

»Komm mit nach hinten, wir besprechen das in Ruhe.«

»Da gibt es nichts in Ruhe zu besprechen«, keifte Katharina außer sich. »Das können wir ganz laut und hier vor allen Leuten klären. Du hast mir die Ehe versprochen, und jetzt willst du mich sitzenlassen – ist es nicht so?« Sie begann zu weinen. In der Schankstube war es inzwischen mucksmäuschenstill.

»Mach hier nicht so ein Theater, du bringst mich noch in Teufels Küche.« Heinrich erhob ebenfalls die Stimme und zerrte weiter an Katharinas Arm.

»Da gehörst du auch hin!« schrie sie ihn an. »Glaub ja nicht, daß ich mir das gefallen lasse!« Sie verlor den Rest ihrer Beherrschung und heulte wie ein getretener Hund.

Bei ihren letzten Worten betrat Sebald Kepler die Schenke. Ein Blick auf das weinende, völlig durchnäßte Mädchen genügte. Er ging auf Katharina zu, nahm sie in den Arm und sagte freundlich, aber sehr bestimmt:

»Du kommst jetzt erst mal mit mir, bist ja auf die Knochen naß.« Er führte sie in die hintere Stube und rief seine Frau. »Hier, das Kind braucht was Trockenes zum Anziehen.« Er zog ein schmuddeliges Sacktuch hervor und reichte es Katharina. Sie schneuzte sich lautstark. Sie fror und zitterte am ganzen Körper. Mutter Kepler verzog das Gesicht.

»Was ist denn in dich gefahren? Seit wann versorgen wir unsere Gäste auch noch mit Kleidung?« protestierte sie mißmutig.

»Halt deine Gosche und tu, was ich dir gesagt habe!« fuhr der Hausherr ihr ausnahmsweise über den Mund. Der Anblick des dünnen, mit den Zähnen klappernden Mädchens ließ ihn über sich hinauswachsen.

Wenig später saß Katharina, mit dem ältesten Rock und einem schmutzigen Mieder von Mutter Kepler ausstaffiert, in einer Ecke der Schankstube. Sebald Kepler brachte ihr persönlich eine heiße Gerstensuppe aus der Küche und setzte sich neben sie.

»So, und jetzt heraus mit der Sprache. Was ist los? Worüber regst du dich so auf, daß du mir mit deinem Geschrei beinahe die Gäste verscheuchst?« Von Heinrichs argwöhnischen Blicken beobachtet, klagte Katharina ihr Leid.

»Und die Magd hat gesagt, wenn das Blut nicht bald fließt,

ist vermutlich was Kleines unterwegs«, vertraute sie ihrem Gegenüber gegen alle Regeln an. »Und er hat mir die Ehe versprochen, sonst hätte ich doch gar nicht …«, sie zog die Nase hoch. »Hier, ich habe sogar ein Pfand von ihm.« Katharina kramte den Gulden aus ihrer Tasche hervor.

»Heinrich!« Sebald Keplers Bart bebte, seine zusammengezogenen Augenbrauen bildeten einen bedrohlichen Balken über der Nasenwurzel. »Heinrich!« Der zweite Ruf war beim besten Willen nicht zu überhören, und Heinrich leistete ihm Folge. Sein Vater zeigte auf die Münze:

»Wo, zum Donnerwetter, hast du das Geld her?« stellte er die brennendste Frage zuerst. Heinrich erstarrte vor Schreck. Oh, wie er sie haßte, diese Katharina Guldenmann. Wollte sie ihn tatsächlich erpressen? Wie kam er aus dieser Klemme heraus? Was sollte er seinem Vater sagen? Fragen über Fragen, doch leider fielen ihm keine passenden Antworten ein.

»Ich habe dich etwas gefragt!« Des alten Keplers Stimme war kein Deut freundlicher. Heinrich wand sich wie ein Wurm an der Angel, wußte jedoch noch immer nichts zu sagen. Da kam ihm unerwartet seine Mutter zu Hilfe. Voller Neugier war sie unbemerkt herangetreten, und für sie war die Situation sofort klar: Die kleine Guldenmann wollte ihren geliebten Sohn da in etwas hineinziehen. Ob zu Recht oder zu Unrecht interessierte sie nicht, denn, was auch immer vorgefallen war, sie würde ihn nicht kriegen. Auf dem Tisch lag eine Münze – vermutlich sollte sie das Brautpfand darstellen, folgerte sie.

»Was soll das sein?« mischte sie sich ein und zeigte mit ihrem knochigen Zeigefinger auf das Geld. »Das Brautpfand etwa? Ein ganzer Gulden für ein durchtriebenes Luder wie dieses? Daß ich nicht lache, keinen Groschen ist sie wert. Ziehkind einer Hexe! Metze! Versucht sich an meinen Jungen heranzumachen! Wer weiß, von wem sie das Geld gestohlen hat, mit wem sie sich hingelegt hat. Los, raus mit dir, du ausgestaupte Kackhure! Raus, und zwar bei drei! Und daß du dich hier nie wieder blicken läßt!« Sie griff in Katharinas lange Locken und wollte sie an den Haaren vor die Tür schleifen. Das Mädchen schrie auf, und Sebald Kepler tat, was er schon seit Jahren hatte tun wollen, er verpaßte seiner Frau eine solche Ohrfeige, daß sie Katharina auf der Stelle losließ und beinahe hintenübergefallen wäre. Die Gäste amüsierten sich köstlich. Kräche zwischen den Eheleuten Kepler hatte es schon oft gegeben, doch heute wurde ein wahrhaft prächtiges Schauspiel geboten. Sebald waren die Zuschauer einerlei:

»Schluß jetzt mit der Schreierei. Ich dulde dergleichen nicht in meinem Haus! Von niemand!« Er sah seine Frau drohend an. »Auch von dir nicht! Und jetzt will ich wissen, was wirklich geschehen ist. Und Gnade dem, der mir die Unwahrheit erzählt. Ich bringe ihn ohne Ansehen von Person und Stand vor Gericht, so wahr ich Bürgermeister von Weil der Stadt bin«, polterte er. Seine Worte zeigten Wirkung. Mutter Kepler hielt sich die rote Wange und verließ beleidigt den Raum. Heinrich stand bleich an der Wand, und Katharina, die sich im Recht wußte, ordnete ihr Haar und nickte zustimmend.

Keine halbe Stunde später war der wahre Sachverhalt aufgeklärt. Heinrich hatte alles zugegeben. Vater Kepler strich sich den Bart und schaute seinen Sohn lange und durchdringend an.

»Du hast ihr die Ehe versprochen, du hast ihr ein Pfand gegeben und wahrscheinlich hast du Schwachkopf ihr sogar schon ein Kind gemacht. Jede Tatsache für sich genommen reicht, um dich vor Gericht zur Ehe zu zwingen, geschweige denn alle drei. Du wirst sie heiraten müssen«, lautete sein Beschluß. Dann fügte er im Brustton der Überzeugung hinzu: »Was bist du nur für ein Trottel«, und ging hinaus, um seine Frau vom unerfreulichen Stand der Dinge in Kenntnis zu setzen. Mutter Kepler war einer Ohnmacht nahe, als sie erfuhr, daß eine Heirat unausweichlich sei.

»Vielleicht kann ich noch etwas ausrichten«, sagte sie halbherzig und ging zurück in die Gaststube. Heinrich hatte seine Arbeit wiederaufgenommen. Katharina, die nicht wußte, wohin sie gehen sollte, befand sich noch immer an ihrem Platz.

Sie rutschte ein wenig zur Seite, als ihre zukünftige Schwiegermutter sich neben sie setzte und mit einer Stimme, wie in Honig getaucht, säuselte:

»Mädchen, willst du dir das nicht alles noch einmal überlegen. Sieh mal, es gibt so viele prächtige Mannsbilder, auch bei dir im Dorf, es muß doch nicht unbedingt meiner sein, oder? Ich will dir die Entscheidung gern mit einem hübschen Sümmchen erleichtern. Was hältst du davon?« Katharina sah sie ungläubig an. Hatte sie eben richtig gehört? Wollte diese Frau sie bestechen, damit sie auf Heinrich verzichtete? Den Mann aufgab, von dem sie schon als junges Mädchen geträumt hatte, und der jetzt endlich zum Greifen nah war? Sie schüttelte den Kopf:

»Da gibt es nichts zu überlegen und nichts mehr zu entscheiden. Ich liebe ihn, und er hat mir die Ehe versprochen«, beharrte sie höflich, aber bestimmt.

»Wirst schon sehen, was du davon hast, Hexenbalg«, zischte Mutter Kepler und verließ den Tisch.

Besorgt erwartete Melchior Guldenmann die Rückkehr seiner Tochter. Er hoffte inständig, daß Katharina die Angelegenheit in Weil der Stadt zu ihrer – und seiner – Zufriedenheit regeln würde, bevor sie wieder auftauchte. Als sie endlich eintraf und er ihr fröhliches Gesicht sah, fiel ihm ein Stein vom Herzen.

»Vater, wenn du nichts dagegen hast, werde ich den Heinrich heiraten«, kündigte Katharina der Form halber an. Sie wußte, daß von ihres Vaters Seite der Verbindung nichts entgegenstand und hatte auf dem Weg nach Eltingen entschieden, die näheren Umstände für sich zu behalten.

»Es soll recht bald sein, du bist doch einverstanden?« fragte Katharina.

»Das Ende der Fastenzeit ist nah, das mußt du noch abwarten«, mahnte Line, und Katharina nickte.

»Ja, aber danach kann es doch recht schnell gehen, nicht wahr?« drängte sie, um auf jeden Fall zu vermeiden, daß ihre mögliche Schwangerschaft vorher noch sichtbar würde.

»Danach kann es ganz schnell gehen, wenn es dir so eilig ist«, bestätigte die Frau an ihres Vaters Seite.

In einem abschließenden Gespräch mit Heinrich hatte Katharina diesem versichert, daß sie alles tun werde, ihn glücklich zu machen. Ihr Bräutigam, der wußte, daß es kein Entrinnen gab, war zwar etwas mürrisch gewesen, versprach aber auch seinerseits das Beste aus den Gegebenheiten zu machen. »Häßlich ist sie nicht und eine gute Partie obendrein«, tröstete er sich.

Ein Mann, ein Wort, stand er am Sonntag gegen Mittag im Gasthaus Guldenmann, um mit seinem zukünftigen Schwiegervater das vorgeschriebene Prozedere abzusprechen. Als Termin für die Feierlichkeiten einigten sie sich auf den 15. Mai 1571.

»Alles andere ist jetzt unsere Sache, geh du nur zurück nach Hause und lade deine Gäste ein, wir werden hier alles vorbereiten«, sagte der Schultheiß, der als Brautvater die Hochzeit auszurichten hatte.

Die Zeit verging wie im Flug. Katharina dachte von morgens bis abends an nichts anderes als das Fest und wurde mit jedem Tag aufgeregter und nervöser. Alles sollte perfekt sein. Schon um ihrer Schwiegermutter keinen Anlaß zu spitzen Bemerkungen zu geben, ging sie die Aussteuer ein ums andere Mal mit Line durch:

»Sind die Leintücher auch auf Stoß gefaltet? Ist der irdene Krug dabei? Haben wir an die kleinen Holzschüsseln gedacht?« Immer wieder fiel ihr etwas Neues ein. Line war die Ruhe selbst: »Mädchen, halt doch mal einen Augenblick inne und hol tief Luft. Du wirst noch verrückt, wenn du so weitermachst, und dann gibt's gar keine Hochzeit.« Katharina lachte.

»Das wär's noch, nicht wahr, wenn ich durchdrehe, einen Veitstanz aufführe und alles zunichte mache.«

Zwei Tage vor dem festgesetzten Termin kam Appolonia Wellinger nach Eltingen. Gemeinsam mit ihrer Mutter hatte sie eine warme Decke gewebt, die schenkte sie ihrer Freundin. Katharina umarmte sie innig.

»Du bist und bleibst einfach die Beste! So zugedeckt, wird's mir sicher nie mehr kalt in der Nacht!«

»Mit einem Mann im Bett sollte es dir sowieso nicht kalt werden«, schäkerte Appolonia und hielt sich vor Schreck über ihre frivolen Worte mit der flachen Hand den Mund zu.

Am nächsten Morgen richteten die Mädchen in aller Herrgottsfrühe ihre Badehemden her.

»Ich bin so gespannt, ich war noch nie in einem Badehaus.« Appolonia faltete das dünne Leinenhemd zu einem kleinen Päckchen.

»Drinnen war ich auch noch nicht«, antwortete Katharina, »aber daran vorbeigegangen bin ich schon oft.«

Etwa zwei Kilometer dorfauswärts in Richtung Leonberg lag direkt an der Glems ein Badehaus, das von den Bewohnern der umliegenden Orte frequentiert wurde. Unter alltäglichen Umständen hatten junge Mädchen dort nichts verloren, denn den meisten Badehäusern eilte ein zweifelhafter Ruf voraus. Doch heute verhielt es sich anders. Nach alter Väter Sitte beendete eine Braut ihre Brautzeit mit einem ausgiebigen Bad, das sie gemeinsam mit ihren Freundinnen nahm. Es war zwar schon Mitte Mai, aber anders als in anderen Jahren herrschte eine derartige Kälte, daß nicht daran zu denken war, dieses Ritual in der Glems zu zelebrieren.

»Du holst dir den Tod, wenn du im Fluß badest«, hatte Schultheiß Guldenmann das Ansinnen seiner Tochter zurückgewiesen und mit dem Bader einen annehmbaren Preis für das Brautbad ausgehandelt.

Am frühen Vormittag marschierten Katharina und Appolonia los. Der Bader stand vor der Tür und begrüßte sie freundlich.

»Habt ihr denn auch eure Badeehr dabei?« fragte er fürsorglich. Die Mädchen zeigten ihm die Hemden. »Na dann immer hinein in die gute Stube. Die Magd wird euch alles Weitere erklären.« Drinnen wartete die alte Badehüterin schon auf sie.

»Da haben wir aber einmal eine schöne Braut«, sie lächelte Appolonia zahnlos an.

»Ich bin nicht die Braut – leider!« beeilte sich diese richtigzustellen. »Das ist die Braut«, sie zeigte auf Katharina.

»Was, du kleines mageres Hühnchen willst heiraten. Siehst ja noch aus wie ein halbes Kind.« Katharina lachte.

»Mageres Hühnchen vielleicht, aber trotzdem alles dran«, sie kicherte und deutete stolz auf den Ausschnitt ihres Mieders, in dem sich seit neuestem tatsächlich der Ansatz eines runden, wohlgeformten Busens zeigte.

In der Badestube war alles hergerichtet. Ein mächtiger Holzzuber, ausreichend für sechs Gäste, prangte zur Hälfte mit warmem Wasser gefüllt in der Mitte des Raumes. Die Mädchen, nur noch mit ihren dünnen Hemden bekleidet, kletterten hinein. Kaum saßen sie in der parfümierten Lauge, da legte die Badehüterin ein Brett zwischen sie.

»Und was geschieht jetzt?« Appolonia wunderte sich.

»Lassen wir uns doch einfach überraschen«, schlug Katharina vor, die ebenfalls keine Ahnung hatte. Sie staunte nicht schlecht, als die Alte, gefolgt von zwei jungen Mägden, wieder hereinkam und nacheinander köstliche Speisen sowie Wein und Wasser auf das Brett stellte.

»So hat's der Brautvater bestellt. Laßt es euch schmecken, und wenn etwas fehlt, braucht ihr nur zu rufen.« Die drei Frauen entfernten sich.

»Wenn nichts anderes, dann ist das hier ja schon Grund genug zu heiraten!« jubelte Appolonia und kaute mit vollen Backen an einem Hühnerbein. Die Mädchen langten kräftig zu. Während sie aßen und tranken, füllte die Badehüterin in regelmäßigen Abständen warmes Wasser nach. Katharina planschte mit beiden Händen im Wasser:

»Ich bin vom Wein zwar leicht duselig im Kopf, aber eines ist ja wohl gewiß – schöner kann es im Paradies auch nicht sein.« Appolonia pflichtete ihr bei.

Vier Stunden später. Die Haut an Händen und Füßen völlig verschrumpelt, die Mägen gefüllt und äußerst guter Stimmung, verließen die Freundinnen singend und Arm in Arm das Badehaus. »Das könnte ich einmal im Monat, was sage ich, einmal in der Woche – nein noch besser täglich machen«, Appolonia warf eine Kußhand in die Luft. »Vielen Dank, lieber Vater Guldenmann!«

Der liebe Vater Guldenmann brauchte nur einen Blick in die glasigen Augen der beiden zu werfen, um zu wissen, daß sie nicht nur Wasser getrunken hatten. Katharina an der rechten, Appolonia an der linken Hand, verfrachtete er die jungen Frauen auf ein Lager in der Gesindestube, wo sie augenblicklich einschliefen und sich bis zum nächsten Morgen nicht von der Stelle rührten.

Der Tag brach an. Es war der 15. Mai 1571. Seit dem Morgengrauen hatten sich, einer nach dem anderen, die geladenen Gäste aus Eltingen, Weil der Stadt, Leonberg und Umgebung im Gasthaus Guldenmann eingefunden. Sie konnten kaum erwarten, das Fest mit der obligatorischen Morgensuppe und einem ordentlichen Umtrunk zu beginnen. Melchior Guldenmann ließ es an nichts fehlen. War ein Becher auch nur zur Hälfte leer, wurde gleich nachgeschenkt. Und so war ein Teil der Gesellschaft – angeführt vom Bräutigam – noch vor dem Kirchgang hochgemuter Stimmung.

Sebald Kepler beobachtete seinen Sohn und ging zum Brautvater.

»Guldenmann, ich meine, wir sollten aufbrechen, sonst müssen wir am Ende den einen oder anderen noch zur Kirche tragen.« Der Schultheiß von Eltingen klatschte in die Hände, um sich Gehör zu verschaffen.

»Auf, auf, ihr Leute! Laßt uns zur Kirche gehen, gefeiert wird hinterher.«

Die Hochzeitsgesellschaft begab sich vor die Schenke. Dort formierten sich zwei Züge. Der eine, wie es die Tradition verlangte, angeführt vom Bräutigam. An der Spitze des anderen, Katharina, die sich erst jetzt dazugesellte. Spontaner Applaus erklang, als sie aus der Stube trat.

»Mein Kind, wie bist du schön.« Guldenmann küßte sie auf die Wange und dachte gerührt an seine erste Frau. »Hast du dich der Mutter gezeigt?« flüsterte er. Katharina nickte.

»Sie hat mich nicht erkannt«, wisperte sie zurück und drehte sich einmal um sich selbst, allen ihr festliches Kleid zu zeigen. Das knappe Mieder leuchtend rot, die üppig gefältelten Ärmel strahlend weiß und der wallende Rock in kräftigem Blau. Um ihren zarten Hals schmiegte sich eine kostbare Kette, die ihre Mutter zur Hochzeit getragen hatte, passende Ohrringe blitzten unter den braunen Locken hervor. Die Braut strahlte, und sogar die ansonsten giftgallige Mutter Kepler konnte nicht umhin zuzustimmen, als Sebald ihr zuraunte:

»Gib's zu, hübsch ist sie schon!«

Die beiden Hochzeitszüge gingen getrennt voneinander zur Kirche. Vor dem Portal vereinten sie sich, und gemeinsam betraten die Brautleute, ihre Verwandten und Gäste das Gotteshaus.

Der eigentliche Trauungsakt war kurz. Katharina und Heinrich gelobten sich gegenseitig Liebe, Treue und Gehorsam und besiegelten das Versprechen mit einem Handschlag. Aus den Reihen der Gäste trat der Zusammensprecher zu ihnen und erklärte sie öffentlich und für ewig verbunden. Jetzt fehlte nur noch der Segen des Pfarrers, der ihn im Namen der Dreifaltigkeit sprach und mit den Worten schloß:

»Was Gott zusammenfügt, soll kein Mensch scheiden.«

Unter den Vivatrufen der Anwesenden verließen Heinrich und Katharina Hand in Hand als erste die Kirche. Vor der großen, schweren Tür lungerten Bettler und streckten dem Brautpaar die schmutzigen Hände entgegen. Heinrich griff in die Hosentasche und warf ihnen eine Handvoll Münzen zu. Katharina sah ihn dankbar an.

»Wie gut, daß du daran gedacht hast, so sind wir vor dem bösen Blick geschützt«, sagte sie erleichtert.

Schultheiß Guldenmann hatte sich nicht lumpen lassen und Spielleute verpflichtet, die auf dem Kirchplatz warteten. Die

Musikanten bliesen, was ihre Lungen hergaben, und begleiteten den Hochzeitszug – jetzt ging die ausgelassene Gesellschaft gemeinsam – zurück zur Schenke. Unterwegs wurden sie von ein paar Halbwüchsigen aufgehalten, die den Weg mit einer Girlande versperrten.

»Groschen her, sonst ist hier kein Durchkommen«, riefen die Burschen und nahmen die Blumenranken erst zur Seite, als die beiden Väter Kepler und Guldenmann einen kleinen Obolus entrichtet hatten.

»Warum machen die das?« wollte der jüngste Guldenmannsproß von seinem Vater wissen, und dieser erklärte:

»Das war die letzte Hürde, jetzt ist die Katharina aus dem ledigen ins verheiratete Leben getreten.« Der Knabe verstand nicht.

»Aber warum machen die das?« wiederholte er seine Frage, doch da war sein Vater schon ein paar Meter weiter vorne und hörte ihn nicht mehr.

Der Zug schlängelte sich durch das ganze Dorf und endete endlich wieder im Gasthaus Guldenmann. Als hätten sie seit Jahr und Tag nichts zu essen und zu trinken bekommen, machten sich die Gäste über die üppig angebotenen Speisen her. Der Brautvater hatte Küche und Kammern geplündert und ließ auffahren: Kalbfleisch, Rindfleisch, Hasen, Suppen, Backwerk und Käse aller Art. Dazu und dazwischen viel Wein und Bier und immer wieder Musik und Tanz. Zwei Tage dauerte das Fest, dann brach Familie Kepler mitsamt allen, die sie mitgebracht hatte, auf und trat den Weg nach Weil der Stadt an.

Katharina hatte Tränen in den Augen, als sie sich von ihrem Vater verabschiedete. Gemeinsam mit ihrem Mann würde sie ab jetzt im Haus der Schwiegereltern wohnen. Und obwohl die Hochzeit ihr sehnlichster Wunsch gewesen war, fürchtete sie sich ein wenig vor dem, was dort auf sie wartete.

Kaum war das frischvermählte Paar eingetroffen, versammelte sich auf dem Marktplatz von Weil der Stadt eine große Menschenmenge vor dem »Engel«. Der erste Tag im neuen

Heim, so war es Brauch, war ein Tag der offenen Tür. Jedermann hatte das Recht, den neuen Hausstand anzusehen, und was gab es Spannenderes, als die Mitgift einer Braut zu begutachten. Katharina hatte allen Grund, stolz zu sein. Sie brachte alles in die Ehe, was man nur irgendwie brauchte und mehr als das.

Um bösem Klatsch und üblen Worten vorzubeugen, hatte Schultheiß Guldenmann tief in die Schatulle gegriffen und seiner Tochter neben einer üppigen Aussteuer die ansehnliche Summe von immerhin dreitausend Gulden zukommen lassen. Damit brachte sie ein dreifach höheres Barvermögen in die Ehe als ihr Mann.

Doch nicht einmal das konnte sie in Zukunft vor dem Haß ihrer Schwiegermutter schützen.

NICHTS ALS ÄRGER

In den folgenden Wochen bestätigte sich, was die Altmagd von Anfang an geahnt hatte. Katharina trug ein spitz nach vorne wachsendes Bäuchlein vor sich her.

»Was wird das schon geben! Vor der Ehe gezeugt! Wenn das herauskommt. Nicht mal ein ehrbarer Handwerker kann er werden«, schimpfte Mutter Kepler. Ihr Mann wies sie zurecht: »Erstens wird es nicht herauskommen, und zweitens wird es vielleicht ja auch ein Mädchen.«

»Mann, davon hast du keine Ahnung. So spitz wie dieser kleine Bauch ist, wird es ganz sicher ein Junge«, beharrte seine Frau.

Im Haus am Marktplatz bezogen Katharina und Heinrich eine winzige Kammer. Der fensterlose Raum maß kaum acht Quadratmeter und war doch die einzige Möglichkeit, dem ständig lärmenden Durcheinander zwischen Schenke, Küche und Zimmern von Zeit zu Zeit zu entgehen. Neben den Eltern lebten im Haus auch Heinrichs unverheiratete jüngere Geschwister, alle mit ähnlich jähzornigen Temperamenten ausgestattet. Kein Tag, an dem nicht gestritten, gebrüllt und oft genug sogar geschlagen wurde.

Marrubium vulgare L.

Geplatzt waren sie, Katharinas Träume von einem eigenen Hausstand, einem eigenen Bett und einem liebevollen Mann. Mehr als je zuvor sprach Heinrich schon am Morgen dem Alkohol zu. Seine junge Frau interessierte ihn nur, wenn er des Nachts angetrunken und übelriechend aus der Wirtschaft in die Kammer schwankte und sich über sie warf. Verweigerte oder wehrte sie sich gar, schlug er erbarmungslos auf sie ein. Dann fürchtete Katharina um ihre und die Gesundheit ihres ungeborenen Kindes. Kein Abend, an dem sie sich nicht in den Schlaf weinte. Und dennoch war sie noch immer davon überzeugt, mit diesem den richtigen Mann geheiratet zu haben, und ebenso überzeugt, daß sich, wenn sie erst einmal alleine lebten, alles zum Guten wenden würde. »In guten wie in schlechten Tagen«, die Worte des Pfarrers klangen ihr noch im Ohr, und jetzt waren eben die schlechteren Tage – es konnte nur besser werden.

Früh am Morgen verließ sie ihr Lager, und während Heinrich noch schnarchte, ging Katharina ihren alltäglichen Geschäften nach. In Haus und Stall gab es immer etwas zu tun. Verfolgt von der Mißgunst und den argwöhnischen Blicken ihrer Schwiegermutter, bemühte sich die junge Frau in vorauseilendem Gehorsam, nur ja keinen Anlaß zu Klagen zu geben. Aber Mutter Kepler hatte immer etwas an ihr auszusetzen.

»Was sie tut ist falsch, und wie sie es tut sowieso«, lautete ihr Lieblingssatz.

Zu allen Übeln kam die Tatsache, daß 1571 ein furchtbares Hungerjahr war. Heftige Kälteeinbrüche und nicht enden wollende Regenfälle verdarben die Ernte. Die Blüten der Obstbäume waren erfroren, und die wenigen Früchte, von Würmern zerfressen, schon an den Zweigen verfault. Die Not traf jedes Haus. Überall starben Menschen an Mangel- und Unterernährung, und sogar die Reichen sahen sich gezwungen, ihren Stolz zu überwinden. Heimlich schlichen sie zum Abdecker, um billiges Pferdefleisch zu erwerben.

Auch im »Engel« machte sich bemerkbar, daß es weniger Lebensmittel zu kaufen gab, als gebraucht wurden. Fleisch und Speck standen kaum mehr zur Verfügung, statt dessen mußten sich selbst die zahlungskräftigen unter den Gästen immer häufiger mit Suppen aus getrockneten Erbsen und Gerste bescheiden.

Die gemeinsamen Mahlzeiten der Familie Kepler wurden zunehmend weniger erfreulich.

»Wann gibt es denn endlich mal wieder was Anständiges zu essen?« motzte Heinrich und schob die Schüssel von sich. »Ich habe diese ewig gleiche Pampe satt!«

»Sei froh, daß du überhaupt noch satt wirst!« keifte seine Schwester Kunigunde, die in der Küche für Organisation und Zubereitung der Speisen zuständig war. »Wenn es nichts gibt, kann ich auch nichts kochen.« Sie fühlte sich angegriffen. Katharina legte den Löffel zur Seite und wischte sich mit dem Handrücken die Lippen. Die schlechte Stimmung in dieser Familie, die sich von morgens bis abends wie in einem Tollhaus gebärdete, schnürte ihr schon lange den Magen zu. Blaß und dünn saß sie schweigend am langen Tisch. Das Kind in ihrem Leib bewegte sich, Katharina legte die Hände auf ihren Bauch und entzog sich dem Streit, indem sie sich auf die kleinen Püffe oberhalb ihres Nabels konzentrierte.

»Sitzt wieder da, brütet und stiert in die Luft wie eine Kuh«, Mutter Kepler ließ keine Gelegenheit aus, um ihre Schwiegertochter zu piesacken.

Wortlos stand Katharina auf, nahm ihre Schüssel und verließ den Tisch. Draußen, das wußte sie, saßen immer Bettler, die auf Almosen aus der Schenke warteten. In Zeiten wie diesen waren sie noch für den geringsten Abfall von fremden Tischen dankbar. Unter ihnen befand sich ein alter, hagerer Mann, auf einem Auge erblindet, die rechte Hand verstümmelt. Er rührte Katharina besonders, denn immer, wenn sie an ihm vorbeiging, sagte er:

»So ein schönes Fräulein, das sehe ich auch mit meinem einen Auge noch. Ein Glückspilz, wer dich einmal heiraten darf.« Katharina dachte jedesmal: »Offenbar sieht er mit seinem verbliebenen Auge nicht, daß ich längst kein Fräulein mehr bin, sondern demnächst mein erstes Kind zur Welt bringe«, und lachte leise in sich hinein.

Mit ihrer noch halb gefüllten Schüssel ging sie vor die Wirtschaft, und richtig, dort saß er, der alte Mann. Glücklich nahm er entgegen, was von ihrem Essen übriggeblieben war.

»Laß es dir schmecken«, sagte Katharina und mochte kaum hinsehen, so gierig schlang der Bettler den Erbsbrei hinunter.

»Gott segne dich, schönes Kind«, er reichte ihr den Napf und deutete mit dem Kopf eine kleine Verneigung an.

»Na, hast du dich wieder lieb Kind gemacht beim Pöbel?« giftete ihre Schwiegermutter, als sie an ihren Platz zurückkehrte.

»Was du dem Geringsten meiner Brüder tust, hast du mir getan«, versuchte ihr Mann zu Katharinas Verteidigung korrekt zu zitieren.

»Du immer mit deinen klugen Sprüchen. Verschone mich damit. Du weißt selbst gut genug, daß die Reste besser im Schweinefutter verwendet, als an die alten Narren da draußen verschwendet sind.«

»Und es sind doch Menschen«, wagte Katharina einen leisen Widerspruch.

»Aufmüpfige Trine«, zischte die Alte.

»Wenn du ihnen unbedingt helfen willst, wie wär's dann, wenn du diese Hilfe aus deinem eigenen Säckel und nicht aus unserer Küche bestreiten würdest?« Kunigunde hetzte immer wieder gemeinsam mit ihrer Mutter.

»Katharinas Säckel geht dich einen Dreck an«, pöbelte jetzt Heinrich und schlug sich – selten genug – auf die Seite seiner Frau, die ihn dankbar ansah.

»Schluß jetzt! An die Arbeit, oder wollt ihr den ganzen Tag Maulaffen feilhalten und euch zanken?« Sebald Kepler schlug mit der Faust auf den Tisch und beendete den unerquicklichen Wortwechsel.

Es war Ende November, doch der vielbeschworene vorweihnachtliche Frieden wollte sich im Hause Kepler nicht einstellen. Katharinas Bauch wuchs, und manches Mal wurde ihr die Arbeit jetzt doch beschwerlich.

»Ich bin oft so müde. Aber eher würde ich mir die Zunge abbeißen, als in Gegenwart des Drachens etwas zu sagen«, vertraute sie eines Nachmittags Appolonia an. Wenn sie irgend die Zeit fanden, trafen sich die Freundinnen im Spinnhaus und hielten ein Schwätzchen. »Du wirst nicht immer mit ihr leben müssen. Klapp die Ohren an und halt aus, alles geht irgendwann vorbei und das sicher auch. Immerhin hast du einen Mann und bald sogar ein eigenes Kind«, sie massierte Katharina liebevoll die Waden. »Sieh mich an, immer noch ledig. Wenn nicht bald einer auftaucht, bleibe ich noch bis ans Ende meiner Tage in der kleinen Hütte, wie damals die Streicherin. Wenn du wüßtest, wie ich dich oft beneide!« Sie seufzte, und Katharina dachte an die Muhme und längst vergangene Zeiten.

»Um das Kinderkriegen brauchst du mich nicht zu beneiden. Ich habe erlebt, wie die Frauen sich quälen; bei dem Gedanken daran wird mir jetzt schon ganz schlecht.«

In den frühen Morgenstunden des 27. Dezember erwachte Katharina in einer Pfütze. »Ich werde doch nicht auf mein eigenes Lager gepinkelt haben«, war ihr erster, entsetzter Gedanke. Sie setzte sich auf. Ein Schwall Fruchtwasser lief aus ihr heraus, gleichzeitig spürte sie ein Ziehen im Rücken, wie es sie schon vor drei Wochen einmal gezwickt hatte.

»Heinrich«, sie stieß ihren schnarchenden Mann in die Seite. »Heinrich! Wach auf, es geht los. Du mußt die Wehmutter holen.« Heinrich rieb sich verschlafen die Augen.

»Es ist mitten in der Nacht! Bist jetzt ganz und gar übergeschnappt?« blaffte er grob.

»Kepler, so hör doch! Es ist soweit. Das Kind kommt. Hol mir die Hebamme!« Katharina war jetzt sichtlich aufgeregt. Mit seinem von Schlaf und Restalkohol benebelten Kopf begriff Heinrich nur mit einiger Verzögerung, was um ihn herum vorging. Erst beim dritten Versuch gelang es seiner Frau, ihn vom Strohsack in die Senkrechte zu befördern.

»Zieh Hose und Hemd an und sieh zu, daß du auf die Straße kommst, oder soll ich das hier ganz alleine machen?« Angst schwang in Katharinas Worten.

Heinrich schickte sich an, ihrem Befehl zu folgen und verließ die Kammer. Auf der Stiege traf er seine Mutter, die eben aufgestanden und auf dem Weg in die Küche war.

»Du bist heute aber früh dran, Junge.« Sie strich ihm liebevoll über die Haare. »Gestern noch bis spät in die Nacht Weihnachten gefeiert und jetzt schon wieder auf den Beinen. Läßt sie dich nicht schlafen?« Sie machte eine verächtliche Kopfbewegung in Richtung Kammer.

»Doch, schon. Sonst schon.« Heinrich war auf ein Gespräch um diese Uhrzeit nicht gefaßt und mußte erst seine Gedanken sortieren. »Nur heute nicht. Sie sagt, das Kind kommt. Ich soll die Wehmutter holen.« Er wollte an seiner Mutter vorbei, die Treppe hinunter.

»Den Gang kannst du dir sparen. Die Hebamme kostet nur Geld, und ich habe nicht umsonst so viele Kinder geboren. Das deine werde ich schon auch noch auf die Welt holen.« Ihre Stimme war so voll selbstsicherer Bestimmtheit, daß ihr Sohn nicht wagte zu widersprechen. »Jetzt schick dich in die Küche und laß die Mägde Wasser heiß machen, das werden wir brauchen, und ein paar Lappen sollen sie bringen. Ich schaue derweil nach deiner Frau.« Sie drehte sich um.

Katharina hatte inzwischen den nassen Strohsack gewendet. Voll Angst vor dem, was in den nächsten Stunden unausweichlich auf sie zukam, lag sie unter ihrer Decke und riß vor Schreck die Augen weit auf, als sie statt der erwarteten Hebamme ihre Schwiegermutter in der geöffneten Tür stehen sah.

Mutter Kepler warf einen flüchtigen Blick auf ihre Schwiegertochter.

»Das dauert noch. Ich komme in ein, zwei Stunden wieder.« Damit überließ sie Katharina ihrem Schicksal und schloß die Tür hinter sich. Die Wehen kamen häufiger und heftiger, Katharina lag noch immer allein in der dunklen Kammer. Sie weinte. Um nicht schreien zu müssen, biß sie sich auf die Lippen. Irgendwann brachte eine Magd den Geburtsstuhl. Mitfühlend stand sie vor dem Lager.

»Tut's arg weh?« Katharina lächelte tapfer. »Manchmal

schon.« Die Magd schlug die Decke ein wenig zurück. Die Kreißende hatte nur ihr Unterkleid an.

»Laß mal sehen«, sie tastete vorsichtig den Bauch ab. »Das dauert nicht mehr lange, komm her, ich helfe dir auf den Stuhl, dann hast du es leichter.« Katharina ließ sich stützen. Dankbar für die Hilfe setzte sie sich auf den Stuhl und klammerte sich bei der nächsten Wehe fest an die Lehnen. »Ich hole die Alte«, sagte die Magd und verließ den Raum.

Mutter Kepler war im Stall, als die Magd auftauchte.

»Keplerin, die Katharina ist soweit. Ich habe sie auf den Stuhl gesetzt, wollt Ihr nicht gehen, ihr zu helfen?«

»Ach, was weißt du schon. Steck deine Nase nicht in fremde Angelegenheiten und kümmere dich lieber um deine Arbeit. So schnell bringt man kein Kind auf die Welt. Ich gehe hinauf, wenn ich hier fertig bin«, lautete die barsche Antwort. Sie brummte eine Boshaftigkeit vor sich hin, die die Magd nicht verstand. Das Mädchen war empört.

»Dann gehe ich eben zu ihr, man kann sie doch nicht ganz alleine in dem stickigen Kabuff lassen«, murmelte sie beinahe tonlos.

Es verging noch beinahe eine Stunde. Eine Stunde, in der Katharina krampfhaft versuchte, sich Angst und Schmerz möglichst nicht anmerken zu lassen. Als ihre Schwiegermutter endlich erschien, war der dunkle Flaum des Köpfchens schon zu sehen. Von einer Preßwehe geschüttelt, schrie Katharina auf.

»Stell dich nicht so an. Du bist nicht die erste Frau, die ein Kind zur Welt bringt. Zwölf an der Zahl habe ich in einundzwanzig Jahren geboren. Wenn ich jedesmal so ein Getöse veranstaltet hätte!« Sie machte sich unter Katharinas Rock zu schaffen.

Am frühen Nachmittag, genau um 14.30 Uhr, war es geschafft. Katharina hatte einen kleinen Jungen geboren. Ein winziges Knäblein, den Kopf voller schwarzer Haare, die sich leicht kräuselten. Von der Geburt noch zerknautscht im Gesicht, aber mit offenen Augen und kräftigen Lungen.

»Na, ganz schön mickrig ist er ja, aber das hat immerhin den Vorteil, daß er überall als Siebenmonatskind durchgehen wird. Wenigstens sieht er aus, wie meine ausgesehen haben«, sagte Mutter Kepler. Es war das größte Kompliment, dessen sie fähig war.

Während Katharina das Unterkleid gegen ein Leinenhemd tauschte und erschöpft auf ihr Lager sank, wusch die Großmutter den Säugling, zog ihn an, wickelte ihn in eine Decke und reichte ihn schließlich der jungen Mutter. Katharina streckte die Hände aus.

»An die Herzseite!« fauchte die Alte. »Nur so kannst du böse Geister, Krankheiten und Hexenkraft von ihm fernhalten – aber das hat die Streicherin dir wohl nicht beigebracht!« Folgsam nahm Katharina ihr Kind in den linken Arm und atmete mit geschlossenen Augen den weichen Duft des kleinen Wesens ein.

Jetzt, als alles überstanden war, wurde sie, die nie Kinder hatte haben wollen, von einer warmen Gefühlswelle überwältigt: Es war ihr Kind, ihr kleiner Junge, den sie getragen und soeben geboren hatte. Wohlig schmatzend lag er an ihrer Brust. Sie hielt ihn ganz fest.

Wenig später stand Heinrich neben ihr. Bewundernd blickte er auf Mutter und Kind, küßte beide zärtlich und sagte liebevoll:

»Das hast du gut gemacht.« Katharina lächelte ihn glücklich an und war so sicher wie nie zuvor, daß sich alles zum Besseren wenden würde, wenn sie nur endlich aus dieser Kammer, diesem Haus und von der schrecklichen Mutter Kepler wegkämen. Der nächste Besucher war Großvater Sebald.

»Was für ein schöner Junge«, lobte er und war der einzige, der fragte: »Wie geht es dir?«

»Ein bißchen müde, aber sonst gut, danke.«

»Ich laß dir von Kunigunde was zur Stärkung aus der Küche bringen«, sagte der Schwiegervater freundlich.

Ihren Sohn noch immer fest im Arm, saß Katharina halb

aufgerichtet und löffelte eine Brühe, als Appolonia in der offenen Tür stand. Kaum hatte sie erfahren, daß die Freundin entbunden hatte, war sie auch schon losgerannt, um sie zu sehen.

»Mein Gott, ist der hübsch! Und die kleinen Finger, und der kleine Mund, und soviel Haare!« Sie kriegte sich vor Entzücken gar nicht ein.

Die folgenden drei Wochen behielt Katharina für alle Zeiten als die schönsten ihres Lebens in Erinnerung. Heinrich, der Schwiegervater, das Gesinde, alle waren sie rührend um sie besorgt, kümmerten sich und verschonten sie vor aller Arbeit. Ihr kleiner Sohn war inzwischen feierlich auf den Namen Johannes getauft worden. In der katholischen Kirche zwar, aber vom protestantischen Pfarrer, und Katharina dachte jeden Abend vor dem Einschlafen: »Ach, wenn es doch immer so bliebe.«

Ihr Wunsch ging nicht in Erfüllung, nichts blieb. Alles wurde wieder, wie es seit jeher gewesen war – und schlimmer. Der alte Mann, der immer vor der Schenke gesessen hatte, war während ihres Wochenbettes gestorben. Verhungert? Erfroren? Katharina war die einzige, die um ihn trauerte.

Die Familienmahlzeiten am langen Tisch endeten noch immer jeden Mittag im Streit, und Heinrich trank wie ehedem und forderte schon wenige Wochen nach der Entbindung, daß Katharina ihren ehelichen Pflichten nachkam. Eine Weile schützte sie die Natur, doch noch bevor ihr Erstgeborener stehen konnte, war Katharina wieder schwanger. »Wäre doch nur Muhme Renate noch am Leben, sie hätte gewußt, was zu tun wäre. Sie hätte ein Mittel gekannt, mich vor einem weiteren Kind zu schützen, und vielleicht hätte sie sogar ein Kraut gehabt, das den Heinrich vom Biersaufen abhielte.« Katharina seufzte und ging in die Kammer. Dort lag ihr Sohn auf dem Strohlager und schrie.

Der kleine Johannes war ein zartes, schmächtiges Kind. Ständig kränkelte er, hatte Fieber, Koliken. In steter Sorge um ihn, empfand Katharina die zweite Schwangerschaft als viel anstrengender. Doch ganz gleich, ob ihr schwindlig oder übel war, ob die Beine vom Wasser anschwollen oder der Rücken schmerzte, die Schwiegermutter forderte unnachsichtig ihren ganzen Einsatz.

»Ein hoher Leib ist keine Krankheit! Sitz hier nicht herum, sondern tu deine Arbeit«, scheuchte sie Katharina, kaum daß diese sich für einen Augenblick hingesetzt hatte.

»Ja, ja, und du hast zwölf Kinder in einundzwanzig Jahren geboren ...«, äffte ihre Schwiegertochter sie hinter ihrem Rükken nach.

Heinrich war keine Hilfe. Wenn sein Sohn krank war und wieder einmal stundenlang schrie, reagierte er mit Zornesausbrüchen und stand – egal, zu welcher Stunde – auf, um sich in der Schenke einen Humpen zu füllen. Hatte er seinen Pegel erreicht, torkelte er wieder in die Schlafkammer, weckte Mutter und Kind, die dann gerade zur Ruhe gekommen waren, und wurde erneut wütend, wenn Katharina ihm nicht zu Willen war.

EIN HARTER DIENER ZWEIER HERREN

In der Mitte des sechzehnten Jahrhunderts waren die Niederlande das wirtschaftlich modernste Land ganz Europas; ein dichtbevölkertes Dreieck zwischen Deutschland, Frankreich und der Nordsee. Hier befanden sich über dreihundert Städte und sechstausendfünfhundert kleinere Ortschaften, die überwiegend in den Mündungsgebieten von Rhein, Maas und Schelde angesiedelt waren. In mühsamer Arbeit hatten die Menschen das ganze Land mit einem wohldurchdachten Kanalsystem durchzogen und so die kleineren mit den großen Flüssen verbunden. Schiffe aus aller Herren Länder legten in Antwerpen, dem größten Hafen der Welt, an. Die Niederlande waren der Dreh- und Angelpunkt des europäischen Fernhandels.

Dieser Status kam nicht von ungefähr. Einst war das ganze Gebiet, das zu großen Teilen unterhalb des Meeresspiegels lag, morastiges, von Menschen kaum bewohnbares Areal gewesen. Viele Generationen hatten sich geschunden, bis die Sümpfe trockengelegt, vernichtende Sturmfluten von Deichen zurückgehalten und die Niederungen in fruchtbares Land verwandelt waren. Jetzt wollten die Menschen die Früchte der Arbeit ihrer Vorfahren ernten und in liberalem Frieden leben. Doch der war ihnen nicht vergönnt.

Pimpinella anisum

Schon seit Jahren bildeten die Anhänger der Reformation – Lutheraner, Calvinisten und täuferische Gemeinden – wechselnde Koalitionen, um sich in den Niederlanden gegen den starren Machtanspruch der katholischen Spanier zu wehren.

König Karl V., guter Katholik und Spanier, wollte schon lange nichts als Ruhe in seinem Machtgebiet. Er war die Auseinandersetzungen leid, des Verhandelns, Taktierens und Kämpfens müde und fällte eine Entscheidung: In Zukunft sollte sich sein Erbe und Nachfolger mit den Aufständischen quälen, er hatte genug.

Am Nachmittag des 25. Oktober 1555 erklangen von den Türmen der Brüsseler Kirchen die Glocken. In die tiefen Klänge der sieben Hauptkirchen mischten sich die helleren Töne der kleineren Gotteshäuser. Auf den Straßen pulsierte das Leben. Männer und Frauen, Arme und Reiche, Alte und Junge, Edelleute und Handwerker, Klosterbrüder und Soldaten drängten sich in den engen Gassen in Richtung Oberstadt. Dort sollte im Palast der alten Herzöge von Brabant der Verzicht des spanischen Königs auf die Herrschaft über die Niederlande zugunsten seines Sohnes Philipp erfolgen.

Während die Holländer Karl V. noch als ihren »seigneur naturel« betrachtet hatten, blieb Philipp II. während seines vierjährigen Aufenthaltes in Brüssel ein Fremder. Mit seinen hellen Haaren und dem blonden Bart glich er äußerlich durchaus den Flamen, doch Herz und Gesinnung waren spanisch geprägt, und das sollte sich auch niemals ändern.

Es waren unruhige Zeiten: Gleich zu Beginn des Jahres 1556 sah sich der frisch inthronisierte Regent mit erheblichen internationalen Schwierigkeiten konfrontiert. Der Krieg gegen Frankreich war noch nicht beendet. Schon wieder mußte ein neues Heer aufgestellt werden. In Rom hatte Papst Paul IV. einen Sonderbeauftragten Philipps in der Engelsburg festgesetzt und dem König von Spanien die bis dahin stets gewährten Kriegszuschüsse aus den Pfründen der Kirche streichen lassen. Von England ganz zu schweigen. Dort saß seine ungeliebte Gemahlin Maria Tudor, machte durch ihre grausamen Religionsverfolgungen ihrem Beinamen »die Blutige« alle Ehre und erzeugte ganz nebenbei einen schier unstillbaren Haß auf Philipp und alles Spanische. Wo der König auch hinsah, überall loderten Flammen, die es zu löschen galt.

Philipp II. beschloß, als erstes seine Macht in den Niederlanden zu festigen und den Ketzern den Garaus zu machen. »Lieber gar nicht herrschen als über Ketzer!« lautete die königliche Parole der folgenden vier Jahre.

Die Niederländer ließen sich nicht entmutigen. Trotz Todesdrohungen und Verfolgung wurde nicht nur in heimlichen Waldgottesdiensten, sondern auch in kleinen und größeren Städten gegen Papst und König gepredigt. Öffentlich stritten und debattierten mutige Menschen über die Heiligen, das Fegefeuer und den Ablaß. Wo auch immer Büttel der Regierung oder Soldaten die calvinistischen Prediger bedrohten, formierten sich sofort zornige Volksmassen zu deren Schutz. In verschiedenen Städten Flanderns stürmten Tausende von Reformierten Gefängnisse und Verliese, um ihre eingekerkerten Glaubensbrüder zu befreien. König Philipp II. erließ harte Befehle, verhängte drakonische Strafen und ordnete strengste Verfolgung an. Dennoch gelang es ihm nicht, die Situation unter Kontrolle zu bringen. Verärgert entschloß er sich, das ungeliebte Land zu verlassen.

Am 26. August 1559 stach die königliche Flotte in See und nahm Kurs auf Spanien. Die zweihundert Segelschiffe waren gefährlich überladen mit Gemälden, Teppichen und Gobelins, mit Spitzen, Samt und Seide, Gold und Edelsteinen. Im Golf von Biskaya geriet die Flotte in ein schweres Unwetter. Ein Teil der Schiffe sank. Diejenigen, die den Sturm überstanden hatten, waren gezwungen gewesen, ihre kostbare Ladung über Bord zu werfen. Philipp II. überlebte die Katastrophe. Als er endlich wieder festen Boden unter den Füßen hatte, kniete er nieder und dankte Gott für seine Rettung aus der Seenot. Dann legte er ein – wie er meinte – gottgefälliges Gelübde ab: Von jetzt an wollte er aus der Ferne mit Feuer und Schwert erbarmungsloser denn je und mit allen Mitteln gegen die niederländischen Ketzer vorgehen.

Die spanischen Eiferer hinterließen ein zu großen Teilen verwüstetes Land. Die finanziellen Lasten eines langen, harten Krieges lagen schwer auf den Menschen. Der Widerstand gegen die von Philipp angeordnete Vermehrung der Bistümer und gegen die Ausdehnung der kirchlichen Rechte der katholischen Krone zog sich durch alle Schichten der niederländischen Bevölkerung. Hinzu kam eine vehemente Opposition von Teilen des hohen Adels. Männer wie Egmont, Graf Hoorn und Wilhelm von Oranien, hohe Würdenträger des Königs und Gouverneure der Provinzen, konnten und wollten den bürokratisch-absolutistischen Stil Philipps II. nicht länger tolerieren. Weder in Fragen der Verwaltung noch des Finanzwesens, noch der Kirche mochten sie die Anweisungen der Spanier unwidersprochen hinnehmen. Obwohl Hoorn und Egmont selbst keine Protestanten waren, wandten sie sich heftig gegen die zunehmende Schärfe der von den Spaniern geforderten Ketzerverfolgung im Land. Alle Bemühungen, die Spannungen mit Madrid durch Petitionen und Verhandlungen zu lösen, blieben erfolglos. Die beiden Edelmänner traten gemeinsam mit Wilhelm von Oranien aus dem niederländischen Staatsrat aus und mobilisierten breite Gruppen der Bevölkerung zum Widerstand.

Die Reaktion aus Spanien kam prompt und heftig. Der König setzte seinen ergebenen Diener und Feldherrn Fernando Álvarez de Toledo, Herzog von Alba, ein, um das Land zu befrieden.

Alba, ein kluger, strenger, befehlsgewohnter Mann, stammte aus altem Adelsgeschlecht. Nach dem frühen Tod seines leiblichen Vaters vom Großvater erzogen, hatte er an dessen Seite bereits als Siebenjähriger erste Kriegserfahrungen gemacht und beeindruckt gesehen, wie spanische Waffen triumphierten, als das französische Navarra der Krone einverleibt wurde. Der Großvater war es auch, den der Enkel als Familienoberhaupt beerbte.

Alba war kaum sechzehn Jahre alt gewesen, als er auf eigene Faust seinen ersten militärischen Erfolg errang: Ein spanisches

Heer hatte die Festung von Fuenterrabia belagert, dort, wo der Golf von Biskaya und die Pyrenäen sich treffen. Die Franzosen leisteten erbittert Gegenwehr und verteidigten ihr Territorium. Alba bat seinen Großvater, an dem Feldzug teilnehmen zu dürfen, doch dieser erklärte ihn für zu jung und sprach ein Verbot aus. Heimlich sattelte der Enkel sein Pferd und ritt in Begleitung einer Handvoll Freunde in die Schlacht. Sein Großvater tobte. Als ihm vom befehlshabenden General allerdings mitgeteilt wurde, wie außerordentlich tapfer und umsichtig sich der Junge verhalten hatte, wich die Wut unbändigem Stolz.

Viel länger als geplant zog sich die Belagerung hin. Der Winter war hart, und erst im folgenden Jahr konnte die Festung eingenommen werden. Als die entscheidende Schlacht geschlagen und das Ziel erreicht war, hatte der junge Alba drei wesentliche Lektionen gelernt, die er ein ganzes Leben als Kriegsherr nicht vergessen sollte.

Er hatte verstanden, daß Belagerungen stark befestigter Plätze immer Zeit und Kraft kosteten und selten schnelle Entscheidungen herbeiführten. Er hatte gesehen, wie wichtig das Verhalten des Feldherrn für die Motivation der Truppen war. Wer die Strapazen und Mühen der einfachen Soldaten teilte, selbst die Schaufel ergriff, um stundenlang Schanzen zu bauen, selbst Nachtwachen übernahm und mit ihnen lagerte, dem gehörten das Vertrauen und die Herzen der Männer, der konnte beinahe alles von ihnen verlangen. Neben einer großen militärischen Begabung verfügte Alba über einen ausgesprochen herrischen Willen. So fiel ihm sehr schwer zu akzeptieren, daß ebendieser, und sei er noch so stark, nicht allmächtig war. Die Kräfte der Natur, Hitze, Kälte, Regenfälle, Stürme und nicht zuletzt Krankheiten, konnten ihn beugen – das war die dritte Lektion.

Die Festung war erobert, und der ehrgeizige Alba hatte sich in einer Art und Weise profiliert, daß er – noch nicht siebzehnjährig – zum Gouverneur der Stadt Fuenterrabia ernannt wurde.

Es folgte eine beispiellose Karriere, während der Alba immer wieder seine Loyalität und Liebe zum König unter Beweis stellte. Karl V. erkannte seine Verläßlichkeit und betraute ihn mit immer neuen und größeren Verpflichtungen.

1535 erhielt er als Feldherr den Befehl über achttausend Soldaten, um gegen die Türken zu ziehen. Zum Entsetzen aller Beteiligten nahm Alba seinen fünfjährigen Sohn mit in den Krieg. Das Kind wurde Zeuge des Gemetzels, mit dem das Heer im Juli Tunis eroberte. Alba konnte einen weiteren Erfolg verbuchen: Sein König ernannte ihn zum ersten militärischen Berater.

1540 galt es in den Niederlanden eine schwere Pflicht zu erfüllen. Aufständische sorgten für ständige Unruhen in Gent, und Karl V. wünschte endlich Ruhe und Frieden in seiner Geburtsstadt. Wie immer widmete sich Alba der Aufgabe mit großem Engagement und schlug die Revolte nieder. Kaum hatte er die Verantwortlichen dingfest gemacht, als er auch schon deren strengste Bestrafung forderte. Aberkennung aller Privilegien und Todesstrafe für die Hauptschuldigen schienen ihm das mindeste. Karl V. ließ sich zunächst darauf ein, nahm jedoch später Gnadengesuche an und milderte so die größte Härte.

In seinem Haß auf die Ketzer kannte der katholische Herzog keine Grenzen. Bisweilen mußte der König seinen treuen Diener zu mehr Besonnenheit ermahnen und zurückhalten, so auch, als Alba auf die Idee kam, Wittenberg zu besetzen, um die Gebeine Martin Luthers auszugraben und in alle Winde zu verstreuen.

Um ihn ein wenig aus der Schußlinie zu nehmen, setzte er Alba als Berater seines dreizehnjährigen Sohnes und späteren Thronfolgers Philipp ein. Nahtlos gingen so die Dienste des Herzogs von einem auf den nächsten König über, und als Philipp II. 1555 von seinem Vater Thron, Zepter und Regierung Spaniens und der Niederlande übernahm, wußte auch er sich der unverbrüchlichen Treue Albas sicher.

Der neue König reiste – wie zuvor in Spanien – auch in den Niederlanden von Ort zu Ort, um die Huldigungen seines Volkes entgegenzunehmen. An seiner Seite stets Herzog Alba, der bei festlichen Anlässen anstelle des Königs die Ansprachen halten mußte. Philipp II. beherrschte nicht eine Silbe der Landessprache und sollte sie auch in seinem ganzen Leben nicht erlernen.

Nach seiner Rückkehr nach Madrid nahmen die Ereignisse unausweichlich ihren Lauf. Die Querelen in den Niederlanden fanden kein Ende, und Philipp II. sah sich 1566 gezwungen, seine Minister zusammenzurufen, um Vorschläge für eine Lösung des leidigen Problems zu fordern. Alba kannte das Land und vor allem den Wunsch seines Königs. Und dieser Wunsch war ihm Befehl. Unterstützt von einem schlagkräftigen Heer bot er sich an, den Katholizismus durch Einführung der Inquisition und die Schaffung neuer Bischofssitze zu fördern, leitende Funktionen nur noch mit Spaniern zu besetzen und sämtliche Einkünfte des Landes zur Sicherung der spanischen Weltgeltung zu beschlagnahmen. Das war ein Plan so recht nach des Königs Geschmack. Er wischte die Bedenken derer, die Verhandlungen mit den Niederländern bevorzugten, vom Tisch und gab Alba den Zuschlag. Niemand ahnte, wie schwer und langwierig dieser Feldzug im Namen Gottes werden sollte.

Alba machte sich sofort an die Arbeit, ein Heer nach seinen Vorstellungen zu rekrutieren. Er stattete die Männer in bis dahin ungekannter Weise aus. Als erstes erhielten seine Soldaten leichte, tragbare Musketen, die mit separaten Stützen versehen und bei Bedarf auf eigens konstruierten Gestellen fest zu montieren waren. So etwas hatte es noch nie gegeben. Die außergewöhnlichen Geschütze brachten ihren Trägern den Namen »Musketiere« ein .

Nach reiflicher Überlegung entschloß sich der Herzog, seine Männer nicht über den Ozean zu transportieren. Wegen des Risikos von Stürmen und vor allem drohender Schwierigkeiten bei der Landung in Flandern bevorzugte er den Landweg.

Die normale Route durch Frankreich schied aus, denn trotz geschicktester Verhandlungen erlaubte der französische König unter dem Druck der Hugenotten keinen Durchzug der spanischen Truppen. Schließlich rang Alba ihm die Zusage ab, ungestört passieren zu dürfen, wenn er seinen Weg an der Grenze des deutschen Reiches durch Burgund und Lothringen nähme. Der Herzog hatte keine Wahl. Er mußte sein Heer über das Mittelmeer nach Genua, von dort über die Alpen nach Burgund und endlich in die Niederlande führen. Viele der verheirateten Soldaten hatten ihre Frauen dabei, für die anderen gab es Hunderte von Dirnen, und so waren es etwa zehntausend Soldaten und noch einmal so viele Troßbegleiter, die sich von Genua aus zu Fuß und zu Pferd zu einem langen Zug formierten.

Mit drakonischen Strafen auch für die kleinsten Vergehen sorgte Alba für Disziplin. Um keinen Zweifel daran aufkommen zu lassen, wer das Sagen hatte, ließ er gleich in den ersten Tagen einen einfachen Söldner, der sich eines nichtigen Ungehorsams schuldig gemacht hatte, hinrichten.

Alba teilte seine riesige Armee in drei Gruppen, die einander in gleichem Abstand folgten. Je eine erreichte am Abend das Lager der anderen vom Vortag. So vermied er geschickt die Gefahr der Zersplitterung des Heeres, sparte Zeit und Kosten. Nach vierzehn Tagen waren die Alpen überwunden, die Armee machte Station in Burgund. Hier wartete eine Botschaft des Papstes auf den Herzog. Das Oberhaupt der Kirche bat den Spanier inständig, den ganzen Landstrich, eine verhaßte Ketzerhochburg, auf dem Weg niederzumachen und den Katholiken zur Macht zu verhelfen. Alba, der die Niederlande mit ungeschwächten Truppen erreichen wollte, erfüllte den Wunsch des Pontifex Maximus nicht.

In Luxemburg wurden ihm weitere achttausend Männer zugeführt; Deutsche aus allen Teilen des Landes, unter ihnen zahlreiche Protestanten. Alba sah großzügig darüber hinweg, denn er wußte, daß sich in den Niederlanden immer wieder

Katholiken und Protestanten im Kampf gegen die Calvinisten zusammenfanden.

Endlich am Ziel, präsentierte sich der Spanier zunächst als Wolf im Schafspelz. Von den Niederländern als Abgesandter ihres Königs mit Spannung erwartet, gab sich der Herzog vordergründig verbindlich und erweckte bei vielen Menschen den Eindruck, für die lang ersehnte Befriedung des Landes und eine Belebung des Handels zu sorgen.

Doch Alba verlor den Auftrag seines Königs keine Sekunde aus den Augen. Er rief ein Untersuchungsgericht ins Leben, dessen einzige Aufgabe es war, Vernehmungen durchzuführen und Beweise zu sammeln. Urteile blieben allein dem Vorsitzenden überlassen – und das war der Herzog höchstpersönlich. Ketzerische Widerständler wurden einer nach dem anderen vor die Kommission zitiert, standen Rede und Antwort und konnten wieder gehen. Erst nach etwa zwei Jahren erfolgten die ersten Urteile, dann aber sechs bis achtzehn im Monat. Inzwischen hatte sich Alba als oberster Leiter von nicht weniger als dreizehn Provinzen etabliert und herrschte, von seinem König mit den entsprechenden Vollmachten ausgestattet, wie ein regierender Fürst. Jetzt geschah, was Philipp II. energisch gefordert hatte: Köpfe sollten rollen, um das orientierungslose Volk wieder zum Gehorsam gegenüber der Krone zurückzuführen.

Die Niederländer erkannten, daß sie schon viel zu lange gewartet hatten, und griffen zu den Waffen. Doch Alba und sein Heer waren schwer zu besiegen. Bei Gemmingen, einem kleinen Ort an der Gems, kam es zur Schlacht. Des Herzogs Männer und ihre modernen Musketen waren überlegen; Landsknechte und Aufständische flohen so schnell sie ihre Beine trugen. Alba verlor kaum einhundert Männer, während beinahe die Hälfte der feindlichen Soldaten in der Gems und im nahegelegenen Moor versanken.

Wenn er nicht an der Spitze seiner Armee kämpfte, arbeitete Alba daran, die Struktur der niederländischen Verwaltung

Stück für Stück nach seinen Vorstellungen zu verändern. Er zog Gelder ein, verbot das Studium im Ausland, schränkte generell alle Auslandsreisen ein und gründete Schulen, die sich am Bekenntnis der Spanier orientierten. Wer es wagte, sich aufzulehnen, lief Gefahr, sofort hingerichtet zu werden. Jetzt formierte sich ernsthafter Widerstand im Volk. Der eigenmächtige Spanier wurde als Tyrann oder zumindest als Repräsentant einer tyrannischen Herrschaft empfunden.

Der Druck, den er ausübte, führte dazu, daß die Menschen in Massen das Land verließen und in den Nachbarländern Zuflucht suchten. Die königlichen Behörden stellten Flucht und Fluchthilfe unter Todesstrafe. Überall wimmelte es von Spitzeln, die auf Straßen und Wegen die Wagen anhielten und durchsuchten oder von ihren Wachbooten aus Schiffe und Schaluppen stoppten, um Flüchtige aufzuspüren. Dennoch gelang Abertausenden die Flucht. Von den benachbarten Ländern aus organisierten Emigranten jetzt die Gegenwehr und machten Wilhelm von Oranien zum Führer ihres Freiheitskampfes.

Oraniens Einfall begann Mitte 1572. Der Prinz hatte die Unterstützung einer ganzen Reihe von Städten und brachte bald den nördlichen Teil des Landes unter seine Herrschaft. Albas Schergen wurden aus ihren Ämtern gejagt, seine Verwaltung zerschlagen. Aber noch war der Kampf nicht gewonnen. Die Spanier hatten große Verluste zu beklagen, doch Alba wußte sich zu helfen. Er schickte seine Werber in die benachbarten Länder und hoffte, auf diese Weise Verstärkung für seine geschwächten Truppen beschaffen zu können.

Es war der Haß des Lutheraners gegen die Calvinisten, der den protestantischen Herzog von Württemberg dazu bewog, Albas Männer auch in seinem Land Söldner anwerben zu lassen.

Überall tauchten spanische Hauptleute, Rittmeister und Obristen an den vorbestimmten Lauf- und Musterplätzen auf, um kampflustige Männer zu verpflichten. Erfahrene Werbeoffiziere wußten, wie man den Dörflern und Städtern den Krieg schmackhaft machte. Untermalt vom Schlag der Trommeln, verkündeten sie lauthals die Bedingungen für den Eintritt in die Dienste des Königs. Für den gemeinen Söldner konnte ein Krieg im günstigsten Fall zum guten Geschäft werden. Den größten Zulauf hatten die Werber, die von vorneherein gutes Geld, reichliche Verpflegung und die zwar ungesetzliche, aber äußerst zweckdienliche Duldung von Plünderungen versprachen.

AUF UND DAVON

Im Frühling 1573 hatte sich die Lage im Keplerschen Haus weiter zugespitzt. Die Familie, ein Haufen cholerischer Streithähne auf engstem Raum. Es ging zu wie in einem Tollhaus. Heinrich trank jeden Tag bereits am frühen Morgen, schlug Frau und Kind immer häufiger und immer heftiger. Des rechthaberischen Sebald Keplers gefürchtete Wutausbrüche entstanden aus immer nichtigeren Anlässen. Seine Frau erniedrigte Katharina, wo immer sie konnte, und behandelte sie wie eine Dienstmagd. Schwiegermutter und Schwiegertochter sprachen kein friedliches Wort mehr miteinander, und Katharina erwartete ihr zweites Kind.

»Laß mich endlich in Ruhe, ich will schlafen«, wies sie in der Nacht ihren angetrunkenen Mann ab. Als er dennoch zudringlich wurde, warf sie ihn mitsamt seinem Strohsack und der Decke aus der Kammer. Heinrich schlief seinen Rausch auf einer Bank in der Schankstube aus und war noch voller Wut auf seine widerborstige Frau, als er am nächsten Morgen erwachte.

Artemisia absinthium L.

Draußen war heller Tag, und ein Ochsenkarren rumpelte am Fenster vorbei. Heinrich vernahm aus der Ferne dumpfen Trommelwirbel.

»Was ist denn da los«, murmelte er und rieb sich den Schlafsand aus den Augen. Die Trommeln kamen näher, und jetzt war auch eine menschliche Stimme zu erkennen. Der Obrist persönlich marschierte durch die Gassen von Weil der Stadt und schrie aus voller Kehle von gutem Sold und üppigem Essen. Heinrich kratzte sich am Kopf, stand auf und holte einen großen Becher Bier. Er leerte ihn in einem Zug auf nüchternen Magen. Dann zog er sich an, warf seinen Strohsack in Richtung Küche und trat vor das Haus. Ohne auch nur einen Augenblick darüber nachzudenken, ob er seine Entscheidung mit Ehefrau oder Eltern besprechen sollte, folgte er dem Spanier zum Laufplatz.

Dort wimmelte es bereits von Männern, unter ihnen auch ein paar stadtbekannte Zechkumpane. Heinrich begrüßte die Freunde überschwenglich. Gemeinsam nahmen sie den Werbegulden und ihr Handgeld in Empfang.

»Jetzt haben wir unsere Haut dem spanischen König verpfändet. Das müssen wir begießen«, die Männer nahmen Heinrichs Vorschlag mit Begeisterung auf. Die Regimenter wurden auf dem Musterplatz zusammengesetzt. Der Weg dorthin war nicht weit, doch der eben geworbene Trupp gönnte sich Pausen und kehrte in jeder Schenke am Wegrand ein. Völlig betrunken, aber bester Stimmung leisteten sie ein paar Stunden später im Chor den Eid auf die spanische Fahne und legten sich in den Schatten des nächstbesten Baumes. Als der Artikelsbrief verlesen und das Kriegsrecht bekanntgegeben wurde, schliefen die frischgebackenen Soldaten des Königs fest wie die Steine.

Nur um seinen Ranzen zu packen, kehrte Heinrich noch einmal kurz in sein Elternhaus zurück. Obwohl er versuchte, es zu vermeiden, lief er sowohl seiner Frau als auch seiner Mutter über den Weg und mußte beiden erklären, wo er sich herumgetrieben hatte.

»Was hast du getan? Du hast dich für den Krieg verpflichtet? Und mich läßt du hier zurück?« Katharina brach in Tränen aus.

»Bist du von allen guten Geistern verlassen? Erst bringst du mir deine Metze ins Haus, schaffst ihr ein Kind und gleich noch ein zweites an, und jetzt machst du dich aus dem Staub! Wer soll denn deine Arbeit machen? Du vermaledeiter Lotterbube!« Mutter Kepler war außer sich vor Wut. Bevor er auch noch eine Standpauke von seinem Vater zu hören bekam, floh Heinrich zurück zum Musterplatz, wo inzwischen Zelte aufgeschlagen waren.

Es dauerte noch einige Zeit, bis die Vorgaben auf den Werbelisten erfüllt waren. Heinrich blieb im Lager. Zweimal tauchte Katharina auf, um ihn zur Rückkehr zu überreden. Zweimal warnten ihn die Freunde beizeiten, und er versteckte sich so geschickt, daß seine Frau unverrichteterdinge und weinend wieder abzog.

Endlich war es soweit: Begleitet von Trommeln und aufrechten Ganges marschierten die Regimenter in die Niederlande, um dort den frommen Calvinisten das Leben zur Hölle zu machen.

Am 12. Juni 1573 brachte Katharina ihren zweiten Sohn auf die Welt. Die Geburt war leicht, der kleine Knabe auf den ersten Blick gesund. Die junge Mutter wollte ihn nach ihrem Vater auf den Namen Melchior taufen, doch in seltener Einigkeit war der Rest der Familie dafür, ihn Heinrich zu nennen.

»Weißt du, ob dein Mann jemals aus dem Krieg zurückkehrt? Wenn nicht, ist dies die einzige Möglichkeit, seinen Namen in die nächste Generation zu tragen!« beendete Mutter Kepler mit Pathos in der Stimme den Disput. Die Wöchnerin hatte keine Kraft, sich gegen den geballten Widerspruch durchzusetzen, und stimmte zu.

Kaum eine Woche war vergangen, da zeigte der Säugling immer öfter bedenkliches Verhalten.

Arme und Beine mit Windeltuch fest verschnürt, lag der kleine Heinrich in seiner Holzwiege, schrie noch mehr als sein älterer Bruder Johannes und wurde ganz offensichtlich von heftigen Krämpfen geschüttelt. Beängstigend verdrehte er die Augen, sein Speichel schlug Blasen auf den kleinen Lippen, bis wenige Minuten später alles vorbei war und das erschöpfte Kind im Arm seiner besorgten Mutter einschlief.

»Wenn das nur nicht die Fallsucht ist«, Mutter Kepler sprach mit einem mißbilligenden Blick auf ihre Schwiegertochter aus, was alle befürchteten.

Die Sorge um zwei kleine Kinder, viel Arbeit, steter Zank, Katharina war blaß und müde. Nach drei Wochen Schonzeit im Wochenbett fühlte sie sich zerschlagen, als sei die Entbindung keinen Tag her. Dennoch ging sie ihren Pflichten nach und versuchte, sich zu erholen, indem sie sich allabendlich gemeinsam mit ihren Söhnen bei Anbruch der Dunkelheit in die Schlafkammer zurückzog. »Diesmal kommt sie aber schwer auf die Füße. Das Mädchen ist ja nur noch ein Schatten ihrer selbst.« Sebald Kepler war bekümmert.

»Soll sich nicht anstellen, ist doch erst ihr zweites«, seine Frau war noch immer nicht willens, auch nur ein gutes Haar an Katharina zu lassen.

Der kleine Heinrich war gerade neun Monate und hatte eben gelernt, sich aufzustellen. Wackelig hielt er sich am Rock seiner Mutter fest und lächelte sie sabbernd an. Katharina saß vor der Schenke und rupfte ein Huhn, da wurde ihr plötzlich schwarz vor Augen. Die Ohren sausten, alles drehte sich. Sie verlor das Bewußtsein, sackte vornüber zusammen, rutschte von ihrem Schemel und lag ohnmächtig auf der Straße. Heinrich betrachtete seine Mutter erstaunt, ließ sich auf alle viere nieder und krabbelte voller Entdeckungslust die Straße entlang.

In der Küche wunderte sich die Magd etwas später, daß das Huhn nicht gebracht wurde, und ging schließlich nachschauen. Sie fand Katharina vor dem Haus und schlug sofort Alarm. Sebald Kepler rüttelte seine Schwiegertochter, bis diese die Augen wieder öffnete und nahm sie in die Arme. Dabei berührte ihre Stirn seine rechte Wange.

»Kind, du glühst ja!« Er trug Katharina in die Kammer. Tatsächlich hatte die junge Frau so hohes Fieber, daß sie delirierte und im Wahn nach ihrem Mann rief. Die Magd wusch ihr das Gesicht mit kaltem Wasser. Damit sie nicht naß wurden, band sie ihr die Haare zusammen. Als die Locken ihn nicht mehr bedeckten, wurde am Hals der Patientin eine dicke

Schwellung sichtbar, heiß und gerötet. Die Magd ließ den Lappen fallen und lief schreiend aus dem Zimmer.

»Was brüllst du herum, als würdest du vom Leibhaftigen verfolgt?« herrschte Mutter Kepler sie an.

»Die Katharina, die Katharina …«, das verschreckte Mädchen japste nach Luft.

»Was ist mit der Katharina? Reiß dich zusammen und rede in ganzen Sätzen, wenn du mir was zu sagen hast.« Mutter Kepler war ungeduldig wie immer.

»Die Katharina hat die Pest!« brachte die verängstigte Magd endlich hervor.

»Was sagst du da?« Mutter Kepler senkte die Stimme. »Halt um Himmels willen deinen Mund, wenn das die Gäste hören, können wir die Schenke schließen!« Mit einer drohenden Gebärde versiegelte sie die Lippen des Mädchens. Dann eilte sie die Stiege hinauf, um nach Katharina zu sehen. Die lag apathisch und verschwitzt auf dem Lager und rührte sich nicht. Mutter Kepler sah sich den geschwollenen Lymphknoten an und nickte besorgt. Sie schloß die Tür und ging in die Schankstube. Dort wußte sie ihren Mann, der nach Heinrichs Abmarsch die Wirtschaft wieder alleine führte. Sebald Kepler sah sie mit schreckgeweiteten Augen an.

»Bist du sicher?« – »Sicher kann man erst sein, wenn das Ding sich entzündet, aufgeht und eitert, aber wenn du mich fragst, ist es wohl sehr wahrscheinlich, daß das Hexenbalg uns auch noch die Pest ins Haus schleppt.« Mutter Kepler ballte die Fäuste.

»Dann müssen wir etwas unternehmen, und zwar schnell. Kunigunde!« Sebald Kepler rief seine Tochter. »Richte eine Kohlenpfanne mit Wacholder, Lorbeer und trockenem Wermut. Bring sie hinauf in Katharinas Zimmer und zünde alles an. Und kein Wort zu niemand! Hast du verstanden!« Wacholder, Lorbeer, Wermut. Kunigunde Kepler war im Bild.

»Bringt das Miststück uns jetzt auch noch den Tod?« Sie schlug die Hände vor das Gesicht.

»Halt dein Maul, oder sollen es gleich alle hören!« fuhr ihre Mutter sie an. »Und jetzt herauf mit dir, daß wir die Krankheit ausgeräuchert kriegen, bevor sie um sich greift.«

Kunigunde gehorchte. Widerwillig trug sie die gußeiserne Pfanne in den ersten Stock und stellte sie mitten in den Raum. Dann entzündete sie den Inhalt, flehte die Heiligen Rochus und Sebastian an, sie mit der Krankheit zu verschonen und wartete gerade so lange, bis sich grauweißer Qualm ausbreitete.

Katharina wachte auf. Der Gestank biß in ihrer Nase, daß sie meinte, ersticken zu müssen. Die Augen tränten, sie hustete sich die Seele aus dem Leib. Mit großer Anstrengung kroch sie auf allen vieren zur Tür und stieß sie einen Spalt auf. Dann wurde sie erneut bewußtlos.

Unten in der Schenke herrschte große Aufregung. Es war Mittagszeit, und Mutter Kepler hatte jetzt erst bemerkt, daß ihr jüngstes Enkelkind verschwunden war. Das Gesinde suchte den ganzen Hof, den Stall und die Scheune bis hinauf zur Tenne ab, aber der kleine Heinrich blieb unauffindbar. Gerade war Sebald Kepler persönlich aus dem Haus gelaufen, um das Kind auf der Straße zu suchen. Da kam ihm eine Nachbarin entgegen. Sie trug den brüllenden Knaben auf dem Arm.

»Da ist er ja! Dem Allmächtigen sei Dank, daß du ihn gefunden hast!« Bürgermeister Kepler war über die Maßen erleichtert. »Warum schreist du denn so, kleiner Mann?« Er streckte die Arme aus, um den Jungen in Empfang zu nehmen. Die Nachbarin lachte.

»Warum der schreit. Das kann ich dir sagen, Bürgermeister! Ich habe ihm den Pferdeapfel weggenommen, an dem er herumgekaut hat, und seitdem brüllt er wie am Spieß.« Sebald Kepler hielt das Kind angewidert von sich.

»Du kleines Ekelpaket, seit wann haben wir es nötig, Pferdescheiße zu fressen?« Er schüttelte sich, betrat die Schankstube und reichte Heinrich an seine Frau weiter. »Hier, wasch ihm den Mund aus. Und dann gib ihm etwas zu essen. Mir scheint, er hat Hunger.«

In den nächsten zehn Tagen hing Katharinas Leben an einem seidenen Faden. Von heftigem Nasenbluten, hohem Fieber, Schweißausbrüchen, Schüttelfrost und eitrigen Karbunkeln am ganzen Körper gepeinigt, war sie mehrmals dem Tod so nahe, daß Sebald Kepler schon nach dem Pfarrer schicken wollte. Am elften Tag ging es ihr endlich besser. Das Fieber war merklich gesunken, der Schweiß trocknete, die offenen Karbunkel verschorften allmählich und heilten ab. Langsam kehrte das Leben zurück. Glücklich nahm sie ihre Kinder in die Arme. Die Krankheit hatte die Milch versiegen lassen, der kleine Heinrich war in aller Eile weit vor der Zeit abgestillt worden. Statt der gewohnten Milch bekam er seither hartes Brot in Honigwasser, Fleischbrühe oder Wein eingeweicht; besonders letzteres schmeckte ihm ganz und gar nicht. Auch den morgendlichen Brei aus Weizenmehl nahm er nur unter lautstarkem Protest zu sich, und am heftigsten brüllte er, wenn die Großmutter ihm die Speisen vorkaute und ihn mit dem Brei aus ihrem Mund fütterte. Beinahe so dünn wie diese, suchte er jetzt auf dem abgemagerten Oberkörper seiner Mutter verzweifelt nach der Brust, die ihn noch vor wenigen Tagen genährt hatte.

»Da ist nichts mehr, mein Kleiner, aber wir werden dich auch so groß kriegen«, tröstete Katharina und streichelte sein Köpfchen.

Die Rekonvaleszentin erholte sich erstaunlich schnell und tat alles, ihre Schwäche so bald wie möglich zu überwinden. Während ihr Schwiegervater rührend um sie bemüht war, hielten Mutter Kepler und Kunigunde die Genesung für Teufelswerk und behandelten Katharina um so gröber und schlechter.

Einziger Trost in ihrem freudlosen Dasein war und blieb Appolonia Wellinger. War alle Arbeit getan, schnappte sich Katharina ihre Söhne und besuchte die Freundin, die noch immer in der kleinen, vertrauten Hütte lebte. Appolonia war eine hervorragende Köchin und nach wie vor in kleine Kinder vernarrt. Johannes und Heinrich liebten sie über alles.

»Kommt her, ihr kleinen Kerle, ich weiß schon, warum ihr mich so mögt – es liegt nicht an mir, nicht wahr, es sind das Rübensirup und die eingekochten Kirschen, gebt es nur zu.« Sie drückte den Jungen je einen Kuß auf die klebrig verschmierten Schnuten.

Hier war Katharina glücklich, hier fühlte sie sich wohl und unbeschwert. Gemeinsam mit ihrer Freundin träumte sie von einem besseren Leben.

»Ach, ich bin sicher, daß mein Heinrich gesund aus dem Krieg heimkehrt«, sagte sie dann. »Und wenn er erst wieder da ist, werde ich mit ihm sprechen. Wir müssen fort von hier. Mit dem Drachen unter einem Dach gibt es für uns kein Glück.« Appolonia stimmte ihr zu.

»Du weißt, wie gerne ich einen Mann und Kinder hätte, aber eine Schwiegermutter wie die deine kann einem das Heiraten wohl vergällen.«

Während die beiden jungen Frauen sich mit harmlosem Geschwätz die Zeit vertrieben, nahm Mutter Kepler ihre Treffen zum Anlaß, böse Gerüchte in die Welt zu setzen und eine gefährliche Intrige auf den Weg zu bringen.

Gleich und gleich gesellt sich gern, und so kannte die schwatzhafte, zänkische Frau eine ganze Reihe ebenso mißgünstiger Weiber, mit denen sie regelmäßig zusammengluckte. Stundenlang konnten sie beieinandersitzen, und kaum jemand blieb dabei von übler Nachrede verschont. Führend in der Riege der alten Klatschweiber war und blieb Mutter Kepler höchstpersönlich. »Meinen Heinrich hat sie sich gekrallt, meinen Sebald auch um den Finger gewickelt, aber mich kann sie nicht täuschen. Ich weiß recht gut, mit wem ich es da zu tun habe. Sie ist und bleibt ein Hexenbalg!« Die anderen Frauen nickten beifällig und lechzten nach Einzelheiten. »Das kommt doch alles nicht von ungefähr! Treibt sich nach wie vor mit dieser Wellinger Tochter herum. Und wo wohnt die? Ausgerechnet in der ehemaligen Hütte der Streicherin! So was nenne ich keinen Zufall.« Nein! Ihre Zuhörerinnen bestätigten die Worte, das konnte kein Zufall sein. »Und erinnert ihr euch nicht«, fuhr Mutter Kepler fort, »daß es bei der Hinrichtung hieß, Renate Streicher habe einen Namen auf der Leiter verraten?« Doch! Die Frauen erinnerten sich natürlich – nur nicht mehr ganz genau. »Na, was glaubt ihr, wen sie genannt hat? Mit der Folter haben sie es aus ihr herausgepreßt. Aber dann hat sie es zugegeben: Appolonia Wellinger ist auch mit dem Bösen im Bunde!« Die Frauen stöhnten entsetzt auf.

»Aber die war doch damals beinahe noch ein Kind«, wagte eine von ihnen leisen Widerspruch.

»Na und! Denk nur an das Hexenmal, das sie seit Kindesbeinen im Gesicht trägt! Kann der Teufel nicht auch Kinder verführen? Um sie dann später für seine Zwecke einzusetzen! Ihr werdet es sehen. Wellingers Appolonia gehört zu den Bösen – und ich werde es beweisen. Aber bis dahin«, sie legte bedeutungsvoll den Zeigefinger an die schmalen Lippen, »bis dahin, schscht, heißt es schweigen.«

Katharina und ihre Freundin hatten von all dem keine Ahnung und genossen jedes unbeschwerte Beisammensein.

»Ich vermisse ihn mit jedem Tag mehr«, seufzte Katharina oft. »Immer muß ich an Heinrich denken. Seinen kleinen Sohn kennt er nicht einmal. Wenn er nur hier wäre, würde alles gut«, redete sie sich ein.

»Wenn du solche Sehnsucht nach ihm hast, warum läßt du deine Söhne nicht für eine Weile bei mir, machst dich auf, deinen Mann zu suchen und bringst ihn heim?« Mit diesen Worten pflanzte Appolonia einen Keim in Katharinas Herz, der sofort Wurzeln schlug und wenig später zu einer Entscheidung gereift war.

»Das könnte dir so passen, mir deine Bälger aufhalsen und dich davonmachen! So weit kommt es noch!« keifte Mutter Kepler, als die Schwiegertochter ihr mitteilte, sie wolle ihren Mann aus spanischen Diensten nach Hause holen.

»Deine Hilfe will ich überhaupt nicht! Du brauchst dich nicht um die Jungen kümmern. Appolonia wird sie nehmen, bis wir wieder zurück sind. Das habe ich schon mit ihr besprochen.« Katharina hatte ebenfalls die Stimme erhoben. Das war Mutter Kepler auch nicht recht. Ihre beiden Enkelkinder in der Obhut einer Hexe! Nein, so hatte sie nicht gewettet. In deutlich freundlicherem Tonfall lenkte sie auf der Stelle ein:

»Nun, vielleicht können wir ja beide etwas dazu beitragen, daß du unseren Heinrich wieder herschaffst. Wie wäre es denn, wenn die Kinder die Tage bei deiner Freundin verbrächten und des Nachts hier im Haus schliefen?« Die Alte hatte blitzschnell kalkuliert, daß sie auf diese Weise die Kontrolle zumindest teilweise behalten konnte.

Mit dieser Lösung war Katharina einverstanden. Es war im Sommer 1573, als sie sich von ihren Söhnen verabschiedete und in die Spanischen Niederlande zog, ihren Mann zu suchen.

MIT DEN SPANIERN GEGEN DIE GEUSEN

In den Niederlanden war die Opposition gegen das spanische Schreckensregime ungebrochen. Mutige Führer des Widerstandes waren bei der Obrigkeit vorstellig geworden und hatten eine Massenpetition übergeben. Darin forderten sie unter anderem die Abschaffung der Inquisition sowie die Aufhebung der Religionsedikte. Nachdem ein ebenso hoher wie hochnäsiger Staatsbeamter die adligen Überbringer der Bittschrift als »gueux« – »Bettler« – bezeichnet hatte, übernahmen diese das Spottwort für die Stellung des niederen Adels und schlugen es als Bezeichnung für ihren Bund vor. Alsbald wurde der Begriff »Geusen« auf alle Aufständischen übertragen. Die Streitkräfte zur See nannten sich Wasser-Geusen; Wald-Geusen hießen die Kämpfer auf festem Boden. Als Zeichen der Verbundenheit trug jeder von ihnen eine extra zu diesem Zweck geprägte Münze bei sich – den sogenannten Geusenpfennig.

Anthemis tinctoria

Die Geusen machten Herzog Alba und seinen Soldaten das Leben schwer. Alba, von schmerzhaften Gichtanfällen geplagt, bat in Spanien immer wieder um seine Ablösung, doch Philipp II. sandte keinen Nachfolger. Also mußte sein getreuer Diener weiterhin von Front zu Front ziehen und im Namen des Königs die Ketzer bekämpfen. Eines seiner großen Ziele war die Niederwerfung der Stadt Haarlem.

Am 8. Dezember 1572 hatte Herzog Alba seinen kriegserprobten Sohn, Ferdinand de Toledo, mit einem Heer in Richtung der Stadt am kleinen Fluß Sparen in der Nähe des Haarlemer Meeres gesandt. Fünfunddreißig Kompanien Spanier belagerten wenige Tage später das Stadttor. Zweiundzwanzig Kompanien Wallonen schoben sich zwischen Stadt und Dünen und achtzehn Kompanien Deutsche schlugen ihre Zelte vor einem Seitentor auf. Mit den achthundert Reitern, die der spanische Feldherr Toledo zu seiner persönlichen Verfügung hielt, waren es insgesamt zehntausend Belagerer, die das wichtige, jedoch nur ungenügend befestigte Haarlem einnehmen wollten. Herzog Alba hielt sich derweil in Amsterdam auf und schickte von dort zur Unterstützung seines Sohnes schweres Belagerungsgerät und weitere dreitausend Schanzengräber.

Noch während diese Laufgräben und Geschützstellungen aushoben, wagten aus dem Lager der Niederländer einhundertundfünfzig Reiter und eintausendfünfhundert Soldaten zu Fuß einen Angriff auf die übermächtigen Feinde. Sie verursachten völlige Verwirrung unter den Truppen. Mit solcher Dreistigkeit hatte niemand gerechnet. Um ähnlichen Vorfällen vorzubeugen, befahl Toledo schweres Feuer auf die Tore und Mauern der Stadt. Zu seinem Schrecken und dem Entsetzen seiner Männer hielten die Haarlemer dem Angriff nicht nur stand, sondern fügten den Spaniern außerdem schwere Verluste zu.

Mit ihren kleinen Segel- und Ruderbooten versorgten mutige Wasser-Geusen die umzingelte Stadt vom Haarlemer Meer aus. Sie schickten den eingeschlossenen Bürgern Brieftauben. »Haltet aus, wir sind ganz in der Nähe!« lautete die Botschaft, die den gequälten Menschen Mut und Hoffnung gab. Außerdem transportierten die abgerichteten Vögel Kassiber, mit denen die Belagerten von Zeit und Ort der jeweils nächsten Lieferungen in Kenntnis gesetzt wurden. Als die Wellen in der winterlichen Kälte zu Eis gefroren, organisierten die findigen Männer Transportschlitten, mit denen sie Soldaten, Lebensmittel und Kriegsausrüstungen heranschafften. Wieder gelang den Eingeschlossenen ein erfolgreicher Angriff. Bei einem blitzartigen Ausfall erbeuteten sie sechs schwere Geschütze und nicht weniger als fünfzig Ochsen. Toledo war außer sich und antwortete erneut mit scharfen Schüssen. Diesmal sollte die Eroberung gelingen, hatte er geschworen. Doch als sich seine Männer mit Sturmleitern und Laufbrücken näherten, goß eine tapfere Gruppe Haarlemer Frauen von der Stadtmauer siedendes Pech auf die Köpfe der Angreifer und erschlug die wenigen, denen es dennoch gelang, das Bollwerk zu erklimmen. Die Spanier und ihre Verbündeten zählten tausend Tote, in der Stadt waren zwanzig gefallene Menschen zu beklagen.

Toledo rief seinen Kriegsrat zusammen, dessen Mehrheit sich wegen des unerwartet heftigen Widerstandes und der eisigen Kälte für den Abbruch der Belagerung aussprach. Der Feldherr schickte seinem Vater eine Depesche, in der er um die Bestätigung des Beschlusses bat. Die prompte Antwort fiel jedoch ganz anders aus, als er erwartet hatte. Herzog Alba, der doch als junger Mann die Erfahrung gemacht hatte, daß lange Belagerungen mehr Schaden anrichteten, als sie nutzten, bestand diesmal auf einer Fortsetzung. Es konnte nicht sein, was nicht sein durfte. Der Herzog wollte unter keinen Umständen akzeptieren, daß ein Häufchen eingeschlossener Niederländer derart geballter königlicher Macht widerstand.

»Wenn mein Sohn die Belagerung aufgibt, so ist er mein Sohn nicht mehr. Fällt er, so nehme ich seinen Platz«, mußte Toledo lesen und befahl seinem Heer, trotz der Kälte in den Zelten vor der Stadt auszuharren.

In Amsterdam saß Alba und dachte nach. Was konnte er tun, um dem König zu verschaffen, was des Königs war? Er orderte Tausende von Schlittschuhen, ließ sie vor die Tore Haarlems schicken, und bald konnten sich die Bürger der Stadt von den Mauern aus darüber amüsieren, wie feindliche Soldaten auf dem gefrorenen Meer das Eislaufen lernten, um auf diese Weise ihre Stadt erobern zu können. Der Plan schlug fehl. Albas nächste Idee war effizienter. Kaum war das Eis geschmolzen, sorgte er mit eigenen Schiffen dafür, daß die Wasser-Geusen nicht mehr in die Nähe der Tore kamen. So konnten keine

Lebensmittel und andere Güter mehr hineintransportiert werden. Wenn Haarlem sich nicht einnehmen ließ und auch nicht freiwillig ergab, mußte die Stadt eben ausgehungert werden.

Je länger sich die Belagerung hinzog, um so schlechter wurde jedoch auch die Versorgungslage der Angreifer. In allen Lagern formierten sich mürrische Soldaten zu kleinen und größeren Gruppen, die ihrer Unzufriedenheit Ausdruck verliehen. Besonders die deutschen Soldaten, weniger von missionarischem Eifer als vielmehr von der Aussicht auf Kriegsbeute motiviert, meuterten immer lauter:

»Wie lange soll das denn hier noch dauern? Seit Monaten leben wir von der Hand in den Mund, von der Patrone in den Lauf. Der Sold wird nicht pünktlich gezahlt, das Essen wird immer schlechter, und wenn nicht bald etwas geschieht, gibt's da drin nichts mehr zu plündern.« Heinrich Kepler wies auf die Stadt. Seit Wochen schon nahm er an der Belagerung teil. Von langen Märschen waren seine Schuhe kaputt, die Kleidung zerrissen, und sein Magen knurrte von morgens bis abends.

»Sie haben uns wer weiß was versprochen, und jetzt? Wo bleiben die angekündigten Belohnungen? Wo bleibt unser Geld?« Verdrossen reinigte er den Lauf seiner Muskete. Kepler gehörte zu denen, die sich am lautesten beschwerten, und war deswegen schon zweimal dem ernsthaften Zorn seines Obristen nur knapp entgangen.

Am 12. Juli 1573 kam Bewegung in die starren Fronten. Die Stadt nahm das Übergabeangebot Toledos an: Für zweihundertvierzigtausend Gulden sollten die Bürger von einer Plünderung verschont bleiben und mit Gnade behandelt werden. Heinrich Kepler war wütend.

»Ach, so halten die hohen Herren also ihre Versprechungen! Für ein bißchen Geld, von dem wir ohnehin kaum etwas kriegen, verbieten sie uns die Plünderung! Na, das werden wir erst noch sehen!« Die Kameraden um ihn herum waren ganz auf seiner Seite. Doch bevor sie sich an den verbliebenen Gütern der Haarlemer schadlos halten konnten, bot ihnen Toledo zunächst ein blutiges Schauspiel und zeigte, was ein guter spanischer Katholik unter Gnade verstand.

Es begann am 13. Juli. Tagelang waren fünf Scharfrichter und ihre Schergen damit beschäftigt, die vom Feldherren befohlenen Hinrichtungen zu vollstrecken. Einige führende Bürger der Stadt hatten sich freiwillig in die Hände der Spanier begeben, um damit die Schonung der anderen zu gewährleisten. Unter dem Beifall der Soldaten wurden sie als erste enthauptet. Nach ihnen zwangen die Sieger siebenundzwanzig Ratsmitglieder auf die Blutgerüste, gefolgt von fünfhundert ausgewählten Offizieren. Und während dreihundert wallonische Soldaten aufgeknüpft wurden und die johlenden Spanier ebensoviele Geusen, Rücken an Rücken aneinandergefesselt, ins Haarlemer Meer warfen, stromerte Heinrich Kepler mit einem kleinen Trupp Freunde und enger Vertrauter durch die Gassen der Stadt und holte sich das, was er für seinen gerechten Lohn hielt.

Feierlich zelebrierte Don Fernando de Toledo den Einzug des Siegers. An seiner Seite der ehemalige Bischof. Mit gütigem Lächeln erteilte er der Stadt die Absolution vom Ketzertum und segnete die Mörder im Auftrag des spanischen Königs. Heinrich Kepler feierte die Eroberung mit widerrechtlich gefüllten Taschen und erwartete wie die Kameraden weitere Befehle seines obersten Dienstherren.

Herzog Alba war jetzt fest entschlossen, nach Spanien zurückzukehren. Die Gicht quälte ihn, der Zustand seiner Truppen war desolat, das Geld aufgebraucht. In einer weiteren Depesche an Philipp II. ließ er keinen Zweifel daran, daß es ihm ernst war. Endlich erhörte ihn der König. Dieser hatte bereits einen Nachfolger auserkoren und befahl Don Ludwig de Zuniga y Requesens, der ihm bislang als Statthalter in Mailand gedient hatte, die Regentschaft in den Niederlanden zu übernehmen. Am 17. Oktober traf Requesens in Brüssel ein und ließ sich in sein neues Amt einweisen. Zwei Monate später kehrten Herzog Alba und sein Sohn Ferdinand de Toledo den Niederlanden den Rücken. Die Bilanz der sechsjährigen Herrschaft war vernichtend:

Alba hatte nach eigenen Angaben mehr als achtzehntausend Menschen hinrichten und Vermögen im Wert von zwanzig Millionen Dukaten konfiszieren lassen. Der Handel des Landes war ruiniert, die Manufakturen standen still. Hunderttausende von Niederländern, die einst in Wohlstand gelebt hatten, zogen als Bettler durch ihre Heimat. Städte waren verarmt, Dörfer und Felder verwüstet, in Schutt und Asche gelegt.

Requesens stand vor einer schweren Aufgabe. Sein König erwartete die endgültige Unterwerfung der niederländischen Provinzen und die Vernichtung der Ketzer. Was Alba mit Härte und Brutalität nicht geschafft hatte, wollte sein verbindlicherer Nachfolger mit Friedensverhandlungen erreichen. Zuvor gab er einen groß angekündigten Gnadenerlaß Philipps II. bekannt. Als der Inhalt des Dekrets öffentlich wurde, offenbarten sich allerdings die wahren Absichten des Regenten. In den Genuß der propagierten Amnestie sollten nur diejenigen kommen, die sich bereit erklärten, abtrünnigen Bekenntnissen zu entsagen und reuig in die Arme der katholischen Kirche zurückzukehren. Solange das nicht geschehen sei, würden die Soldaten im Land bleiben, die Verfolgung der Ketzer würde fortgesetzt. Auf dieser Basis waren die Niederländer nicht willens zu verhandeln. Beide Seiten beharrten auf ihren Standpunkten. Der Krieg ging weiter.

Gemeinsam mit siebentausend Spaniern, Deutschen und Wallonen marschierte Heinrich Kepler im Frühling 1574 Richtung Leiden. Schon ein gutes halbes Jahr zuvor hatte Toledo versucht, die Stadt in einem Überraschungsangriff zu nehmen, war jedoch gescheitert. Jetzt schickte Requesens mit Oberst de Veldes einen erfahrenen Feldherren, der zunächst alle Außenverbindungen der Stadt kappte und seine Männer mit vierundsechzig Schanzen einen Sperriegel um Leiden herum errichten ließ.

Die frühe Sonne brannte vom Himmel. Heinrich Kepler stützte sich auf seine Schaufel.

»Was ist das für eine Arbeit! Graben, graben und noch mal graben! Verflucht noch mal! Ich bin Soldat und kein Schanzengräber!« Er wischte sich den Schweiß von der schmutzigen Stirn.

»Im Dreck wühlen hätte ich auch zu Hause können. Dafür muß man nicht in den Krieg ziehen.« Es war nicht das erste Mal, daß Kepler wehmütig an Weil der Stadt, die Wirtschaft und seine Familie dachte. In den vergangenen Monaten war so manches, was ihm dort Stimmung und Laune verhagelt hatte, in seiner Erinnerung verblichen. Sogar seine Ehe mit Katharina erschien ihm aus der Entfernung in einem anderen Licht. Mehrfach hatte er mit dem Gedanken gespielt, das Heer bei Nacht und Nebel zu verlassen, und ihn doch immer wieder verworfen. Als Deserteur unehrenhaft nach Weil der Stadt zurückzukehren kam nicht in Frage. Er spuckte in die Hände und nahm seine Arbeit wieder auf.

Die eingeschlossenen Bürger Leidens hatten ihre Vorräte so gut wie aufgebraucht. Zwar gelangen ihnen immer wieder kleine Ausfälle, bei denen sie für die Spanier bestimmte Lebensmittel erbeuteten, doch für die Versorgung einer ganzen Stadt war das bei weitem nicht genug. Als gemeinsame Anstrengungen benachbarter Städte, den Leidenern zu helfen, an der spanischen Blockade scheiterten, war es nur noch eine Frage der Zeit, wann sich die Bürger aus Hunger würden ergeben müssen. Während Heinrich Kepler und die anderen Soldaten auf just diesen Moment warteten, blieben die Widerständler außerhalb der Stadtmauern nicht tatenlos. Zur Rettung Leidens beriefen sie eine Konferenz ein, auf der ein phantastischer Plan vorgeschlagen und verabschiedet wurde.

Mit einem außergewöhnlichen Einsatz der Wasser-Geusen wollte man Leiden befreien. Um die Stadt vor den Angreifern zu retten, sollten große Teile des umliegenden Landes unter Wasser gesetzt werden. Freilich bedeutete dies, fruchtbare Äcker bewußt mit den salzigen Fluten zu zerstören, doch was nutzten die fruchtbaren Äcker, Felder und Wiesen, wenn sie in die Hände der verhaßten Spanier und ihrer Verbündeten fielen! »Besser ein verdorben Land als ein verloren Land«, hatte ein Konferenzteilnehmer gesagt und dafür den tosenden Applaus seiner Mitstreiter geerntet. Gemeinsam überschlugen die Aufständischen, welche Verluste sie einkalkulieren mußten. Der Betrag belief sich auf eine Summe von etwa sieben Millionen Goldgulden, und das war die Errettung Leidens wert. Am 30. Juni 1574 wurde entschieden, die Bezirke Rijnland, Delftland und Schieland zu fluten.

Während mit Feuereifer galeerenartige Ruderschiffe gebaut und mit Kanonen ausgerüstet wurden, ernteten die Bauern in den betroffenen Gebieten ihr Getreide, Gemüse, Heu und die Früchte und lagerten alles in sicherer Entfernung. Gut einen Monat später waren die Vorbereitungen beinahe vollständig abgeschlossen. Jetzt galt es, Deiche abzutragen und zu durchstechen, um dem Meer freien Lauf zu verschaffen. Gleichzeitig bliesen die Geusen zum Angriff auf die Spanier. Am 11. September nahmen sie nach heftigen Gefechten eine wichtige Schanze. Doch Leiden war noch nicht befreit.

Heinrich Kepler traute seinen Augen nicht, als er am frühen Morgen des 18. September gleich mehrere Truppen wehrhafter Wasser-Geusen auf das Lager zustürmen sah. Kurz darauf erklang das Warnsignal der überraschten Deutschen, doch da war es schon zu spät. Die Geusen, die ihre Boote teilweise durch allzu flache Gewässer geschoben, manches Mal sogar getragen hatten, waren zum Äußersten entschlossen und schlugen die entsetzten Deutschen nach kurzem Kampf gnadenlos in die Flucht. »Die Geusen kommen!« scholl es verzweifelt aus allen Ecken. Der Ruf riß die weiter hinten postierten Spanier mit. Gemeinsam mit den Deutschen flohen sie in Richtung Leiden. Die Geusen gaben mit Kanonenschüssen den eingeschlossenen Bürgern das verabredete Zeichen dafür, daß sie in Kampfposition waren. Jetzt mußte nur noch das Wasser steigen.

»Was tun diese Narren da?« Heinrich Kepler konnte sich keinen Reim auf die vielen Schiffe machen. Er saß vor einem Zelt und wartete darauf, daß die Dirne, mit der er die Nacht verbracht hatte, endlich herauskam. Nach ihrer Flucht hatten sich die Soldaten in neu errichteten Lagern wieder häuslich eingerichtet und lechzten danach, endlich kämpfen und die Stadt plündern zu können. Kepler zahlte der Dirne den vereinbarten Lohn und schneuzte sich zwischen zwei Fingern.

»Oft kann ich mir dieses Vergnügen nicht mehr leisten«, feixte er, »gibst du auch Kredit?«

»Kann ich mir vom Kredit vielleicht was zu essen kaufen?« Die Frau lachte ihm ins Gesicht und tippte sich mit dem Zeigefinger an die Stirn.

Wind und Wetter hatten sich gegen die Geusen verschworen. Ihre Berechnungen des zu erwartenden Wasserstandes erwiesen sich als falsch, er blieb zu niedrig, als daß sie mit ihren Booten nah genug an die Stadt hätten herankommen können. Tagelang waren die Männer zu lähmendem Warten verdammt. Die erzwungene Ruhe zehrte an Kraft und Nerven.

In Leiden gab es seit sieben Wochen kein Brot mehr. Längst war das Fleisch von Pferden, Katzen und Hunden begehrter Leckerbissen, den sich nur noch die Reichsten der Reichen leisten konnten. Baumrinden, Gräser und Blätter, die Menschen aßen alles, um dem Hungertod zu entgehen. Dennoch waren bereits sechstausend Bewohner an den Folgen der Mangelernährung gestorben. Zu all dem Elend brach die Pest aus. Überall auf den Straßen lagen Tote, weil niemand mehr die Kraft hatte, sie zu beerdigen.

Am 28. September wurde der Wind endlich stärker, drehte sich und brachte aus Nordwest die ersehnten Wassermassen. Die Fluten überschwemmten das flache Land, schwappten durch die Gassen der Dörfer, und jetzt wurde den verbündeten Soldaten klar, was die Geusen mit ihren Schiffen bezweckt hatten.

»Auf die Deiche!« brüllte Heinrich Kepler seinen Kameraden zu, als er die Boote der Wasser-Geusen von dort, wo eben noch festes Land gewesen war, rechts und links heranrudern sah. Kopflos vor Angst zerstoben die Soldaten zu Hunderten in alle Himmelsrichtungen, getrieben von der Furcht, zu ertrinken oder den Feinden in die Hände zu fallen.

Auf den Deichkronen tobten wilde Kämpfe. Mit Boots- und Enterhaken rissen die Geusen die Fliehenden von den Deichen. Heinrich Kepler wehrte sich nach Kräften. Von allen Seiten bedrängten ihn Angreifer, versuchten ihn ins Wasser zu ziehen und zu ertränken. Plötzlich durchzuckte ihn ein stechender Schmerz. Die Spitze eines blitzenden Hakens saß festgebohrt in seinem linken Oberarm.

»Du kriegst mich nicht lebend!« schrie er den Mann an, der das Eisen gegen ihn geschleudert hatte. »Du ganz sicher nicht!« Kepler zückte sein Messer und stach von oben auf den Niederländer ein, bis dieser blutüberströmt zusammensackte. Dann riß er sich den Haken aus dem Fleisch und rannte davon.

Von der Stadtmauer aus beobachteten die Leidener Bürger, wie die Boote der Geusen mit dem ersehnten Proviant immer näher kamen. Die Aussicht auf Befreiung und ein Ende der Not mobilisierte letzte Kräfte. Noch immer lagen direkt um die Stadt herum einige spanische Truppen; als diese allerdings erfuhren, daß ihr Oberbefehlshaber, Oberst de Valdes, bereits geflohen war, zögerten sie keinen Augenblick und verließen die Schanze. Die Leidener Bürger hatten sich inzwischen zu einem letzten Ausfall entschlossen, um den Geusen den Weg in die Stadt zu erleichtern. Im Schutz der Dunkelheit pirschten sie vorsichtig durch das Gelände, immer näher an das spanische Lager heran. Dort herrschte seltsame Stille. Die Männer trauten ihren Augen kaum, als sie die feindliche Stellung völlig leer vorfanden.

Es war Sonntag, der 3. Oktober 1574, um acht Uhr in der Früh, als die Geusen mit ihren Schiffen auf dem überschwemmten Land vor der Stadt ankerten. »Leiden ist frei! Leiden ist gerettet!« Die Menschen konnten ihr Glück kaum fassen. Wer noch die Kraft hatte zu gehen, eilte zu einem der Plätze, an denen die Befreier Nahrungsmittel ausgaben: Pro Person ein halbes Brot, ein Stück Käse und einen salzigen Hering; durch diese Ration gestärkt, sprangen die ausgemergelten Menschen dem Tod von der Schippe.

AUF MESSERS SCHNEIDE

Katharina Kepler war den Flußläufen in Richtung Norden gefolgt. Direkt hinter der niederländischen Grenze hatte sie begonnen, sich in kleinen und größeren Städten nach dem Verlauf der Front zu erkundigen. Die Menschen wußten überall im Land, wo die heftigsten Kämpfe tobten, und halfen der jungen Frau bereitwillig weiter.

Ihr Vorrat an Barem war bis auf eine kleine, eiserne Reserve aufgebraucht. Um ein Lager und etwas zu essen zu bekommen, verdingte sie sich stundenweise bei den niederländischen Bauern und half in Schankstuben aus. Das verzögerte zwar ihr Fortkommen, war jedoch die einzige Möglichkeit, die Kosten der aufwendigen Suche nach Heinrich Kepler in einigermaßen überschaubaren Grenzen zu halten.

Woche um Woche verging, und Katharina näherte sich dem Gebiet um Leiden. Dort, so hatte man ihr unterwegs gesagt, waren eben erst große Truppen deutscher Soldaten stationiert gewesen. Katharina stieß auf erste Spuren der Kämpfe. Auf den Feldern lagen modernde Kleidungsstücke, zerrissene Taschen und Zaumzeug, das nicht mehr zu gebrauchen war. Sie mochte sich gar nicht vorstellen, was hier stattgefunden hatte. Die Bilder prägten sich ein, und ganz gleich, wie oft sie die Augen schloß, Katharina konnte sie nicht abschütteln. Die Angst, ihrem Mann könne etwas zugestoßen sein, schnürte ihr die Kehle zu. Dennoch ging sie tapfer von Dorf zu Dorf und fragte nach deutschen Soldaten.

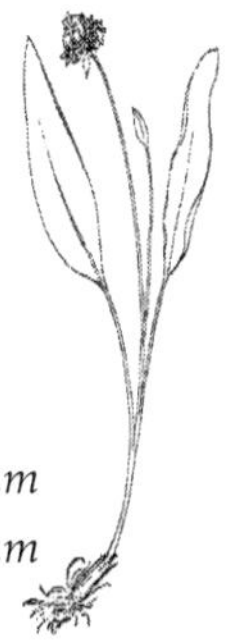

Allium ursinum

Die Bewohner der Region zeigten sich bei weitem nicht so freundlich, wie man ihr bisher begegnet war. Erst wenn sie sich als Protestantin zu erkennen gab, hellten sich verkniffene Gesichter auf, wurden verschlossene Münder gesprächig. Ein alter Mann saß auf einem Bänkchen vor seinem Haus und starrte mit leerem Blick in die Ferne. Katharina stellte sich vor ihn und versuchte, sich mit Händen und Füßen verständlich zu machen:

»Ich suche meinen Mann! Soldat, deutscher Soldat, Protestant!« Der Mann würdigte sie keines Blickes.

»Sie haben meinen Sohn getötet. Auf dem Feld vor Leiden haben sie meinen Sohn getötet«, sagte er in fehlerfreiem Deutsch und stierte weiter vor sich hin.

»Das tut mir leid. Krieg ist immer grausam. Aber ich komme von weit her, um meinen Mann zu finden. Ihn zurück nach Hause zu bringen. Ich habe zwei Söhne. Sie sind noch ganz klein.« Katharina deutete mit der Hand die Kopfhöhe ihrer Kinder an. »Der eine hat seinen Vater noch nie gesehen.« Jetzt schaute der Alte ihr ins Gesicht.

»Geh rechts die Straße entlang, über die Felder und dann links weiter, da, wo du die Reste vom Deich siehst. Von dort ist es nicht mehr weit, und du kommst nach Leiderdorp. Da sind noch ein paar Deutsche. Frag sie. Vielleicht kennt jemand deinen Mann.« Katharina drückte dem Mann einen flüchtigen Kuß auf die Wange, bedankte sich und lief sofort los.

In Leiderdorp war es, als habe die letzte Schlacht erst vor ein paar Stunden stattgefunden. Hier hatten Oberst Veldes und seine Spanier ihr Hauptquartier gehabt und überall ihre Spuren hinterlassen. Verfolgt von den argwöhnischen Blicken der Einwohner, ging Katharina die Hauptstraße entlang und suchte nach einem freundlichen Gesicht. Eine junge Frau, rechts und links ein kleines Kind an der Hand und erneut schwanger, kreuzte ihren Weg. Katharina sprach sie an. Die Frau verstand ihre Worte nicht, und Katharina machte einen zweiten Versuch: »Soldat! Deutsch! Wo?« Die Frau drehte ihren Kopf nach links und bedeutete Katharina, sich in diese Richtung zu wenden.

Kaum dreihundert Meter weiter sah sie einen verfallenen Verschlag; Bretter, mühsam von einem löcherigen Strohdach zusammengehalten. Sie raffte ihren Rock und rannte los. Nach wenigen Schritten hörte sie leise Schreie und gequältes Stöhnen. Die schrecklichen Geräusche kamen aus der Baracke. Katharina verlangsamte unwillkürlich ihr Tempo. Sie atmete tief durch und sprach sich selbst Mut zu.

»Reiß dich zusammen! Du bist nicht so weit gelaufen, um kurz vor dem Ziel aufzugeben. Er wird sicher nicht da drin sein. Aber vielleicht kennt ihn jemand und weiß, wo er ist.« Sie straffte die Schultern und legte die letzten Meter zurück. Eine Tür gab es nicht. Katharina stellte sich in den Eingang, spähte vorsichtig in den dunklen Raum und setzte einen Fuß hinein. Ein unbeschreiblicher Gestank nach Schweiß, Exkrementen und Tod schlug ihr entgegen. Angewidert und voller Angst sah sie sich um. Die Wände entlang, einer neben dem anderen aufgereiht, lagen etwa zwanzig schwerverletzte Männer auf von Urin und Blut durchnäßten Strohsäcken. Einige dämmerten schweigend vor sich hin, andere jammerten, und wieder andere schrien vor Schmerzen oder redeten in wirrem Fieberwahn.

Katharina stand jetzt genau in der Mitte zwischen den Verletzten. Ihre Augen hatten sich an die Dunkelheit gewöhnt. Sie konnte die Konturen einzelner Gesichter ausmachen. Eine schwache Hand griff nach ihrem Rocksaum.

»Du bist ein Engel. Engel, gib mir Wasser, und dann nimm mich mit in den Himmel. Hörst du, ich brauche nur einen Schluck Wasser, dann komme ich mit dir. Ich folge dir, wohin du willst«, hauchte eine kraftlos heisere Stimme.

»Ich bringe dir gleich Wasser«, versprach Katharina, »ich will nur eben nach den anderen sehen, ob die auch etwas brauchen. Laß einstweilen meinen Rock los, daß ich gehen kann.« Sie schritt die rechte Reihe der Männer ab und stellte erleichtert fest, daß ihr Mann nicht unter ihnen war. Eine Drehung nach links und sie stand zu Füßen der anderen Verletzten. Plötzlich nahm etwas das letzte bißchen Licht. Aus der Türöffnung kam eine barsche Stimme.

»Wer bist du? Was tust du da?« Ein dicker Mann füllte beinahe den ganzen Eingang aus. Katharina zuckte verschreckt zusammen und stammelte:

»Kepler, Katharina Kepler, heiße ich. Ich komme aus Weil der Stadt und suche meinen Mann Heinrich. Vor über einem Jahr ist er in den Krieg gezogen, und ich habe gehofft, daß ihn hier vielleicht jemand kennt oder weiß, wo er ist.« Die Stimme des Dicken wurde etwas verbindlicher.

»Sieh sie dir an, die Burschen. Denen ist übel mitgespielt worden. Ihre Kameraden haben sie hier zurückgelassen. Sie sind alle schwer verletzt, und die meisten wissen vor Schmerzen nicht einmal mehr, wer sie selbst sind. Ich bezweifele, daß dir einer von ihnen weiterhelfen kann.« Katharina hatte Tränen in den Augen.

»Ich muß es wenigstens versuchen.« Der Dicke nickte, stellte seinen hölzernen Wassereimer ab und gab den Männern, die noch bei Bewußtsein waren, aus einem Becher zu trinken.

»Niemand wird dich daran hindern. Ich am allerwenigsten. Ich heiße übrigens Veit und bin als Wanderprediger unterwegs gewesen, bis es mich hierher verschlagen hat. Die Soldaten lagen teilweise ohnmächtig in den Leiderdorper Gassen, ich habe sie aufgehoben und hierhergebracht. Seitdem komme ich jeden Tag ein paarmal und bringe Wasser und für die, die noch können, etwas zu essen. Liebe deinen Nächsten wie dich selbst, heißt es doch, nicht wahr?« Er machte eine kurze Pause. »Verstehst du was von Heilkunst? Zwei, drei von ihnen wären vielleicht zu retten, aber ich kenne mich da nicht aus. Und im Dorf sind sie nicht gerade gut zu sprechen …« Ein spitzer Schrei unterbrach seinen Redeschwall. Im fünften Mann auf der linken Seite hatte Katharina ihren Heinrich wiedererkannt. Sie sank neben ihm auf die Knie und nahm sein schweißbedecktes Gesicht in beide Hände. In seinen schwarzen Locken krabbelten unzählige Läuse. Heinrich Keplers geschlossene Augen lagen in tiefen, violett umrahmten Höhlen. Was unter dem wild wuchernden, schwarzen Bart von seiner Haut zu sehen war, war von fahlem Grau, die Lippen bläulich. Der linke Ärmel seiner Jacke war zerfetzt. Stoff, getrocknetes Blut und entzündetes Gewebe bildeten eine von Eiter starrende Kruste. Der Verletzte lag in einer tiefen Ohnmacht. Veit kam heran.

»Der ist es? Ausgerechnet der?« Er sah Katharina mitleidig an. »Der ist schon seit Tagen nicht mehr Herr seiner Sinne und nur in ganz seltenen Momenten ansprechbar. Er hat so geschrien, daß ich ihn mit Alkohol betäubt habe. Irgendwas hat ihm den Arm zerfetzt und jetzt ist alles entzündet. Er hat hohes Fieber, glaube ich, aber wie gesagt, ich kenne mich da nicht aus.« Katharina gab ihrem Mann leichte Klapse auf die Wangen. Als er auf den dritten noch immer nicht reagierte, mußte sie einsehen, daß ihre Bemühungen, ihn aus seiner Ohnmacht zu erwecken, vergeblich waren.

»Wir brauchen Wasser, viel Wasser und Lappen.« Sie dachte einen Moment nach. »Und einen Kessel. Nein, besser zwei! Meinst du, du kannst das besorgen? Ich kann ihn doch hier nicht sterben lassen. Er hat seinen kleinen Sohn noch nicht einmal gesehen.« Tränen zogen helle Bahnen durch ihr staubverschmutztes Gesicht.

»Will sehen, was sich machen läßt. Aber wenn du ihm hilfst, mußt du auch den anderen helfen«, forderte er. Katharina nickte bereitwillig.

»Das versteht sich doch von selbst. Jetzt geh. Es eilt. Mach, daß du heranschaffst, was ich dir gesagt habe. Ich schaue mir derweil die anderen an.« Sie strich Heinrich mit der Hand über die heiße Stirn und erhob sich.

Vier der Männer waren todgeweiht. Das sah Katharina auf den ersten Blick. Bei den anderen war sie nicht sicher. Einer war ohnmächtig wie Heinrich. Man hatte ihm den Unterschenkel amputiert, die Haut zu knapp über den Stumpf gezogen. Die Naht war aufgeplatzt, und jetzt lag das bloße Fleisch offen auf dem Strohsack. Der Mann mußte Höllenqualen durchlitten haben. »Wahrscheinlich ist es gut, daß du nichts mehr mitkriegst. Du armer Teufel«, flüsterte Katharina und legte ihr Ohr an die Brust des Soldaten. Sein Herz schlug noch, die Atmung war flach, aber gleichmäßig.

»Halt aus!« Katharina wandte sich dem nächsten Patienten zu. Ein glatter Durchschuß hatte ihm den Knöchel zertrümmert. Die Wunde sah verheerend aus. Der Mann hatte offensichtlich furchtbare Schmerzen. »Was haben sie denn mit dir gemacht?« Katharina gab ihm etwas zu trinken.

»Willst du es wirklich wissen? Nicht, daß du mir vor Schreck umfällst.« Der Soldat verzog die Lippen zu einem verkrampften Grinsen.

»Wenn du ausgehalten hast, was geschehen ist, werde ich ja wohl aushalten, was du erzählst«, entgegnete Katharina. Der Mann sah sie mit traurigen Augen an.

»Wenn es nur der Schuß gewesen wäre, das hätte sich ertragen lassen. Aber sie haben mit heißem Öl das vergiftete Pulver aus der Wunde gewaschen und dabei den ganzen Fuß verbrannt.« Katharina schluckte trocken. Tatsächlich, rings um die eigentliche Verletzung war das rotgeschwollene Fleisch voller nässender Brandblasen.

»Ich will versuchen, die Wunde zu säubern und dir dann einen Umschlag machen. Hab noch ein wenig Geduld. Ich muß erst sehen, was ich hier auf den Wiesen finde.« Sie ging noch einmal zu ihrem Mann zurück. »Und dich versorge ich auch gleich. Du wirst sehen, ich kriege das hin«, sagte sie mehr zu sich selbst als zu ihm.

Während der Wanderprediger im Dorf von Haus zu Haus ging und die notwendigen Utensilien zusammenbettelte, sammelte Katharina auf den umliegenden Wiesen und am Waldrand alles, was sie an heilenden Kräutern finden konnte. In Gedanken hielt sie Zwiesprache mit Renate Streicher und hatte beinahe das Gefühl, der Geist der Muhme leite sie auf ihrem Weg. Die Arme voll Kamille, Aloe, Bärlauch und Balsamkraut, kehrte sie zur Hütte zurück. Veit, dessen Bitten in vielen Häusern abschlägig beschieden worden waren, hatte schließlich doch ein paar Barmherzige gefunden und einen Kessel sowie drei mittelgroße Eisentöpfe ergattert. Gerade trug er zwei Zuber mit Wasser heran.

»Du bist großartig«, lobte Katharina. Sie hatte hinter der Baracke einen Steinhaufen entdeckt und schleppte die schweren Brocken vor die Türöffnung. Zu einem Kreis geordnet, bildeten sie alsbald eine passable Feuerstelle. Katharina schichtete Reiser und entfachte die Flammen. Es dauerte nicht lange, und im Kessel brodelte ein Sud aus Kamille und Balsam.

»Ich brauche Öl, Eier und Honig«, wies Katharina ihren Gehilfen an.

»Na, wenn es nur das ist! Solange du keine gebratenen Fasane und gepökelten Schinken von mir willst ... Was meinst du, wo ich das herholen soll? Hier war Krieg. Die verfluchten Spanier haben alles gefressen, was sie finden konnten. Die Leute hier haben nichts zu verschenken.« Katharina dachte an ihre letzten Münzen. Sie nestelte an der kleinen Tasche, die sie unter ihrer Schürze verborgen trug.

»Hier nimm das. Vielleicht haben sie noch etwas zu verkaufen, wenn sie nichts zu verschenken haben. Und bring uns auch etwas zu essen mit. Am besten ein paar Hühner, oder so etwas.« Veit steckte das Geld ein.

»Also doch gebratene Fasane«, sagte er spöttisch im Weggehen.

Mit einem langen Stock rührte und stieß Katharina das siedende Gebräu im Kessel, bis die Pflanzen in ihre Bestandteile zerfielen und einen faserigen Brei bildeten. Den schöpfte sie sorgsam heraus und gab ihn zum Abkühlen in einen der Töpfe. Als Veit zurückkehrte, hatte er tatsächlich ein Schock Eier, einen Krug mit Öl und ein irdenes Töpfchen mit Honig sowie zwei gerupfte Hühner bei sich. Katharina nahm die Hühner aus, entfernte sorgfältig die bitteren Gallenblasen und tat alles andere in den mit frischem Wasser aufgefüllten

Kessel. Dann hockte sie sich vor den Topf mit den Kräutern, schlug drei Eier hinein und fügte Öl und Honig hinzu. Mit den Händen knetete sie die Zutaten zu einer klebrigen Paste zusammen.

»Du bist ja eine ganz geschickte Person«, sagte der Wanderprediger bewundernd. Katharina nickte.

»Was ist mit Lappen oder Lumpen, hast du was auftreiben können?« Veit schlug sich mit der Hand vor die Stirn.

»Hab ich vergessen.«

»Dann mußt du noch einmal gehen. Und wenn du schon unterwegs bist, sieh, ob du beim Glaser Pottasche auftreiben kannst und einen Krug scharf Gebrannten brauche ich auch noch.« Sie blickte auf. Hinter ihrem Rücken hatte sich ein Dutzend Dorfbewohner versammelt. Männer, Frauen und ein paar Kinder verfolgten neugierig das Treiben vor dem Verschlag. Katharina erhob sich und ging auf die Menschen zu. Sie strich sich die verschmierten Hände an der Schürze ab und zeigte auf die Hütte.

»Mein Mann! Andere Männer! Krank! Da drin. Wir brauchen Hilfe.« Eine Frau winkte sie zu sich heran und bedeutete ihr mitzukommen. Katharina schüttelte verneinend den Kopf.

»Ich kann hier nicht weg, aber er«, sie wies auf Veit, »er kann mit dir gehen.« Dem dicken Wanderprediger rann der Schweiß die Schläfen herab, als er der Frau folgte. Aber es gelang ihm tatsächlich, sich verständlich zu machen, und wenig später kehrte er mit Pottasche, Schnaps und ein paar schmuddeligen Lumpen zurück.

Katharina war in ihrem Element. Während die kochenden Hühner zusammen mit einer ordentlichen Portion Bärlauch köstlichen Duft verbreiteten, machte sie sich in der Baracke an die Arbeit. Heinrich Kepler war noch immer bewußtlos. Vorsichtig horchte Katharina an seiner Brust. Das Herz schlug sehr schnell und flach, aber es schlug immerhin. Sie entschied, sich zunächst um die zu kümmern, die von starken Schmerzen gequält wurden.

»Veit, geh her und hilf mir«, rief sie, und Veit, der es sich gerade in der Nähe des Kessels bequem gemacht hatte, wuchtete seinen gewaltigen Körper in die Baracke. »Heb du ihn hoch, er ist so abgemagert, daß er kaum etwas wiegt. Ich wende derweil das Stroh.« Gemeinsam betteten sie die Verletzten einen nach dem anderen auf diese Weise um. Der bestialische Gestank blieb, doch wenigstens lagen die Männer etwas trockener.

Mit einem scharfen Messer schnitt Katharina verklebte Stoffreste ab, wusch die Wunden mit Wasser und bestrich sie mit der kühlenden Paste, die sie zubereitet hatte. Dann legte sie Verbände aus großen Blättern und Tuchstreifen an. Sie reinigte den Männern die Gesichter und befahl: »So, Prediger, jetzt geh und schöpfe für jeden von der Brühe aus dem Kessel und fülle immer soviel Wasser nach, wie du Brühe entnommen hast, hörst du?« Das hatte sie im »Engel« von Kunigunde gelernt, die auf diese Weise die Suppen endlos verlängerte. Veit nickte und machte sich ans Werk.

»So was Schlaues wie die ist mir schon lange nicht mehr untergekommen«, murmelte er vor sich hin, während er den Kessel gewissenhaft immer wieder auffüllte.

Die Soldaten ließen Katharina nicht aus den Augen. Dankbar verfolgten sie jede ihrer Bewegungen. Schon das Gefühl, daß sich jemand kundig um sie kümmerte, linderte Angst und Schmerzen. Endlich waren alle notdürftig gesäubert und frisch verbunden.

»Veit! Wo steckst du denn wieder?« Katharina kniete neben dem Kopf ihres Mannes. Der Prediger kam herein. »Wir müssen ihn nach draußen tragen. Ich brauche mehr Licht.« Während Veit Heinrich Kepler unter die Achseln griff, nahm Katharina vorsichtig die Beine ihres Mannes. Der Verletzte gab einen dumpfen Schrei von sich und öffnete mühsam die Augen.

»Paß doch auf den Arm auf, du tust ihm weh«, herrschte Katharina den Prediger an.

»Du wolltest ihn hochheben. Ich kann ihn ja wohl schlecht

an einer Schulter herauszerren«, wies Veit den Vorwurf zurück und legte den Patienten vorsichtig ins Gras.

»Er hat die Augen auf! Hast du gesehen, er hat die Augen aufgemacht! Heinrich! Heinrich! Ich bin es! Erkennst du mich?« Unter den halb geschlossenen Lidern war kein Zeichen des Erkennens zu sehen.

»Ich habe dir doch gesagt, daß er ganz schlimm dran ist.« Veit sah mitleidig auf Katharina herab.

»Ach, schweig still! So was will ich gar nicht hören«, zischte sie erbost.

Vorsichtig schnitt sie den blutverklebten Ärmel ab. Jedesmal, wenn sie ein Stückchen Stoff löste, zuckte ihr Mann zusammen, gab aber keinen Laut von sich. Während sie sich an der Wunde zu schaffen machte, flüsterte sie unaufhaltsam beruhigend auf ihn ein.

Freigelegt, war jetzt das ganze Ausmaß der Verletzung zu erkennen. Mit dem Enterhaken hatte sich Heinrich Kepler ein faustgroßes Stück Fleisch und Muskel aus dem Arm gerissen. Fliegen hatten ihre Eier in die tiefe Wunde gelegt und erste kleine Maden wanden sich darin.

»O Gott, ist das ekelhaft!« Katharina hielt sich angewidert die Hand vor den Mund. »Sie fressen ihn bei lebendigem Leib.« Veit schüttelte sich. »Es hilft alles nichts, die müssen da raus.« Mit spitzen Fingern und einem dünnen Heuhalm pulte Katharina Made um Made aus dem Arm ihres Mannes. Dann griff sie zum Gebrannten, vermischte ihn mit Pottasche und schmierte beides auf das rohe Fleisch. Heinrich Kepler schrie auf und erwachte aus der Agonie. Er versuchte zu sprechen, doch aus seinen trockenen, aufgesprungenen Lippen brachte er kein verständliches Wort hervor. Katharina legte einen Verband an.

»Veit, bitte bring mir Brühe für ihn.« Sie stützte den Kopf ihres Mannes und flößte ihm einen Schluck nach dem anderen ein. Verschüttete Tropfen rannen in den Bart und scheuchten die Läuse auf, die sich auch dort eingenistet hatten. Heinrich schloß die Augen wieder und sank kraftlos zurück. Während er sich in einem Dämmerzustand zwischen Schlaf und Ohnmacht befand, befreite ihn seine Frau in mühevoller Kleinarbeit vom Ungeziefer. Gerade wollte sie sich aufrichten und ihm ein frisches Lager bereiten, da verkrampfte sich Kepler unter heftigem Schüttelfrost.

Heiße Steine! Katharina erinnerte sich an ihre Kindheit. Mit Veits Hilfe häufte sie trockenes Stroh auf, legte erhitzte Steine hinein und bettete ihren Mann darauf. Aus ihrem Reisebündel nahm sie die Wolldecke, die ihr einst Appolonia zur Hochzeit geschenkt hatte und deckte ihn zu.

Drei bange Tage verbrachte Katharina rund um die Uhr in der Baracke. Drei Tage, in denen einige Männer starben und andere sich langsam erholten. Nur bei Heinrich Kepler war keine Veränderung seines Zustandes zu erkennen. Manchmal sprach er wirr, dann wieder sackte er zusammen. Obwohl sie meinte, die Wunde sähe besser aus, war Katharina kurz davor aufzugeben. Doch am vierten Morgen erwachte Heinrich zum erstenmal bei vollem Bewußtsein. Aus geweiteten Augen starrte er ungläubig auf Katharina, die neben ihm geschlafen hatte.

»Was machst du denn hier? Wo kommst du her? Wo bin ich?« krächzte er heiser. Katharina stieß einen Freudenschrei aus.

»Er lebt! Es ist geschafft! Er lebt!« Sie küßte ihren Mann auf die Stirn.

Heinrich Kepler hatte die Krise überstanden. Es sollte zwar noch einige Zeit dauern, bis er wieder vollkommen hergestellt war, doch dank Katharinas Pflege heilte sein verletzter Arm jeden Tag ein Stückchen weiter. Mit fortschreitender Genesung kehrte auch sein Wille zurück. Kaum war er wieder einigermaßen bei Kräften, hielt es ihn nicht in der Baracke.

»Das wird schon wieder. Ich kann doch nicht hier herumliegen und den lieben Gott einen guten Mann sein lassen. Ich muß meine Leute finden.« Heinrich war nicht zu bremsen. Katharina, die ein wenig mehr Schonung lieber gesehen hätte, konnte sich nicht durchsetzen. Mit einer innigen Umarmung verabschiedete sie sich von Veit:

»Jetzt mußt du in unserem Lazarett alleine klarkommen. Aber den meisten geht es ja besser. Du wirst es schon schaffen, nicht wahr?« Der Prediger nickte.

»Hatte ja eine gute Lehrerin.« Er drückte sie gerührt an seinen dicken, weichen Bauch. Bevor sie aufbrachen, bedankte sich auch Heinrich bei seinem Retter.

»Solche wie dich müßte es mehr geben, Pfaffe! Ohne dich wäre ich tot.« Beide verabschiedeten sich von den anderen Soldaten, wünschten ihnen alles Gute und machten sich auf den Weg.

HEFTIGE KÄMPFE

»Laß uns nach Hause gehen«, waren Katharinas erste Worte. Doch ihr Mann schüttelte energisch den Kopf. »Der Krieg ist noch nicht vorbei. Ich gehöre zu meinen Kameraden.«

Die Augen seiner Frau funkelten böse. »Schöne Kameraden, die dich so liegen lassen«, zischte sie.

»Was hätten sie tun sollen. In meinem Zustand konnten sie mich schlecht mitnehmen, oder?« Schweißperlen standen auf Keplers blasser Stirn, er atmete schwer.

»Du mußt dich ausruhen.« Katharina sah ihn besorgt an. Er nickte.

»Bin doch noch schwächer, als ich dachte.« Er legte sich am Wegrand ins Gras und schlief augenblicklich ein. Katharina bewachte seinen Schlaf.

Als der Nachmittag zum Abend wurde, weckte sie ihn sanft.

»Heinrich, wir können hier nicht bleiben. Für die Nacht brauchen wir ein Dach über dem Kopf.« Mühsam richtete ihr Mann sich auf. Der Weg zum nächsten Dorf war nicht weit, doch kam es Katharina vor, als wären sie Stunden gelaufen, bevor sie die ersten Häuser sahen. In einer Scheune richteten sie sich auf der Spreu ein Lager ein. Am folgenden Morgen versuchte sie es erneut.

Aloe spec.

»Du bist nicht gesund. Komm mit mir nach Hause. Dort kann ich dich pflegen und für dich sorgen, und wenn der Krieg dann immer noch nicht vorbei ist, kannst du überlegen, was du tust«, bat sie inständig. Ihr Mann protestierte.

»Was denkst du dir, Weib, ich bin Soldat. Und als Soldat

gehöre ich zur Truppe und nicht in ein Bett. Außerdem steht noch ein ganzer Batzen Sold aus, den gebe ich nicht dran, den hole ich mir.« Katharina schickte sich drein.

»Gut, dann gehe ich mit dir.« Der entschiedene Ausdruck in ihrem Gesicht ließ keinen Widerspruch zu.

Knapp drei Wochen später stießen sie tatsächlich auf das, was von Heinrichs Regiment übriggeblieben war. Die führungslose Truppe, zusammengeschmolzen auf einige Dutzend müder Soldaten, begrüßte ihn freudig. Heinrich hatte sich inzwischen erstaunlich gut erholt und war soweit genesen, daß er sogar seinen Arm wieder bewegen konnte. Er übernahm das Kommando. »Männer, morgen brechen wir auf und suchen Gleichgesinnte, denen schließen wir uns an!« gab er Order, und die Soldaten, froh, daß ihnen jemand sagte, was zu tun war, fügten sich willig. Es dauerte nicht lange, und sie fanden Soldateska unter spanischer Flagge, die auf dem Weg zur Front war.

Katharina schloß sich den Frauen im Troß an. Ehefrauen, die ihre Männer begleiteten, unzählige Huren, die vom Krieg profitieren wollten, verwitwete Mütter, die es sich zur Aufgabe gemacht hatten, ihre Söhne zu unterstützen. Je näher sie an den Kampfherd herankamen, um so furchterregender wurden die Geräusche. Lautes Krachen schallte durch die Luft, gelegentlich unterbrochen vom Donner abgefeuerter Kanonenschüsse. Und über allem menschliche Stimmen. Wütendes Geschrei im Wechsel mit Triumphgeheul, vermischt mit dem qualvollen Stöhnen der Verwundeten. Katharina hatte Angst.

Aus dem Unterholz kehrten die Spähtrupps zurück und meldeten, was sie gesehen hatten. Die Spanier lieferten sich ein heftiges Gefecht mit ihren niederländischen Feinden.

»Sie sind ohnehin in der Überzahl. Wenn wir jetzt eingreifen, ist die Sache schnell entschieden«, sagte einer der Soldaten. Der Heerführer ließ zum Angriff formieren. Er war ein rauher Geselle, ein Karrierist des Krieges, der sich vom einfachen Trommeljungen hochgedient hatte zum Befehlshaber.

Was ihm an Erfahrung fehlte, ersetzte er durch Brutalität. Mangelndes strategisches Talent verdeckten Mut und Ausdauer. Sein Weg war keine Ausnahme. Wer Entscheidungen zur richtigen Zeit am richtigen Ort mit einer Portion Waghalsigkeit und glücklicher Hand traf, konnte es im Krieg leicht zum Hauptmann bringen. Die Männer befolgten seine Anweisungen, bildeten einen Stoßkeil und stürmten; Heinrich in vorderster Reihe, ausstaffiert mit einem überzähligen Küraß. Der Lederpanzer sollte ihn vor dem Schlimmsten bewahren. Stolz saß er auf seinem Pferd, die Reiterpistole fest in der rechten Hand. Getrieben von Kampflust und Ehrgeiz, preschte er voran. Mit einer Mischung aus Bewunderung und Sorge sah Katharina ihm nach. Dafür, daß er die Jahre vor dem Krieg in der Schenke und nicht auf dem Rücken eines Pferdes verbracht hatte, war Heinrich ein ausgezeichneter Reiter, dachte sie.

Die Spanier führten die Attacke mit großer Wucht. Sie warfen einen Gegenangriff der Niederländer auseinander, durchbrachen deren Linien und gelangten bis zur Festung. Hunderte von Reitern, Musketieren und Pikenieren mit ihren langen Stangenwaffen sicherten die Bresche in der Front und sorgten dafür, daß die nachfolgenden Truppen beinahe ungehindert vorankamen. Der Widerstand innerhalb der Stadtmauern war heftig. Die Niederländer verteidigten ihr Leben mit allem, was ihnen in die Hände fiel. Den schweren Geschützen begegneten sie mit Steinen, Nägeln, Eisenbrocken und Ketten. Alle Arten von Feuerwaffen wurden abgeschossen, geschmolzenes Pech, siedendes Öl und kochendes Wasser regneten auf die Angreifer.

Wild wogte die Schlacht auf dem Feld hin und her. Aus dem Sattel schwangen die Soldaten ihre Pallasche und metzelten mit den zweischneidigen Hieb- und Stichwaffen alles nieder, was ihnen in die Quere kam. Das Fußvolk zerrte mit den Reißhaken der zwei Meter langen Hellebarden die Feinde von den Pferden, durchschlug Rüstungen mit scharfen Beilen und versetzte tödliche Stöße. Verwundete schrien vor Schmerzen oder lagen in beinahe ohnmächtiger Agonie in ihrem Blut. Mit angstverzerrten Blicken versuchten sie, den Hufen der herantrabenden Rösser zu entgehen, robbten zur Seite oder rollten sich mit letzter Kraft in die Gräben. Wo möglich, vermieden die Kriegspferde mit bebenden Flanken instinktiv die herumliegenden Körper. Doch im gepeitschten Galopp zermalmten ihre Hufe mehr als einmal Köpfe und Gliedmaßen, stets in der Gefahr, auf den Verletzten auszurutschen und sie mit ihren massigen Leibern zu erdrücken.

Bei Einbruch der Dunkelheit war der Kampf entschieden, lediglich die Verteidiger eines kleinen Hügels wollten sich nicht ergeben. Eigenmächtig scharte Heinrich Kepler ein paar Soldaten um sich und ritt seitlich durch ein Wäldchen auf die Anhöhe zu. Im folgenden Scharmützel unterlagen die vom Gefecht ermüdeten Niederländer und mußten sich einzeln entwaffnen und gefangennehmen lassen.

In der Pose des Siegers kehrte Kepler in das Lager zurück und übergab die Gefangenen dem Kommandanten. Er wußte, dies war der erste Schritt auf seinem Weg zum Hauptmann. Katharina schloß ihn überglücklich in die Arme.

»Dir ist nichts geschehen! Wie bin ich froh!« Sie küßte ihn auf den Mund. Mit einem festem Griff um ihre Taille zog Heinrich sie an sich, beugte sich über sie, bog ihren Kopf nach hinten und erwiderte ihren Kuß vor aller Augen mit besitzergreifendem Begehren. Für Katharina hätten Kuß und Umarmung ewig dauern können. Doch jetzt, nach geschlagener Schlacht, war sie an der Reihe.

»Ich werde gebraucht. Wir sehen uns später.« Sie lächelte ihn an und löste sich widerwillig von ihrem Mann.

Am Rande des Lagers war ein großes Zelt aufgeschlagen, es diente als Lazarett.

Der Kompanie gehörten zwei Ärzte an, die dort rund um die Uhr Dienst taten. Verletzte, die noch aus eigener Kraft gehen konnten, Männer, die gestützt werden mußten, Ohnmächtige, die auf Tragen oder den Schultern ihrer Kameraden herangeschafft wurden. Die Mediziner empfingen jeden und versorgten die Patienten auf den von Troßdirnen gerichteten Lagern. Hier war Katharinas Platz.

Während sie tunlichst vermied, in die Nähe des älteren Arztes, eines herrischen Kerls von spanischem Stolz, zu geraten, schien ihr der jüngere sehr sympathisch.

Hans Feuerbach aus dem deutschen Norden war ein zierlicher junger Mann mit schlanken, langen Fingern. Er sprach nicht viel und handelte um so mehr. Mit einigen anderen Frauen aus dem Troß assistierte ihm Katharina. Feuerbach, der seinerseits eine Vielzahl von Salben und Tinkturen im Repertoire hatte, war begierig, Katharinas Rezepte zu erproben. Vor der Schlacht hatten sie gemeinsam Kräuter gesammelt und die Ruhe vor dem Sturm genutzt, Salben anzusetzen und spanischen Wein mit dem nelkenartigen Portulak zu einem betäubenden und fiebersenkenden Trunk zu vermengen.

»Rosenöl und Eigelb, so mußt du es mischen«, Feuerbach träufelte abgezählte Tropfen der kostbaren Essenz auf die Eier. »Dann kühlt es die Wunden, und sie heilen viel schneller.« Katharina nickte aufmerksam, während sie eifrig rührte. Der Arzt wendete sich einem Verletzten zu und besah sich dessen Wunde. Ein tiefer Schwerthieb hatte ihn am Oberschenkel getroffen. »Auswaschen«, ordnete Feuerbach knapp an und fügte hinzu: »Und dann Absinth und Aloe.« Katharina reinigte die Läsion. Der Soldat hielt den Atem an, verkrampfte die Hände zu gelblich blutleeren Fäusten, gab aber keinen Ton von sich. Katharina holte die befohlene Lösung, dann bestrich sie das Bein und verband es mit einem Stück Leintuch. Der Soldat holte tief Luft. Feuerbach nickte zufrieden.

Die Arbeit im Lazarett nahm kein Ende. Während draußen die Truppe ihren Sieg feierte und das Gegröle der Berauschten immer lauter wurde, arbeiteten die Männer und Frauen im Lazarett ohne Pause. Es waren Beine zu schienen, Geschosse aus Wunden zu entfernen, Schädelverletzungen mußten bandagiert werden, und immer wieder – Katharina fand dies die schlimmsten Verletzungen – mußte amputiert werden. »Niemals Oberarm oder Oberschenkel«, sagte Feuerbach, der soeben einen Unterarm mit Messer und Säge abgetrennt hatte und jetzt mit einem glühenden Eisen die Arterie versengte, um den Blutfluß zu stoppen. Sein Patient brüllte vor Schmerz, bevor er in eine erlösende Ohnmacht sank. »Wenn man zu weit oben abtrennt, kann man die Blutung nicht stillen«, fuhr Feuerbach ungerührt fort. Es stank nach verbranntem Fleisch. Katharina fühlte, wie ihr die Übelkeit den Hals heraufkroch. »Kopf hoch und in den Bauch atmen, dann geht's gleich wieder«, sagte der Arzt, der mit schnellem Blick ihr weißes Gesicht gesehen hatte. Katharina gehorchte. Feuerbach nähte die Haut zusammen. »Wenn er aufwacht, soll er Alkohol trinken. Gebt ihm soviel er will, dann hält er die Schmerzen besser aus«, wandte er sich an eine der Troßfrauen, die hinter ihm stand und sich die Nase zuhielt.

Allmählich ließ der Festlärm nach, das erschöpfte Heer sank Mann um Mann in tiefen Schlaf. Plötzlich waren vereinzelte Schüsse zu hören. Entfernt, doch nah genug, um Katharina in Angst und Schrecken zu versetzen.

»Geht es etwa schon wieder los? Ich denke wir haben gewonnen?« Sie sah Feuerbach mit fragendem Blick an. Der schloß gerade mit Nadel und Faden eine Fleischwunde. Er hielt inne und schüttelte traurig den Kopf.

»Nein, es geht nicht schon wieder los. Das sind die Niederländer. Sie gehen jetzt über das Feld und erschießen die, die nicht mehr zu retten sind. Es ist das letzte, das sie für ihre Kameraden und Tiere tun können. Besser wäre, sie brächten sie her. Mensch ist Mensch. Ich würde auch denen helfen.« Katharina bewunderte ihn für seine Großherzigkeit und dachte, der Spanier hätte so etwas sicher nicht gesagt.

Draußen graute der Morgen, als Katharina endlich neben Heinrich auf den Boden sank. Völlig übermüdet, kuschelte sie sich an ihn. Ihr Mann roch nach Schweiß und Alkohol.

Katharina wunderte sich, daß es sie hier gar nicht störte und schlief ein.

Zwar war die Schlacht gewonnen, doch die siegreichen Spanier und ihre Truppen erhielten Befehl, die Stellung so lange zu halten, bis Kirche und Verwaltung alles geregelt hatten.

Während Katharina sich weiterhin um die Verwundeten kümmerte, zogen Heinrich und ein paar andere Soldaten über Land und versuchten Lebensmittel zu organisieren. Das Essen im Lager wurde immer knapper. Längst war man dazu übergegangen, der Bevölkerung in den umliegenden Dörfern immer wieder abzupressen, wovon diese ohnehin zu wenig hatte.

Hungrige Soldaten, gierig nach allem, was sie kriegen konnten, durchstreiften die Umgebung und kehrten allabendlich ins Lager zurück. Weizen, Gerste, Roggen, getrocknete Erbsen, alles Eßbare verschwand in ihren Satteltaschen. Die Einheimischen haßten sie dafür.

Im Lazarett wurden die Bedingungen immer schlechter. Täglich starben Männer, deren Leben auch der engagierteste Einsatz nicht hatte retten können. Katharina trauerte um jeden einzelnen. »Sie hinterlassen alle Frauen, Mütter, Geschwister und Kinder«, sagte sie zu Feuerbach und dachte an ihre Söhne. Der Arzt nickte und reichte ihr einen blutverkrusteten Lumpen. Der Stoffetzen hatte einem Verstorbenen als Verband gedient.

»Wasch ihn aus, damit wir ihn für den nächsten benutzen können«, sagte er müde. Katharina ging zu dem kleinen, beinahe ausgetrockneten Brunnen am Rande des Lagers. Sie klopfte die feste Kruste mit einem Stock vom Lappen, und bemühte sich, den Rest herauszuwaschen. Die Prozedur ekelte sie. Das Wasser im Brunnen war von Schmutz, Eiter und Blut so dick, daß es gesiebt werden mußte, bevor man davon trinken konnte. Sie schüttelte sich angewidert und trocknete das Tuch über dem Feuer, bevor sie zurück ins Zelt ging.

»Ich hasse dieses Leben«, murmelte sie vor sich hin. »Ich will zurück nach Hause.« Mehrmals hatte sie versucht, Heinrich zu überreden, das Lager mit ihr zu verlassen, doch mit Hinweis auf den ausstehenden Sold bestand dieser darauf auszuharren.

Es war ein trüber Samstag, als das Schicksal ihr zu Hilfe kam. Heinrich hatte sich am frühen Morgen mit zwei engen Freunden wieder auf den Weg gemacht, Nahrungsmittel zu besorgen. Er war noch nicht zurück, als mehrere spanische Troßwagen im Lager eintrafen. Die Männer und Frauen brachten Wein, Essen und – auf einem streng bewachten Karren – endlich das heißersehnte Geld.

Lange nach Einbruch der Dunkelheit hörte Katharina den dumpfen, gleichmäßigen Galopp herannahender Pferde. Wenig später sprang ihr Mann vor dem Lazarett aus dem Sattel. Er hob einen bewußtlosen Kameraden vom Pferd.

»Ihr müßt ihm helfen, die Schweine haben ihm ein Messer in den Rücken gerammt.« In Heinrichs Stimme schwangen Wut, Angst und Trauer. Feuerbach war sofort zur Stelle.

»Leg ihn hierhin«, er wies auf einen frischen Strohsack. Zwei Tage und Nächte kämpften sie um das Leben des Verletzten. Während der Arzt und Katharina auftrugen und verabreichten, was ihre heilsamen Vorräte hergaben, wich Heinrich nicht von der Seite des Freundes. Doch weder Salben noch Tränke, noch die Gebete konnten dem Mann helfen. In der dritten Nacht erlag er dem tiefen Stich unterhalb seines Schulterblattes. Heinrich schaufelte ein Grab, und zum erstenmal, seit sie ihn kannte, sah Katharina ihren Mann weinen.

»Er war mir näher als meine Brüder«, schluchzte er und kauerte vor dem frisch aufgeschütteten Erdhügel. Katharina hielt ihre Stunde für gekommen.

Sie legte den Arm um Heinrichs Schulter.

»Heinrich, die Spanier haben Geld mitgebracht. Sie bezahlen ihre Soldaten. Laß dir auch deinen Sold geben und komm endlich mit mir fort von hier. Wir haben zwei Kinder, den Kleinen kennst du nicht einmal. Willst du enden wie dein Freund? Willst du, daß ich allein zurückkehren muß, um den beiden zu sagen, daß ihr Vater, ein tapferer Held im Krieg, von der Hand eines Bauern hinterrücks gemeuchelt, sterben mußte?« Jetzt weinte auch sie. Heinrich nickte.

»Du hast recht. Morgen lasse ich mich auszahlen, und dann gehen wir.« Er stierte stumpf vor sich hin.

Die Sonne stand noch im Osten, als Heinrich beim Kommandanten vorsprach, um sich sein Geld zu holen. Der Spanier hatte keinerlei Einwände, als ihn sein Soldat bat, gehen zu dürfen. Hier war der Krieg bis auf weiteres vorbei, was noch zu tun war, konnten die verbleibenden Männer erledigen. Angesichts der angespannten Versorgungslage war ihm jeder Esser weniger nur lieb.

Katharina verabschiedete sich von Feuerbach und den Frauen, mit denen sie gearbeitet hatte. Für jeden Patienten hatte sie ein letztes aufmunterndes Wort, dann schulterte sie ihre Wergtasche und verließ Hand in Hand mit ihrem Mann das Lager.

Tag für Tag liefen sie so weit die Füße sie trugen. Abends suchten sie sich trockene Plätze zum Schlafen. Katharina hatte ihr eigentliches Ziel nicht aus den Augen verloren und nutzte jede Minute, um ihren Mann von ihren Plänen zu überzeugen.

»Du siehst doch selbst, wie gut es uns geht, wenn wir alleine sind. Wir müssen aus dem Haus deiner Eltern heraus. Ich will nicht mehr streiten wie damals. Ich will nicht mehr die bösen Blicke deiner Mutter. Ich will mit dir zusammensein. Du bist mein Mann, du bist der Vater meiner Kinder. Mit dir und ihnen will ich leben. Friedlich und nicht im Zank!« Heinrich stapfte stumm neben ihr her. Sie machte eine Pause, um ihre Worte wirken zu lassen. »Du hast so viel Geld bekommen. Wir könnten uns ein eigenes Haus kaufen. Es muß ja nicht groß sein. Ich verlange nicht viel. Aber alles ist besser als die Kammer ohne Fenster bei deinen Eltern. Bedenke, wir sind jetzt zu viert, die wir darin hausen und schlafen müssen.«

Sie ließ nicht locker. Heinrich sagte zunächst gar nichts, und Katharina wertete sein Schweigen als Beginn der erhofften Zustimmung. Die ledernen Taschen ihres Mannes waren tatsächlich prall gefüllt mit dem hart verdienten Sold. Er zögerte nicht, die geforderten Groschen für Fahrten auf den Flüssen und bisweilen sogar eine Passage mit dem Fuhrwagen auszugeben. Wenn sie auf diese Weise mit Fremden zusammen reisten, verkniff sich Katharina jedes Wort. Kaum liefen sie jedoch wieder Seite an Seite zu Fuß über staubige Straßen und satte Wiesen, begann sie alsbald, ihre Argumente erneut vorzutragen. Die steten Tropfen höhlten den Stein. Als sie endlich den hohen Kirchturm von Weil der Stadt sahen, war Heinrich überredet, und Katharinas Herz klopfte vor Aufregung so schnell, daß sie kaum Luft bekam.

WIEDER ZU HAUSE

Der kleine, schmächtige Johannes Kepler hatte die Abreise seiner Mutter schlecht verkraftet. Von Sehnsucht geplagt, mochte er in den ersten Wochen kaum etwas essen, spielte nicht mehr mit den Kindern der Nachbarn und verkroch sich oft noch bei Tageslicht in die fensterlose Schlafkammer. Appolonia Wellinger tat ihr möglichstes, den Söhnen ihrer Freundin eine liebevolle Pflegemutter zu sein, doch auch sie war nicht in der Lage, dem sensiblen Älteren den Kummer zu nehmen. Katharina war erst wenige Wochen fort, da befiel ein gefährliches Virus seinen geschwächten mageren Körper. Mit verdächtig glühenden Wangen, die Stirn heiß von Fieber und schweren Schüttelfrösten ausgeliefert, befand sich Johannes in erbärmlichem Zustand. »Das ist eine ganz normale Verkühlung«, diagnostizierte die Großmutter und schickte das kranke Kind früh am Morgen zu Appolonia. »Sag ihr, sie soll sich um dich kümmern, ich behalte den Kleinen einstweilen hier, bis du wieder gesund bist«, trug sie ihm auf und sagte zu ihrer Tochter Kunigunde gewandt: »Den kleinen Schreihals kriegen wir schon in den Griff, aber Zeit, mich um ein krankes Kind zu kümmern, habe ich wirklich nicht.« Kunigunde nickte zustimmend.

Erythraea centaurium

Seine Decke unter dem zittrigen Ärmchen, machte sich der kranke Johannes, wie befohlen, auf den Weg. Es war nicht weit zu Appolonia Wellinger, doch mehrmals mußte er sich erschöpft an eine Hauswand lehnen und pausieren, bis er weitergehen konnte. Sein Kopf schmerzte zum Zerspringen, in den

Ohren dröhnte es. Johannes rieb sich die Augen, um ihn herum wurde alles schwarz. Direkt vor Appolonias kleiner Hütte überkam ihn ein heftiger Schwindel. Johannes übergab sich und sackte auf der Schwelle zusammen.

»Ja, Kerlchen, was ist denn mit dir los?« Appolonia hob ihn liebevoll auf. »Hast was Falsches gegessen?« Sie legte ihn sanft auf ihren Strohsack und wusch ihm das Gesicht mit einem feuchten Tuch ab. Erst jetzt bemerkte sie, daß der Junge das Bewußtsein verloren hatte und hoch fieberte. Mit den Fingerspitzen klapste sie vorsichtig seine Wangen. »Aufwachen, kleiner Mann! He, du Spitzbub! Schau mich an, komm zurück auf die Erde!« Sie bespritzte ihn mit ein paar Tropfen kalten Wassers. Johannes schlug die Augen auf. »Na also, da bist du ja wieder! Was hast du denn? Geht's dir nicht gut?« Appolonia strich ihm liebevoll über die dunklen Locken. Johannes schüttelte langsam den Kopf.

»Die Großmutter sagt, ich habe eine ganz normale Verkühlung. Aber ich fühle mich nicht ganz normal. Ich habe Kopfweh, mir ist kalt und schlecht. Gibst du mir etwas zu trinken?« Er leckte sich mit der Zunge über die trockenen Lippen. Appolonia nickte.

»Natürlich kriegst du etwas zu trinken, mein Kleiner.« Sie ging und holte einen Becher mit Wasser. Johannes war ihr ausgemachter Liebling. Nicht nur sein liebenswürdiges, höfliches Wesen nahmen sie für ihn ein, bestechend waren auch seine außergewöhnliche Intelligenz und die fröhliche Neugierde, mit der er die Welt betrachtete.

Schluck für Schluck trank der kleine Junge gierig das kalte Brunnenwasser.

»Langsam, sonst kommt es gleich wieder nach oben«, mahnte Appolonia. Sie legte die Hand auf seine verschwitzte Stirn. »Du hast hohes Fieber, ich will einmal sehen, was wir dagegen tun können.« Während sie nachsann, was Renate Streicher Fieberpatienten verordnet hatte, deckte sie Johannes mit seiner Wolldecke zu. Der merkte davon wenig. Kaum hatte er den Becher geleert, drehte er sich auf die Seite und schlief ein. »Portulak und Wein, das war es«, erinnerte sich Appolonia . Sie vermengte je zur Hälfte den stets in einem Steinkrug vorhandenen Kräutersud mit rotem Wein und wartete darauf, daß Johannes wieder erwachte.

Die Sonne senkte sich. Es ging auf den späten Nachmittag. Johannes' kleines Gesicht war vom Fieber gerötet, er sprach wirr und rief verzweifelt nach seiner Mutter. Appolonia saß an seinem Lager, hielt die heiße Kinderhand und machte sich große Sorgen. Flüsternd betete sie für seine Genesung: »Laß ihn nicht sterben, lieber Gott! Laß ihn um alles in der Welt wieder gesund werden. Was soll ich Katharina sagen, wenn sie zurückkommt. Hilf mir, lieber Gott, daß ich das Richtige für ihn tue.« Gegen Abend richtete sich Johannes kurz auf.

»Durst«, krächzte er flehentlich. Appolonia flößte ihm den Portulaktrunk ein. Johannes schüttelte sich.

»Sauer«, kommentierte er, legte den Kopf zurück und sank erneut in tiefen Schlummer.

Fünf Tage lang blieb sein Zustand unverändert. Appolonia wachte über den kindlichen Schlaf, kühlte die Stirn und deckte den Jungen zu, wenn er sich im Fieber freistrampelte. Manchmal fielen ihr die müden Augen zu, doch schon bei der kleinsten Bewegung ihres Pfleglings war sie wieder wach. Am fünften Tag klagte Johannes über Bauchschmerzen. Appolonia zog sein Hemd ein wenig hoch, um sich die Stelle genau zeigen zu lassen.

»Himmel hilf!« entfuhr es ihr, als sie die bloße Haut sah. Die Oberfläche des Bauches war gerötet, und überall hatten sich kleine Bläschen ausgebreitet.

»Blattern!« Appolonia versagte vor Entsetzen die Stimme. Am Ende der Woche tauchte Großmutter Kepler in der kleinen Hütte auf.

»Wie geht es ihm?« Sie warf einen Blick auf das immer noch fiebernde Kind. Appolonia zuckte die Schultern.

»Es sind die Blattern. Sein ganzer Körper ist voller Pusteln.

Das Fieber will und will nicht heruntergehen. Er ißt nichts, hat
immer nur Durst. Ich gebe ihm Wasser und Brühe«, erstattete
sie Bericht. Die Alte nickte.

»Mehr kann man nicht für ihn tun. Verbinde ihm die Hände
mit Stoff, damit er sich nicht alles aufkratzt«, ordnete sie an.

Der kleine Knabe durchlitt die Krankheit in all ihrer Hef-
tigkeit, mehrmals fürchtete Appolonia, sein letztes Stünd-
lein habe geschlagen, aber Johannes überlebte. Auf wackeligen
Beinen, mit von den strammen Verbänden wunden Händen
und voller Narben kehrte er halbwegs genesen zu seinen Groß-
eltern zurück.

»Großmutter, ich sehe dich zweimal«, beschwerte er sich
gleich am ersten Tag.

»Das kommt von den Blattern, es wird vergehen«, beschied
ihn diese, doch der Sehfehler, tatsächlich eine Folge der Infek-
tion, sollte ihm ein Leben lang bleiben.

Hand in Hand gingen Heinrich und die Seine auf die Stadt zu.
Je näher sie kamen, um so schneller wurden ihre Schritte, und
Katharina spürte eine heftige Sehnsucht nach ihren Kindern.

»Wie sie gewachsen sein werden«, sagte sie. Ihr Mann drückte
ihre Hand. Endlich standen sie vor der Schenke.

Ein tiefer Atemzug, Heinrich Kepler stieß die Tür auf. Als
wäre er nie fort gewesen, war die Stube mit lärmenden Men-
schen gefüllt. Keiner von ihnen nahm Notiz, da gellte ein spit
zer Schrei durch die Wirtschaft. Kunigunde, die soeben zwei
Teller Geselchtes aus der Küche hereingetragen hatte, erkannte
ihren Bruder. Sie flog ihm in die Arme und bedeckte sein Ge-
sicht mit kleinen Küssen. Verlassen stand Katharina am Rande
der Szene. Über ihre Rückkehr schien sich niemand zu freuen.
Jetzt wurden auch die Gäste aufmerksam und begrüßten Hein-
rich wie einen Helden. Vom lauten Hallo herbeigelockt, kamen
die Mutter und Sebald Kepler. Er war der einzige, der Katha-
rina in den Arm nahm. Für seinen Sohn hatte er nur ein kurzes
Nicken des Kopfes.

»Wo sind die Kinder?« fragte sie zaghaft.

»Tagsüber sind sie immer bei Appolonia, nur nachts schlafen sie hier«, antwortete ihr Schwiegervater. Während Heinrich bereits einen großen Bierhumpen in der Hand hielt und ihn in gierigen Zügen leerte, stellte Katharina ihre Tasche ab und lief zu der kleinen Hütte ihrer Freundin.

Hier wurde auch sie endlich herzlich willkommen geheißen. Appolonia weinte vor Freude und mochte sie kaum aus der innigen Umarmung entlassen.

»Du bist wieder da! Wie schön. Hast du ihn gefunden? Wie ist es dir ergangen? Du mußt mir alles erzählen!« Sie wischte sich die laufende Nase mit dem Ärmel. »Nein, zuerst willst du sicher deine Buben sehen, nicht wahr«, sie ging zur Tür. »Hannes! Heinerle! Die Mutter ist zurück. Wo steckt ihr beiden? Schnell, kommt her!« Katharina zitterte vor Aufregung. Hinter dem Häuschen hörte sie das Getrappel kleiner Kinderfüße. Und da standen sie dicht beieinander, ihre beiden Jungen. Die Tränen rannen ihr über das Gesicht. Sie ging in die Hocke und breitete die Arme aus. »Johannes, mein Liebling! Laß dir einen Kuß geben.« Zaghaft kam ihr Sohn auf sie zu und ließ sich in die Arme nehmen. Der kleine Heinrich nutzte den Moment, um an seiner Mutter vorbeizuhuschen und sich hinter Appolonias weitem Rock zu verstecken.

»Wer ist Frau?« fragte er unsicher. Appolonia nahm ihn auf den Arm.

»Frau ist deine Mutter, du kleiner Teufel. Sie ist wieder zurück und hat auch den Vater mitgebracht.« Sie lachte.

»Kenn ich nicht«, Heinrich schüttelte wild den Kopf.

Katharina hatte sich wieder erhoben und streichelte die Wange ihres Jüngsten. Der wendete sich ab und wiederholte: »Kenn ich nicht.« Katharina beugte sich zu Johannes.

»Aber du, du kennst mich, nicht wahr?« Der Knabe nickte. »Was ist mit seiner Haut? Und mit seinen Händen?« Katharina schaute Appolonia fragend an. Die seufzte:

»Er war sehr schwer krank. Die Blattern. Wir sind alle so

glücklich, daß er es überstanden hat. Komm, wir setzen uns, und dann erzählst du mir alles und ich dir auch.« Während die beiden Frauen sich gegenseitig von den Ereignissen der vergangenen Monate berichteten, wurde der kleine Heinrich allmählich zutraulicher. Animiert vom Verhalten seines großen Bruders, wagte er sich Zentimeter um Zentimeter näher an seine Mutter heran, und als der Abend anbrach, saß er auf ihrem Schoß und kaute ein Stück Fladen.

Katharina war müde, und auch ihren Kindern fielen die Augen zu.

»Ich nehme die beiden jetzt und gehe rüber. Es war ein langer Weg. Morgen ist auch noch ein Tag, dann erzählen wir weiter.« Sie bedankte sich bei Appolonia, hob Heinrich in die Höhe, reichte Johannes die Hand und ging in Richtung »Engel«. Lautes Stimmengewirr drang aus der Wirtschaft, und über allem machte Katharina das dröhnende Gegröle ihres Mannes aus. Heinrich Kepler hatte während des ganzen Nachmittags Bier und Wein heftig zugesprochen und erzählte gerade zum wiederholten Mal mit glasigen Augen und schwerer Zunge von seinen Heldentaten. Er stand auf einem der langen Tische. Einen Humpen in der Rechten, schwang er große Reden und schmückte seine Erlebnisse von Mal zu Mal blumiger aus. Gäste, Kumpane und Freunde hingen an seinen Lippen und beklatschten seine Worte voller Bewunderung.

»Dein Sohn ist ein wahrhaft großer Mann, ein Held!« sagte einer von ihnen zu Sebald Kepler. Der verfolgte das Geschehen mit mürrischen Blicken und reagierte mit keinem Wort auf das Lob. Katharina fühlte einen Kloß im Hals.

»Das muß und wird ein Ende haben. Noch keine zwölf Stunden sind wir hier, und schon ist er wieder betrunken«, flüsterte sie mit trauriger Bestimmtheit.

Ihr Mann schlief seinen Rausch vom Vorabend noch aus, da war Katharina bereits mit den Kindern aufgestanden und hatte beschlossen, Fakten zu schaffen. In der ansonsten leeren

Schankstube saß sie ihrem Schwiegervater gegenüber und löffelte wie er den morgendlichen Gerstenbrei.

»Vater Kepler, wir haben entschieden, einen eigenen Hausstand zu gründen«, eröffnete sie das Gespräch. Sebald Kepler sah sie überrascht an. »Heinrich hat im Krieg guten Sold verdient. Es reicht für ein eigenes Häuschen. Hier ist es ohnehin recht eng für uns alle, und ich denke, es ist besser so.« Sebald Kepler legte seinen Holzlöffel zur Seite.

»Soll mir nur recht sein. Ich leg noch etwas drauf, wenn er die Stadt verläßt, hat mir nichts als Schande gemacht.« Katharina verstand nicht.

»Wieso Schande? Er war sehr tapfer, hat gut gekämpft für die Sache«, verteidigte sie ihren Mann.

»Mag schon sein«, brummte der Alte. »Aber für welche Sache, frage ich dich. Er ist Protestant, so wie wir alle, und schlägt sich auf die Seite der Spanier. Hundsfotziger Verräter. Ich bin Bürgermeister hier am Ort, einer der Anführer der Protestanten, und mein Sohn macht mit den Katholen gemeinsame Sache. Pfui! Pfui! Und noch mal Pfui über ihn!« Er spuckte wütend auf den Boden, zog die Augenbrauen zusammen und versank in dumpfes Brüten.

Damit hatte Katharina nicht gerechnet. Gefaßt auf den energischen Widerspruch ihrer Schwiegereltern, hatte sie sich einige Argumente zurechtgelegt, und jetzt kam Unterstützung vom alten Sebald höchstpersönlich. Es bedurfte dennoch noch einer Reihe hitziger Debatten, gespickt mit Zetern und Flüchen aus Mutter Keplers Mund, bis die Entscheidung gefallen war: 1576 gab Heinrich Kepler sein Bürgerrecht in Weil der Stadt auf und zog mit Frau und Kindern nach Leonberg.

ALLTAG IN LEONBERG

»Ich bin die glücklichste Frau der Welt!« jubelte Katharina, als sie vor dem spitzgiebeligen Haus am Leonberger Marktplatz stand, das ihr Mann gefunden hatte. »Endlich Platz, endlich kann ich all meine schönen Sachen aufstellen!« Sie drückte Heinrich einen dicken Kuß auf die Wange. Der schmale, mehrstöckige, mittelhohe Fachwerkbau bot wahrhaftig Raum für die ganze Familie und alle Kinder, die noch kommen sollten. Neben dem Haus hatte Heinrich auch noch ein ordentliches Stück Land kaufen können. Äcker, Felder, ein paar Wiesen. Er galt als wohlhabender Mann. Das neue Leben ließ sich gut an. Heinrich Kepler bestellte seinen Grund und Boden, Katharina ging ihm zur Hand, versorgte Haus und Kinder. Wenn bei den Nachbarn jemand erkrankte, half sie mit dem, was sie von Renate Streicher und in den Niederlanden gelernt hatte.

Plantago lanceolata

Zwei Schatten lagen jedoch schwer auf dem häuslichen Glück. Kaum hatte sich die junge Familie ein wenig etabliert, begann Vater Heinrich wieder heftig zu trinken. Wie ehedem wurde er dann böswillig, brüllte und tobte und schlug Frau und Kinder. Das Schlimmste bekam immer der kleine Heinrich ab. Das Kind, von Mutter und Bruder liebevoll Heinerle genannt, war unheilbar krank. Katharina hatte gebetet, die durch das Städtchen ziehenden Quacksalber befragt und alle ihr bekannten Mittel gegen die Fallsucht verabreicht.

Auf mütterliche Anordnung hatte Heinerle voller Ekel pulverisierte Maikäfer und mit Wanzen und Rosinen belegte

Brotschnitten verspeist. Sie hatte den Sohn zur Ader gelassen und ihm sein eigenes Blut zu trinken gegeben. Doch was immer sie ausprobierte, die epileptischen Anfälle traten wieder und wieder auf. Dann fiel der Knabe zu Boden, zuckte unkontrolliert mit Armen und Beinen, verdrehte die Augen und verkrampfte sein Gesicht zur Grimasse. Mit Schaum vor dem Mund näßte und kotete er ein, bis alles vorbei war, und er in einen langen, erholsamen Schlaf fiel. Eine letzte Therapie stand noch aus, aber dafür mußte der Junge geschlechtsreif sein.

Sein Vater war überzeugt, daß es sich bei der Krankheit des Sohnes um eine Gottestrafe handele. »Jeder weiß, daß es Dämonenwerk ist!« brüllte er, wenn er Zeuge eines Anfalls wurde. »Verhext durch den bösen Blick ist das Kind. Und ansteckend ist es auch!« tobte er und griff zur Weidenrute. »Herausprügeln! Nichts als Herausprügeln hilft! Und ich werde ihn gesund schlagen! Das wäre doch gelacht«, schnaubte Heinrich Kepler, während er im besten Glauben an die Wirksamkeit der Methode auf das wehrlose Kind eindrosch. Stets war Heinerle von oben bis unten mit blutigen Striemen übersät.

Katharina konnte die Tränen nicht zurückhalten, wenn ihr Mann handgreiflich wurde, aber ihre Heilungsversuche waren allesamt fehlgeschlagen, und dies war nach Meinung aller Fachleute ein probates Mittel. Heinerle ertrug seine Anfälle und die Hiebe des Vaters. Er schrie laut und weinte leise. Eines Tages hielt Katharina es nicht mehr aus.

»Es hilft doch nichts! Heinrich, laß ihn in Ruhe!« flehte sie, doch ihr Mann ließ sich von seinem Tun nicht abhalten.

Besonders schlimm gebärdete er sich, wenn er etwas getrunken hatte. Dann steigerte er sich in eine Rage, die ihn nicht mehr darauf achten ließ, wo er traf. Nach einem Faustschlag ins Gesicht schwoll Heinerles Auge so schnell und bedrohlich an, daß Katharina gar nicht anders konnte, als ihrem betrunkenen Mann in den Arm zu fallen.

»Hör auf! Hör endlich auf! Du schlägst ihn eher tot als gesund!« Ihre Stimme überschlug sich. Erbost über die Unterbrechung richtete sich Heinrichs Aggression auf der Stelle gegen sie. Er schlug, sie schrie, er schlug fester, sie schrie lauter. Er schlug noch fester – sie schlug zurück!

Heinrich, den rechten Arm noch in Angriffsstellung, erstarrte, wie vom Donner gerührt. »Wo gibt's denn so was! Eine Frau, die schlägt! Was bildest du dir ein? Dir wird ich's zeigen! Die Hand erheben gegen den eigenen Mann!« Er schmetterte einen Hocker auf den Boden, griff eines der abgebrochenen Beine und bedrohte Katharina damit. Die riß in Todesangst ihre beiden heulenden Söhne an sich und rannte so schnell die Füße sie trugen aus dem Haus.

Unterhalb des Marktplatzes, ein Stückchen die Straße hinunter, wohnten der Glaser Jakob Reinbold und seine Frau Ursula. Mit ihr hatte sich Katharina angefreundet.

»Reinboldin! Reinboldin! Mach die Tür auf!« Katharina, Johannes an der Seite und Heinerle auf dem Arm, hämmerte mit der freien Faust gegen den Eingang. »Öffne, öffne geschwind, sonst schlägt er uns tot!« Ursula Reinbold konnte gar nicht so schnell schauen, wie Katharina an ihr vorbei in die Küche schoß.

»Keplerin, bist du von allen guten Geistern verlassen? Gebärdest dich, als wäre der Leibhaftige hinter dir her!« Sie putzte dem immer noch schluchzenden Johannes die Nase.

»Ist er auch. Der Heinrich ist vor Wut ganz außer sich. Ich hab ihm verboten das Heinerle zu schlagen.« Sie zeigte der Freundin das Gesicht des mißhandelten Kindes. Die schlug die Hände über dem Kopf zusammen.

»Nein, so geht's aber nicht, der schlägt ihn ja tot!« Sie holte einen feuchten, kühlenden Lumpen und legte ihn über Heinerles geschwollenes Auge.

»Genau das habe ich auch gesagt«, bestätigte Katharina, die sich langsam beruhigte.

Mit den Kindern verbrachte sie die Nacht bei der Freundin. Am nächsten Morgen ging sie sicherheitshalber zunächst alleine nach Hause. Verkatert und reumütig saß Heinrich Kepler in der Stube und versuchte, den zerbrochenen Hocker zu reparieren. Katharina nahm seine Entschuldigung an.

»Verzeih mir. Es tut mir so leid. Ich schwöre, es kommt nicht wieder vor!« versprach ihr Mann zerknirscht. Sie sah ihn lange und durchdringend an und antwortete leise:

»Ich will es hoffen, denn sonst nimmt alles ein böses Ende.« Dem großen Krach folgte eine innige Versöhnung, und wenig später spürte Katharina, daß sie ihr drittes Kind erwartete.

Ein paar Wochen gelang es Heinrich Kepler, den Alkohol zu meiden. Als er jedoch eines Abends zu später Stunde aus dem Gasthaus kam, ereignete sich eine Szene, die der vorherigen beinahe bis aufs Haar glich. Diesmal war es mit einer Entschuldigung nicht getan.

Katharina verweigerte das eheliche Lager. Sie sprach kein Wort mit ihrem Mann und sorgte dafür, daß er nicht eine Sekunde mit Heinerle alleine war. Nach zwei vergeblichen Annäherungsversuchen gab Heinrich Kepler auf. Wortlos schnürte er sein Bündel und verließ noch vor Ablauf des Jahres 1576 das Haus am Leonberger Marktplatz. Es zog ihn zurück in die Spanischen Niederlande, wo noch immer im Namen der Religion heftige Kämpfe gefochten wurden. Dort galt er etwas. Dort stellte er etwas dar.

Als Katharina sich von ihrer ersten Fassungslosigkeit erholt hatte, bedauerte sie die einsame Entscheidung ihres Mannes keineswegs.

»So kann ich in Ruhe das Kind auf die Welt bringen, mich um Heinerle kümmern, und Johannes kommt jetzt bald in die Schule. Heinrich wird schon wieder auftauchen. So schön ist es im Krieg nicht. Ich hab's mit eigenen Augen gesehen«, sagte sie zu ihrer Freundin Ursula Reinbold.

Der inzwischen fünfjährige Johannes hatte sich in Leonberg gut eingelebt und viele Freunde gefunden.

»Aber der beste und liebste ist mir der Beutelspacher«, sagte er mit treuherzigem Blick zu seiner Mutter. »Wir haben nicht mal den Vater hier, aber der hat sogar einen Großvater bei sich zu Hause«, Johannes zog die Stirn nachdenklich kraus. »Aber die Hand von dem ist kaputt, da kann er dann auch nicht viel helfen, oder?« Katharina unterdrückte eine Grinsen. »Na, ein bißchen helfen wird er schon können, denke ich«, antwortete sie so ernsthaft wie möglich. Tatsächlich wußte jeder in Leonberg, daß der alte Richter Beutelspacher einst seine offen zur Schau getragene Opposition gegen Herzog Ulrich von Württemberg mit der Verstümmelung einer Hand bezahlt hatte.

Mit dessen Enkel, Benedikt Beutelspacher, verbrachte Johannes seine Tage. Der kleine Junge war gern gesehen im Hause Kepler. Jeden Morgen stand er vor der Tür und holte seinen Freund ab. Dann stapften sie Schulter an Schulter los und gingen zum Lese- und Schreibunterricht. Beide Knaben zeigten sich weitaus anstelliger als ihre Mitschüler, und bald stattete der Lehrer Katharina einen Besuch ab.

»Johannes ist ein gescheiter kleiner Bursche. Er sollte die Lateinschule absolvieren«, empfahl er. »Lateinschule? Mein Junge?« Katharina schaute ihn erstaunt an. Sie lächelte. »Nun, warum nicht? Ich kann zwar nicht einmal lesen, aber warum sollte Johannes deswegen nicht auf die Lateinschule gehen?« Sie faltete die Hände über ihrem inzwischen sichtbar gerundeten Bauch.

Die Wehen setzten am Nachmittag ein. Sie zogen sich erst in den Abend und dann durch die ganze Nacht hin. Ursula Reinbold ließ ihre Freundin keine Minute allein und entband sie endlich in den frühen Morgenstunden des 20. Mai 1577 von ihrem dritten Sohn. Gerührt hielt Katharina das kleine Bündel im Arm.

»Sebald sollst du heißen. Sebald, wie dein Großvater, das wird sicher auch deinen Vater freuen.« Sie küßte den schlafenden Säugling und dachte liebevoll an ihren Mann. Längst hatte sie allen Zank und Streit vergeben und vergessen. Und wie immer, wenn sie länger von ihm getrennt war, fehlte ihr Heinrich. »Dein Papa kommt sicher bald aus dem Krieg. Dann kann er selbst sehen, was für ein hübsches kleines Kerlchen du bist«, flüsterte sie zärtlich. Doch dem kleinen Sebald Kepler war nicht beschieden, seinen Vater zu kennen. Kurz nach seiner Geburt und mehrere Monate bevor Heinrich Kepler tatsächlich nach Leonberg zurückkehrte, folgte die unglückliche Mutter dem Kindersarg auf den Friedhof.

Johannes und Heinerle ließen ihr wenig Zeit zur Trauer. Haus und Felder wollten in Ordnung gehalten und bestellt werden. Katharina Kepler hatte alle Hände voll zu tun, die Arbeit, die mehr als genug für zwei gewesen wäre, zu verrichten. Immer wieder mußte sie alles stehen- und liegenlassen und ihrem Jüngsten zur Seite stehen, wenn der einen seiner Anfälle erlitt. Die waren heftig wie eh und je, doch seit er den Schlägen seines Vaters nicht mehr ausgesetzt war, schien es dem Knaben besser zu gehen. Die Striemen an seinem Körper waren abgeheilt und von den Schüben seiner Krankheit abgesehen, entwickelte er sich zu einem fröhlichen kleinen Jungen. Der lernbegierige Johannes besuchte die Schule mit wachsendem Eifer. Gemeinsam mit Freund Benedikt las er seiner Mutter die erlernten Buchstaben vor und zog sie mit akribischer Gewissenhaftigkeit zu ersten Wörtern zusammen. Katharina lächelte leise in sich hinein, wenn er die S-Laute durch die Lücke zweier ausgefallener Milchzähne zischte.

Während der Alltag in Leonberg geregelt und zu aller Zufriedenheit verlief, war Heinrich Kepler in große Schwierigkeiten geraten. In den Spanischen Niederlanden tobten die Kämpfe mit unverminderter Heftigkeit. Durch außergewöhnliche Tapferkeit hatte er es binnen eines Jahres tatsächlich zum Hauptmann gebracht und war damit vom einfachen Soldaten zum verantwortlichen Offizier aufgestiegen. Zu seinen Pflichten gehörte es, nach geschlagenen Schlachten die Verluste des Regiments peinlich genau aufzulisten und an oberster Stelle zu melden. War die Zahl der Gefallenen bekannt, reduzierten die Spanier mit dem nächsten Troßwagen augenblicklich Proviant und Soldzahlungen für die Truppe. Gewiefte Offiziere versuchten diese Einbußen zu umgehen, indem sie falsche Bilanzen erstellten und zuviel gezahlte Gelder in die eigene Tasche steckten.

Tod durch den Strick lautete die angedrohte Strafe für dergleichen betrügerisches Verhalten, dennoch kam es immer wieder vor. Auch Heinrich Kepler geriet in Verdacht, zum eigenen Vorteil manipuliert zu haben, und entkam dem Galgen nur, weil man ihm letztendlich die Missetat nicht nachweisen konnte. Glücklich, dem Strang entronnen zu sein, verließ er sein Regiment und machte sich auf den Weg nach Hause.

Der Sommer kam. Katharina Kepler hatte sich von Geburt und Tod des kleinen Sebald erholt und zupfte gerade das wuchernde Unkraut aus ihrem Gemüsegarten, da umfaßten von hinten zwei starke Hände ihre schmale Taille. Erschreckt drehte sie sich um und sah in das staubige, müde Gesicht ihres Mannes.

»Na, schöne Frau, so allein im Garten«, er küßte sie auf den Mund.

»Heinrich! Du hier! Wo kommst du her? Ich meine, ist der Krieg vorbei? Ich wollte sagen, wie schön, daß du wieder da bist! Wie ist es dir ergangen?« Sie umarmte ihn.

Heinrich vermied tunlichst, von seinen Problemen zu berichten, erzählte nur, daß er zum Hauptmann befördert worden war und öffnete voller Stolz seine Tasche. Katharina gingen beinahe die Augen über:

»Das ist ja unglaublich viel Geld«, staunte sie mit Blick auf die blitzenden Gulden. Ihr Mann nickte.

»Nicht schlecht, nicht wahr, was man so als Hauptmann nach Hause bringt!« Er warf sich in die Brust. »Wir sind gemachte Leute. Das ist ein kleines Vermögen. Damit kann uns gar nichts mehr passieren.« Katharina war fassungslos.

»Johannes hat zwei kleine Ritter aus Bronze gesehen, die möchte er so gerne haben. Er ist wirklich ein braver Junge, willst du sie ihm nicht schenken? Und für den Kleinen vielleicht einen Reifen oder zwei, drei hölzerne Kugeln zum Spielen?« Heinrich stimmte sofort zu.

»An nichts soll es den beiden fehlen, jetzt, wo es uns endlich richtig gut geht.«

Wenige Wochen später erwarb Heinrich Kepler am 26. September 1577 das Bürgerrecht in Leonberg und gehörte damit wieder zur Gruppe derer, die hohes gesellschaftliches Ansehen genossen. Katharina war zufrieden. Diesmal, dessen war sie sicher, würde sich alles zum Guten wenden. Sie hatte ihren Mann unversehrt und wohlbehalten zurück. Johannes machte den Eltern nichts als Freude, das Heinerle war und blieb krank, aber ansonsten ein braver Knabe, und sie hatten mehr Geld, als sie ausgeben konnten.

Die Novembernächte waren kalt und feucht. Um so mehr wunderte sich Johannes, als seine Mutter ihn zu später Stunde weckte.

»Hannes, steh auf, komm mit mir auf den Hügel. Wir müssen für unser Heil und um Gnade beten. Draußen steht ein Komet am Himmel. Ein ganz großer.«

Mit einem Sprung war Johannes auf den Beinen. Schon vor Tagen hatten Flugblätter einen großen Stern angekündigt. In der Stadt herrschte aufgeregte Besorgnis. Kometen, das war hinlänglich bekannt, waren meist die Vorboten schrecklichen Unglücks. Ihnen folgten, so der allgemeine Glaube, greuliche Pestilenz, Hunger, Mord, Raub, Krieg, Verwüstung der Städte, Tod des Herrschers, entweder nacheinander oder alles auf einmal – das konnte man im voraus nicht wissen. Kometen waren eine Ausdünstung der irdischen Atmosphäre, von Gott als Strafe für die Menschen geschickt, die sein Wort verachteten.

Hand in Hand mit beiden Söhnen marschierte Katharina Kepler auf den Engelsberg, eine kleine Anhöhe am Stadtrand. Sie gesellte sich zu denen, die auf die Knie gesunken waren, um durch inbrünstige Gebete das Schlimmste zu verhüten. Auch Johannes hatte die Hände gefaltet, doch als er die leuchtende Kugel mit ihrem langen Schweif am Firmament vorbeifliegen sah, verschlug es ihm die Sprache. So etwas Schönes hatte er sein Leben lang noch nicht zu Gesicht bekommen. Er speicherte das glänzende Bild in seinem Hirn.

»Wenn ich groß bin, will ich immer Sterne anschauen«, flüsterte er seiner betenden Mutter ins Ohr. Die antwortete mit keiner Silbe, zwang ihn statt dessen auf den Boden und herrschte ihn an: »Du sollst nicht in die Sterne schauen, du sollst um Gnade und Barmherzigkeit bitten!« Der folgsame Johannes murmelte auf der Stelle: »Vater unser, der du bist im Himmel ...«

Katharina hielt es für die Schuld des Kometen, ihre Freundin Ursula Reinbold war der Meinung, es liege an Heinrichs Verhalten: Das Jahr war noch nicht vorbei, da flogen im Keplerschen Haushalt wieder die Teller und Becher.

»Hau bloß ab! Es ging uns allen so gut, als du nicht da warst!« schrie Katharina ihren Mann an, als der wieder einmal betrunken aus der Wirtschaft gekommen war. Kaum sah sie den funkelnden Blick ihres Mannes, bereute sie ihre Worte, hätte sich aber eher die Zunge abgebissen, als sie zurückzunehmen.

Ein zeterndes Weib, ein fallsüchtiger Sohn und ein anderer, der ihm ständig Löcher in den Bauch fragte, längst hing ihm das alles zum Hals heraus! Heinrich Kepler packte seinen Ranzen und zog erneut in den Krieg.

Im Haus kehrte wieder Ruhe ein. Katharina ging ihren Geschäften nach, kümmerte sich um Heinerle und platzte beinahe vor Stolz, als Johannes 1578 tatsächlich von der Lateinschule aufgenommen wurde. Ursula Reinbold konnte ihren Neid kaum verhehlen:

»Das kostet doch einen Haufen Geld. Wie kannst du dir das nur leisten«, fragte sie spitz und wurde ob der Antwort beinahe gelb im Gesicht.

»Ich brauche nichts zu zahlen. Der Schulmeister hat gesagt, mein Johannes ist so begabt, daß er umsonst gehen darf.« Die Lateinschule befand sich in einem ehemaligen Nonnenkloster, das nach der Reformation in den Besitz der Stadt übergegangen war. Katharina ließ es sich nicht nehmen, ihren Sohn nach Unterrichtsende am Portal zu erwarten und voller Stolz auf ihr kluges Kind mit ihm durch die Straßen und Gassen bis nach Hause zum Marktplatz zu laufen.

»Mutter, ich gehe lieber mit meinen Freunden«, sagte Johannes eines Tages und machte ihrem Vergnügen damit ein jähes Ende.

Die Monate vergingen. Katharina sehnte sich wieder nach ihrem Mann. Der war zu seinem alten Regiment zurückgekehrt und von den Kameraden mit großem Hallo in Empfang genommen worden. Auch dieses Mal schlug sich Hauptmann Kepler mutig und wacker. Es war am Morgen nach einem heftigen Gefecht, das noch nicht entschieden und nur von der Dunkelheit der Nacht unterbrochen worden war. Heinrich Kepler saß vor seinem Zelt und füllte ein Pulverhorn. Vorsichtig gab er die kleinen Körner in die Öffnung. Plötzlich tat es einen lauten Knall, es blitzte, stank, alles war schwarz. Das hochentzündliche Pulver war direkt vor Keplers Gesicht explodiert. Zwei einfache Soldaten trugen ihn ins Lazarett. Der Verletzte stand unter Schock, hatte die Augen geschlossen und war nicht in der Lage, die Fragen des Arztes zu beantworten. Seine Augenbrauen und Wimpern waren völlig versengt, der Haaransatz bis beinahe zur Mitte des Kopfes verkohlt. Die Haut über Stirn, Wangen, Nase und Kinn schlug schmerzhafte Blasen. Die Lippen hingen in Fetzen. Der Arzt bettete ihn auf ein Lager und begann die Wunden mit feuchten Tüchern zu reinigen. Tränen rannen aus Keplers Augenwinkeln, doch er gab keinen Laut von sich.

Es dauerte Wochen, bis der Hauptmann so weit wiederhergestellt war, daß er das Krankenzelt verlassen konnte. Ganz allmählich schlossen sich seine Verletzungen, bildete sich neues Gewebe im Gesicht. Als er in einer Wasserschüssel das erste Mal sein Spiegelbild sah, wich er entsetzt zurück. Von Narben entstellt, glichen seine Züge eher denen eines Ungeheuers als eines Menschen. Kepler barg sein Antlitz in den Händen. Jede Berührung der jungen Haut schmerzte. Er war verzweifelt. »Ich muß nach Hause, so kann ich hier ohnehin nicht von Nutzen sein«, sagte er zu seinem Kommandanten. Der zögerte keinen Augenblick, dem Gesuch zu entsprechen, und entließ Hauptmann Kepler in Ehren und unter vollständiger Auszahlung des verdienten Soldes. In Anbetracht der schweren Verletzungen legte er eigenverantwortlich sogar noch einige Gulden dazu. Kepler bedankte sich und verließ das Heer.

Der Weg nach Leonberg war das Schlimmste, was er jemals erlebt hatte. Wo immer er hinkam, wandten sich die Menschen entsetzt von ihm ab. Kinder riefen ihm Spottverse hinterher, zeigten mit Fingern auf ihn, als sei er eines jener armseligen, mißgebildeten Wesen, die zur Belustigung der Bevölkerung auf Jahrmärkten zur Schau gestellt wurden. Kepler änderte seinen Rhythmus. Um neugierige Blicke möglichst zu vermeiden, war er nur noch nachts unterwegs. Allabendlich brach er auf, lief durch die Dunkelheit und suchte sich bei Tagesanbruch mitleidige Menschen, die ihm ein Lager und etwas zu Essen gaben.

Es war vier Uhr in der Früh, als er in Leonberg vor seinem Haus stand. Drinnen herrschte behagliche Stille. Katharina und die Kinder lagen auf ihren Strohsäcken und schliefen fest. Vom langen Marsch erschöpft, setzte sich Heinrich vor seine Haustür und wollte abwarten, bis sich in der Stube etwas rührte. Es dauerte jedoch nicht lange und die ersten Leonberger Frühaufsteher begaben sich auf die Straße. Kepler mochte auf keinen Fall gesehen werden und entschloß sich, seine Familie zu wecken. Mit kräftiger Faust pochte er an die Tür. Katharina schreckte hoch. Verschlafen versuchte sie, das Geräusch zu orten. Es klopfte erneut. Sie zog ihr Kleid an, ging zur Tür und öffnete sie einen winzigen Spalt. Draußen stand ein Monster! Die Reinkarnation des Bösen, Beelzebub persönlich. Katharina stieß einen Schreckensschrei aus und knallte die Tür wieder zu.

»Katharina! Ich bin's. Bitte mach auf. Erkennst du mich denn nicht, ich bin's doch, Heinrich.« Sie erkannte die Stimme ihres Mannes. Aus dem Dunkel der Stube riefen ihre Kinder.

»Mutter, was ist los, warum schreist du?« Katharina öffnete die Tür erneut. Jetzt sah sie das volle Ausmaß der Katastrophe. Heinrich, ihr gutaussehender, schöner Heinrich, auf dessen Aussehen sie immer so stolz gewesen war, stand, für immer entstellt und verunstaltet, vor ihr. Er tat drei Schritte an ihr vorbei und betrat die Stube. Seine Söhne wichen ängstlich zurück. Heinrich setzte sich auf die Bettstatt und seufzte tief.

»Ich weiß, wie ich aussehe, aber ihr müßt keine Angst haben, es wird im Laufe der Zeit besser werden, und ich bin immer noch euer Vater«, versuchte er die Jungen zu beruhigen. Katharina ging auf ihn zu.

»Was, um Himmels willen, ist dir geschehen?« fragte sie und streichelte ihrem Mann behutsam über den Kopf. Heinrich Kepler erzählte von seinem Mißgeschick.

»Ich kann es dir nicht erklären. Wir haben nicht herausgefunden, wie das Pulver explodieren konnte. In der Nähe war kein offenes Feuer. Aber es ist nun einmal geschehen, und ich muß damit leben.« Er schaute sie traurig an.

»Wir helfen dir dabei«, sagte seine Frau. »Nicht wahr, Heinerle, Johannes! Wir helfen dem Vater.« Die Knaben nickten folgsam.

Die ersten Tage nach seiner Rückkehr verbrachte Heinrich Kepler nur im Haus. Er reparierte alles, was in seiner Abwesenheit kaputtgegangen war, schichtete Holz um den Ofen in der Küche, und schüttelte, als es gar nichts anderes zu tun gab, sogar die Strohsäcke auf.

»Heinrich«, Katharina baute sich vor ihm auf und fuhr resolut fort: »Du kannst dich nicht für alle Zeit hier verstecken. Auf den Wiesen und Feldern wartet die Arbeit, und du schüttelst das Stroh auf. Jeder im Ort weiß, daß du schwer verletzt aus dem Krieg heimgekehrt bist. Sie werden dich alle einmal anstarren und dann werden sie sich daran gewöhnen, so wie wir auch.« Heinrich nickte.

»Du hast recht«, sagte er leise. »Das Leben geht weiter, und ich kann froh sein, daß es mir geblieben ist.« Er straffte die Schultern und trat auf die Straße. Katharina hatte gute Arbeit geleistet. Ganz Leonberg war informiert über das vernarbte Gesicht ihres Mannes, und so traf ein, was sie vorausgesagt hatte. Die Bürger starrten ihn einmal an, ließen sich die Geschichte erzählen, und dann war es vorbei.

Dennoch führte Heinrich zum erstenmal in seinem Leben eine häusliche Existenz. Statt sein Geld in die Wirtschaft zu tragen, saß er abends bei Frau und Kindern. Katharina schmiegte sich liebevoll an ihn.

»Es ist so schön, daß du wieder da bist. Ich habe dich sehr vermißt.« Sie sah ihn zärtlich an. »Mir ist gleich, wie du aussiehst. Ich liebe dich, wie du bist.« Heinrich lächelte und zog sie an sich. »Du bist ein gutes Weib«, sagte er im Brustton der Überzeugung und küßte sie.

Nie zuvor hatten die beiden sich so gut verstanden wie in diesen Wochen. Zu Hause trank Heinrich kaum Alkohol, es gab keine Wutanfälle, und das Heinerle blieb von Schlägen verschont. Katharina war wieder in anderen Umständen und hoffte auf ein gesundes Kind. Endlich, so dachte sie, war eingetreten, was sie sich immer gewünscht hatte. Sie lebte glücklich mit dem Mann, den sie liebte, ihre Kinder gerieten wohl, es ging der ganzen Familie gut. Nacheinander kamen ihr Vater aus Eltingen und Appolonia aus Weil der Stadt zu Besuch und freuten sich mit ihr.

Am 21. Juni 1579 erblickte der vierte Keplersche Sohn das Licht der Welt. Der Knabe wurde auf den Namen Johann Friedrich getauft und machte der Mutter vom ersten Tage an große Sorgen. Er mochte nicht recht trinken, schrie beinahe ununterbrochen und schien immer wieder von heftigen Krämpfen geschüttelt, ärger, als Katharina sie bei Heinerle erlebt hatte.

Wenige Wochen nach der Entbindung schlug das Schicksal wieder – und gleich zweimal – zu.

Wie sein Bruder Sebald verstarb auch der kleine Johann Friedrich und hinterließ ein trauerndes Elternpaar. Heinrich Kepler versuchte den Kummer seiner Frau zu lindern, konnte aber ihren Tränenstrom nicht trocknen. Verzweifelt und im eigenen Leid gefangen, suchte er Trost in der Wirtschaft.

Es war das erste Mal nach seiner Rückkehr, daß er die alten Zechkumpane wiedertraf. Derbe Scherze und muntere Sprüche vertrieben seine Trauer, Heinrich fühlte sich wohl. Da betrat einer seiner früheren Freunde mit gesenktem Kopf die Stube:

»He! Alter! Was ist dir? Was bläst du Trübsal? Komm setz dich zu uns und heb einen Becher. Dann vergehen die Sorgen. Glaub mir, ich weiß, wovon ich spreche.« Er rutschte zur Seite und machte einen Platz auf der langen Holzbank frei. Der Freund setzte sich neben ihn und ließ sich einen Humpen mit Bier bringen, er leerte ihn schweigend. Es folgten ein zweiter und ein dritter, dann löst sich seine Zunge.

Pech bei verschiedenen Geschäften hatten ihn in den Ruin getrieben. Gläubiger rannten ihm das Haus ein und drohten mit Klagen, wenn er nicht bald seine Schulden bezahlte. Nur ein Wunder oder eine Bürgschaft konnten ihm noch helfen.

»Aber das ist doch kein Grund so sauertöpfisch ins Leben zu gucken! Wenn's nur Geld ist, das habe ich und kann es dir geben. Und wenn es dir wieder besser geht, zahlst du es mir zurück.« Der Freund schaute ihn mit ungläubiger Dankbarkeit an.

»Das würdest du für mich tun?« Er konnte sein Glück kaum fassen. Heinrich Kepler ernannte zwei weitere Trinker zu seinen Zeugen.

»Ihr hört es und könnt mich darauf festlegen. Ich schwöre Stein und Bein, daß ich morgen die Bürgschaft für diesen armen Teufel hier übernehme!« rief er mit schwerer Zunge in die Runde. »Hoch! Hoch! Hoch!« scholl es ihm entgegen. Heinrich setzte sich stolz wieder auf seinen Platz.

Im Gegensatz zu den Gästen der Wirtschaft war Katharina keineswegs begeistert von der Großzügigkeit ihres Mannes.

»Warum hast du denn gleich für alle seine Schulden gebürgt? Hätte es nicht auch ein Teil getan? Wenn das Schicksal uns böse will, ist unser ganzes Geld weg! Hoffentlich geht das gut!« Heinrich schaute sie aus glasigen Augen an.

»Wird schon gutgehen. Mach dir mal keine Sorgen.« Sein vernarbtes Gesicht verzog sich zu einer lüsternen Fratze. »Komm lieber her, und sei ein bißchen lieb zu mir.«

Die Sommerluft flirrte, Johannes und Heinerle spielten im Schatten eines Holunderbusches mit den bronzenen Rittern, die ihnen der Vater geschenkt hatte, da hörten sie aus der Stube das bitterliche Weinen ihrer Mutter.

»Was hat sie?« Heinerle stand auf und wollte nach Katharina sehen, doch sein Bruder hielt ihn am Hemdchen.

»Laß, der Vater ist bei ihr. Bleib lieber hier.« Der Kleine gehorchte. Sie lauschten den Stimmen der Eltern, versuchten zu verstehen, was sie sprachen, doch auf die Wortfetzen, die herüberdrangen, konnten sie sich keinen Reim machen.

Eine halbe Stunde später waren die leisen Töne zu Gebrüll angeschwollen. Heinrich und Katharina Kepler lieferten sich einen ihrer berüchtigten Kräche.

»Ich habe dir gesagt, daß es ein Fehler war!« keifte sie. »Kannst du mir vielleicht verraten, was jetzt werden soll? Du bist und bleibst ein Tölpel! Wie kann so etwas nur sein? Da hast du einmal genug Geld verdient und dann setzt du es leichtfertig aufs Spiel!« Ihre Stimme überschlug sich. »Du nennst mich einen Tölpel! Besserwisserische Ziege! Da hast du!« Heinrich holte aus und verpaßte seiner Frau eine schallende Ohrfeige. Dann schlug er die Tür hinter sich zu und ging in die Schenke, seinen Zorn herunterzuspülen.

Der verschuldete Freund war seinen Verpflichtungen nicht nachgekommen und hatte sich aus dem Staub gemacht. Mit der Bürgschaft hatte Heinrich Kepler sein ganzes Vermögen und das, was von Katharinas Mitgift noch übrig gewesen war, verloren. Die Familie stand ohne einen Groschen da. Ein paar qualvolle Wochen lang versuchten sie sich mit den Erträgen ihrer Grundstücke über Wasser zu halten, dann versiegte auch diese Einnahmequelle. Es mußte etwas geschehen, und Katharina weinte vor Wut, als die Entscheidung gefallen war:

Am 14. September 1579 wurde der Verkauf des Keplerschen Hauses am Marktplatz von Leonberg schriftlich verbürgt.

IN ELLMENDINGEN »ZUR SONNE«

Die finanziellen Einbußen durch die verlorene Bürgschaft waren erheblich. Zusätzlich zu Heinrich Keplers Vermögen verschwand auch noch ein Großteil des Erlöses aus dem Hausverkauf in den Händen der Gläubiger seines Freundes. Es bedurfte einiger Zeit, bis Katharina sich von dem Schock erholt hatte. Kleinlaut suchte ihr Mann nach Möglichkeiten, etwas Geld zu verdienen.

»Wir könnten doch zumindest für eine Weile zurück zu meinen Eltern?« schlug er eines Tages hilflos vor.

»Ich folge dir, wenn es sein muß, in den hintersten Winkel der Erde«, antwortete Katharina im Brustton der Überzeugung, »aber zurück nach Weil der Stadt gehe ich um nichts in der Welt!«

Ein fliegender Händler aus Pforzheim, den Heinrich in der Leonberger Schenke kennenlernte, brachte neben Klatsch und Tratsch aus den umliegenden Dörfern eine Nachricht, in der er die Lösung seiner Probleme witterte. Im benachbarten Ellmendingen stand das gutgehende Gasthaus »Zur Sonne« zur Pacht. Heinrich machte sich sofort auf den Weg, prüfte das Etablissement und kehrte einige Tage später mit einem gültigen Kontrakt zurück. Mangels Alternative stimmte Katharina der Entscheidung schweren Herzens zu.

Convallaria majalis

»Es bleibt uns ja nichts anderes übrig«, seufzte sie, »hier in Leonberg können wir nicht bleiben. Und irgendwo muß das Geld herkommen.« Sie trennte Überflüssiges von Brauchbarem und packte Kisten und Kästen für den Umzug. Das Jahr war noch nicht zu Ende, da siedelte die Familie nach Ellmendingen über. Nie zuvor war Katharina ein Abschied so schwergefallen. Nicht nur, daß sie Freundinnen und Gewohntes in Leonberg zurücklassen mußte; mit dem geliebten Haus gab sie auch die Möglichkeit auf, ihren Vater und Appolonia regelmäßig zu sehen. Ellmendingen lag mit der Distanz von beinahe fünfzig Kilometern um einiges weiter entfernt.

Mit geweihter Kohle malte Heinrich Kepler drei große, schwarze Kreuze über Haus- und Stalltür.

»So, das sollte alles Übel von uns fernhalten«, kommentierte er. Und tatsächlich, die magischen Zeichen schienen zu wirken.

Katharina blieb keine Zeit für Heimweh und trübe Gedanken, denn die »Sonne« war vom ersten Tag an stets wohl gefüllt mit Gästen. Katharina stand in der Küche, Heinrich kümmerte sich um die Getränke. Die Brandnarben verblichen allmählich, seine Gesichtszüge normalisierten sich, der »Sonnen«-Wirt war ein angesehener Mann. Nicht zuletzt durch die Kochkünste seiner Frau entwickelte sich die Schenke zu einer wahren Pfründe. Von morgens bis abends trugen junge Mägde Teller und Humpen von Tisch zu Tisch. Zum Gasthaus gehörten Liegenschaften, die Heinrich Kepler ebenfalls übernommen hatte. Das Bestellen von Feldern und Wiesen kostete mehr Zeit, als die Eltern hatten, und so nahm der Vater seine beiden Söhne streng in die Pflicht. Heinerle, der immer wieder von epileptischen Krämpfen geschüttelt wurde, taugte nicht zu schwerer Arbeit. Ihm oblag das Hüten der Ziegen und Schafe. Johannes hingegen wurde zur strapaziösen Feldarbeit herangezogen.

»Ich hasse, hasse, hasse es!« beschwerte er sich bei seiner Mutter. »Immer schwitze ich und bin schmutzig.« Doch Katharina sah keine Möglichkeit, ihrem Sohn zu helfen.

»Ich kann es nicht ändern, Hannes«, sprach sie ihm Trost zu. »Wir schaffen es nicht alleine, der Vater und ich. Du siehst ja, wieviel wir zu tun haben.«

»Freilich sehe ich das, aber ich will lieber zur Schule gehen, als mit dem Ochsen das Feld zu pflügen. Pflug und Egge sind mir zu schwer, und wenn die Furchen nicht gerade gezogen sind, schilt mich der Vater und schlägt mich auch.« Katharina sah ihn mitleidig an.

»Im Winter kannst du wieder zur Schule gehen. Und wenn du ein wenig älter bist, wird dir das Führen des Pfluges auch nicht mehr so schwer sein.«

Johannes verlegte sich aufs Betteln: »Aber wenn ich zur Schule gehen kann, werde ich klug, und wenn ich klug bin, verdiene ich so viel Geld, daß wir alle davon leben können«, schmeichelte er und griff zärtlich nach der Hand seiner Mutter.

»Hannes, mein Hänschen, sei artig, und tu was der Vater dich heißt, du weißt wie böse er werden kann«, sagte diese mit liebevoll wehmütiger Strenge. Ihr Sohn verzog sich murrend. Wütend und traurig über die Zwänge, die die Eltern ihm auferlegten, durchlebte er eine störrisch-renitente Zeit. Aus dem liebenswürdig aufgeweckten Knaben, der sich zuvor über alles hatte freuen und für vieles begeistern können, wurde ein widerspenstiger, von verhaltenem Zorn bestimmter Junge. Sein Vater quittierte die Proteste seines Sprößlings mit Drohungen und Strafen.

»Ich habe die Schule kaum besucht und deine Mutter auch nicht. Dennoch lebst du genau wie dein schwachsinniger Bruder von dem, was wir heranschaffen! Wenn du überhaupt jemals wieder eine Lehranstalt von innen sehen willst, wirst du gefälligst tun, was ich dir auftrage. Marsch! Verschwinde in den Stall, spann den Ochsen an und sieh zu, daß du dein Tagwerk erledigt bekommst, bevor der nächste Morgen graut!« polterte er grob.

Je länger Katharina mit ansehen mußte, wie sehr ihr Ältester litt, um so häufiger nahm sie all ihren Mut zusammen und versuchte ihren Mann zu beeinflussen.

»Er ist nicht dafür geschaffen«, sagte sie zu ihm. »Das siehst du doch selbst. Mit seinen schmalen Schultern und den zarten

Armen kann er deinen Ansprüchen nicht genügen«, versuchte sie ihn umzustimmen. Doch wie viele Anläufe sie auch nahm, Heinrich Kepler wollte auf diesem Ohr nicht hören.

»Die Arbeit wird seine Schultern breiter und seine Arme stärker machen«, beharrte er. »Was soll das für ein Kerl werden, der immer nur hinter den Büchern hockt und zu schwach ist, eine Mistgabel zu heben?« Aus Angst vor den Wutausbrüchen ihres Mannes ließ Katharina es gut sein. Nach langem Hin und Her setzte sie schließlich jedoch durch, daß Johannes im Winter tatsächlich nachholen durfte, was er im Sommer in der Schule verpaßt hatte.

Seite an Seite, von dessen Mutter wohlversorgt, saß er dann mit Benedikt Beutelspacher in der Leonberger Lateinschule und brachte es dank seiner außerordentlichen Auffassungsgabe bald so weit, daß er lateinische Worte nicht nur übersetzen, sondern sich in der Sprache sogar unterhalten konnte. Die Lehrer lobten seine Begabung in den höchsten Tönen, hatten allerdings zu bemängeln, daß das Benehmen des jungen Kepler schwer zu wünschen übrigließ. Mehr als einmal attestierten sie ihm die schlechtesten Sitten der ganzen Klasse.

Dessen ungeachtet waren die kalten Monate für Johannes die glücklichste Zeit in diesen Jahren. »Bald muß ich wieder fort«, sagte er traurig zu seinem Freund Benedikt, wenn die ersten wärmenden Strahlen der Märzsonne den gefrorenen Boden auftauten. Und tatsächlich dauerte es dann nicht mehr lange, und sein Vater stand vor der Tür, ihn abzuholen.

Schweigend legten sie den Weg nach Ellmendingen zurück. Johannes hütete sich, vom in der Schule Gelernten zu berichten. Sein Vater ertrug nicht, wenn er von Dingen sprach, die er selbst nicht beherrschte. Anders die Mutter, der konnte er von den frechen Versen des Hans Sachs und den Rechenaufgaben des berühmten Adam Riese erzählen. Kaum zu Hause eingetroffen, wurde er nicht müde, vorzutragen und zu berichten, was der Lehrer ihm beigebracht hatte.

Heinrich Kepler zeigte sein Desinteresse am Wissen des

Sohnes deutlich, indem er in der Schenke verschwand. Manchmal wurmte ihn der kluge Kopf des Jungen so sehr, daß er ihn nachgerade als Konkurrenz empfand. Dann besann er sich auf das, was er entgegenzusetzen hatte, und rief nicht nur Johannes, sondern auch den ansonsten mißachteten jüngeren Bruder zu sich.

»So, du kleiner Neunmalklug«, wandte er sich an Johannes, jetzt will ich dir mal eine Geschichte erzählen, wie du sie in keiner Schule dieser Welt lernen kannst. Denn Geschichten wie diese lernt man nur im Leben. Wenn man die Zeit nicht mit Lesen vertut, sondern hinausgeht in die Fremde. So wie ich in den Krieg gezogen bin. Da trifft man Menschen, die erzählen einem, wie es in anderen Ländern zugeht. Und das kann man nicht aus Büchern erfahren!« Johannes verschluckte sich beinahe an einem Widerwort. Was redete sein Vater da. Hatte ihnen der Lehrer nicht erst vor wenigen Tagen noch aus einem dicken Buch vorgelesen, wie die Menschen im alten Rom lebten? Das war doch auch ein anderes Land. Und dann die Geschichten aus der Bibel ... Aber besser war, nichts zu sagen und der Erzählung des Vaters zu lauschen. Widerspruch verhagelte ihm die Laune, und oft war es sehr spannend, was er zu berichten hatte.

»Oder habt ihr schon einmal etwas von Libussa gehört?« fuhr Heinrich Kepler triumphierend fort. »Nein, nicht wahr? Na seht ihr! Da braucht es euren klugen Vater, damit ihr davon erfahrt.« Er holte tief Atem. »In einem großen, finsteren Wald in Böhmen – das ist ein Land, ganz weit weg von hier – lebte vor vielen, vielen Jahren ein Volk von Geistern und Elfen. Eines Tages kamen Menschen und wollten die alten, hohen Bäume abholzen, um sich niederzulassen. Mit Sägen und Äxten rückten sie an, um die Stämme zu fällen und sich Häuser zu bauen. Die Geister bekamen es mit der Angst zu tun und ergriffen die Flucht. Nur eine kleine, ganz zarte Elfe mochte die riesige Eiche, in der sie lebte, nicht verlassen. Mit ihren Zauberkräften gelang es ihr eine ganze Weile, die Eindringlinge fernzuhalten. Weil sie aber wußte, daß es auf die Dauer nicht gutgehen würde, suchte sie sich einen Menschen, der sie beschützen sollte. Der junge Mann verliebte sich in sie. Die beiden heirateten und bekamen Drillinge. Drei wunderschöne Töchter, alle zur gleichen Zeit geboren.

Libussa war die jüngste und schönste von ihnen. Außerdem hatte sie die Zauberkräfte ihrer Mutter geerbt, konnte hellsehen und wahrsagen. Als die Eltern starben, wurde sie Königin der Waldbewohner. Drei Männer waren in sie verliebt und wollten sie zur Frau nehmen. Und weil Libussas Volk darauf bestand, daß ein Mann an der Spitze des Staates stehen sollte, mußte sich die schöne Fürstin entscheiden. Sie ging in ihren Garten und pflückte ein Körbchen mit Pflaumen, dann rief sie die drei Männer zu sich. ›Ich habe ein Rätsel für euch‹, sagte sie. ›Und wer es löst, darf mein Mann werden. Ihr sollt erraten, wie viele Pflaumen ich hier in meinem Korb habe. Hört gut zu: Einer von euch bekommt die Hälfte der Pflaumen und eine mehr. Der zweite bekommt die Hälfte von der Hälfte und eine mehr, und der dritte hat wieder die Hälfte und drei mehr. Wieviele sind es?‹ fragte sie und lächelte listig.«

Heinrich Kepler machte eine Pause und sah Johannes erwartungsvoll an. Der Knabe hatte seinem Vater aufmerksam zugehört und bemühte sich redlich, die schwere Aufgabe zu lösen. Nach einer Weile gab er auf.

»Ich kriege es nicht heraus.« Sagte er resigniert. Sein Vater lachte.

»Dann paß gut auf. Der eine Mann guckte auf die Pflaumen und sagte: ›Da sind zwölf Stück drin‹, aber das war falsch. Der zweite Mann schätzte, daß es fünfundvierzig sein müßten, aber das war auch falsch. Aber der dritte Mann, der war sehr klug und konnte gut rechnen. Er überlegte eine Weile und antwortete dann: ›In dem Korb sind dreißig Früchte. Der erste bekommt fünfzehn und eine mehr, macht sechzehn, bleiben noch vierzehn. Der zweite bekommt sieben und eine mehr, macht

acht, bleiben noch sechs. Und dann bekommt der dritte die Hälfte, macht drei, und drei mehr sind noch übrig‹, schloß er stolz. Libussa freute sich, denn er war der, den sie ohnehin am liebsten heiraten wollte. Sie fiel ihm um den Hals. Den beiden anderen schenkte sie zur Erinnerung das leere Körbchen. Deswegen heißt es, jemandem einen Korb geben, wenn man ihn nicht lieb hat. Das hast du sicher schon einmal gehört, oder?« fragte Heinrich Kepler. Johannes schüttelte verneinend den Kopf. Sein Vater dachte einen Moment nach.

»Dann frag die Mutter, die kann es euch erklären. Ich erzähle derweil die Geschichte weiter.« Johannes und sein Bruder nickten zufrieden.

»Die beiden wurden getraut und suchten einen schönen Platz, um eine Stadt zu gründen. Auf einer besonders grünen, satten Wiese trafen sie einen Mann, der einen Holzblock auseinandersägte. ›Was willst du aus dem Holz bauen?‹ fragte ihn Libussa. ›Prah‹, antwortete der Mann. Das heißt auf böhmisch soviel wie Türschwelle. ›Praha, so soll die neue Stadt heißen, und wir werden sie hier bauen‹, entschied das Königspaar. Und Praha heißt auf deutsch Prag und ist eine berühmte Königsstadt an der Moldau in Böhmen. Libussa und ihr Mann bekamen drei Söhne, deren Jüngster der Begründer eines mächtigen böhmischen Königsgeschlechtes wurde.« Heinrich Kepler kratzte sich am Kopf. »Das war die Geschichte von Libussa. Da seht ihr, was man alles wissen kann, auch wenn man nicht zur Schule gegangen ist.«

Johannes schwieg tief beeindruckt.

»Aber ich möchte trotzdem weiter zum Magister gehen«, wandte er schließlich ein. »Ich will lieber nicht in den Krieg. Die Mutter hat gesagt, dort ist es nicht so schön.«

Sein Ansehen als erfolgreichster Wirt am Platz bekam Heinrich Kepler gut. Zwar mußten sich Frau und Söhne nach wie vor bisweilen vor seinen Schlägen ducken, gab es immer wieder Abende, an denen er sturzbetrunken auf das eheliche Lager

Katharina Keplers Ziehmutter, bewandert in Kräuter- und Heilkunde, gerät in den Verdacht, die magischen Wurzeln der Alraune gefälscht und verkauft zu haben. In den Kerker geworfen und qualvoller Folter ausgesetzt, wird Renate Streicher schließlich als Hexe schuldig gesprochen und auf dem Scheiterhaufen verbrannt.

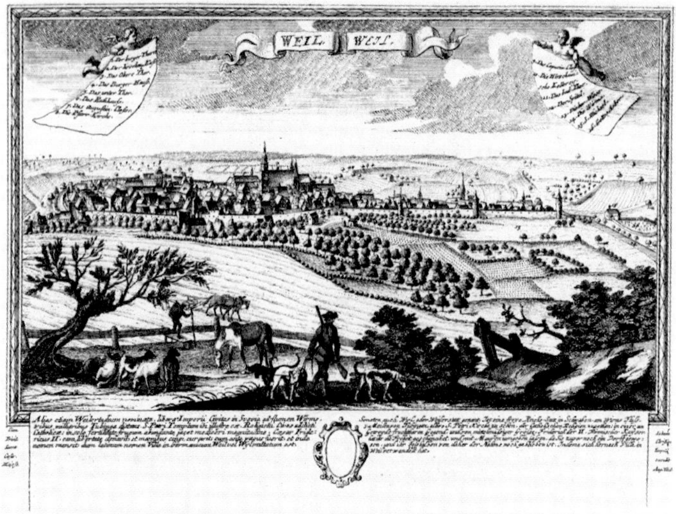

Nach der Hochzeit zieht Katharina in das beschauliche Weil der Stadt an der Würm. Hier wohnt Familie Kepler am Marktplatz, mitten in der Stadt, hier soll Katharinas neue Heimat sein. Doch das Leben im Haus der Schwiegereltern ist hart. Mehr als unter den beengten Verhältnissen leidet die junge Frau unter den Schlägen ihres Mannes und der tyrannischen Schwiegermutter. Noch vor der Geburt des zweiten Kindes verläßt Heinrich Kepler seine Familie und verpflichtet sich als Soldat. Wenig später macht sich Katharina auf die Suche nach ihm. Die lange, strapaziöse Reise führt sie in die Niederlande. Sie findet ihren Mann. Er kämpft auf der Seite der katholischen Spanier gegen die aufständischen Geusen. Der Krieg tobt heftig und grausam, aber Katharina weicht nicht von Heinrichs Seite. Sie folgt ihm einige Monate von Front zu Front. Jetzt erweist sich als brauchbar, was sie bei Renate Streicher gelernt hat. Dank ihrer Kräuterkenntnisse kann sie sich bei der Pflege verwundeter Soldaten nützlich machen.

Brussell.
Hertzog von Alba
Hie Kompt ein loser fux ins spiel.
Aluanus mit der Spanier viel.
Mit gabr heimlichen mandaten,
Damit ersolt das lant verrathen,
Anno Dnj D. LXVII In Augusto.
Auch hern, Burger samp dem Orden.
Fangen Zertrennen und ermorden.
Die Brusser Ziehend im mi gemuit,
Umb inzufhueren ire eingen rust.

MECHELEN.
Als Bergen ingenommen war,
Khumpt der von Alba mitt seiner schar
Vor Mechlen eine Schone Statt
Die der Prince ingenommen hatt.
Zu plunderen auf asulche weiß
Er gibt sei seinen knechten preiß
Das da khein ordnung wart gehalten
Dan zu gleich iunge und die alten
In großem elend muesten leben
Vnd all ir guet dem Alba geben
Anno Dni. M. D. LXXII. I. Octo.

Johannes Kepler, von ignoranten Zeitgenossen als »Sterngucker« verspottet, vom Kaiser in Prag wegen seiner Berechnungen als moderner Astronom hoch geschätzt.

Schon früh stellt Kepler sein Genie unter Beweis, doch seine Frau Barbara legt mehr Wert auf eine gefüllte Haushaltskasse als auf die Visionen ihres Mannes. Diese präsentiert und erörtert der Astronom entsprechend lieber in Gegenwart von Kaiser Rudolf II.

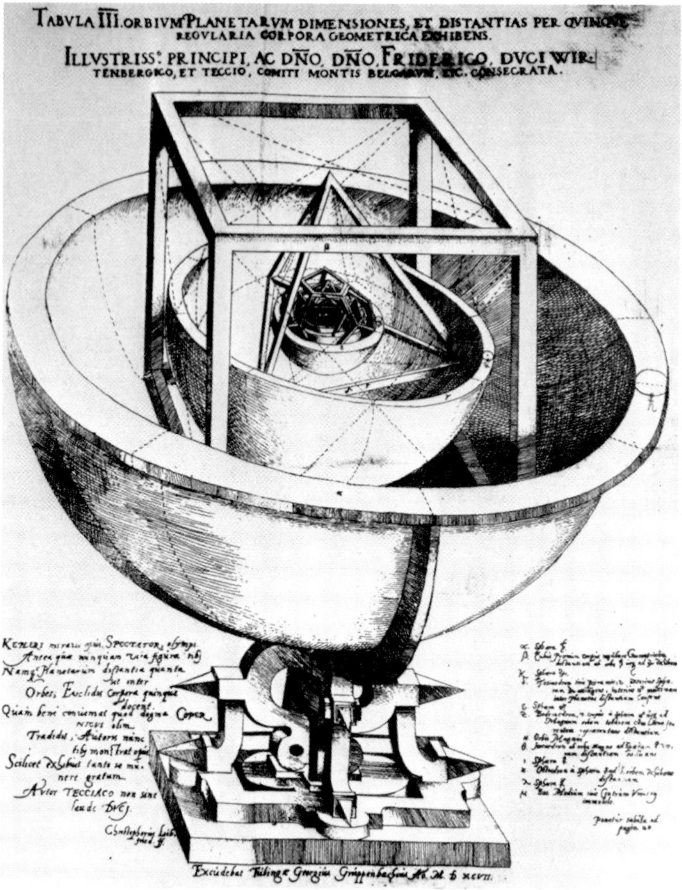

Während seines Studiums wird Johannes Kepler mit dem umstrittenen, von Kopernikus entwickelten Modell des heliozentrischen Weltbildes konfrontiert. Ein System, in dessen Mitte an Stelle der Erde die Sonne steht. Unterstützt durch die Beobachtungen Galileo Galileis und Tycho Brahes forscht und arbeitet Kepler auf der Basis dieses Weltbildes und trägt damit zu den Voraussetzungen der später von Isaac Newton begründeten klassischen Mechanik bei.

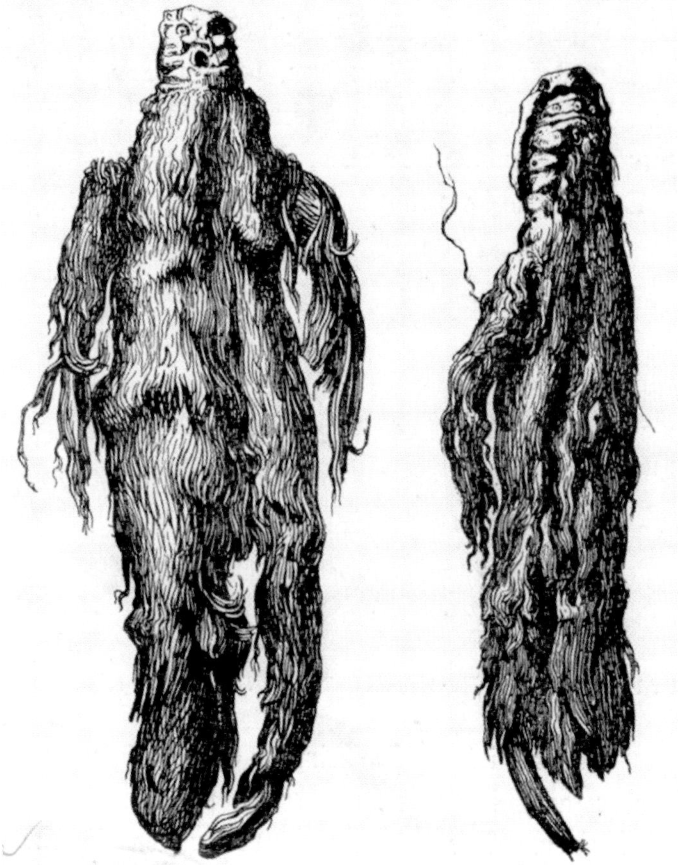

Weil er den schönen Künsten und der Wissenschaft überaus zugetan ist, interessiert sich Kaiser Rudolf II. in hohem Maße für die Theorien seines Hofmathematikers. Dennoch ist auch er ein Kind seiner Zeit; und so versteht sich von selbst, daß er seiner Sammlung von Raritäten aus aller Welt ein Alraunenpärchen einverleibt. Fest überzeugt von deren magischer, glückverheißender Wirkung hegt und pflegt er die Wurzeln, auf daß sie ihm zu Reichtum und Beliebtheit verhelfen.

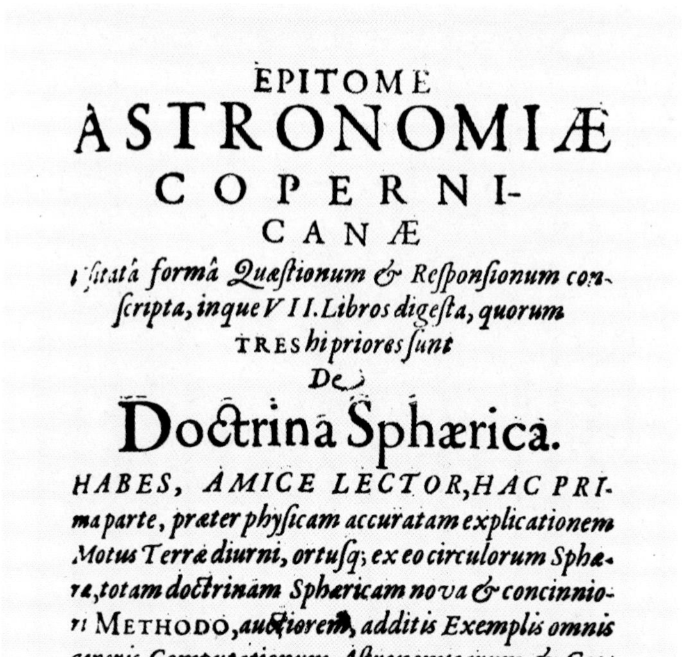

EPITOME
ASTRONOMIÆ
COPERNI-
CANÆ
Usitatâ formâ Quæstionum & Responsionum conscripta, inque VII. Libros digesta, quorum
TRES *hi priores sunt*
De
Doctrina Sphærica.
HABES, AMICE LECTOR, HAC PRIMA parte, præter physicam accuratam explicationem Motus Terræ diurni, ortusq; ex eo circulorum Sphæræ, totam doctrinam Sphæricam nova & concinniori METHODO, *auctiorem, additis Exemplis omnis generis Computationum Astronomicarum & Geographicarum; quæ integrarum præceptionum vim sunt complexa.*
AUTHORE
IOANNE KEPLERO IMP. CÆS. MATTHIÆ, Ordd:q; Illustr. Archiducatus Austriæ supra Onasum, Mathematico.
Cum Privilegio Cæsareo ad Annos XV.
FRANCOFVRTI,
Impensis Ioannis Godefridi Schönwetteri
Excudebat Iohan-Fridericus Weissius.
ANNO M DC XXXV.

Johannes Keplers umfangreichste Arbeit ist ein Lehrbuch, in dem die Gesetze, die ursprünglich nur für den Mars galten, auf alle anderen Planeten übertragen werden.

1577 künden Flugblätter vom Erscheinen eines riesigen Kometen. Gemeinsam mit ihrem Sohn betrachtet Katharina Kepler den bedrohlichen Boten bevorstehenden Unheils.

MALLEVS MALEFICARVM,

MALEFICAS ET EARVM

hæresim frameâ conterens,

EX VARIIS AVCTORIBVS COMPILATVS,

& in quatuor Tomos iustè distributus,

QVORVM DVO PRIORES VANAS DÆMONVM versutias, præstigiosas eorum delusiones, superstitiosas Strigimagarum cæremonias, horrendos etiam cum illis congressus; exactam denique tam pestiferæ sectæ disquisitionem, & punitionem complectuntur. Tertius praxim Exorcistarum ad Dæmonum, & Strigimagarum maleficia de Christi fidelibus pellenda; Quartus verò Artem Doctrinalem, Benedictionalem, & Exorcismalem continent.

TOMVS PRIMVS.

Indices Auctorum, capitum, rerúmque non desunt.

Editio nouissima, infinitis penè mendis expurgata; cuique accessit Fuga Dæmonum & Complementum artis exorcisticæ.

Vir siue mulier, in quibus Pythonicus, vel diuinationis fuerit spiritus, morte moriatur
Leuitici cap. 10.

LVGDVNI,
Sumptibus CLAVDII BOVRGEAT, sub signo Mercurij Galli.

M. DC. LXIX.
CVM PRIVILEGIO REGIS.

Verfaßt von zwei fanatischen Dominikanern, ist der »Hexenhammer« fast 100 Jahre lang das Handbuch all jener, die über der Hexerei Verdächtige zu richten haben.

Wer mit dem Teufel im Bunde ist, hat Schreckliches auszustehen! Die Männer der Kirche lassen bei der Beschreibung von Höllenstrafen ihrer Phantasie freien Lauf.

Ulricus. Dico q̄ nō possunt. nisi quādo ⁊ q̄bus ac inq̄ntum
a deo ex causa maiestatē suā mouente eisdem ɔceditur Sigis
mundus. Super quo fundas hanc ɔclusionē Ulricus. Su
per prius deductis. Insup Johānes damascenus libro scdo ait
Non habent demones virtutes aduersus aliquē nisi a deo dis
pensante ɔcedatur. sicut in Job patuit. ⁊ etiā in porcis quos di
uina ꝑmissione submerserunt in mari. vt ptz in euangelio Etiā
habent potestatem transformādi seu transfigurādi se in quācūq
volunt figurā s͞m ymaginē. i. s͞m fantasiam. Item Gregorius
in dyalogo libro tercio ait. Absq omnipotentis dei concessio
C i.

Ulrich Molitoris, Humanist und Jurist aus Konstanz, promoviert 1470 an der Fakultät für Kirchenrecht. In den Diensten Herzog Sigmunds von Tirol widmet er sich mit Leidenschaft dem Verfassen von Gerichtskomödien in lateinischer Sprache. 1489 schreibt er – ebenfalls auf Latein – das »Hexenbüchlein«, eine Erörterung über das Hexenwesen. Die Schrift wird üppig illustriert und mehrfach ins Deutsche übersetzt.

Sigismūdus Gauderem etiam opinionē tuā desup libenter audire reuerende doctor Ulric⁹. Ex predictis cognouisti quō quandoqȝ in somno quādoqȝ in vigilijs fit repñtatio ymagina tionū tam fortiū. q homo credit se essentialiter hoc vel hoc vide re vel facere. Audisti etiam q dyabolus qñȝ pstringit oculos et alios sensus hoīm. ita vt homines autument se hoc vel hoc face re. Etem̄ vt me satius intelligere possis introducā hystoriā et le genda sancti Germani. Dicitur em̄ ibidem. q cuȝ predictus san ctus nocte quadam in aliqua domo hospitaretur. factum est vt postq̄ȝ cenauerint q mensa iterū pararet. Admurās scūs germa

Im »Hexenbüchlein« schildert Molitoris das böse Tun und Treiben der Hexen, die nach seiner Auffassung niemals männlich, sondern immer nur weiblich sind. Mit ihren aus widerlichen Zutaten gekochten, gesottenen und gebrauten Speisen, Getränken und Salben eignen sich Hexen überirdische Kräfte an, die sie zum Schaden der Menschen einsetzen. Für die mit dem Teufel Verbündeten gibt es nach Molitoris nur eine einzige gerechte Strafe – die Todesstrafe.

Des allerdurchleuchtig-
sten großmechtigstē vn-
überwindtlichsten Key-
ser Karls des fünfften: vnnd des
heyligen Römischen Reichs peinlich gerichts ord-
nung/auff den Reichßtägen zu Augspurgk
vnd Regenspurgk/iñ jaren dreissig/vñ
zwey vnd dreissig gehalten/auff-
gericht vnd beschlossen.

Cum gratia et privilegio Imperiali.

1532 geschaffen, ist die »Carolina« das erste allgemeine deutsche Strafgesetzbuch. In ihren Ausführungen spiegelt sie den Umbruch vom Mittelalter zur Neuzeit.

Christoph Besold lernt Johannes Kepler auf der Universität kennen und freundet sich mit ihm an. Besold ist längst ein renommierter Jurist und Advokat, als Kepler ihn um Hilfe bittet. Appolonia Wellinger, die engste Freundin seiner Mutter, ist als Hexe verdächtig, bereits inhaftiert und schwebt in großer Gefahr. Besold muß alle Register ziehen, bis es ihm endlich gelingt, die Wellingerin aus den Fängen der Justiz zu befreien.

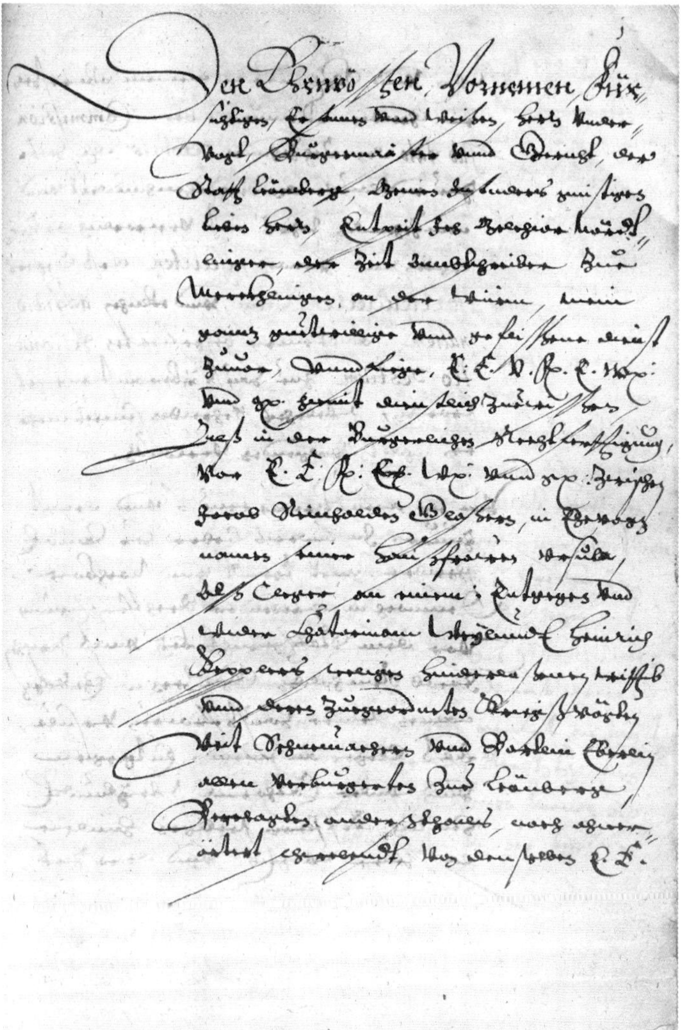

Akribisch sammelt Vogt Einhorn Beweise und Aussagen gegen seine Erzfeindin Katharina Kepler. Endlich ist es soweit: Schwungvoll wird die Anklageschrift zu Papier gebracht.

sank, doch oft beherrschte er sich, und wenn auch selten, so überfielen ihn manchmal geradezu familiäre Anwandlungen. Wenige Wochen lebten sie erst in Ellmendingen, da schallte des Vaters Stimme in die Stube:

»Johannes, geh her! Ich will dir etwas zeigen!« Sein Sohn beeilte sich, dem Ruf Folge zu leisten. Heinrich Kepler nahm ihn bei der Hand und trat vor die Tür. Am Himmel gab es ein besonderes Spektakel zu bestaunen. Johannes stand mit offenem Mund und starrte herauf. Dort ereignete sich vor seinen schwachen, doppelsichtigen Augen eine Mondfinsternis von beeindruckender Güte. »Er blutet, der Mond«, hauchte der Junge so ergriffen, daß seinem Vater ein Schauer über den Rücken lief. Wie Jahre zuvor der Komet, den seine Mutter ihm gezeigt hatte, grub sich das Ereignis tief in Johannes' Gedächtnis. In der Nacht vermischte seine Phantasie die Mondfinsternis mit der Sage von Libussa. Elfen, Geister und Feen reisten zum Mond, der von fremden Gestalten bewohnt war.

»Ich habe einen Mondtraum gehabt. Darf ich ihn dir erzählen?« fragte Johannes am nächsten Morgen seine Mutter. Katharina hächselte gerade Flachs und wischte sich den Schweiß von der Stirn.

»Hannes, du siehst doch, daß ich zu tun habe. Ich kann dir jetzt nicht zuhören. Geh und schreib deinen Traum auf, dann kannst du ihn mir später vorlesen, wenn ich Zeit habe.« Johannes trollte sich. Zwar hatte er im Schreibunterricht gut aufgepaßt, doch den komplizierten Traum aufzuschreiben, dazu reichten seine Kenntnisse noch nicht aus.

»Dann merke ich es mir eben«, brummelte er und ging die Ziege melken.

Dank des gutgehenden Gasthauses erholte sich Heinrich Kepler allmählich von der finanziellen Misere, in die er seine Familie leichtfertig gebracht hatte. Katharina blühte auf. Nach dem Verlust des Vermögens hatte sie die Gunst der Stunde genutzt und ihren geknickten Mann – für sie selbst überraschend leicht – dazu überreden können, ihr die Verwaltung des Geldes zu überlassen. Woche um Woche, Monat um Monat und schließlich Jahr für Jahr drehte sie jeden Groschen dreimal um, bevor sie entschied, etwas anzuschaffen. Neben der Wirtschaft kümmerte sie sich intensiv um einen kleinen Kräutergarten. Sie hatte ihn hinter dem Haus angelegt und betrieb einen schwunghaften Handel mit allerlei heilenden Tränken und Essenzen, nach den alten Rezepten der Streicherin. Heinerle, den die Mutter nach wie vor nur ungern aus den Augen ließ, unterstützte sie dabei nach Kräften. Am schönsten war es, wenn der Sommer kam und die Beeren reiften.

»Bürschlein, daß du mir nichts in den Mund steckst, hörst du! Die sehen alle schön aus, aber sie sind nicht alle zum Essen, hast du verstanden?« Heiner nickte und nutzte doch jeden unbewachten Moment, um von den köstlichen Früchten zu naschen.

Es war Abend und Katharina tischte den Kindern je ein Schälchen Haferbrei auf. Heiner schüttelte den Kopf.

»Ich mag nicht essen.« Blasser als sonst, schaute er seine Mutter an.

»Hast du Fieber?« Sie legte die Hand auf seine Stirn. »Kalter Schweiß! Was ist los, Kind?« Heiner zuckte die Achseln.

»Mir ist nicht gut«, sagte er kläglich.

»Warst du allein im Garten? Heiner, hast du von den Früchten gegessen? Heiner! Sieh mich an, und sag die Wahrheit! Hast du, oder hast du nicht?« Der besorgte Tonfall seiner Mutter machte dem Jungen Angst, und obwohl er die Strafe fürchtete, gab er zu:

»Aber nur ganz wenig von den Beeren.«

»Von welchen Beeren?« wollte seine Mutter wissen, aber er konnte die Frage nicht beantworten. »Du raubst mir noch mal den letzten Nerv! Egal, was du gegessen hast, es muß wieder raus«, entschied Katharina und schritt zur Tat.

»Hier, spül damit den Mund aus«, sie gab ihm einen Becher Wein. Heinrich gurgelte folgsam und spie, was übrigblieb, in einen Holzeimer. Als nächstes zwang ihn die Mutter, so viel

Wasser zu trinken, bis sein Magen revoltierte und er die ganze Flüssigkeit mitsamt dem Mageninhalt von sich gab. Doch damit war die Prozedur noch nicht vorbei.

»Runter damit!« Katharina flößte dem Jungen einen halben Liter Öl ein, das der Magen auch nicht behalten wollte. Während Heiner sich würgend quälte, schmolz Katharina einen Stich Butter, vermischte diese mit Milch und schlug drei Eier hinein.

»So und jetzt das hier!« Heiner sah sie aus tränenden Augen an.

»Nein, Mutter, bitte, ich kann nicht mehr!« flehte er.

»Mund auf und schlucken, sonst halte ich dir die Nase zu. Hättest du gehorcht, müßtest du jetzt nicht leiden.« Katharina war unerbittlich. Heiner schluckte und spuckte, und damit war die Tortur beendet, der Knabe völlig erschöpft und die Mutter zufrieden, das Beste für ihn getan zu haben. Abgesehen von dergleichen Zwischenfällen bekam die Beschaulichkeit der Gartenarbeit dem Kind gut, und Katharina gab die Hoffnung nicht auf, ihren Sohn eines Tages doch noch von seinem Leiden befreien zu können.

Die »Sonne« warf gutes Geld ab, Johannes besuchte winters die Schule, Heinerle kümmerte sich um die Kräuter, und Katharina verlor während der vier Jahre in Ellmendingen ihr Ziel nicht einen Tag aus den Augen. Abgesehen von den wütenden Unberechenbarkeiten ihres Mannes hatte sie den Alltag fest im Griff und sah allmählich die Zeit gekommen, ihren Traum von der Rückkehr nach Leonberg zu verwirklichen.

Der 17. Mai 1583 war ein großer Tag für die Familie. Johannes Kepler bestand das in Stuttgart abzulegende Landexamen. Die Prüfung qualifizierte ihn für eine weitere Ausbildung und öffnete Tür und Tor, die geistliche Laufbahn einzuschlagen. Katharinas Herz raste vor Stolz, als die gute Nachricht überbracht wurde. Heinerle, der seinen älteren Bruder neidlos bewunderte, klatschte begeistert in die Hände, und sogar Heinrich Kepler konnte nicht verhehlen, daß die Leistung seines

Erstgeborenen ihm Respekt abnötigte. Er richtete ein Fest in der »Sonne« aus und feierte, als sei es allein sein Verdienst, daß der Junge die gestellten Aufgaben so gut bewältigt hatte. »Der Apfel fällt eben nicht weit vom Stamm«, beschied er die Gratulanten und plusterte sich auf.

Seine gute Laune wurde beinahe noch besser, als die Lehrer seines Sohnes vorsprachen, um für Johannes dringend den Besuch einer Klosterschule zu empfehlen. Heinrich Keplers Augen leuchteten. Die Hoffnung auf ein in Aussicht gestelltes Stipendium ließ ihm die ganze Sache in neuem Licht erscheinen. Seine Überlegungen waren konkret und höchst rational:

Johannes war ein lausiger Feldarbeiter. Kost und Logis für den Knaben waren teurer als alles, was er einbrachte. Woher auch immer, war ihm offenbar eine gewisse theoretische Begabung zugeflogen, die sich jetzt vielleicht in barer Münze auszahlte. Was also lag näher, als der Fürsprache des Magisters Gehör zu schenken und seinem Vorschlag zuzustimmen.

»Wenn es nach mir geht«, ließ Heinrich seine Frau wissen, »schicken wir den Buben in Gottes und Dreiteufels Namen auf die höhere Schule!« Katharina traute ihren Ohren nicht.

»Nicht fluchen, Heinrich, nicht fluchen! Sonst verdirbst du es noch.« Sie umarmte ihren Mann.

Jetzt galt es behutsam vorzugehen und die gute Stimmung im eigenen Interesse zu nutzen. Katharina tat, was sie seit langer Zeit vermieden hatte, sie kam ihren ehelichen Pflichten nach. Heinrich, der zärtliche Zuwendungen seiner Frau seit einer schieren Ewigkeit entbehrt hatte, war freundlich und zugänglich wie selten. Und als Katharina mit gurrender Stimme vorschlug, nach Leonberg zurückzukehren, war er nicht in der Lage, ihr den Wunsch abzuschlagen. So trugen die harmonischen Wochen in zweierlei Hinsicht Früchte: Der Umzug war beschlossene Sache, und Katharina befand sich wieder einmal in anderen Umständen.

KIND UND KEGEL

Nachdem der Pachtkontrakt in der Ellmendinger »Sonne« ohnehin bis Ende des Jahres befristet gewesen war, entschied das Ehepaar Kepler, ihn nicht weiter zu verlängern. Heinrich brach auf, sich in Leonberg nach einer geeigneten Bleibe umzusehen. Das Glück war auf seiner Seite, und so fand er tatsächlich binnen kurzem ein Haus, wieder mit zugehörigen Ländereien. Vergnügt und singend vor Freude packte Katharina die Habseligkeiten der Familie zusammen. Weihnachten sollte bereits in Leonberg gefeiert werden. Als der beladene Karren in das Städtchen holperte, standen Ursula Reinbold, der kleine Beutelspacher und all die anderen Freunde zum Willkommen bereit.

Zwei Tage später traf Appolonia Wellinger ein, der schwangeren Freundin beim Einrichten des neuen Heims behilflich zu sein.

»Ich fühle mich wie im siebten Himmel«, sagte Katharina, während sie die Töpfe seitlich der Feuerstelle in Reih und Glied aufstellte. »Wenn mir nur nicht ewig so übel wäre.« Sie strich mit der rechten Hand über die kleine Wölbung ihres Bauches und senkte den Kopf ein wenig.

Melissa officinalis

»Du kleines Ungeheuer da drin, was machst du mit deiner Mutter, noch bevor du auf der Welt bist«, lächelte sie und seufzte dann: »Hoffentlich bleibt es diesmal am Leben. Zwei habe ich schon begraben. Dieses hier würde ich gerne heranwachsen sehen.«

Appolonia, die inzwischen Jakob Wellinger, einen entfernten Verwandten, geheiratet hatte und sich sehnlich ein Kind wünschte, sah sie voller Verständnis an.

»Du Glückliche. Dein Hannes geht aus dem Haus, und gleich sorgst du für Nachwuchs. Es wird schon gutgehen. Auch wenn dir jetzt so elend ist. Wenn du mich fragst, ist das nur ein Zeichen dafür, daß es ein Mädchen wird.«

Obwohl Johannes bereits Bescheid bekommen hatte, daß er die Klosterschule in Adelberg würde besuchen dürfen, zog sich die endgültige Aufnahme noch eine ganze Weile hin. Adelberg war eine der sechs niederen Klosterschulen, die es gab, und wie bei den anderen unterrichtete meist nur ein Lehrer die Knaben. Pro Jahrgang wurden im allgemeinen nicht mehr als vier bis fünf Schüler aufgenommen, und die hatten zu warten, bis ein Platz für sie frei war.

»Was für ein Glück, daß er noch hier ist«, vertraute Katharina ihrer Freundin Ursula Reinbold an. »Das Heinerle ist ein rechter Unnützling und hat zur Zeit wirklich nichts als Unsinn im Kopf, da bin ich froh, daß der Hannes ein wenig auf ihn achtet.«

Heinerle, nach wie vor ein Sorgenkind, litt noch immer unter seinen schweren Anfällen. Zehn Jahre war er inzwischen alt, im Juni sollte sein elfter Geburtstag gefeiert werden. Wie alle Jungen seines Alters löste er sich langsam vom Rockzipfel der Mutter und geriet dabei stets und ständig in gefährliche, manchmal sogar lebensbedrohliche Situationen. Es war noch nicht lange her, da brachte Johannes ihn blutend und geschunden aus dem Wald nach Hause. Zerbissen von streunenden Hunden, die er im Scherz geneckt hatte. Ein anderes Mal galt es, ihn vor wütenden Bienen zu retten, deren Waben er eben mit einem Stock zerstören wollte. Wenn er dann verletzt und brüllend von seiner Mutter versorgt wurde, war deren größte Angst, daß ihr Mann in der Nähe sein könnte. Heinrich Kepler hatte in all den Jahren keine Zuneigung zu dem nach ihm benannten Sohn fassen können und war wie ehedem schnell mit der Rute zur Hand, wenn der Junge ihm in die Quere kam.

»Hannes, weißt du wo das Heinerle ist? Ich habe ihn seit mehr als einer Stunde nicht gesehen. Geh, sei so gut und schau, ob du ihn findest.« Katharina war beunruhigt. Wie immer machte sich Johannes folgsam auf den Weg, seinen Bruder zu suchen. Er kannte die Plätze, die dieser zum Spielen bevorzugte, und fand ihn in der Regel recht schnell. Anders an diesem Tag. Kein Winkel im Stall, keine Ecke im Haus, die Johannes nicht durchstöberte. Die Lichtung im nahen Wäldchen, die Wiese, auf der Heinerle oft das Vieh hütete, überall sah er vergeblich nach ihm. Sein Herz schlug bang und immer schneller. Heinerle würde doch nicht zum Fluß gelaufen sein? Der Vater hatte es streng verboten, die Mutter auch, aber Heinerle tat manchmal Dinge, die streng verboten waren, auch wenn er danach derbe Prügel bezog.

»Weißt du, ich hab schon so viel Dresche gekriegt, manchmal merke ich die Hiebe gar nicht mehr. Dann schreie ich nur Zetermordio, weil der Vater sonst gar nimmer aufhört«, hatte er dem älteren Bruder unlängst anvertraut.

Schon von weitem sah Johannes, daß in einer Mulde am Flußufer zwei Männer am Boden knieten und sich über einen kleinen, menschlichen Körper beugten. Ihm wurde schlecht vor Angst. Wenn dem Heinerle etwas geschehen war, wie sollte er der Mutter jemals wieder unter die Augen treten. Er rannte durch Ried und Rohr die Wiese hinab und wurde mit jedem gehetzten Schritt sicherer, daß es sein kleiner Bruder war, der da lag.

»Was ist mit ihm? Lebt er? Bitte sagt mir, daß er lebt!« schrie er den Männern zu und war so verängstigt, daß er sich nicht einmal für seine in jüngster Zeit überkieksende Stimme schämte. Jetzt erkannte er den jungen Schneider Daniel Schmidt und den Bader Michel Meyer, die sich an seinem Bruder zu schaffen machten. Gemeinsam drückten sie die Hände auf Brust und Bauch des leblosen Heinerle und preßten seine Eingeweide so lange, bis der Junge in einer Fontäne das geschluckte Flußwasser ausspie und unter Würgen und Husten das Bewußtsein wiedererlangte. Mühsam öffnete er die Augen und sah als erstes Johannes, der an seinem Kopf kniete und ihm mit einer Handvoll Gras Schleim und Wasser aus dem Gesicht wischte.

»Hannes, ich habe einen Fisch gefangen. Fast jedenfalls, dann ist er mir entwischt und ich bin hineingefallen. Ich wollte ihn dem Vater schenken. Ihm eine Freude machen«, flüsterte er.

»Eine schöne Freude, die du vor allem der Mutter gemacht hättest!« Die Stimme des Baders war streng. »Wenn ich nicht frisches Wasser gebraucht, das Mädchen geschickt und die dich nicht gesehen hätte, wärst du jetzt für immer bei den Fischen!« Schneider Schmidt pflichtete ihm bei. »Junge, Junge, das nächste Mal bleibst du weg vom Wasser, das ist kein Platz für Kinder«, mahnte er.

»Bitte, ihr dürft es daheim niemand sagen, versprecht es! Die Mutter kriegt einen Todesschrecken und verliert am Ende das Kind, und der Vater, wenn er's erfährt, schlägt ihn tot – und mich auch, weil ich nicht aufgepaßt habe«, flehte Johannes. Die Männer warfen sich mitleidige Blicke zu. Jeder im Dorf wußte, was geschah, wenn Heinrich Kepler, vom Jähzorn übermannt, zum Haselstecken griff. Sie nickten.

»Keine Angst, ihr zwei. Seht zu, daß ihr die Sachen trocken bekommt und verschwindet nach Hause. Von uns erfährt keiner ein Wort«, versprach der Bader.

Die Strahlen der Frühlingssonne wärmten nur mäßig. Heinerles Hemd und Hose wollten und wollten nicht trocknen.

»Es hat keinen Sinn«, entschied Johannes. »Laß uns gehen. Die Mutter vermißt dich schon und sorgt sich erst recht, wenn wir beide vom Erdboden verschluckt sind. Ich will versuchen, sie abzulenken, dann kannst du dich ins Haus schleichen und dir frische Sachen anziehen.« Sein Bruder nickte dankbar und folgte ihm auf dem Fuß. Vorsichtig pirschten sie sich an die Haustür heran. Johannes vorneweg, Heinerle hinter ihm. Die Mutter war bei den Hühnern, und während Johannes ihr mitteilte, er habe den Bruder auf der Wiese gefunden, schlich sich dieser in geduckter Haltung in die Stube.

»Auf welcher Wiese?« fragte Katharina mißtrauisch.

»Na, auf der Wiese eben«, antwortete Johannes und lief ins Haus, um durch weitere Fragen nicht zur Unwahrheit gezwungen zu werden.

Drinnen fand er den Kleinen nur mit einem Hemdchen bekleidet auf seinem Strohsack. Vom bestandenen Abenteuer erschöpft, hatte er es eben noch geschafft, sich der nassen Sachen zu entledigen, trockene Wäsche überzuziehen und war in tiefen Schlaf gesunken. Erleichtert deckte Johannes ihn zu und suchte einen verborgenen Platz für die feuchten Kleidungsstücke.

Als der Mai sich dem Ende zuneigte, kam Appolonia Wellinger aus Weil der Stadt. Sie hatte versprochen, bei der bevorstehenden Entbindung an Katharinas Seite zu sein. Eifersüchtig kommentierte Ursula Reinbold den Besuch.

»Ich bin dir wohl nicht gut genug«, patzte sie und kehrte der werdenden Mutter eingeschnappt den Rücken.

Es war eine leichte Geburt. Wenige Stunden nach den ersten Wehen hielt Katharina ein gesundes Mädchen im Arm.

»Hannes, lauf und hol den Vater. Daß er das kleine Wunder sieht«, bat sie ihren Ältesten, der eilig aufs Feld rannte, wo sein Vater die junge Saat kontrollierte. Überwältigt stand Heinrich Kepler wenig später am Wochenbett und bestaunte sein Töchterchen.

»Sie sieht aus wie eine Prinzessin. So zart und fein«, er streichelte die winzige Hand des Säuglings. Katharina lächelte.

»Ich möchte, daß sie wie meine Mutter heißt. Margarete. Margarete Kepler, das klingt doch schön, nicht wahr.« Ihr Mann war einverstanden. Am 26. Mai 1584 wurde die kleine Margarete Kepler feierlich getauft.

»Du bist meine kleine Königin, nicht wahr«, flüsterte der stolze Vater und begoß das freudige Ereignis mit einigen Bechern Wein. »Stoßt nur kräftig mit mir an! Das Klirren vertreibt den Teufel! Das haben wir im Krieg auch so gemacht, und jetzt tue ich es für meine Prinzessin«, lallte er, bevor er nach Hause wankte.

Das Mädchen entwickelte sich prächtig. Gesund und pausbäckig gurrte sie vergnügt, wann immer die Mutter sie anlegte, und wuchs, daß man zuschauen konnte. Beide Großväter statteten einen Besuch ab und beglückwünschten Katharina.

»Gut gemacht«, lobte Schultheiß Guldenmann, den es besonders freute, daß die Kleine nach seiner Frau benannt war. Solange die Wöchnerin sich erholte, führte Appolonia den Haushalt. Johannes und Heinerle freuten sich über ihre Anwesenheit, denn Appolonia, die die Knaben wie eigene Kinder liebte, verwöhnte sie mit köstlichem Essen und selbstgebackenem Zuckerwerk. Gemeinsam mit ihrem Mann betrieb sie einen kleinen Gewürzladen, und keine verstand sich wie sie auf das Verfeinern und Färben der Speisen. Die Keplerkinder kamen aus dem Staunen gar nicht heraus, und auch Vater Heinrich genoß das außergewöhnliche Essen.

»Wenn sie nicht so häßlich wäre«, raunte er seiner Frau zu. »Aber dieses riesige Muttermal auf der Wange ist wirklich scheußlich.«

»Pscht«, Katharina legte den Zeigefinger auf die Lippen. »Sie kann doch nichts dafür.«

Drei Wochen nach Margaretes Geburt brach die treue Freundin auf und kehrte zurück nach Weil der Stadt. Für Katharina begann eine strapaziöse Zeit. Oft wußte sie nicht, wo ihr der Kopf stand. Sie wirbelte den ganzen Tag zwischen den Stillzeiten, in denen der Säugling sein Recht forderte, Heinerles Anfällen, der Arbeit im Haus und den Ansprüchen ihres Mannes.

»Wenn ich dich nicht hätte«, sagte sie immer wieder zu Johannes, der ihr zur Hand ging, wo immer er gebraucht wurde. Doch auch er konnte nicht verhindern, daß seine Mutter sich schließlich überanstrengte und, von heftigem Fieber geschüttelt, kaum in der Lage war, Margarete die Brust zu geben.

»Hannes, geh und sag der Reinboldin Bescheid. Ich brauche sie«, sagte Katharina mit schwacher Stimme. Ursula Reinbold war zwar noch immer beleidigt, aber Johannes schilderte den Zustand seiner Mutter mit so dramatischen Worten, daß sie sich erweichen ließ.

»Jetzt bin ich dir wieder gut genug, nicht wahr?« konnte sie sich nicht verkneifen, als sie vor Katharina stand.

»Bitte! Bitte sei mir nicht mehr böse! Du mußt mir helfen. Hier, sieh selbst.« Katharina streifte ihr Hemd an der Schulter herunter. Ihre rechte Brust war hart und gerötet. »Ich muß Wickel darauf tun. Das kann der Hannes nicht. Nimm aus der Küche Essig und Salz, tränk ein Tuch damit und bring es mir bitte.«

Ursula Reinbold zögerte keine Sekunde. Eine Entzündung der Brust konnte lebensbedrohlich werden, sowohl für die Mutter als auch für das Kind. Bevor Katharina den lindernden Umschlag auflegen konnte, mußte sie eine schmerzhafte Prozedur über sich ergehen lassen. Mit den Händen preßte die Freundin ein Gemisch aus Eiter und Milch aus der Brust. Die Tränen schossen aus ihren Augen, Katharina biß auf ein Leintuch, um nicht laut schreien zu müssen. Endlich war es überstanden, das entzündete Gewebe fühlte sich weich an, der Druck war nicht mehr so stark. Zwei Tage lang wechselte die Reinboldin die Essigumschläge alle paar Stunden. Mit der Entzündung schwand auch Katharinas Fieber.

»Ich danke dir, ich glaube, wir haben es geschafft«, seufzte sie erleichtert. »Im Gärtchen hinter dem Haus stehen Melisse und Kamille. Koch ein paar Hände voll davon, das ergibt heilenden Sud und Paste. Sei so gut. Noch einen Wickel damit und morgen kann mein Gretchen hoffentlich wieder richtig trinken.« Ursula Reinbold war beeindruckt vom medizinischen Wissen ihrer Freundin und erzählte überall herum, wie die Keplerin sich selbst geheilt hatte.

Der Sommer kam und verging, die Erntezeit begann. Familie Kepler war rund um die Uhr beschäftigt, da traf der Bescheid ein, daß Johannes sich am 16. Oktober in Adelberg einzufinden hatte. Katharina ließ es sich nicht nehmen, ihren Ältesten zu begleiten. Die aus Leibeskräften schreiende Margarete in einem Tuch auf dem Rücken der Mutter festgeschnürt, standen sie endlich vor den Mauern des Klostergartens. Johannes konnte es kaum erwarten zu sehen, wo er die kommende Zeit verbringen sollte.

»Warte noch einen Moment. Ich muß die Kleine erst füttern, sonst brüllt sie alles zusammen.« Johannes spähte neugierig über die Mauer. Erstaunt sah er Knaben in schwarzer Kutte über den Hof huschen.

Wenig später wurde er mit der Hausordnung vertraut gemacht und erfuhr, was es damit auf sich hatte. In der Klosterschule herrschte eiserne Zucht. Im Sommer begannen die Tage mit Psalmensingen um vier Uhr in der Frühe, winters eine Stunde später. Den Schülern war strenge Klausur verordnet, weder durften sie mit den Dienstboten verkehren noch das Gemäuer auf eigene Faust verlassen. Für den Alltag gab es einfach gehaltene mönchische Kleidung, zum Essen und in der Öffentlichkeit waren die schwarzen Kutten anzulegen, die Johannes bereits gesehen hatte.

»Hast du das alles verstanden, und wirst du es beherzigen?« fragte ihn der Präzeptor. Johannes nickte ernsthaft. Ihm war ganz flau. Schon jetzt vermißte er seinen Bruder und sogar den strengen Vater. »Dann verabschiede dich von deiner Mutter und komm mit mir«, mahnte der Präzeptor. Johannes umarmte Katharina.

»Grüß das Heinerle von mir«, flüsterte er. »Und du, sei brav, kleine Prinzessin, und schrei nicht so viel«, er küßte Margarete auf die Wange. Dann drehte er sich um und folgte dem Präzeptor.

Schwer wie ein Stein lastete der Abschied auf Katharina. Auf einmal kam ihr großer Sohn ihr ganz klein vor. »Es ist zu seinem Besten«, beruhigte sie sich, straffte die Schultern, brachte ihr Töchterchen in eine bequemere Position und trat den Heimweg an.

Je weiter sie sich vom Kloster entfernte, um so weniger schlimm erschien es ihr, Johannes dort zu lassen, und als sie wieder in Leonberg eintraf, war die Mutter nur noch voll des Stolzes darüber, daß eines ihrer Kinder zu Höherem erkoren war.

Fürsorglich widmete sie sich Heinerles Pflege und achtete darauf, daß Margarete prächtig gedieh. Das kleine Mädchen entwickelte sich zum Sonnenschein der Familie und hatte ihren Vater fest um alle zehn Finger gewickelt. Neben den häuslichen Aufgaben fand Katharina nach wie vor Zeit, sich um ihren Kräutergarten zu kümmern. Heinerle half fleißig bei dessen Bestellung und verstand inzwischen sogar, einige der einst von Renate Streicher übernommenen Rezepte anzusetzen. Seine Mutter betrieb einen florierenden Handel mit allerlei Tinkturen und heilenden Salben und wurde immer wieder gerufen, wenn es im Ort Kranke zu versorgen galt.

Johannes überstand in Adelberg derweil eine Zeit voller Latein, Arithmetik, Astronomie, Musikunterricht, Grammatik, Dialektik, Rhetorik, Religion und heftigem Heimweh. Beinahe auf den Tag genau zwei Jahre nach seiner Ankunft, am 6. Oktober 1586, absolvierte er die Abschlußprüfung und qualifizierte sich damit für den Besuch einer höheren Klosterschule.

In Leonberg wurde die erfreuliche Neuigkeit ausgiebig gefeiert und begossen. Die Großväter Kepler und Guldenmann gratulierten sich gegenseitig zum klugen Enkel. Heinrich Keplers Brust war stolzgeschwellt, Katharina lächelte glücklich und wunderte sich insgeheim über ihre Fruchtbarkeit. Wenn sie die Anzeichen nicht trogen, erwartete sie kurz vor ihrem vierzigsten Geburtstag schon wieder ein Kind.

Seit dem 26. November war Johannes im ehemaligen Zisterzienserkloster Maulbronn als Novize aufgenommen.

»Warum ist ausgerechnet ein Esel das Tier im Wappen?« fragte er einen seiner Lehrer.

»Nun, das hat mit der Legende um die Entstehung des Klosters zu tun, kennst du sie nicht?« Johannes schüttelte den Kopf.

»Vor einigen hundert Jahren gründete der Ritter Walter von Lomersheim auf seinem Erbgut Eckenweiher ein Zisterzienserkloster. Doch bald mußten er und die Mönche feststellen, daß der Platz nicht gut war, denn das Wasser war zu knapp und fehlte schließlich ganz. Die frommen Brüder beluden ein Maultier mit einem Geldsack, gaben ihm einen Segensspruch und einen Rutenhieb mit auf den Weg, ließen es lostrotten und folgten ihm. Das Tier lief eine ganze Weile, bis es an eine Quelle kam. Dort hielt es an und stillte seinen Durst. Die Mönche sahen darin ein Zeichen des Himmels und beschlossen, an ebendieser Stelle ihr neues Kloster zu errichten. Dort, wo sich einst die Quelle befand, bauten sie einen Brunnen – den Eselsbrunnen – und wählten das Langohr zu ihrem Wappentier.« Der Mönch sah Johannes an. »So, jetzt weißt du, warum, und nun marsch in die Kapelle, der Gottesdienst beginnt gleich!«

Der Status des Neulings brachte schreckliche Schikanen der älteren Schüler mit sich, und Johannes litt mehr denn je unter der Trennung von seiner Familie. Katharina wußte weder von den Auseinandersetzungen, die er oft mit Fäusten zu bestehen hatte, noch davon, daß ihr Ältester vor Kummer mehrmals schwer erkrankte.

Betreut von Ursula Reinbold brachte sie am 5. März 1587 einen gesunden Sohn zur Welt, der auf den Namen Christoph getauft wurde.

»Jetzt hast du zwei Große und zwei Kleine, das sollte eigentlich reichen, findest du nicht?« fragte die Reinboldin und sah die Wöchnerin skeptisch an. Die Augen in tiefen Höhlen, lag Katharina blaß und ausgemergelt in den Kissen und nickte.

»Von mir aus schon lange, aber leider hat Heinrich da ein Wörtchen mitzureden, und wenn ihn der Hafer sticht, ist kein Entkommen«, seufzte sie.

Die Ehe der beiden war im Laufe der Jahre nicht besser geworden. Immer wieder lieferten sie sich hitzige Wortgefechte und immer wieder schlug Heinrich sowohl seine Frau als auch den kranken, inzwischen vierzehnjährigen Heiner. Nur Margarete blieb vom Jähzorn des Vaters verschont.

»Du mit deinen runden, roten Bäckchen bist mein Posaunenengelchen. Und wenn ich eins hätte, ich würde dich auf einem silbernen Tablett durch die Welt tragen.« Gretchen betete ihn an. Auf kurzen, strammen Beinchen folgte sie dem Vater auf Schritt und Tritt, spitzte bei jeder sich bietenden Gelegenheit den kleinen Mund und reckte sich, ihm einen Kuß zu geben.

Heiner wuchs zu einem jungen Mann heran, seine Stimme brach, auf der Oberlippe sproß zarter, dunkler Flaum. Katharina wußte, daß der Zeitpunkt gekommen war, das letzte noch ausstehende Mittel zu seiner Heilung anzuwenden. Einige Tage rang sie mit sich, denn was es zu tun galt, war verboten, sogar strafbar. Als Heiner wieder einmal einen besonders schweren Anfall gehabt hatte, entschloß sie sich zu handeln. Sie wartete, bis ihr Mann auf dem Feld war, dann nahm sie ihren Sohn bei der Hand.

»Heinerle«, sprach sie ihn an wie in Kindertagen. »Du willst doch gesund werden, nicht wahr?« Ihr Sohn schaute sie mit weiten, melancholischen Augen an.

»Und wie gerne, Mutter, wie gerne wäre ich gesund«, antwortete er.

»Nun, es gibt einen Weg, das zu erreichen, aber das Mittel wirkt nur, wenn du es niemandem erzählst. Meinst du, du kannst ein Geheimnis wahren?« Heiner nickte bestimmt.

»Wenn davon die Anfälle weggehen, kann ich alles und eine Ewigkeit für mich behalten. Was ist es denn, was ich einnehmen muß?« Seine Mutter schüttelte den Kopf.

»Du mußt nichts einnehmen. Du mußt etwas tun«, sagte sie. »Folge mir in den Stall, da werde ich es dir zeigen.«

Vor Jahren, als sie noch eine ganz junge Frau gewesen und Heinerle ein kleiner Knabe war, hatte ein herumziehender

Quacksalber den Ort besucht. In ihrer Verzweiflung über den fallsüchtigen Sohn war Katharina zu ihm gegangen, ihn um Rat zu fragen. Der Mann, sie erinnerte sich, als sei es eben erst geschehen, hatte sie zur Seite genommen und mit eindringlicher Stimme geflüstert: »Wenn nichts hilft, bis er beinahe erwachsen ist, gibt es nur eines, was zu tun bleibt.« Dann beugte er sich ganz nah zu Katharina, so daß diese seinen Atem an ihrem Ohr spüren konnte, und raunte ihr das Rezept zu. Katharina hatte in all den Jahren mit niemandem darüber gesprochen und immer gehofft, sie würde es nicht anwenden müssen, doch jetzt war Heiner beinahe erwachsen, und sein Zustand hatte sich nicht gebessert.

Mit schamgerötetem Gesicht schloß sie die Stalltür hinter sich. »Heiner, du bist ein großer Junge, nicht wahr«, leitete sie ein. »Du siehst die Ziege dort?« Ihr Sohn war erstaunt.

»Natürlich sehe ich die Ziege, sie steht da wie immer«, sagte er verwundert.

»Ich werde jetzt herausgehen, vor der Tür auf dich warten und darauf achten, daß niemand kommt«, fuhr seine Mutter fort. »Und du«, sie schluckte nervös, »du wirst dein Geschlecht nehmen und es reiben, bis es groß und fest ist – das kannst du doch, nicht wahr?« Jetzt war auch Heiner rot im Gesicht. »Und dann wirst du es mit dem Geschlecht der Ziege vereinen, bis du das deine pochen fühlst, hörst du?« Sie fuhr sich mit der Zunge über die trockenen Lippen. Heiner sah sie entsetzt an.

»Aber Mutter! Das ist Bestialität! Der Pfarrer sagt, wer es mit Tieren treibt, landet auf dem Scheiterhaufen. Dann werde ich verbrannt – und die Ziege auch.« Seine Stimme zitterte. »Deswegen sage ich dir ja, daß es niemand erfahren darf. Wenn du es nicht erzählst, wird es niemals jemand wissen, denn ich schweige wie ein Grab, und die Ziege kann nicht sprechen. Und jetzt tu, was ich dir gesagt habe, sonst wirst du niemals geheilt. Oder willst du ein Leben lang unter deinen Anfällen leiden?« Nein, das wollte Heiner sicher nicht, und so nestelte er folgsam an den Knöpfen seiner Hose und schickte sich an, den merkwürdigen Wunsch seiner Mutter zu erfüllen.

Katharina bewachte den Stall und hatte das Gefühl, Stunden seien verstrichen, bevor ihr Sohn endlich herauskam.

»Es war gar nicht so schlimm«, beschied er sie vergnügt. Drinnen stand die Ziege und käute gleichmäßig wieder.

»So, und jetzt wollen wir es ganz schnell vergessen und hoffen, daß es gewirkt hat«, sagte seine Mutter. Beinahe drei Wochen wiegte sie sich in der Gewißheit, der sodomistische Akt habe ihren Sohn geheilt, doch dann brach Heiner erneut zusammen, krampfte und zuckte wie all die Male zuvor.

»Ich schwöre! Ich habe nichts gesagt«, weinte der verzweifelte Junge, als er wieder bei sich war. Katharina faltete die Hände zum Gebet und bat für sich und ihr Kind um Vergebung.

Gute Nachrichten kamen von Johannes. Er hatte am 25. September 1588 in Tübingen sein Baccalaureatsexamen bestanden und würde daraufhin sein letztes Jahr in Maulbronn beginnen.

Heiner hatte inzwischen durch Fürsprache seiner Mutter eine Lehrstelle beim Leonberger Bäcker bekommen. Seit Wochen ging er klaglos der harten Arbeit nach und wußte jeden Tag besser, was er davon hielt. Das frühe Aufstehen widerte ihn an, er haßte den Bäcker und verachtete dessen Frau. Statt ihn im Handwerk des Brotbackens zu unterweisen, tyrannisierten ihn Meister und Meisterin von drei Uhr in der Früh bis spät in den Abend mit niedrigen Arbeiten. Wenn es nur das Feuerstochern, Ausfegen und Wassertragen gewesen wäre, hätte Heiner das erste Lehrjahr wohl überstanden, doch des Bäckers Gattin zwang ihn immer wieder, in die Kirche zu schleichen und Kerzen zu stehlen. Kerzen waren teuer und bei der Nachtarbeit unabdingbar. »Und daß du mir anständige Lichter bringst! Nicht wieder kleine Stummel, wie beim letzten Mal, du Taugenichts«, befahl sie barsch. Dies war der Abend, an dem Heiner die Backstube verließ und nicht mehr zurückkehrte.

Sein Vater reagierte mit einem Tobsuchtsanfall ungekannten Ausmaßes. Während er den Stock auf den Körper seines Sohnes niedersausen ließ, brüllte er unaufhörlich:

»Was bildest du dir ein, du mißratenes Balg! Da hast du endlich eine Arbeit gefunden, und dann bist du dir zu fein dafür!« Heiner wimmerte unter den Schlägen, doch sein Vater prügelte unerbittlich weiter, bis die Rute brach. Als Katharina mit Christoph auf dem Arm die Stube betrat, lag Heiner, blau und grün gedroschen, auf dem Boden, in der Ecke stand Gretchen und schluchzte, und Heinrich Kepler war gerade auf dem Weg in die Schenke, um seine Wut auf den Sohn in Bier zu ertränken.

Katharina spürte, wie ein heiliger Zorn in ihr aufstieg, riß sich aber zusammen und ließ ihren Mann ziehen.

»Gretchen, meine Kleine, weine nicht.« Sie stellte Christoph neben einem Stuhl auf den Boden. »Stoffelchen, halt dich hier fest, ich will nur eben dem Heiner aufhelfen.« Sie holte einen nassen Lappen und kühlte Heiners geschwollenes Gesicht. »Was hat er nur wieder mit dir gemacht«, sagte sie mitleidig und strich ihrem Sohn über den Kopf. »Kannst du aufstehen? Komm, ich stütze dich zum Lager. Leg dich hin und ruh dich ein wenig aus.« Heiner richtete sich auf.

»Laß Mutter, du sollst dich nicht anstrengen. Das weißt du doch.« Seine Fürsorge rührte Katharina. Geschunden und krank, war er der einzige, der Rücksicht auf ihren Zustand nahm. Dem groben Begehr ihres Mannes schutzlos ausgeliefert, erwartete sie zum siebten Mal ein Kind.

In der Wirtschaft ging es hoch her. Auf dem Weg in den ungarischen Krieg hatte sich ein Trupp Söldner niedergelassen, um den Abschied von der Heimat gebührlich zu begehen. Mitten unter ihnen saß Heinrich Kepler und fühlte sich nach langer Zeit endlich einmal wieder unter seinesgleichen. Den Kopf vom Bier benebelt, erzählte er von vergangenen Heldentaten, als ihm plötzlich ein – wie er meinte – genialer Gedanke kam.

»Männer, wie sieht es aus? Seid ihr schon komplett, oder könnt ihr noch einen tüchtigen Burschen gebrauchen?« tönte er.

»Tüchtige Burschen kann man im Krieg immer gebrauchen«, lallte der Kommandant. »Sag, was hast du anzubieten?« Kepler zögert nicht.

»Meinen Sohn könnt ihr mitnehmen. Jetzt und gleich. Gebt mir das Laufgeld auf die Hand, und das Geschäft ist gemacht. Er ist ein strammer Kerl, wird dieser Tage sechzehn Jahre alt und hat gelernt, einiges zu ertragen.« Der Kommandant ließ sich seine Tasche geben und zählte Kepler die Münzen bar in die Hand.

»Schick ihn morgen in der Früh zu mir, dann nehmen wir ihn gleich mit. Gekauft ist gekauft!« lachte er und prostete seinem Gegenüber zu.

»Gekauft ist gekauft!« wiederholte Kepler den Trinkspruch und nahm einen ordentlichen Schluck.

Stunden später torkelte er in die Stube, in der Katharina und die Kinder schliefen. Rechts und links von der Mutter Margarete und Christoph, Heiner lag auf einem eigenen Strohsack etwas abseits. Das Feuer war erloschen, nur die Glut glimmte noch leise und gab milde Wärme ab.

Heinrich Kepler stolperte und wäre um ein Haar auf seine Frau gefallen. Geweckt von seinem Gepolter, schreckte Katharina hoch. Ihr Zorn war keineswegs verraucht, doch beherrschte sie sich auch jetzt. Betrunken war ihr Mann noch viel unberechenbarer als sonst. Sich und das Ungeborene zu schützen, rutschte sie aus Angst vor seinen Schlägen mit den Kindern zur Seite, um Platz für ihn zu machen. Kepler legte sich hin. Aufgewühlt von den Ereignissen des Abends schlief er jedoch nicht sofort ein.

»Morgen geht der Heiner in den Krieg.« Seine Zunge war schwer. »Das Laufgeld habe ich schon in der Tasche. Der Obrist erwartet ihn in der Früh. Gekauft ist gekauft!« Katharina war jetzt hellwach.

»Nicht so laut!« zischte sie. »Du weckst die Kinder. Was sagst du da? Der Heiner in den Krieg? Bist du von Sinnen? Was heißt, du hast das Laufgeld schon in der Tasche? Willst du mir damit sagen, daß du meinen Sohn verkauft hast? Du bist wohl nicht ganz richtig im Kopf!« empörte sie sich.

»Da kann er mal sehen, ob ihm die Bäckerlehre nicht doch lieber gewesen wäre. Der geistesgestörte Idiot! Und wir sind ihn los.« Katharina war außer sich.

»Er bleibt bei mir! Egal, was du sagst. Morgen trägst du das Geld zurück. Heiner ist mein Kind, und er bleibt hier!« Ihr Mann wollte etwas entgegnen, aber jetzt übermannte ihn die Wirkung des Alkohols. Er sank zurück und begann laut zu schnarchen.

Vom Zank der Eltern war Heiner aufgewacht und hatte entsetzt gehört, wie über ihn gesprochen wurde. Ganz gleich, was sein Vater beschlossen hatte, er würde um nichts in der Welt in den Krieg gehen, das stand fest. Mit klopfendem Herzen wartete er, bis auch seine Mutter wieder eingeschlafen war. Dann stand er leise auf. Vorsichtig durchsuchte er die Jackentasche seines Vaters, fühlte die Münzen und steckte sie ein. Er warf einen liebevollen Blick auf die kleinen Geschwister, schnappte sich seine Sachen und verließ auf Zehenspitzen die Stube. Auf dem Weg nahm er vom Regal noch ein Stück Fladen und aus dem Korb einen Apfel, dann zog er leise die Tür hinter sich zu. Die Nachtluft war eiskalt, der Himmel schwarz. Heiner spürte einen wehmütigen Stich in der Herzgegend, atmete tief durch und machte sich auf den Weg in eine ungewisse Zukunft.

Als Katharina am Morgen des 5. Januar erwachte und das verlassene Lager sah, wußte sie intuitiv, was geschehen war. Sie nahm einen Eimer Wasser und schüttete ihn ihrem schlafenden Mann ins Gesicht.

»Das hast du davon! Du Widerling! Hast ihn aus dem Haus getrieben! Er ist weg! Mein Heiner ist weg.« Sie schluchzte auf.

»Der kommt schon wieder.« Heinrich Kepler, benommen von Schlaf und Bier, versuchte seine Sinne zu sammeln. Es folgte ein Streit, der die Leonberger auf die Straße trieb. Neugierig lauschten sie dem schreienden Ehepaar Kepler und zuckten zusammen, wenn fliegendes Geschirr an den Wänden zerbrach.

»Verschwinde, du Schuft! Verschwinde ein für allemal, bevor du noch mehr Unheil anrichtest. Und wag es nicht, mir jemals wieder unter die Augen zu treten. Verflucht sollst du sein! Ich will dich in meinem ganzen Leben nicht mehr sehen«, schrie Katharina mit letzter Kraft. Dann wurde es still, und etwas später sah man Heinrich Kepler mit geschnürtem Ranzen das Haus verlassen.

Katharina saß weinend vor der Feuerstelle und hielt sich den Bauch.

»In drei Wochen wird er sechzehn«, schniefte sie. »Und ist ganz allein.« Die Tränen rannen ihre Wangen hinab.

»Mutter, nicht weinen. Kommt wieder«, versuchte Gretchen zu trösten, die allerdings vom Vater und nicht von Heiner sprach.

Die Monate vergingen. Katharina hatte überall nach ihrem Sohn gesucht, bei Nachbarn und Freunden gefragt, vergeblich. Am Anfang ging sie beinahe stündlich auf die Straße und hielt Ausschau nach ihm, doch Heiner war und blieb verschwunden. Traurig zündete sie am 12. Juni eine Kerze an. »Der Heiner hat heute Geburtstag«, erklärte sie den Kleinen. »Da wollen wir an ihn denken und für ihn beten, nicht wahr?« Die Kinder falteten artig die Hände.

In den Nachmittagsstunden des folgenden Tages platzte die Fruchtblase. Ursula Reinbold, eilig herbeigerufen, stand ihr zur Seite, als Katharina unter heftigen Wehen ihren sechsten Sohn auf die Welt brachte. Bernhard, so der Name des kleinen Knaben, war kein langes Leben beschieden. Wenige Wochen nach der Geburt ging Katharina mit gesenktem Kopf hinter seinem kleinen Sarg und bestattete ihn neben den beiden verstorbenen Brüdern.

DAS KÄTTERLE VON LEONBERG

Anton von Portugal, Sohn des portugiesischen Infanten und Enkel Emanuels I. und damit Anwärter auf den spanischen Thron, hatte sich als junger Mann für die geistliche Laufbahn entschieden. 1580 erfüllte der freundliche, musisch begabte potentielle Thronerbe die Funktion des Priors von Crato, als man ihn zu seiner Überraschung zum König ausrief.

Anton erklärte sich bereit, dem Wunsch des Volkes zu folgen und Verantwortung und Pflichten zu übernehmen. Er entschied, seine Rechte gegen Philipp II. durchzusetzen. Noch im selben Jahr erlitt sein Heer jedoch bei Alcántara eine vernichtende Niederlage gegen die Männer Herzog Albas. Anton von Portugal blieb nichts als das Exil. Von dort aus versuchte er 1582 noch einmal vergeblich, den portugiesischen Thron zu erobern. Sieben Jahre später unternahm er einen letzten Anlauf. Diesmal sollte mit französischer und englischer Unterstützung gelingen, was bis dahin nicht möglich gewesen war.

Hauptmann Heinrich Kepler kämpfte auf der Seite der Spanier und hatte seinen Anteil daran, daß Anton von Portugal für immer auf das ersehnte Zepter verzichten mußte.

Juniperus communis

Der Seekrieg wogte hin und her. Endlich war die Schlacht für die Spanier entschieden, da versetzte ein herunterkrachender Mast Heinrich Kepler einen derartigen Schlag gegen den Hinterkopf, daß er in eine tiefe Ohnmacht sank. Fürsorgliche Kameraden kümmerten sich um ihn, doch als der Verwundete wieder erwachte, war ihm übel, und er konnte sich an nichts mehr erinnern. In diesem Zustand nutzte er den Spaniern wenig. Man zahlte ihm seinen Sold aus und entließ ihn aus der Truppe. Im Schutz einiger minderschwer verletzter Söldner machte Kepler sich auf den Weg nach Hause. Die Gruppe war in der Nähe von Augsburg angelangt und hatte soeben einen Platz zum Kampieren gefunden. Da spürte Kepler, daß seine Beschwerden schlimmer wurden. Zu den rasenden Kopfschmerzen kamen Sehstörungen und erhebliche Schwindelanfälle. Bald konnte er keine Nahrung mehr bei sich behalten, erkannte seine Begleiter kaum und murmelte unverständliche Worte. Der Schmerz raubte ihm die Sinne. In der folgenden Nacht erlag Heinrich Kepler seiner Kopfverletzung. Als die Soldaten einige Tage später ihren Zug in die Heimat fortsetzten, hinterließen sie ein frisch geschaufeltes Grab und betrauerten den Verlust des tapferen Hauptmanns.

Katharina wußte nichts vom Schicksal ihres Mannes. Bitterernst war es ihr gewesen mit dem Fluch, ihn niemals wiedersehen zu wollen, und so erwartete sie keineswegs, daß er jemals wieder auftauchen würde.

»Ich denke schon, daß er noch lebt, aber inzwischen ist es mir gleich. Ich vermisse ihn nicht mehr wie früher. Im Gegenteil, ich fühle mich wie seine Witwe«, sagte sie zur Reinboldin, nicht ahnend, wie recht sie damit hatte.

Der tüchtige Johannes hatte inzwischen in einem ehemaligen Augustinerkloster, unterhalb des Schlossberges zu Tübingen am Neckar gelegen, einen Platz gefunden. Von hier aus sollte er in den kommenden zwei Jahren die Universität besuchen, um nach bestandener Magisterprüfung endgültig das dreijährige Theologiestudium aufzunehmen. Die Zucht im Kloster war streng, die Tage nach rigiden Zeitplänen organisiert. Wie die anderen Zöglinge hatte Johannes auch außerhalb der Klostermauern seine Kutte zu tragen. Auf diese Weise als Stiftler kenntlich gemacht, wurde er ständig daran erinnert, daß er kein Student im üblichen Sinne war. Almosen waren es, von denen er und seinesgleichen lebten. Sie erhielten neben freiem Unterricht, Kost und Logis einen minimalen Betrag für Bücher und Kleidung, der jedoch so knapp gehalten war, daß er von Verwandten oder mit einem zweiten Stipendium aufgebessert werden mußte. Stolz auf Begabung und Leistungen des Enkels, hatte Großvater Melchior Guldenmann diesem schon vor geraumer Zeit den Ertrag einer üppigen Wiese zur finanziellen Unterstützung überschrieben. Damit nicht genug, ergatterte Johannes in seinem zweiten Tübinger Jahr ein begehrtes Stipendium, das sein Geburtsort Weil der Stadt vergab.

Den Sohn doppelt abgesichert wissend, blickte Katharina, zumindest was ihren Ältesten betraf, sorgenfrei in die Zukunft. Heinrich, der Zweitgeborene, war und blieb zu ihrem Leidwesen jedoch verschollen. Allabendlich schloß die Mutter ihn in die Gebete ein. Mit Gretchen und Stoffel in der Stube kniend, sprach sie:

»Und beschütze unsere beiden großen Brüder, besonders Heiner, von dem wir nicht wissen, wo er ist, und mach, daß es ihm gutgeht«, und beendete so das »Vaterunser«.

»So, und jetzt husch unter die Decke, Augen zu und schnell geschlafen«, sagte Katharina und küßte ihre Kinder. »Und ich will nichts mehr hören! Stoffel! Auch von dir nicht! Laß mir das Gretchen in Ruhe und mach dich nicht wieder so breit, sonst erzähle ich morgen keine Gutenachtgeschichte.« Sie kehrte den beiden den Rücken und ging in ihr Gärtchen, um nach den Kräutern zu sehen.

In ihrem vierundvierzigsten Lebensjahr plagte Katharina Kepler immer wieder das Zipperlein. »Wie eine alte Frau«, sagte sie brummig zu sich selbst und bückte sich mühsam, um das Unkraut zu jäten. Am Ende der langen Tage schmerzte ihr Rücken immer ganz besonders. Der Kummer der vergangenen Jahre, des Sohnes Verschwinden, die viele Arbeit hatten tiefe Falten in ihr hageres Gesicht gegraben. Die Schultern schmal, die Taille ebenso, sah man ihrem Körper allerdings weder die Jahre noch sieben ausgetragene Kinder an. Auf schlanken Beinen bewegte sie sich noch immer grazil wie in der Jugend, doch ihre Augen, Spiegel der Seele, zeugten von viel Leid und geweinten Tränen.

Nachdem sie sich seit Kindesbeinen mit den heilenden Kräfte der Kräuter und magischen Segenssprüchen beschäftigt hatte, beschloß Katharina nun, sich zum Wohle ihrer Mitmenschen in der medizinischen Kunst weiterzubilden. Des Lesens und Schreibens noch immer nicht mächtig, konnte sie das notwendige Wissen nicht aus Büchern erwerben, sondern war auf praktische Unterweisungen angewiesen. Was lag da näher, als sich im Etablissement von Bader Meyer umzuschauen.

Früher als Ort der Körperpflege und des Vergnügens von allen Menschen hoch geschätzt, waren Badehäuser durch die Ausbreitung der Franzosenkrankheit in den vergangenen Jahren immer mehr in Verruf gekommen. Strenge Sittenwächter monierten gar zu lockeres Treiben. Immer wieder sah man junge Mädchen – und manchmal auch ältere Frauen – unbekleidet über die Straße eilen. Auf dem Weg in die Badestube trugen diese nichts als ein Handtuch über dem Arm und erregten damit heftigen Anstoß bei denjenigen, die einig waren: Badestuben gehörten verboten.

Dessen ungeachtet gingen die Geschäfte des Baders Meyer gut. Schon am frühen Morgen schickte er einen seiner feschen Burschen durch die Leonberger Straßen. Einen kecken Strohhut auf dem Kopf, schlug der mit hölzernem Klöppel gegen ein Messingbecken und tat damit kund, daß die Pforten der Badestube geöffnet waren.

Das Badehaus hatte vorne eine große Tür, eine kleine führte hinten aus der Küche ins Freie, und dann gab es noch eine verborgene an der Seite. Diese war für Gäste, die beim Eintreten nicht gesehen werden wollten. Sie war von innen verriegelt und wurde nur nach spezieller Anmeldung geöffnet.

Die Badestube selbst war auf dem Boden mit groben Holzdielen belegt, aus dem gleichen Material war die Vertäfelung von Wänden und Decke. Rechts stand ein großer Ofen, mit dem ordentlich eingeheizt werden konnte. Neben den winzigen, bleiverglasten Fenstern waren ungehobelte Bretter an der Wand befestigt, auf denen Tücher und Schwämme lagen. An den freien Seiten des Raumes standen lange Sitzbänke, und in der Mitte befand sich die Attraktion des Hauses, der riesige Badebottich mit Platz für ein halbes Dutzend Menschen. Katharina sah sich ungeniert um.

»So einen hat mein Vater vor vielen Jahren für mein Brautbad gemietet. Wenn ich daran denke! Es war, glaube ich, der erste richtige Schwips in meinem Leben«, sie lachte. Bader Meyer nickte. »Das kann schon leicht passieren, wenn man den Umgang mit Alkohol nicht versteht und im warmen Wasser zuviel davon trinkt. – Aber sag, Keplerin, was führt dich zu mir. Du bist ein seltener Besuch.« Katharina holte Luft.

»Ich will's dir frei heraus sagen, Meyer. Ich bin gekommen, dich zu fragen, ob ich dir bei der Arbeit ein wenig über die Schulter schauen darf. Du weißt, ich bin recht bewandert im Umgang mit Kräutern, aber wie man das Laßeisen benutzt oder einen Schröpfkopf ansetzt, davon verstehe ich wenig.« Der Bader sah sie skeptisch an.

»Keplerin, Keplerin, fragst du mich ernsthaft, ob ich mir mit dir freiwillig Konkurrenz heranziehen will?« fragte er mit ungläubigem Spott.

»Nein, keine Konkurrenz, es gibt nur ein paar Dinge, die ich gerne besser wüßte. Und ich bin sicher, hier bei dir kann ich sie lernen. Zahlen kann ich dir nichts für die Gefälligkeit, aber vielleicht kann auch ich dir bisweilen gefällig sein ...« Sie machte eine zweideutige Pause. Bader Michel Meyer wußte sofort, worauf sie anspielte und wehrte ab.

»Du geh und hüte deine Dreckapotheke, hier gibt es für dich nichts zu tun!« beschied er sie.

»Na, na, nicht gleich so garstig, Meyer. Da habe ich ganz andere Dinge gehört, und du weißt, daß sie wahr sind. Oder willst du behaupten, daß da drin«, Katharina deutete mit dem Finger auf den großen Bottich, »nur gegessen und getrunken wird? Und willst du etwa sagen, daß oben«, jetzt wies sie auf die schmale Stiege, die in den ersten Stock führte, »wirklich nur geruht wird?« Als hätte sie es bestellt, erklang just in diesem Augenblick aus einer der oberen Kammern lustvolles männliches Stöhnen und das heiter schrille Gequietsche eines jungen Mädchens. Der Bader wurde feuerrot. Die hellhörigen Buhlkammern ein Stockwerk höher hatten ausgesprochen dünne Wände, einige waren sogar nur mit Latten und Tüchern voneinander abgegrenzt.

»Sei's drum«, murrte er. »Vielleicht kannst du mir ja tatsächlich von Nutzen sein, aber Geld gibt's keins!« Katharina war zufrieden.

»Ich will kein Geld von dir. Wie gesagt, es handelt sich lediglich um eine gegenseitige Gefälligkeit. Und jetzt zeig mir die Barbierstube. Ich muß doch wissen, wie es bei dir aussieht.«

In der Barbierstube herrschte reges Treiben. Hier oblag die Organisation dem Bruder des Baders. Er war für das Schneiden von Kopf- und Barthaaren zuständig. Katharina fiel sofort auf, daß es hier wesentlich besser roch als in der Badestube. Das war nicht verwunderlich, denn wer hier hereinkam, hatte bereits Wasser- oder Schwitzbäder hinter sich und war deutlich sauberer als zuvor. Das Scheren kam immer an letzter Stelle, weil die dichten Stoppeln der Männer nach dem Bad weicher und leichter zu bearbeiten waren.

Vor einem Becken kniete ein Mann mit bloßem Oberkörper und beugte den Kopf so tief wie möglich über den steinernen Trog. Aus einer hölzernen Halbkugel, über ihm an einer Stange befestigt, rann Wasser auf seine Haare. Der Mann hatte die Augen zugekniffen und beschwerte sich:

»Das ist zu heiß! Du brennst mir ja die Kopfhaut ab!« Der Barbier lachte ihn aus.

»Bevor ich dir die Kopfhaut abbrenne, müßte ich erstmal deine Läuse und Nissen verbrennen. Jetzt zappel nicht so herum und halt still. Der Kamillenaufguß hilft nur, wenn er heiß ist.« Er spülte mit kühlerem Wasser nach und bearbeitete die Haare jetzt mit grobem Salz.

»Au, das beißt! Was tust du da, du Grobian?« meuterte der Kunde.

»Nichts da Grobian! Wenn du öfter kämest, würde es nicht so beißen, und du wüßtest, daß ich gegen das Fett auf deinem Haupt mit Salz vorgehe. Einmal in der Woche sollst du das machen, nicht einmal im Jahr!« Der Mann schwieg beschämt. Als er die Prozedur überstanden hatte, führte ihn der Bader zum Scherhocker, legte ihm einen schützenden Umhang über die Schultern und schnitt die verfilzten Locken mindestens zehn Zentimeter kürzer.

»So, erst mal runter mit der Matte, und dann rücken wir deinen kleinen Mitbewohnern zu Leibe.« Katharina schmunzelte, und mußte sich unwillkürlich am Kopf kratzen. Wie oft hatte sie ihre Kinder schon mit dem hölzernen Läusekamm bearbeitet und hinterher die Köpfe mit der dafür vorgesehenen Kräuterlauge gewaschen. Sie dachte an Johannes, der vor kurzem als Zweitbester von fünfzehn Kandidaten seinen Magister gemacht hatte. Dank der herausragenden Leistungen war sein Stipendium verlängert worden. Sie dachte an Heiner. Wo der wohl inzwischen gelandet sein mochte? Ob er noch lebte? Diesen trüben Gedanken wollte sie nicht weiterdenken und folgte statt dessen dem Bader.

Der führte sie in eine benachbarte Kammer. Dort lag auf einer hölzernen Pritsche ein weiterer Kunde, der auf das Ansetzen der Schröpfhörner wartete.

»Hat es denn beim letzten Mal geholfen?« erkundigte sich der Bader, während er mit dem Badewedel, der aus einem Laubbüschel bestand, den Rücken seines Klienten bearbeitete, um die Durchblutung anzuregen.

»Tja, ich weiß nicht recht. Wenn ich ehrlich bin, eher wohl nicht. Die Zehen drücken mich immer noch erheblich, wenn ich Schuhe trage. Aber vielleicht muß man es ja wiederholen, damit es richtig wirkt.« Katharina war hinzugetreten und lächelte. Die Füße des Mannes waren übersät von sicherlich schmerzhaften Hühneraugen. Auf den ersten Blick zählte sie mindestens sechs Stück. Offensichtlich ließ er sich vom Bader schröpfen, um das Übel loszuwerden. Dabei wußte eigentlich jeder Laie, daß man gegen Hühneraugen anders erfolgreicher vorging. Wer die Druckstellen wirklich loswerden wollte, kam nicht umhin, sie mit Roßfett einzuweichen, mit Ohrenschmalz zu bestreichen, bei abnehmendem Mond mit Rettichscheiben zu belegen und, um ganz sicher zu gehen, zusätzlich ein Gemisch aus zerstoßenen Würmern und Asseln einzunehmen. Katharina hielt an sich. Sie würde es dem Bader später sagen, nicht hier und in Gegenwart seines Kunden.

Aufmerksam sah sie zu, wie Meyer das schmale Ende des Schröpfhorns in den Mund nahm, die Luft ansog und auf diese Weise ein Vakuum herstellte, bevor er es auf dem Rücken des Mannes ansetzte. Die Haut hob sich zu einer kleinen Beule, die der Bader mit einem scharfen Messer fachkundig anritzte.

»Ich habe mein Handwerk ordentlich gelernt. Und wer es wirklich versteht, hinterläßt keine Narben«, belehrte er Katharina. Die Menschen in Leonberg vetrauten Meyers Künsten und Wissen. Er stammte aus Reningen und hatte schon oft unter Beweis gestellt, daß er auch von der kleinen Chirurgie eine Menge verstand. Keiner zog die Zähne so geschickt wie er, vom Aufstechen eitriger Furunkel ganz zu schweigen, da war Meyer ein wahrer Meister seines Faches.

Katharina war erstaunt, was sie noch alles lernen konnte. Wenn es ihre Zeit erlaubte und Appolonia vorbeikam oder die Reinboldin sich erbot, ein Weilchen nach den Kindern zu sehen, ging sie ins Badehaus und dem Bader dort zur Hand. Der hatte sich längst mit ihrer Anwesenheit abgefunden, war sogar manches Mal recht froh darüber.

»Kätterle«, nannte er sie bei ihrem Spitznamen und reinigte eine blutverschmierte Zange. »Du hast wirklich einen netten Umgang mit den alten Leuten.« Katharina nickte.

»Habe einen Vater und einen Schwiegervater, die sind auch alt. Wenn man sie richtig zu nehmen weiß, ist's gar nicht so schwierig.« Sie stützte den Greis, dem der Bader soeben einen verfaulten Backenzahn entfernt hatte. »Väterchen, hier, spuck das Blut in den Eimer, und wenn dir schwindlig ist, sag es nur. Dann legen wir dich einen Moment hin, geben dir Bilsenkraut gegen die Schmerzen und machen einen Essigwickel, bis du deine Kräfte wieder beisammen hast.« Der Alte sah sie dankbar an und ließ sich zur Ruhebank führen. »Ich bin gleich wieder bei dir. Gehe nur flink in die Badestube, ein Tuch zu holen. Ruh dich derweil aus, du wirst dich gleich besser fühlen«, beruhigte sie den Mann, der sich schweigend die geschwollene Wange hielt.

Katharina öffnete die Tür zur Badestube. Die dampfig feuchte Luft roch nach Kräutern. In der großen, hölzernen Wanne saß ein Mann, den Katharina noch nie gesehen hatte, und vergnügte sich mit einem jungen Mädchen. Es war Hilde. Katharina mochte die junge Bademagd sehr, auch wenn diese wegen ihres leichtfertigen Umgangs mit den männlichen Gästen immer wieder in Schwierigkeiten geriet. Der, mit dem sie da im Zuber saß, war Katharina auf Anhieb unsympathisch. Die Augen des Mannes waren von wäßrigem Blau, seine blonden Haare klebten schütter am Kopf. Er trug einen kleinen Schnäuzer auf der Oberlippe und zog mehrmals geräuschvoll die Nase hoch. Katharina sah, wie seine Hand sich unter dem leichten Badehemd auf der Brust des Mädchens abzeichnete. Sie griff nach dem Tuch und verschwand wieder.

Keine vier Wochen später klopfte es eines Abends an Katharinas Tür. Draußen stand Hilde und bat schüchtern um Einlaß.

»Kätterle, du mußt mir helfen. Ich hab einen Blutstau, wenn's nichts Ärgeres ist«, sagte sie leise. »Hilde, Mädchen, das ist das dritte Mal! Ich habe dir gesagt, du mußt besser aufpassen. Wenn du mich noch oft fragst, dir die Frucht zu nehmen, wirst du irgendwann keine Kinder mehr haben können.« Hilde schaute betreten zu Boden.

»Aber Kätterle, du weißt doch selbst, wie es ist. Ich mag mein Leben in der Badestube. Es ist allemal besser als beim Bauern in sengender Hitze und beißender Kälte auf den Feldern herumzukriechen. Aber wir beide wissen doch auch, daß ich zwar eine ganze Reihe Verehrer beim Meyer habe, aber daß mich keiner von denen jemals zur Frau nehmen würde. Nicht wahr, das wissen wir doch beide. Und deshalb mach dir mal keine Gedanken, ich will weder jetzt noch in Zukunft Kinder haben. Hilfst du mir nun, oder nicht?« Katharina schaute sie prüfend an. »Natürlich helfe ich dir. Erst mal wird ordentlich Bier mit Wacholder getrunken. Wenn es nur Monatsbeschwerden sind, hilft das. Und wenn es nicht hilft, gibt es einen Sud aus Petersilienwurz, und zwar ordentlich davon, vielleicht ist es ja bloß ein Blutstau, der löst sich dann. Ich setze den Sud noch heute an. Komm morgen am Abend, dann kannst du ihn haben.« Hilde bedankte sich artig und stand pünktlich zum verabredeten Zeitpunkt wieder vor der Tür. »Ich habe Bier getrunken, bis sich alles in meinem Kopf gedreht hat, aber getan hat sich nichts«, klagte sie.

»Dann versuchen wir es jetzt damit«, Katharina reichte ihr einen großen Becher, der intensiv nach Petersilie roch. Über einen Liter des verordneten Getränkes schluckte Hilde herunter, doch wie in den vorherigen Fällen, war es auch diesmal nicht damit getan. Tapfer stand die Bademagd die folgende Prozedur durch. Während Katharina in aller Heimlichkeit mit langen, spitzen Nadeln ihre Schwangerschaft unterbrach, biß sie die Zähne zusammen und gab keinen Mucks von sich.

Die Jahre vergingen. Aus dem kleinen, pausbäckigen Gretchen war ein schlankes, hübsches Mädchen geworden. Folgsam half sie ihrer Mutter bei der Hausarbeit und achtete auf den jüngeren Bruder, wenn Katharina nicht da war. Christoph war ein artiger Knabe. Bei weitem nicht so gescheit wie sein ältester Bruder, dafür aber auch nicht so sorgenbeladen wie ihr zweiter

Sohn, sah Katharina dankbar, wie er sich zu einem ganz normalen Jungen entwickelte. Seit sie das Haus nur noch mit ihren beiden jüngsten Kindern bewohnte, war endlich Ruhe in ihr Leben eingekehrt. Ein paar Nachbarn, denen ihre regelmäßigen Besuche im Badehaus suspekt waren, tuschelten zwar hinter Katharinas Rücken, doch das focht sie nicht weiter an. Noch waren die in der Überzahl, die ihren Rat suchten und sie riefen, wenn im Haus jemand erkrankt war.

Erst am Vortag hatte sie dem Schneidermeister Daniel Schmidt einen Besuch abgestattet. Nach Hosenbändeln für ihren Stoffel hatte sie fragen wollen und war von der unglücklichen Schneidersgattin an die Kinderbettchen geführt worden. Dort lagen in fiebrigem Schweiß zwei Kinder mit deformierten Knochen.

»Englische Krankheit, so steht es in den Büchern«, sagte Katharina, die sich an die auswendig gelernten Lektionen der Streicherin noch immer erinnerte und damit nichts anderes als Rachitis diagnostizierte. Sie trat zu den kleinen, zitternden Patienten und kniete nieder. Mutter und Vater schwiegen voll andächtiger Hoffnung, als das Kätterle von Leonberg einen Genesungssegen sprach:

»Heiß mir Gott willkommen
Sonn' und Sonnentag.
Kommst daher geritten,
Da steht ein Mensch, laß dich bitten,
Gott, Vater, Sohn und Heiliger Geist
Und die heilige Dreifaltigkeit,
Gib diesem Menschen Blut und Fleisch
Auch gute Gesundheit.«

Katharina erhob sich und wandte sich an die Eltern.

»Das sollte Wirkung zeigen«, sagte sie fest überzeugt, mit diesem Segen wesentlich zur Gesundung der Kinder beigetragen zu haben. Gerührt von ihrem spontanen Einsatz, schenkte ihr Daniel Schmidt zum Dank die Hosenbändel, derentwegen sie eigentlich gekommen war.

Längst saß sie in ihrer Stube und nähte diese eben an, da trat Benedikt Beutelspacher ein.

»Gott zum Gruß, Mutter Kepler«, er deutete eine Verbeugung an.

»Benedikt! Wie schön, dich zu sehen«, antwortete Katharina ehrlich erfreut. »Was führt dich her?« Der junge Mann zog einen Stuhl heran.

»Das wird euch freuen, Mutter Kepler«, er zog einen Brief aus der Hosentasche. »Johannes hat geschrieben!« Katharina klatschte in die Hände!

»Wie ich mich freue, ja, du hast recht! Mach schon, Benedikt! Brich das Siegel und lies mir vor!« Sie strahlte den Freund ihres Sohnes erwartungsvoll an. Seit Heinrich Kepler die Familie verlassen hatte, war es dem jungen Beutelspacher liebgewordene Pflicht und Aufgabe geworden, regelmäßig nach Katharina und den Kindern zu sehen. Wo immer ein Mann im Haus gebraucht wurde, bot er Mutter Kepler, wie er sie nannte, seine Hilfe an. Ganz besonders wertvoll war für diese jedoch, daß der gescheite Benedikt lesen und schreiben konnte und sie dank seiner Unterstützung in der Lage war, mit ihrem ältesten Sohn zu korrespondieren. Benedikt las ihr Johannes' Briefe vor und schrieb ihre Antworten nieder.

»... werde ich das Theologiestudium abbrechen, oder zumindest unterbrechen, und die angebotene Stelle in Graz wohl annehmen. Alles Weitere erzähle ich dir, wenn ich Zeit finde, dich zu besuchen«, schloß Beutelspacher. Katharina Kepler brauchte einen Augenblick, das Gehörte zu verdauen.

»Mathematiklehrer, an einer Stiftsschule, aber warum hat er dann so lange Theologie studiert?« fragte sie sich selbst und zuckte die Schultern. »Nun, warum auch immer – so steht er jedenfalls in Lohn und Brot.« Sie lächelte Beutelspacher an. »Ich danke dir von Herzen, daß du gekommen bist. Hier ...«, sie reichte ihm einen Becher. »Nimm einen ordentlichen Schluck zur Stärkung. Der Trunk kräftigt das Herz und wird dir sicher gut tun.«

Das Gebräu aus Wein, Wermut, Kardone und Ingwer schmeckte abscheulich bitter, aber Beutelspacher kannte es gut, glaubte an die Wirkung und hatte vor allem nicht das Herz, der Keplerin die Geste des Dankes abzuschlagen.

Vor dem Fenster zog eine kleine Trauergemeinde vorbei. Katharina erkannte Daniel Schmidt und seine Frau, die ein verstorbenes Kind auf dem letzten Weg begleiteten. Sie ließ das Nähzeug sinken und schloß sich dem Zug an, doch als sie den Eltern am Grab ihr Beileid bekunden wollte, wandten sich diese von ihr ab.

»Du hast gesagt, dein Spruch hilft, und jetzt, sieh selbst!« Des Schneiders Frau weinte bitterlich. Katharina faltete die Hände zum Gebet und verließ den Friedhof.

Im Haus gab es eine Menge vorzubereiten. Johannes hatte endlich geschrieben, seine Ankunft stehe kurz bevor.

»Euer großer Bruder kommt«, erklärte sie Stoffel und Gretchen. Die Kleinen erinnerten sich kaum an Johannes und wußten dennoch vor Aufregung kaum wohin mit sich, als die Kutsche in Leonberg eintraf. Als sie ihren Ältesten in die Arme schloß, war Katharina überwältigt von Stolz und Freude.

»Wie siehst du gut aus. Und deine Kleidung!« Sie trat einen Schritt zurück. »Ganz nach spanischer Mode. Ein richtig feiner Herr bist du geworden«, bewundernd fühlte sie die Qualität des zierlich geklöppelten Spitzenkragens.

Johannes, der soeben ein Buch fertiggestellt hatte, kam aus Tübingen, wo er das Manuskript seines »Mysterium cosmographicum« persönlich zum Druck getragen hatte.

»Mutter, laß gut sein, du erdrückst mich ja beinahe. Ich hoffe, du hast eine heiße Brühe im Kessel. Es ist so kalt, daß mir die Nase gleich abfriert«, lachte er.

Auf dem Weg ins Haus sprangen seine Geschwister wie junge Hunde um ihn herum.

»Wo kommst du her? Wie lange bleibst du? Darf ich dir die Hühner zeigen? Willst du die Ziege sehen?« Aus den Kindermündern hagelte es Fragen, und Johannes fand kaum Zeit, sie zu beantworten.

»Wenn der Heiner jetzt auch noch hier wäre, wären wir vollzählig«, grübelte die Mutter und rührte im Kessel. Zur Feier des Tages hatte sie tatsächlich ein Stück geräucherten Speck ausgekocht und daraus eine herzhafte Suppe zubereitet. »Viel habe ich dir nicht anzubieten. Die furchtbare Kälte kam zu früh. Alles ist verdorben. Wir wußten oft nicht, was wir noch essen sollten«, seufzte sie.

»Und im Wald sind sogar zwei erfroren«, fügte Christoph mit wichtiger Miene hinzu.

Der Besuch, zunächst als Stippvisite gedacht, wurde länger als geplant.

»Wenn ich schon einmal hier bin, will ich auch die Großeltern besuchen«, sagte Johannes, der sich besonders Melchior Guldenmann zu Dank verpflichtet fühlte. »Immerhin unterstützt er mich die ganzen Jahre, da ist es nur billig, wenn ich nach ihm schaue.« Katharina nickte.

»Er ist alt geworden, du wirst sehen, aber seine Sinne hat er noch beisammen und körperlich geht es ihm auch recht gut. Anders der alte Sebald. Der macht's nicht mehr lange, sagen sie in Weil der Stadt. Die Appolonia hat es mir bei ihrem letzten Besuch erzählt. Er ist schon bettlägerig.«

Johannes machte sich auf den Weg.

Großvater Kepler lag in der kleinen, fensterlosen Kammer, in der sein Enkel fünfundzwanzig Jahre zuvor geboren worden war.

»Junge, daß du dich noch einmal blicken läßt«, der alte Mann lächelte müde. »Bist ein wichtiger Mann geworden, nicht wahr?« Sebald Kepler streckte die knochige Hand aus. Johannes setzte sich zu ihm und streichelte sie sanft.

»Ach, Großvater, was heißt schon wichtig. Lehrer bin ich geworden in der Stiftsschule zu Graz. Und nebenbei schaue ich in die Sterne und errechne Horoskope. Viel wirft das nicht ab, es reicht eben so zum Leben. Aber eine Überraschung wird's bald geben. Wenn alles verläuft, wie ich es mir denke, werde ich bald heiraten. Und wenn ich dann das nächste Mal komme, bringe ich dir meine Barbara mit.« Der Greis hörte ihm mit geschlossenen Augen zu. Er schüttelte schwach den Kopf.

»Das glaubst du doch selbst nicht. Sieh mich an. Es geht zu Ende. Deine Barbara werde ich nicht mehr erleben. Aber daß ich dich noch einmal sehen konnte, das tröstet mich.« Mit einem unguten Gefühl sagte Johannes am nächsten Morgen Lebewohl.

»Ich bin noch ein paar Tage in der Gegend. Will sehen, daß ich dich noch einmal besuche.« Er küßte den alten Mann auf die Stirn. Zwei Tage später kam aus Weil der Stadt die Nachricht, daß Sebald Kepler seinen letzten Atemzug getan hatte. Die ganze Stadt gab ihm das letzte Geleit, der Leichenschmaus dauerte bis tief in die Nacht.

Erschöpft von den Ereignissen, lagen Margarete und Christoph in tiefem Schlaf. Johannes saß bei seiner Mutter an der Feuerstelle.

»Ich muß zurück nach Graz. Was hältst du davon, mich dort zu besuchen?« Katharina schaute ihn liebevoll an.

»Interessieren würde es mich schon, wie mein Herr Sohn, der Mathematicus, lebt«, antwortete sie.

EINLADUNG NACH GRAZ

Beinahe vier Jahre hatte Kepler sich dem Studium der Theologie gewidmet, als ihn kurz vor seiner Abschlußprüfung ein Angebot aus Graz erreichte. In der protestantischen Stiftsschule war die Stelle des Mathematiklehrers vakant, und die Stände der österreichischen Provinz Steiermark ließen über die Universität Tübingen anfragen, ob Johannes Kepler die Position nicht übernehmen wolle. Er zögerte ein wenig, doch als ihm von oberster Instanz zugesagt wurde, daß er jederzeit an die Universität zurückkehren könne, sagte er zu.

Am 13. März 1594 machte er sich mit Fuhrleuten auf die holperige Reise nach Graz, wo er am 11. April ankam. Die Hauptstadt der Steiermark lag malerisch auf der linken Seite des Flusses Mur in der von Bergen umgebenen Grazer Bucht. Am Fuß der einzigen Brücke befand sich das Kloster St. Klara. Hier war die Stiftsschule untergebracht. Hier war auch des zukünftigen Lehrers Bleibe. Kepler, bei einem Jahresgehalt von einhundertundfünfzig Gulden froh über eine billige Unterkunft, bezog sein neues Quartier und etablierte sich. Zum vollkommenen Glück des jungen Mannes fehlte jetzt nur noch die richtige Frau an seiner Seite.

Ononis spinosa

Am 27. April 1597 war es soweit. Nachdem die zähen Verhandlungen im Vorfeld mehrmals beinahe geplatzt wären, gaben sich Johannes Kepler und Barbara Müller in der Stiftskirche zu Graz feierlich das Jawort. Im Kreis der fröhlich ausgelassenen Gäste präsentierte sich der alte Müller als mißlauniger Brautvater. Himmel und Hölle hatte er in Bewegung gesetzt, um seine Tochter nicht an diesen schmächtigen Sterngucker geben zu müssen, doch die Auswahl der Freier war nicht eben groß gewesen, und so hatte er schließlich zugestimmt.

Des reichen Müllers Tochter Barbara war dreiundzwanzig Jahre alt und bereits zweifach verwitwet. Die Haare, streng aus dem runden Gesicht frisiert, hielt ein Netz zusammen, das eine hohe Stirn und kleine Ohren freigab. Unter ebenmäßig geschwungenen Brauen lagen zwei dunkle Augen, die etwas dümmlich, aber freundlich in die Welt blickten. Geistig und körperlich ein wenig schwerfällig, brachte die Braut neben einer nicht unerheblichen Mitgift eine kleine Tochter namens Regina mit in die Ehe. Johannes liebte das Mädchen sehr, wenn er ehrlich war, mehr als die Mutter. Den Entschluß, die plumpe Barbara zu heiraten, hatte er eher aus Not denn aus Liebe gefaßt. Ständig in finanziellen Schwierigkeiten, war der Mathematiker darauf angewiesen, eine einigermaßen vermögende Frau heimzuführen. Und unter dieser zwingenden Voraussetzung konnte er nicht wählerisch sein.

Der grobschlächtige Müller war ein Mann mit guter Nase fürs Geschäft. Dank derselben hatte er es zu erheblichem Wohlstand gebracht. Und ebendiese Nase sagte ihm, daß sein Schwiegersohn weniger Interesse an der Tochter als an deren Geld hatte. Wie immer, wenn er sich aufregte, spürte er seine Galle und hielt sich die Seite bei dem Gedanken, was die Feier kostete, die er als Brautvater ausrichten mußte. Wenigstens hatte er ein bißchen sparen können, indem er darauf bestand, die Gäste in der Wohnung seiner Tochter und nicht in einem Gasthaus zu bewirten.

»Mädel, halt an dich«, beschied er ihr diesbezügliches Ansinnen. »Es ist das dritte Mal, daß du heiratest. Willst du mich ruinieren?«

Nach der Trauung zog die Festgemeinde in die Stempfergasse, wo Barbara Müller mit ihrer Tochter in einer bescheidenen Wohnung lebte. Ab sofort würden Stube, Schlafkammer,

Küche und eine Kammer unter dem Dach auch Johannes Zuhause sein. Die bisherige Bleibe – Teil seines Gehaltes – im Stift hatte er aufgegeben und damit sein Salär ein wenig erhöht. Statt einhundertfünfzig betrug es nun zweihundert Gulden. Wahrlich nicht viel, aber zumindest eine feste Größe, mit der man rechnen konnte.

Knapp zehn Monate nach der Hochzeit gebar Barbara Kepler am 2. Februar 1598 einen Sohn. Der Junge wurde auf den Namen Heinrich getauft. Als die stramm gewickelten Windeln das erste Mal in seiner Gegenwart gelöst wurden, wich Johannes Kepler entsetzt zurück. Das Geschlecht des kleinen Knaben war derart deformiert, daß es, so befand der Vater »wie eine gekochte Schildkröte in der Schale aussah.« Kepler führte die Mißbildung darauf zurück, daß die Mutter während der Schwangerschaft nichts lieber gegessen hatte als die Suppe von gekochten Schildkröten.

»Man weiß doch genau, wie sehr dergleichen die Entwicklung beeinflußt«, bedauerte Kepler und fügte als Beweis für seine Feststellung hinzu. »Ich erinnere mich sehr gut an die Geschichte einer Tischlersfrau, die sich hohen Leibes oft bei ihrem Mann in der Werkstatt aufhielt. Immer wieder sah sie zu, wie der Schreiner zwei Bretter zu einem zusammenfügte, und als sie endlich von ihren Zwillingen entbunden wurde, waren die Kinder am Leib zusammengewachsen.«

Genau neunundfünfzig Tage nach der Geburt erlag der kleine Heinrich einer Lungenentzündung. Barbara war untröstlich. Erst die Geburt ihrer Tochter Susanna im Juni des folgenden Jahres linderte den Schmerz der Mutter.

In Leonberg saß Katharina Kepler und ließ sich noch immer ihres Sohnes Briefe von Benedikt Beutelspacher vorlesen. Der hatte es inzwischen zum Schulmeister gebracht und kümmerte sich nach wie vor rührend um die Keplerin. Umständlich entfaltete er die jüngste Epistel.

»Mal sehen, was der Johannes diesmal schreibt«, sagte er neugierig.

»Spann mich nicht auf die Folter, Benedikt, lies!« Katharina rutschte unruhig auf ihrem Hocker hin und her und sprang vor Freude auf, als sie hörte, daß ein weiteres Enkelkind das Licht der Welt erblickt hatte. »... die kleine Susanna scheint kerngesund, schreit, trinkt und tut auch sonst alles, was ein Säugling zu tun hat. Unsere Regina wiegt sie beinahe den ganzen Tag, und Barbara erholt sich gut. Wir denken, es ist soweit, daß du uns besuchen solltest. Jetzt im Sommer ist die Reise nicht so beschwerlich, und dann kannst du endlich sehen, wie es uns hier ergeht.« Benedikt ließ das Blatt sinken.

»Mutter Kepler, das ist doch großartig, Ihr fahrt nach Graz. So weit bin ich in meinem ganzen Leben noch nicht gekommen.«

Die Reise war schnell organisiert. Margarete, inzwischen fünfzehn Jahre alt, verstand trefflich das Haus zu führen, und der brave Christoph hatte eine Lehrstelle beim Zinngießer des Ortes angetreten, war also auch versorgt.

»Und außerdem ist es nur ein Besuch und nicht für immer. Aber sehen würde ich sie allzugern, die Schwiegertochter und das Enkelkind, und den Johannes natürlich«, sagte Katharina.

»Mutter, mach dir keine Sorgen, wir werden hier schon nicht verhungern«, lachte Margarete und half Katharina in die Kutsche.

Die Fahrt ging über Ulm, München und Salzburg nach Graz. Katharina, die den Süden des Landes nicht kannte, genoß jede Minute und freute sich beinahe schon auf die Rückreise, als sie in Graz ankam. Johannes hob sie aus dem Gefährt.

»Mutter, wirst du denn gar nicht älter? Kaum graue Haare, die Augen scharf wie ein Adler und noch immer leicht wie eine Feder«, scherzte er, das Gewicht seiner molligen Frau gewöhnt.

In der Stempfergasse angekommen, sprang ihnen ein blondbezopftes Mädchen entgegen. »Willkommen! Ich bin die Regina«, stellte sie sich vor und machte einen artigen Knicks. Johannes nahm das Kind in den Arm.

»Darf ich vorstellen, Mutter, das ist meine große Tochter«,

sagte er liebevoll. »Regina, das ist deine Großmutter.« Katharina strich ihr über den Kopf.

»Eine ganz Hübsche bist du, und so gut erzogen.« Regina leuchtete vor Stolz. Sie öffnete die Haustür.

»Kommt herein. Wenn du erst die Susanna siehst, Großmutter, die ist hübsch.« Katharina betrat die Stube und sah sich um. Alles blitzte und blinkte. Durch die blank gewienerten kleinen Fenster drang ausreichend Licht, um auf den ersten Blick zu erkennen, daß hier keine armen Leute wohnten.

Neben der Feuerstelle standen, der Größe nach geordnet, blanke Kupferkessel und Töpfe. Das Geschirr auf dem Regal war kunstvoll getöpfert, und auf dem Tisch lag ein sauberes Tuch aus Leinen erster Güte. Auf einem hochlehnigen Stuhl saß Barbara Kepler und stillte ihre kleine Tochter. Katharina begrüßte sie freundlich.

»Gott zum Gruße, Schwiegertochter, und Dank für die Einladung. Was für ein schönes Kind – und was für eine vornehme Stube«, sagte sie beeindruckt. Barbara lächelte höflich.

»Ich grüße zurück, Schwiegermutter, und danke für den Besuch. Du bist sicher müde von der Reise. Magst du etwas trinken? Einen Becher Wein vielleicht. Noch einen Augenblick, dann bin ich soweit.« Sie hob den Säugling hoch und rieb sanft den kleinen Rücken, um Susanna ein Bäuerchen zu entlocken.

»Darf ich das machen?« fragte Katharina. »Es ist zwar Jahre her, daß ich so ein kleines Würmchen auf dem Arm hatte, aber das verlernt man nicht.« Barbara reichte ihre Tochter herüber. Sie zupfte ihr Mieder zurecht und stand auf, um Katharina zu bewirten. Auf deren Schulter lehnte das kleine Köpfchen des Kindes. Gesättigt und wohl döste Susanna vor sich hin, bis ihrem winzigen Mund plötzlich ein lauter Rülpser entfuhr und sie erschreckt die Augen aufriß.

»Jetzt hat sie dich vollgespuckt«, entschuldigte sich Barbara, stellte einen silbernen Becher auf den Tisch und bemühte sich, den sauren Milchfleck von Katharinas Kleid zu entfernen.

»Ganz aus Silber«, staunend betrachtete Katharina das kostbare Trinkgefäß.

»Ein Geschenk zur Hochzeit, siebenundzwanzig Gulden ist er wert«, sagte ihr Sohn stolz. »Und das ist leider mehr, als wir meist in der Haushaltskasse haben«, patzte Barbara ihn an und trübte damit den guten Eindruck, den die Schwiegermutter eben von ihr gewonnen hatte. Regina, geübt in aufkommender Mißstimmung zwischen den Eltern, versuchte zu schlichten. »Aber da kann doch der Vater nichts dafür. Schließlich arbeitet er doch den ganzen Tag.« Barbara verschluckte den spitzen Kommentar, der ihr auf der Zunge lag.

Es brauchte nicht viel, die Spannungen zwischen den Eheleuten zu erkennen. Barbaras höfliche, wohlerzogene Fassade bröckelte bereits am ersten Abend. Keine Gelegenheit ließ sie aus, kein Anlaß war ihr zu nichtig, ihren Mann mit Sticheleien zu provozieren, seine Arbeit geringzuschätzen.

»Und dann sitzt er oben in seinem Studierzimmer, zeichnet merkwürdige Gebilde und rechnet weiß der Herrgott was für unverständliche Zahlen zusammen. Jede Nacht steht er mit dem Perspiculum am offenen Fenster und glotzt in den Himmel. Und wenn er alles beisammen hat, schreibt er Bücher, die außer ihm kein Mensch versteht, wo der Druck für jedes Exemplar zehn Kreuzer kostet und die niemand kauft. Und ich kann sehen, wie ich mit den paar Gulden, die er im Stift verdient, die Mäuler stopfe.« Barbara seufzte Mitleid heischend.

Ihr Versuch, Katharina auf ihre Seite zu ziehen, mißlang gründlich. »Einen Kopf wie ein Pfannkuchen. Kugelrund und drinnen nichts als aufgeschlagenes Mehl«, dachte diese und sagte laut:

»Nun, wir sind halt nur einfache Frauen und verstehen von dergleichen nichts. Ich weiß nur, daß sie meinen Hannes schon von Kindesbeinen an für seinen Verstand gelobt haben. Da kann doch nicht alles verkehrt sein, was er jetzt tut. Und außerdem, wenn ich mich hier umsehe, lebt ihr doch recht fein und gut.« Sie nahm einen Löffel Erbsenbrei.

»Was du hier siehst, Schwiegermutter, habe alles ich in die Ehe gebracht. Das ist meine Mitgift. Jedes Stück«, versetzte Barbara pikiert.

In den folgenden Tagen zeigte Johannes Kepler seiner Mutter die Stadt, die Schule, in der er unterrichtete, die Wohnung, in der er zuvor gelebt hatte. Katharina folgte ihm neugierig auf Schritt und Tritt.

»Ein hübsches Städtchen, in dem du da wohnst«, sagte sie bewundernd. Wenn Johannes in seiner Kammer arbeitete, beschäftigte sich Katharina mit den Kindern. Sie hatte Regina sofort in ihr Herz geschlossen. Das aufgeweckte Mädchen hatte wenig vom tumben, schwerblütigen Temperament ihrer Mutter geerbt. Unentwegt heiter, schnatterte sie den ganzen Tag auf die neugewonnene Großmutter ein und ließ dabei die kleine Schwester kaum einen Moment aus den Augen.

»Man muß immer auf sie aufpassen; wenn sie weint, will sie entweder trinken, oder sie hat die Windel voll«, sagte sie altklug.

»Oder sie sucht einfach Gesellschaft, nicht wahr«, Katharina wiegte ihre kleine Enkelin sanft im Arm.

Da sie mit Barbara nicht viel anfangen konnte, ihrem Sohn zuliebe aber keinen Streit wollte, ging sie der Schwiegertochter aus dem Weg. Dieser war das nur recht. Die zierliche, alerte Katharina, flink in ihren Bewegungen und, wenn es darauf ankam, spitz mit der Zunge, war nicht ihre Kragenweite. Einig in ihrem Bestreben, den häuslichen Frieden zu wahren, gelang es den Frauen, die Zeit des Besuches in Harmonie zu verbringen, doch waren beide froh, als der Tag der Abreise kam.

Johannes und Regina begleiteten Katharina zum Fuhrwerk. Das Mädchen verabschiedete sich mit einer innigen Umarmung.

»Und versprich, daß du bald wiederkommst«, bat sie inständig.

»Irgendwann sicher, aber jetzt muß ich erst einmal nach meinen Kindern sehen«, erwiderte Katharina und küßte sie zum Abschied. »Hannes, mein Hannes, laß dich nicht klein machen. Du bist schon recht, so wie du bist. Und schreib mir bald, daß ich weiß, wie es dir geht.« Sie wischte eine Träne aus dem Augenwinkel und schneuzte sich laut und vernehmlich.

»Gewiß, und jetzt hör auf zu weinen, dafür gibt es keinen Anlaß.« Johannes half seiner Mutter auf den Wagen und winkte mit Regina, bis das Gefährt hinter der nächsten Ecke verschwunden war.

GEFÄHRLICHE ZEITEN

In Leonberg war inzwischen einiges geschehen. Ein fremder Amtmann aus Stuttgart, vom württembergischen Herzog eingesetzt, kam immer häufiger in die Stadt, um sich im Auftrag seines obersten Dienstherren über den Stand von Recht und Ordnung zu informieren: Luther Einhorn, ein ehrgeiziger Karrierist mit hohen Zielen und niederer Gesinnung. Ganz Kind seiner Zeit, versuchte sich Einhorn bei der Obrigkeit einzuschmeicheln, indem er sich, statt seines eigentlichen Amtes zu walten – Unruhen zu schlichten und Händel zu richten – der Hexenjagd widmete. »Auf den Scheiterhaufen mit den alten Weibern«, war tagsüber sein Arbeitsmotto und abends sein liebster Trinkspruch.

Um auch die bestgehüteten Geheimnisse der kleinen Gemeinde zu ergründen, suchte Einhorn Kontakte zu knüpfen. Dabei fiel sein Blick auf die hübsche Margarete Kepler, die sich während der mütterlichen Abwesenheit brav und gewissenhaft um Haus und Tiere kümmerte. Das fleißige Mädchen war so ganz nach dem Geschmack des Stuttgarter Untervogtes, und so begann er, ihr den Hof zu machen. Margarete, unerfahren und geschmeichelt, ließ ihn zunächst gewähren und bedankte

Nepeta cataria L.

sich artig für Komplimente und kleine Wiesensträuße. Doch Lutherus Einhorn war keineswegs der Mann ihrer Träume, und abends, wenn sich im Spinnhaus die Jugend traf, lachte sie mit ihren Freundinnen über all das geraspelte Süßholz. »Oh, Fräulein Margarete, wie seht Ihr heute wieder ganz liebreizend aus«, äffte sie den Freier nach und wischte sich einen imaginären Tropfen von der Nase.

»Oh, Fräulein Margarete, stets und immer fleißig bei der Arbeit, habt Ihr denn gar nie Gedanken für etwas anderes?« säuselte sie wie Einhorn.

»Doch Herr Vogt, freilich denke ich auch an anderes, so zum Beispiel, wieviel Rotz wohl schon an Eurem Ärmel klebt, wo Euch doch die Nase ständig läuft.« Begleitet vom schallenden Gelächter ihrer Freundinnen, schüttelte sie sich angewidert. Einhorn ahnte von all dem nichts und fuhr fort, um Margarete zu werben.

»Morgen wird im Gasthaus zum Tanz gespielt – wollt Ihr mich nicht begleiten? Es wäre mir Ehre und Freude zugleich«, fragte er sie. Das Angebot war verlockend. Margarete tanzte für ihr Leben gern, doch sie zögerte:

»Ich weiß nicht recht, Herr. Eigentlich habe ich der Mutter versprochen, nicht auszugehen, solange sie fort ist. Vielleicht ein andermal. Sie kommt ja bald wieder.« Einhorn setzte einen enttäuschten Hundeblick auf.

»Aber die Frau Mutter muß es doch gar nicht erfahren. Wenn Ihr nichts sagt, und ich nichts sage ...« Margarete lachte auf.

»Wenn Ihr nichts sagt, und ich nichts sage, dann gibt es noch immer zig Augen, die sehen, daß ich da war, und zig Münder, die der Mutter davon berichten. Nein, nein, laßt es für diesmal gut sein, Einhorn. Ich mag der Mutter gegenüber nicht wortbrüchig werden.«

»Willst du was gelten, mach dich selten«, hatte Katharina ihrer heranwachsenden Tochter eingeschärft, und niemand bestätigte diese Worte besser als der Vogt. Margaretes Weigerung, ihn zum Tanz zu begleiten, bestärkte ihn darin, sie um jeden Preis zu erobern.

Katharina traf zum Umfallen müde in Leonberg ein. Die Rückreise aus Graz hatte beinahe drei Wochen gedauert und war äußerst strapaziös gewesen. Durch Unwetter, schlammige Wege, eine gebrochene Achse und andere Widrigkeiten mehrmals aufgehalten, waren die Passagiere froh, als sie, endlich am Ziel, auf dem Marktplatz aussteigen konnten. Margarete flog ihrer Mutter in die Arme und küßte sie stürmisch. Gerührt über den herzlichen Empfang, wußte Katharina nicht recht wohin mit all dem Überschwang.

»Kind, du wirfst mich ja um! Wo nimmst du die Bärenkräfte her?« Sie drückte ihre Tochter fest an sich. »Vermißt habe ich dich, mein Mädchen, schön, wieder zu Hause zu sein«, sagte sie aus vollem Herzen. Dann löste sie sich aus der Umarmung. »Laß uns gehen. Hier, hilf mir mal mit der Tasche. Sie ist schwer, und mein Arm ist vom Tragen schon ganz lahm. Nichts wie heim. Wie ich mich nach der langen Reise auf die eigenen vier Wände freue.«

»Blumen für mich! Du liebes Kind! Aber wie hast du gewußt, daß ich heute komme?« Der frische Strauß auf dem Tisch fiel Katharina auf, kaum daß sie einen Schritt in die Stube getan hatte.

»Aber ich habe es nicht gewußt, und die Blumen sind meine – aber du darfst sie gerne auch anschauen«, zwitscherte Margarete fröhlich und stellte die schwere Tasche ab.

»Blumen für dich?« In Katharinas Kopf schrillten die Alarmglocken. »Von wem? Was ist hier los? Was hast du angestellt, während ich weg war?« Margarete warf ihr einen kecken Blick zu.

»Nichts ist los, gar nichts habe ich angestellt, und von wem, erzähle ich dir in Ruhe, jetzt schau dich doch erst mal um, wie schön ich alles in Ordnung gehalten habe.« Tatsächlich konnte Katharina auch bei genauester Inspektion von Haus und Stall nicht einmal das kleinste Versäumnis feststellen.

»Stolz bin ich auf dich, meine Große! Und jetzt red nicht lange herum, sondern sag, von wem die Blumen sind«, forderte sie.

»Nein, erst erzählst du, wie es in Graz war, wie es dem Hannes geht, und wie seine Frau ist und die kleine Tochter.« Margarete ließ nicht locker, bis ihre Mutter nachgab.

»... seine Frau, na, ich weiß nicht, mein Fall ist sie nicht. Schwerfällig an Körper und Geist, aber wie gesagt, die beiden Mädchen sind wirklich zauberhaft«, schloß sie ihren Bericht, nicht ahnend, daß die kleine Susanna zu diesem Zeitpunkt bereits schwer krank war und nur noch kurze Zeit zu leben hatte.

Katharina sah ihre Tochter erwartungsvoll an.

»So, mein Lieb, jetzt bist du an der Reihe!«

Margarete errötete ein wenig.

»Ach, weißt du, viel zu erzählen gibt es da nicht. Es ist ein Amtmann aus Stuttgart. Luther Einhorn heißt er und bringt mir ständig Blumen oder andere Kleinigkeiten. Aber ich bin nicht einmal mit ihm zum Tanz gegangen. So wie ich's dir versprochen habe.«

»Aus Stuttgart, ein Amtmann, so, so«, sinnierte Katharina und war nicht sicher, ob sie stolz oder verärgert sein sollte, daß ein solch mächtiger Mann um ihre Tochter warb. »Gefällt er dir denn?« fragte sie ohne Umschweife. Margarete schüttelte den Kopf.

»Ganz und gar nicht. Erstens ist er mir viel zu alt, und zweitens hängt ihm ständig ein Rotztropfen an der Nase, den er mit dem Ärmel abwischt«, sie fuhr mit dem Handgelenk unter ihrer Nase entlang. »So, siehst du. Und außerdem seine Augen, die sind so wäßrig, und dann hat er einen kleinen läppischen Schnäuzer und so dünne Haare, daß man an manchen Stellen die Kopfhaut sehen kann. Nein, Mutter, er gefällt mir wirklich gar nicht.« Ihr Tonfall überzeugte Katharina, die über Margaretes angewidertes Gesicht bei der Beschreibung ihres Freiers herzlich lachen mußte.

»Na gut, dann wollen wir sehen, daß wir ihn so schnell wie möglich loswerden, nicht wahr. Aber jetzt muß ich etwas essen und dann ein wenig schlafen. Ich kann mich kaum noch auf den Beinen halten!« Katharina ging in den Stall und holte ein paar Eier, sie zur Feier des Tages in den Topf zu schlagen.

Als Luther Einhorn erfuhr, daß die Mutter seiner Angebeteten endlich zurückgekehrt war, ging er schon am nächsten Tag, ihr ehrerbietig seine Aufwartung zu machen. Katharina öffnete die Tür, und der Besucher machte eine so tiefe Verbeugung, daß sie nicht umhin konnte, die beginnende Glatze am Hinterkopf genauestens zu inspizieren. Dann richtete sich Einhorn auf und – Katharina konnte kaum an sich halten – wischte sich, noch bevor er ein Wort gesagt hatte, die Nase.

»Einhorn mein Name, verehrte Frau Kepler, Luther Einhorn. Ich bin Amtmann in Stuttgart und wollte Euch mein Willkommen entbieten.« Katharina sah ihn skeptisch an. »Den kenne ich, den habe ich irgendwo schon mal gesehen, wenn ich nur wüßte, wo«, zermarterte sie sich das Hirn und sagte:

»Nun, nun, lieber Einhorn, nicht so schwülstig. Wir sind einfache Leute. Ein ›Guten Tag‹, geradeheraus, tut es auch.« Einhorn trat unsicher von einem Fuß auf den anderen.

»Ist denn das reizende Fräulein Tochter zu sprechen? Ich würde ihr gar zu gern meine Aufwartung machen.« Katharinas Nase kräuselte sich ein wenig, als sie seinen affektierten Ton imitierte; sie antwortete:

»Wenn sie dem reizenden Fräulein Tochter Ihre Aufwartung machen möchten«, sie legte eine Kunstpause ein, »müssen sie Ihren feinen Hintern in den Stall schwingen, da steht sie nämlich und schippt Scheiße!« Entsetzt über die grobe Ausdrucksweise wich Einhorn einen Schritt zurück und stotterte:

»Da komme ich dann ein anderes Mal zurück, wenn es vielleicht besser paßt.«

»Tut das«, nickte Katharina und schlug dem verdatterten Besucher die Tür vor der Nase zu. Beim Wäschewaschen fiel ihr endlich ein, woher sie Einhorn kannte. Deutlich sah sie das Bild von ihm und Hilde im Bottich der Badestube vor sich. Mochte gut sein, daß die Frucht, die sie dem Mädchen genommen hatte, vom Vogt gewesen war. Katharina schauderte bei dem Gedanken.

»Halt dich nur ja fern von ihm! Das ist kein Umgang für

dich. So einer hat bei uns nichts zu suchen. Wir sind anständige Leute«, sagte sie ihrer Tochter, die sich die plötzliche Vehemenz nicht recht erklären konnte.

Nach vier weiteren vergeblichen Versuchen, Margarete zu sehen oder wenigstens mit ihrer Mutter ein paar höfliche Floskeln auszutauschen, schwante Einhorn, daß er im Hause Kepler nicht wirklich willkommen war. Gekränkt in seiner Mannesehre, suchte er Rat.

»Ich verstehe das nicht. Diese magere Alte hat etwas gegen mich. Nie ist die Tochter da, nie kann ich ein Wort mit ihr wechseln«, beklagte er sich am Abend in der Schenke bei seinem Freund und Vertrauten Urban Kräutlein, dem Bruder der Glasersgattin Ursula Reinbold. »Luther, nimm es, wie es ist«, riet ihm dieser, »wenn sie dich nicht will, will sie dich nicht – und wenn die Mutter dich nicht will, kriegst du sie auch nicht. Und außerdem, sieh dir die Mutter an, eh du die Tochter freist! Den Spruch solltest du kennen. Und jetzt sag ehrlich, willst du eine hagere Alte wie die Keplerin eines Tages neben dir liegen haben?« Einhorn schüttelte angewidert den Kopf. Beeindruckt von Kräutleins bedeutsamen Worten, nahm er einen großen Schluck Bier und grübelte.

Urban Kräutlein war der Leibbarbier des regierenden Fürsten und damit ein wichtiger Mann. So jedenfalls dachte er, und so dachte auch Luther Einhorn, der sich durch den Freund einen direkten Draht zum württembergischen Regenten erhoffte.

»Wahrscheinlich hast du recht«, stimmte er mit schwerer Zunge zu. »Aber ein letztes Mal muß ich es noch versuchen. Sie ist wirklich ein hübsches Mädchen und außerordentlich tüchtig. So was findet man nicht oft.« Doch auch der letzte Besuch brachte nicht den gewünschten Erfolg. Im Gegenteil, diesmal sagte Katharina Kepler dem enttäuschten Einhorn rundweg ins Gesicht, wie es stand.

»Ihr seid doch ein kluger Mann, sonst hättet Ihr es nicht bis zum Untervogt gebracht. Also, was schließt Ihr daraus, daß Ihr nun schon zum fünften Mal vor meiner Tür steht, ich Euch nicht hereinbitte und meine Tochter nicht für Euch zu sprechen ist?« Sie sah ihn fragend an. Einhorn zuckte verdutzt über soviel Direktheit die Schultern und wischte sich verlegen die Nase.

»Das ist doch nicht so schwer zu begreifen, mein lieber Einhorn. Was immer Ihr Euch mit meiner Margarete vorstellt, daraus wird nichts. Weil sie es sich nicht so vorstellt und ich mir erst recht nicht. Habt Ihr das verstanden? Geht und vergnügt Euch mit den Dirnen im Badehaus. Das sind Frauen, die zu Euch passen – aber nicht mein Gretchen! Ihr verschwendet Eure Zeit vor dieser Tür, ganz gleich, wie schön die Sträuße sind, die Ihr bringt.« Sie schaute auf die Blumen in seiner Hand. Wie im Reflex reichte er sie herüber, drehte sich um und zog von dannen. »Unbeholfener Trottel«, murmelte Katharina und stellte den Strauß in einen Krug mit Wasser. Auf dem Weg in seine Amtsstube hätte Einhorn sich ohrfeigen mögen. Wie konnte es einem erwachsenen Mann wie ihm passieren, daß er sich widerspruchslos, einem dummen Schuljungen gleich, von einer kleinen Frau wie dieser Keplerin abkanzeln ließ. »Das wird sie noch bereuen«, schwor er leise.

Katharina, hochzufrieden, das Problem gelöst zu haben, nahm ihre bisherigen Tätigkeiten wieder auf. Wie vor ihrer Reise nach Graz verkehrte sie regelmäßig im Badehaus und gab keinen Pfifferling darauf, was die Nachbarn hinter ihrem Rücken tuschelten. Nach wie vor von ihren medizinischen Fähigkeiten überzeugt, wartete sie inzwischen nicht mehr, bis sie gerufen wurde, sondern tauchte, wenn sie von Krankheitsfällen erfuhr, auch unerwartet und plötzlich in den entsprechenden Häusern auf. Gegen Verbrennungen verabreichte sie Ziegenkot und gärende Hefe. Ohrinfektionen wurden mit einem Sirup aus Öl und Honig kuriert, für infizierte Wunden hatte sie Packungen aus schimmeligem Brot und Erde.

Die Frau des Zieglers Endriß Leibbrandt lag im Kindbett, als Katharina auf der Straße davon erfuhr, daß diese unter heftigen Schmerzen in den Beinen litt. Auf der Stelle eilte die Keplerin in ihr Häuschen, holte ein probates Remedium und stand wenig später vor dem Bett der Patientin. »Wenn Ihr mich laßt, will ich das kranke Bein wohl heilen«, bot sie freundlich an. Frau Leibbrandt schlug die Decke zur Seite und streckte Katharina hoffnungsvoll ihr entzündetes Bein entgegen. Katharina sah sich die Stellen genau an, befühlte sie vorsichtig und richtete sich wieder auf.

»Das ist ein hitziges Rotlaufen«, sagte sie, felsenfest von der Richtigkeit ihrer Diagnose überzeugt. »Hier«, sie reichte der Kranken ein gelbes Etwas, ähnlich einem schwefligen Feuerstein. »Das müßt Ihr in Wasser auflösen und mit der Salbe, die daraus entsteht, das Bein bestreichen. Dann verschwindet das Übel binnen kürzester Zeit.«

»Keplerin, Euch hat der Himmel geschickt. Ihr seid meine Rettung.« Die Zieglersfrau zahlte den verlangten Betrag, und Katharina verließ das Haus. Leider hatte sie versäumt, darauf hinzuweisen, daß das Auflösen des »Steines« nur mit heißem Wasser gelang. Vergeblich wartete Frau Leibbrandt in den kommenden Tagen, daß eine Salbe zustande käme, und entschied sich schließlich, das Bein mit dem kalten Wasser, in dem der »Stein« nun einige Zeit gelegen hatte, zu benetzen. Kaum war dies geschehen, bekam sie so entsetzliche Schmerzen, daß sie vor Verzweiflung und Wut den »Stein« aus dem Fenster warf. Das Bein allerdings blieb für den Rest ihrer Tage krank.

Katharina, darauf angesprochen, wusch ihre Hände in Unschuld und bestand darauf, daß man ihre Anweisungen nicht richtig befolgt habe. Schließlich sei bekannt, wie oft sie schon geholfen habe, wie sonst wolle sich der Ziegler erklären, daß sie immer wieder zu Kranken gerufen werde?

Als einige Wochen später Margretta, die Frau des Tagelöhners Bastian Meyer, zusehends verfiel, nichts mehr bei sich behalten konnte und schließlich trotz Katharinas heilender Tränke verstarb, trauerte diese mit dem Witwer und versuchte ihn zu trösten.

»Bastian, armer Bastian, hättest du mich nur früher gerufen, ich hätte sie bewahren können.« Meyer putzte sich die Nase und nickte traurig.

»Du kannst nichts dafür, Keplerin, du hast alles für sie getan, ich hab's ja mit eigenen Augen gesehen.«

Während noch immer eine ganze Reihe Leonberger Bürger Katharina vertrauten und sich auf ihre Fertigkeiten verließen, stieg durch dergleichen Vorfälle die Zahl derer, die Böses über sie sprachen und sie heimlich eine Unholdin nannten. In der Kirche rückte mancher von ihr ab, andere verbaten sich gar ihre Besuche.

Seit jeher mißgünstig, verschlagen und verlogen, spielte Ursula Reinbold hier eine unrühmliche Rolle.

»Wer weiß, was mit ihr ist. Vielleicht hat ihr Mann sie nicht umsonst verlassen. Der wird schon gewußt haben, wie es um sie steht, aber mit vier Kindern – was hätte er gegen sie tun sollen«, zischelte sie hinter Katharinas Rücken, die der vermeintlichen Freundin nach wie vor sehr zugetan war.

MATHEMATIKER DES KAISERS

Im überwiegend protestantischen Graz wehte seit einiger Zeit ein heftiger Wind, der binnen kurzem zum gegenreformatorischen Sturm geriet. Am 27. Juli 1600 wurde ein offizielles Dekret verkündet, das auch für Johannes Kepler Folgen haben sollte. Alle männlichen Grazer Bürger, so der Inhalt des Erlasses, mußten sich am 31. Juli früh um sechs Uhr in der Kirche »Zum Heiligen Blut« einfinden und dem protestantischen Glauben abschwören. Wer diesem Aufruf nicht nachkam, hatte mit einer Geldstrafe in Höhe von einhundert Goldgulden zu rechnen. Wer sich auch weiterhin zum Protestantismus bekannte, wurde mit Verbannung innerhalb von fünfundvierzig Tagen bedroht und gezwungen, Graz zu verlassen. Johannes Kepler gehörte zu den wenigen, die ihrer Konfession treu blieben und das Exil wählten.

In Prag, am kaiserlichen Hof Rudolfs II., arbeitete zu dieser Zeit ein weltberühmter Astronom von adligem Geblüt. Als ältestes von neun Kindern – sein Zwillingsbruder war bei der Geburt gestorben – hatte Tycho Brahe am 14. Dezember 1546 im dänischen Knudstrup das Licht der Welt erblickt. Ein kinderloser, reicher Onkel väterlicherseits nahm Tycho zu sich, ließ ihn in Wohlstand und Luxus aufwachsen, verwöhnte ihn

Artemisia abrotanum

nach Strich und Faden und gestattete beinahe jede Narretei. Nicht zuletzt deswegen entwickelte sich der intelligente Neffe mit dem Kopf voller Flausen zu einem lebhaften Kind, aus dem ein junger Mann von nicht immer angenehmem Temperament wurde. Widerspruch war ihm verhaßt, Toleranz kannte er nicht. Trinkfest und rechthaberisch zog er in Begleitung der Mitstudenten durch Rostock und behauptete, er sei der beste Mathematiker der Universität. Dem wagte ein mutiger Kommilitone zu widersprechen. Der erboste Tycho forderte ihn auf der Stelle zum Duell. Es war das Jahr 1566, in dem er bei dieser Auseinandersetzung ein Stück seiner Nase verlor. Der Wundarzt tat sein möglichstes, doch das abgeschlagene Teil war nicht zu retten. In kunstvoller Kleinarbeit fertigte ein Goldschmied eine Prothese aus Gold und Silber. Fortan war Tycho Brahe immer mit einem Mastixtöpfchen unterwegs, um die glänzende Nachbildung seiner Nase bei Bedarf jederzeit wieder ankleben zu können.

Während seines abenteuerlichen Lebens heiratete er gegen den Widerstand des Adels eine Bürgerliche und zeugte acht Kinder, von denen zwei Söhne und vier Töchter den Vater überlebten.

Nachdem er 1598 Kaiser Rudolf II. ein astronomisches Werk gewidmet hatte, forderte der Monarch ihn auf, an den Prager Hof zu kommen. Die beiden Männer verstanden sich auf Anhieb. Es bedurfte keiner langen Gespräche, da war dem skurrilen Regenten klar, daß er auf einen Wissenschaftler dieses Schlages nicht verzichten wollte. Mit einem im wahrsten Sinne des Wortes astronomischen Gehalt von dreitausend Goldgulden jährlich machte er Brahe ein Angebot, das dieser nicht ablehnen konnte. Er holte Frau und Kinder, bezog ein Schloß in der Nähe von Prag und bekleidete fortan die Stelle des kaiserlichen Mathematikers.

Auf Umwegen gelangte eines Tages eine Veröffentlichung Johannes Keplers in seine Hände. Sofort erkannte er, daß hier ein Mann mit großem Potential am Werk gewesen war und nahm sich vor, diesen als Assistenten zu gewinnen. Der, wie immer knapp bei Kasse, konnte sich die Reise nicht leisten, und so blieb man in den kommenden Jahren in losem schriftlichem Kontakt. Keplers Forschungen gewannen an Bedeutung, und so konnte es bald nicht mehr die Stelle eines Assistenten sein, die ihn interessierte. Brahe bot dem Kollegen die Zusammenarbeit an. Mit den politisch bedrohlichen Veränderungen in Graz war der Moment gekommen, diese Chance zu ergreifen.

Am 19. Oktober 1600 traf Familie Kepler in der Goldenen Stadt ein. Johannes, von hohem Fieber und heftigen Hustenanfällen gequält, hätte eigentlich das Bett hüten müssen. Doch der Umzug hatte so viel Geld verschlungen, daß an Bettruhe nicht zu denken war. Unter dem Druck seiner prekären finanziellen Situation sah sich Kepler gezwungen, alsbald die Arbeit unter Brahes Anweisungen aufzunehmen. Was als fruchtbares Miteinander zweier Wissenschafter von Weltrang gedacht gewesen war, erwies sich im Alltag als äußerst unerquicklich für den Neuankömmling. Eifersüchtig hütete Brahe nicht nur Beobachtungen und Materialien, sondern vor allem seine privilegierte Stellung bei Hofe.

»Ich rackere mich für ihn ab, arbeite trotz meiner Krankheit rund um die Uhr, und was kommt dabei heraus? Ein Hungerlohn und bei Tisch ein Platz in der Reihe der unteren Chargen«, beschwerte sich Kepler bei seiner Frau. Barbara zeigte wenig Verständnis für die Probleme ihres Mannes.

»Wie du es anstellst, ist mir gleich, aber sieh zu, daß endlich Geld in die Kasse kommt, damit wir uns eine anständige Bleibe leisten und Personal anstellen können«, giftete sie. Ein Jahr nach ihrer Ankunft in Prag wendete sich das Blatt.

Am 13. Oktober 1601 war Tycho Brahe an der Tafel eines erlauchten und wichtigen Herrn namens Rosenberg zum Essen geladen. Brahe, von Jugend an von äußerster Trinkfestigkeit, sprach dem Wein ausgiebig zu. Die Tischgespräche waren – so empfand es der Astronom – von solcher Wichtigkeit, daß er dem Druck seiner Blase nicht nachgab und sich die überfällige Erleichterung bis zum Ende des Abends verkniff. Schon auf dem Heimweg spürte er die zunehmende Verkrampfung der Unterleibsorgane und endlich auf seinem Schloß angekommen, bemühte er sich vergeblich, dem Drang der Natur nachzukommen. Überbeansprucht, gaben Blase und Nieren jedoch nichts von sich. Fünf schmerzhafte Tage quälte er sich bis zum Delirium, dann befiel ihn ein hohes Fieber. Am 24. Oktober verschied Tycho Brahe unter den Tröstungen und Gebeten der Seinen. Mit großem Gepränge wurde er beigesetzt. Zwölf Angehörige der kaiserlichen Leibgarde trugen den Sarg durch die Straßen Prags. Das Wappenschild, die goldenen Sporen und das Lieblingspferd des Verstorbenen hatten einen festen Platz im Zug der Trauernden.

Jetzt schlug Johannes Keplers große Stunde. Kaiser Rudolf II., Kunst und Wissenschaft seit jeher verbundener als politischen Geschäften, ernannte den Mann aus Württemberg zum kaiserlichen Mathematiker und Nachfolger Tycho Brahes. Am 6. November 1601 suchte der Geheime Rat des Kaisers Kepler in seiner Privatwohnung auf, um ihm das Amt und damit Stellung und Privilegien des verstorbenen Tycho Brahe zu übertragen. Stolz wie ein Pfau verkündete Kepler seiner Frau die Beförderung.

»Na, dann wollen wir mal hoffen, daß er ordentlich zahlt! Ich bin es leid, die Gemahlin eines armen Sternguckers zu sein.« Barbara fand auch jetzt kein lobendes Wort für ihren Mann.

Die neue Position gab Kepler Aufschwung und neuen Lebensmut. Endlich war es ihm gelungen, ein Amt zu bekleiden, das seinen Talenten und seinem Engagement entsprach. Die erste, die ihres Mannes frischen Elan zu spüren bekam, war Barbara, die alsbald ein weiteres Kind erwartete. Die Stimmung im Haus war besser als je zuvor. Das gute Gehalt des Kaisers ermöglichte eine neue Wohnung. Familie Kepler gab die bescheidene Unterkunft in der Altstadt, Karlsgasse 3, auf und zog um. Jetzt bewohnten sie am Rindermarkt in der Neustadt eine Wohnung, die bei weitem komfortabler und dem neuen gesellschaftlichen Stand des Hausherrn durchaus angemessen war.

»... Barbaras Bauch rundet sich täglich ein wenig mehr. Regina geht ihr artig zur Hand, und ich arbeite viel. Der Kaiser ist ein freundlicher, vielleicht manchmal etwas melancholischer Mann. Er pflegt vielerlei Interessen und hat eine überaus bedeutsame Sammlung an Kuriositäten aus allen Ländern dieser Welt, zu gerne würde ich dir davon erzählen. Doch lieber als zu schreiben, sähe ich dich mir dabei gegenübersitzen. Und so laden Barbara und ich dich ein, uns hier in Prag zu besuchen.« Benedikt Beutelspacher ließ den Brief sinken. Katharina strahlte über das ganze Gesicht.

»Mathematiker des Kaisers! Mein Hannes! Eine Reise nach Prag! Benedikt, was sagst du dazu?« Sie platzte fast vor Stolz.

»Weit hat er es gebracht, der Hannes«, Beutelspacher pfiff anerkennend durch die Zähne. Margarete, die andächtig zugehört hatte, klatschte in die Hände.

»Mutter, daß du mir nur ja etwas Schönes mitbringst. Hannes hat doch geschrieben, sie blasen so wundervolle Gläser dort. Bunt dazu, so eines hätte ich gerne.«

Katharina machte ein nachdenkliches Gesicht. »Ich mit meinen beinahe fünfundfünfzig Jahren, die Zähne fallen mir aus, und dann noch einmal so eine weite Reise. Kind, ich bin zu alt für solche Unternehmungen.« Aber Margarete gab keine Ruhe.

»Was redest du? Was heißt denn schon zu alt? Du hast so einen berühmten Sohn, der lädt dich ein, ihn zu besuchen, und du zierst dich? Wenn du nicht ganz schnell deinen Sinn änderst, fahre ich noch an deiner Stelle!« scherzte sie übermütig. Beutelspacher unterstützte Margarete.

»Mutter Kepler, mit Verlaub und bei allem Respekt, seid doch nicht töricht. Schaut Euch an. Rank und schlank wie ein junges Mädchen, mit Kräften für drei gesegnet, da kann Euch doch eine Reise nichts anhaben!« Katharina war überredet. Der Frühling war kaum angebrochen, da bestieg sie eine Kutsche, die sie über Nürnberg und Pilsen nach Prag bringen sollte.

Tatsächlich überstand sie die Reise viel besser, als sie befürchtet hatte, und war selig, als sie ihren Sohn endlich in die Arme schließen konnte.

»Hannes! Wie bin ich stolz auf dich! Und Regina, du bist ja gar kein Kind mehr – so gewachsen seit Graz!« Regina errötete.

»Aber bald gibt es wieder ein Kind bei uns, Großmutter. Hoffentlich bleibt es diesmal am Leben«, fügte sie mit gesenktem Blick hinzu.

»Dafür will ich schon sorgen, wenn es soweit ist! Ich verspreche es dir«, sagte Katharina zuversichtlich und hakte sich bei ihrem Sohn unter. »Jetzt lasse ich mich von dir führen und schaue mir abwechselnd meinen berühmten Sohn und die berühmte Stadt an, in der er lebt.« Neugierig ließ sie den Blick schweifen.

Prag zeigte sich von seiner besten Seite. Die Sonne schien, die Moldau glitzerte, die weißen Schwäne putzten anmutig ihr Gefieder und reckten die langen Hälse.

»So etwas Schönes habe ich, glaube ich, noch nie gesehen«, Katharina bestaunte die Bauwerke mit offenem Mund. Eck- und Knickhäuser, Laubengänge, einer mit prächtigeren Rosen bewachsen als der andere, Vorder-, Zwischen- und Hinterhöfe, Durchlässe, Passagen, Gabelwege, überall Miniaturmärkte und ein Ausschank neben dem anderen.

»Was für eine Stadt«, sagte sie andächtig. »Aber sag mir, Hannes, wie um Gottes willen halten diese Bögen zwischen den Häusern, sie sehen aus, als schwebten sie in der Luft.« Johannes lachte.

»Keine Angst, Mutter, das sind Strebebögen, die sind fest gemauert und fallen dir schon nicht auf den Kopf.«

Barbara empfing die Schwiegermutter mit freundlicher Distanziertheit.

»Du siehst angestrengt aus«, sagte Katharina und schaute auf den dicken Bauch der werdenden Mutter. Barbara nickte.

»Es ist eine Strapaze diesmal. Die Hitze macht mir zu schaffen. Die Beine sind geschwollen, und der Bauch ist schwer. Ich habe das Gefühl, ich trage einen kleinen Elefanten aus.« Katharina lachte.

»Na, das wollen wir doch nicht hoffen – einen kleinen Elefanten, den würden wir wohl schwerlich auf die Welt bringen.« Wenig später, allein mit Barbara in deren Schlafstube, tastete sie den Leib ab. »Eine Woche vielleicht noch, höchstens zwei, dann hast du es geschafft«, sie ließ die Falten des geschürzten Kleides wieder herabsinken.

»Geschafft ist es, wenn die Geburt überstanden ist, und keine Sekunde vorher. Mich graust bei dem Gedanken an die Schmerzen jetzt schon.« Barbara seufzte.

»Vertrau mir, ich werde dir zur Seite sein. Hast es ja schon ein paarmal hinter dich gebracht, schaffst es auch jetzt«, sprach Katharina ihr Mut zu.

Die Zeit vor der Entbindung nutzte sie, um im Haus zu helfen und sich die wundervolle Stadt genauestens anzusehen. Vormittags arbeitete Johannes, dann erledigte sie mit Regina die notwendigen Einkäufe. Wenn die Zeit es erlaubte, machten sie einen kleinen Abstecher an das Ufer der Moldau und sahen den Schwänen zu. Regina zog ein Stückchen Fladen unter ihrer Schürze hervor, brach es in kleine Stücke und warf die Krumen nacheinander ins Wasser. Sogleich entstand ein munteres Gerangel zwischen Enten und Schwänen, die sich um die besten Bissen kabbelten.

»Laß nur deine Mutter nicht sehen, daß du dein Essen hier in den Fluß wirfst«, mahnte Katharina.

»Ach, Großmutter, wenn es danach ginge, was die Mutter erlaubt, dürfte ich gar nichts tun. Sie ist gar so streng, hat an allem etwas auszusetzen und zetert immer wegen des Geldes.« Katharina beherrschte sich.

»Nun, so ein Haushalt will geführt sein, das kostet alles viel Geld«, bemühte sie sich um eine verbindliche Antwort.

Nachmittags, wenn Barbara ruhte, begleitete Katharina ihren Sohn auf den verschiedenen Gängen, die er zu erledigen hatte, und ließ sich von ihm historische und andere Sehenswürdigkeiten zeigen. Johannes erwies sich als ausgezeichneter Führer.

»Das hier«, er stand vor dem Rathaus der Altstadt und deutete mit dem Zeigefinger nach oben, »das hier ist etwas ganz Besonderes. Ein gewisser Magister Hanusch hat diese Uhr im Jahr 1490 erfunden. Er war Astronom an der Prager Universität. Sieh nur, sie zeigt die Stunden nach beiderlei Art. Nach der alten böhmischen, die von Sonnenuntergang die Stunden zählt und nach der neueren deutschen, so wie wir sie kennen. Mit der Einteilung fixiert um Mittag und Mitternacht. Außerdem zeigt diese Uhr Tag, Monat, Jahr und sogar das Schaltjahr. Und denk nur, sie ist so konstruiert, daß man Aufgang und Untergang von Sonne und Mond ablesen kann und den Lauf aller Planeten! Ein Wunderwerk!« Katharina bemühte sich, irgend etwas von dem zu erkennen, was ihr Sohn so andächtig beschrieb und zuckte erschreckt zusammen, als kurz vor dem vollen Stundenschlag eine Figur des Todes aus dem Inneren zum Vorschein kam und läutete.

»Das ist ja schrecklich«, entfuhr es ihr unwillkürlich. »Eine Uhr, die dich Stunde um Stunde an die eigene Vergänglichkeit erinnert.« Johannes lachte und zog sie weiter.

»Schau, was es hier auf dem Markt gibt«, lockte er seine Mutter. »So eine Vielfalt hast du noch nie gesehen.« Und tatsächlich kam Katharina angesichts der ausgestellten Waren aus dem Staunen nicht heraus. »Das alles und noch viel mehr ist alleiniges Verdienst unseres Primators. Wenzel Krocin von Drahobeyl heißt er. Der versteht die Gemeindeeinkünfte sinnvoll zu nutzen. Einen Seuchendienst und Spitäler gegen die Pest hat er eingerichtet. Garküchen für die Armen. Ein ganzes Dorf hat er gekauft, Smichow, denk nur ein ganzes Dorf, das plötzlich zur Stadt gehört.« Katharina hörte die Worte ihres Sohnes kaum. Beeindruckt stand sie vor einem Gewürzstand und sog die unzähligen Gerüche ein. »Davon muß ich Appolonia etwas mitbringen. Die Hälfte kennt sie nicht, da kannst du sicher sein.«

Wochentags begab sich Johannes Kepler jeden Morgen auf den Hradschin. Der Kaiser wünschte eine tägliche Prognose, die nicht ganz unkompliziert zu erstellen war.

»Er will eine astrologische Vorhersage über Krankheit, Seuchen, Krieg und Teuerung«, erklärte der Astronom seiner Mutter, die den Sohn ausnahmsweise auf dem Weg zu seiner Arbeit begleitete. »Wenn es das nur wäre, würde ich ja nichts sagen, aber er will außerdem immer genau wissen, wie die Lebenschancen seiner Feinde sind, wie die Planeten stehen, ob ein Blitzschlag droht und was der Himmel sonst noch zu bieten hat. Und das kostet viel Zeit.« Katharina lauschte aufmerksam seinen Worten. Dabei entging ihr keineswegs, daß Johannes auf seinem Weg zur Burg ständig zur Rechten und zur Linken grüßte und gegrüßt wurde. Einen Passanten hörte sie sogar bewundernd sagen:

»Da kommt der Kepler!« Vor Stolz hätte sie dem Mann am liebsten zugerufen:

»Und ich bin seine Mutter!« Aber das ließ sie bleiben. Johannes hätte es sicher nicht gutgeheißen.

In der Nacht zum 9. Juli setzten die Wehen ein. Es wurde eine lange, qualvolle Entbindung, doch am frühen Abend des heißen Sommertages brachte die erschöpfte Barbara ein gesundes Mädchen auf die Welt. Das Kind war ausgesprochen groß und von kräftiger Statur.

»Kein Wunder bei dem Kopf, daß es so schwer war, sie herauszubringen«, sagte Katharina, die ihrer Schwiegertochter keinen Augenblick von der Seite gewichen war. Mit einem angemessenen Fest wurde der Säugling nach der verstorbenen Schwester auf den Namen Susanna getauft. Stolze Paten waren neben zwei befreundeten Freiherren aus Keplers Grazer Zeit zwei Freundinnen von Barbara, deren Männer zu den Hatschieren der kaiserlichen Leibgarde gehörten.

Mutter und Kind erholten sich schnell von den Strapazen der Geburt. Katharinas Vorhersage, diesmal werde alles gutgehen, bestätigte sich, und als Barbara das Wochenbett verlassen konnte, machte sich ihre Schwiegermutter auf den Heimweg.

»Jetzt war ich doch nur ein paar Wochen fort, aber mir scheint, du hast dich irgendwie verändert. Bist richtig erwachsen geworden«, sagte sie am ersten Abend zu ihrer Tochter, die über diese Bemerkung vom Kragen bis zum Haaransatz errötete. »Du bist verliebt!« sagte ihr die Mutter auf den Kopf zu und traf damit ins Schwarze. »Wer ist es?« wollte Katharina wissen. Margarete schluckte nervös. Dann faßte sie sich ein Herz und erzählte:

»Er heißt Georg, Georg Binder. Ich habe ihn vor drei Wochen beim Kirchgang das erste Mal getroffen. Er ist Student der Theologie. Protestant, wie wir. Er will Pfarrer werden.«

»Nun, ein Pfaffe in der Familie ist nicht das Schlechteste«, antwortete Katharina und nahm ihre Tochter bei der Hand.

»Kind, du bist mir lieb wie mein eigenes Leben, deswegen höre gut, was ich dir zu sagen habe. Mach nicht den Fehler, den ich gemacht habe. Schau ihn dir genau an, bevor du dich endgültig entscheidest. Es gibt so viele Männer auf der Welt. Such dir einen, der dich glücklich macht, und keinen, der dich unglücklich macht. Und vor allem, halt die Beine zusammen, solange er dir nicht die Ehe versprochen hat. Und überhaupt – geheiratet wird erst, wenn er sein Studium fertig hat.« Jetzt lachte Margarete hellauf.

»Mutter, was redest du? Ich bin eben sechzehn geworden und kenne ihn erst seit drei Wochen. Die Zeit wird weisen, ob er der Richtige für mich ist, und bis dahin mach dir keine Sorgen. Ich weiß, was ich tue!« Katharina sah sie erstaunt an und dachte bei sich:

»Um einiges vernünftiger, als ich es war, das Mädchen.«

Zwei Jahre später war Margarete sicher, in Georg den Mann ihres Lebens gefunden zu haben. Katharina hingegen fand, ihre hübsche Tochter könne, statt einen jungen Pfarrer zu heiraten, vielleicht eine bessere Partie machen. An Freiern mangelte es nicht. Mehrere Leonberger Bürger interessierten sich für die Schwester des prominenten Astronomen Kepler. Darunter auch zwei Witwer, beide mit einem ansehnlichen Vermögen im Hintergrund, und ein angeheirateter Verwandter, den die Mutter favorisierte.

»Kind, unterschätz nicht, welche Beruhigung ein sicheres Geldpolster mit sich bringt«, Katharina versuchte, ihr einen der Männer schmackhaft zu machen. Hinter Margaretes Rücken verhandelte sie mit den prospektiven Schwiegersöhnen, doch die Tochter ließ sich nicht beirren.

»Aber Mutter, bitte, du hast selbst gesagt, ich soll mir einen suchen, der mich glücklich macht. Und der Georg, da bin ich sicher, wird mich glücklich machen. Was soll ich mit einem von diesen Alten, und wenn er noch soviel Geld hat?« Sie küßte Katharina auf die Wange und schmiegte sich an sie. »Nimm du ihn doch, wenn er dir so gut gefällt, dann kommt sein Geld auch in die Familie«, scherzte sie.

»Du bist und bleibst ein Ungeheuer!« lachte Katharina. »Sei's drum, ich habe da sowieso nicht mitzureden. Hannes ist das Familienoberhaupt. Du wolltest doch ohnehin einmal sehen, wie es in Prag ist. Fahr zu ihm und besprich die Sache mit ihm. Wenn er zustimmt, soll es mir recht sein.« Margarete jubelte. »Ich nach Prag! O wie wundervoll!«

Im Dezember 1604 war es soweit, Margarete Kepler traf bei ihrem berühmten großen Bruder ein. Am 3. des Monats hatte Barbara Söhnchen Friedrich geboren, und Margarete konnte vor Entzücken über den Säugling und die anderthalbjährige Susanna kaum an sich halten.

»Mit tausend Grüßen von der Mutter – und nur für dich«, schenkte sie Regina einen Topf Honig und eroberte damit das Herz des Mädchens im Sturm.

Johannes Kepler hatte inzwischen Stellung und Einfluß bei Hofe ausgebaut und gefestigt. Der Kaiser hielt große Stücke auf seinen Mathematiker. Sekretäre, Hofräte und Fürsten suchten dessen Gesellschaft und das Gespräch. Der gesellschaftliche Aufstieg spiegelte sich nicht nur in der Wohnung im Wenzelskolleg, die die Familie soeben bezogen hatte, oder in der Kleidung – Johannes trug feinste Wäsche und spanische Halskrausen ganz à la mode.

Die neue Stellung brachte auch veränderten Umgang mit sich.

»Weißt du, bei Susanna waren es noch Hatschiersfrauen, die Pate gestanden sind. Aber jetzt, bei Friedrich«, sie streichelte liebevoll das blondbeflaumte Köpfchen des Säuglings, »jetzt waren es ein Pfalzgraf und ein Gesandter!« erzählte Barbara ihrer Schwägerin stolz. Margarete war beeindruckt.

Was ihre Hochzeit betraf, so war die Angelegenheit schnell geregelt.

»Du sollst den Mann haben, den du liebst«, entschied Johannes und dachte bei sich: »Ich hätte auch lieber eine Frau, die besser zu mir paßt als die meine, aber in meinem Fall gab es leider keine andere Wahl.« Laut sagte er weiter: »Das einzige, was zuvor noch geschehen muß, ist, daß ich Erkundigungen über ihn und seine Familie anstelle.«

Margarete guckte ihn erstaunt an.

»Schau nicht so erschrocken. Ich werde gewiß nichts Hinderliches finden, aber wenn ich schon Vaterstelle in dieser Sache einnehme, will ich es auch richtig machen.« Er streichelte seiner Schwester liebevoll über die Wange.

»Forsche du nur«, lächelte diese. »Ich kenne die Eltern, du wirst wahrlich nichts Nachteiliges hören.«

Frohgemut reiste Margarete wieder nach Leonberg. Dort erkannte sie verdrossen, daß Katharina ihre Bemühungen inzwischen nicht eingestellt hatte. Ohne Wissen der Tochter traf sie Vereinbarungen und reiste sogar nach Tübingen, um Informationen zu sammeln. Als sie trotz Margaretes heftiger Proteste nicht davon abzubringen war, sich ihrerseits um einen passenden Mann für die Tochter zu kümmern, sah Margarete keinen anderen Ausweg, als sich erneut an ihren Bruder in Prag zu wenden. Sie schrieb Johannes einen langen, ausführlichen Brief, in dem sie ihr Leid klagte und bekräftigend von ihrer Liebe zu Georg erzählte. Johannes reagierte unverzüglich und verfaßte seinerseits eine Epistel, die er an einen langjährigen Freund und Vertrauten in Tübingen schickte:

»Ich möchte in einer Sache an Euch schreiben, in der Ihr mir einen großen Dienst erweisen könnt. Wie man sagt, bewirbt sich ein Neffe bruderseits des Jakob Kienlin, der in der Marktgasse wohnt und der mit mir verschwägert ist, um meine Schwester Margarete, die vor zwei Jahren bei mir in Prag war. Nach dem Verlust meines Vaters steht niemand mehr meiner Schwester näher. Sollte meine Mutter, die, wie ich höre, neulich in Tübingen war, mir vorgreifend etwas ausgemacht haben, so gebe ich hierzu meine Genehmigung nicht, solange dies ohne Zustimmung meiner Schwester geschehen ist. Um aber auf den Rat und nach Willen meiner Schwester die Sache mit Nutzen betreiben zu können, bin ich genötigt, meine Gönner und vor allem Euch um aufklärende Mitteilungen über den Mann zu bitten, da ich ihn persönlich nicht kenne. Ich ersuche Euch daher auf das allerdringlichste, Ihr mögt mir Stellung, Ruf und geistige Eigenschaften des Mannes mitteilen, soweit Ihr es für meine Schwester von Nutzen haltet; soweit Ihr es selber nicht vermögt, mögt Ihr in passender Weise von Freunden Aufschluß verlangen und Euren Rat, bester Gönner, beifügen. Ich glaube zwar nicht, daß mit einer solchen Mitteilung ein Verdruß oder eine Gefahr verbunden ist, ich gebe aber überdies das heilige Versprechen, die Mitteilungen geheimzuhalten. Ihr kennt auch, glaube ich, meine Aufrichtigkeit und seht, daß ich nicht aus Neugier frage und nichts suche als das Interesse meiner Schwester.« Mit diesen wohlgesetzten Worten war Johannes Kepler seiner Pflicht als verantwortungsbewußtes Familienoberhaupt nachgekommen und hatte gleichzeitig deutlich gemacht, daß die Entscheidung bei der Wahl ihres Mannes einzig und allein Margarete zu überlassen war.

Zufrieden lehnte sich der Astronom zurück und nippte an seinem Wein, da klopfte es eines Abends spät an der Tür.

»Wer will denn zu dieser Stunde noch stören?« knurrte Kepler, der bereits seine Schlafmütze auf dem Kopf hatte.

»Weiß ich's?« Seine Frau legte das Strickzeug zur Seite.

»Bleib sitzen, Mutter, ich gehe schon«, Regina sprang auf und lief zur Tür. Draußen stand ein finsterer Geselle. Aus seinem ungewaschenen Gesicht blitzten zwei dunkle Augen, Haare und Bart waren filzig und verlaust, seine Kleidung starrte vor Schmutz.

»Wohnt hier ein gewisser Johannes Kepler?« fragte der Mann mit freundlicher Stimme.

»Einen Augenblick bitte, ich will sehen, ob er zu sprechen ist«, Regina knickste höflich und schloß die Türe wieder.

»Vater, da ist jemand für dich. Aber komm ihm nicht zu nahe, daß seine Läuse, Flöhe, Wanzen, oder was er sonst so bei sich trägt, nicht auf dich überspringen – er ist furchtbar schmutzig.« Kepler nahm die Schlafmütze ab und stand auf.

»Gesindel! Warum hast du ihn nicht einfach fortgeschickt und gesagt, daß wir mitten in der Nacht keinen Besuch mehr empfangen?« schnarrte Barbara aus dem Hintergrund.

»Weil der Vater immer seinen Besuch empfängt, ganz gleich, wie spät es ist«, verteidigte sich Regina beleidigt.

Kepler hatte kaum die Tür geöffnet, da schrie er auch schon laut auf. Erschreckt rannte Regina nachzusehen, ob der Fremde ihrem Ziehvater etwas getan hatte, und erstarrte vor Entsetzen beinahe zur Salzsäule, als sie sah, daß sich die beiden Männer in den Armen lagen. »Du lebst, du bist gesund, du bist hier! Heiner, ich kann es nicht glauben. Wie oft habe ich an dich gedacht und mich um dich gesorgt – und erst die Mutter. Weiß sie, daß es dir gutgeht?« Johannes wischte sich die Tränen aus den Augen und ließ seinem Bruder keine Zeit zu antworten. »Jetzt komm erst einmal herein. Sieh dich bloß! Wo hast du dich nur herumgetrieben – nein, ich möchte es gar nicht wissen – als erstes richten wir dir ein Bad.« Er drehte sich um und sah Regina. »Komm her, Tochter, das ist Oheim Heinrich, von dem ich dir schon so viel erzählt habe. Begrüße ihn brav, und dann geh und richte heißes Wasser für ein Bad – der Oheim hat es bitter nötig.« Heinrich hatte noch immer keinen Ton gesagt, jetzt nutzte er die Atempause seines Bruders.

»Guten Abend, es tut mir leid, daß ich so spät hereinplatze, ich hoffe, es macht keine allzu großen Umstände«, sagte er verlegen und streckte Regina die Hand entgegen.

»Was ist denn da los? Haltet ihr eine Gemeindesitzung ab, oder erfahre ich vielleicht auch mal, wer da gekommen ist«, meldete sich Barbara verärgert aus der Stube.

»Es ist Vaters Bruder Heinrich, Mutter, er lebt und braucht dringend ein Bad.« Regina machte sich eifrig an der Feuerstelle zu schaffen.

»Jetzt, um diese Zeit? Weiß der denn nicht, wie spät es ist?« schnappte Barbara.

»Doch, das weiß er, aber nach beinahe zehn Jahren kann man es auf die Stunde genau eben nicht planen«, Johannes betrat die Stube und zog Heinrich herein.

Als der Zuber mit heißem Wasser gefüllt und eine Kräuterlake angerichtet war, verließen die Frauen den Raum. Während er bis zum Kinn in der Lauge einweichte, erzählte Heinrich seinem Bruder in aller Kürze, wie es ihm in den verstrichenen Jahren ergangen war.

»Wenn du so willst, habe ich eigentlich nur Pech gehabt. Immer, wenn es gerade so aussah, als hätte ich es geschafft, passierte wieder etwas, und ich mußte von vorne anfangen. Jetzt habe ich keinen Groschen mehr in der Tasche und brauche dringend Arbeit.« Heinrich kletterte aus dem Bottich und trocknete sich ab.

»Darüber reden wir morgen. Ich kann bestimmt etwas für dich tun. Aber erst mal schläfst du dich ordentlich aus. Regina hat dir ein Lager gemacht, leg dich aufs Ohr, und alles weitere sehen wir dann.« Im Gegensatz zu seinem Bruder verbrachte Johannes eine unruhige Nacht. Ganz früh am nächsten Morgen brach er auf und ging auf den Hradschin. Es war noch nicht Zeit, das Mittagessen einzunehmen, da kehrte er mit guten Nachrichten für Heinrich zurück. »Du kannst in der kaiserlichen Leibgarde bei den Hatschieren anfangen, und zwar ab sofort. Da bekommst du gutes Geld, und bis wir eine Bleibe für dich gefunden haben, wohnst du hier.« Der Seitenblick, den Barbara bei diesen Worten von ihrem Mann fing, ließ keinen Widerspruch zu. Heinrich war überglücklich.

»Jetzt, wo ich in deiner Nähe bin, wird sicher alles gut.« Dankbar umarmte er seinen Bruder.

»MONDTRAUM«

Animiert durch die Anwesenheit seines Bruders, dachte Johannes häufiger als in den Jahren zuvor an die gemeinsame Kindheit.

»Leidest du eigentlich immer noch unter deinen schrecklichen Anfällen?« fragte er ihn. Heinrich nickte traurig.

»Sie begleiten mich mein ganzes Leben, damit habe ich mich abgefunden. Es wäre auch alles nur halb so schlimm, wenn ich dabei nicht immer so schrecklich einsam wäre. Weißt du, es hat ein paar Frauen gegeben, die mich ganz gut leiden mochten, aber wenn ich dann vor ihren Augen zusammenbrach, in die Hose machte und keine Ahnung mehr hatte, was um mich herum geschieht – nun«, er seufzte traurig, »das ist wohl nicht gerade das, was man von einem Ehemann erwartet.« Johannes sah ihn mitfühlend an.

»Vielleicht hast du hier in Prag mehr Glück. Die Menschen haben warme, gute Herzen, mag sein, daß du in der Stadt eine Frau findest, die dein Los mit dir teilt.« Heinrich zuckte die Schultern. »Die Zeit wird es zeigen, jetzt habe ich dank deiner Hilfe erst einmal eine Arbeit, und das ist schon viel.« Er saß am Tisch und schlürfte Suppe aus einer kleinen Holzschale.

Hyoscyamus niger

Plötzlich fühlte sich Johannes um Jahre zurückversetzt, als er und Heinrich kleine Jungen waren und der Vater ihnen Geschichten erzählte. Er erinnerte sich an die Sage von Libussa und lächelte bei dem Gedanken, daß er ausgerechnet in der Stadt gelandet war, die sie angeblich gegründet hatte.

Geister, Feen und Elfen der Legende ließen ihn nicht mehr los und begannen im Kopf des Astronomen ein Eigenleben zu führen. Eines Nachts, der Astronom hatte wie immer die Sterne beobachtet, kam ihm im Schlaf die Idee, auf die er gewartet hatte. Früh am nächsten Morgen zog sich Kepler in seine Stube zurück und begann zu schreiben. Die ersten Sätze standen kaum auf dem Papier, da ging ihm die Arbeit immer schneller von der Hand. Er konnte den Federkiel nicht so flink ins Tintenfaß tauchen, wie die Gedanken aus ihm heraussprudelten.

»Johannes, ich weiß nicht, was er hat. Ludwig schreit schon seit Stunden und ich kann ihn nicht beruhigen. Sieh du doch einmal nach ihm.« Wie immer zur Unzeit stand Barbara, den Jüngsten auf dem Arm, in der Tür. Kepler sah verärgert auf. Wie konnte es sein, daß diese Frau so ein sicheres Gespür dafür hatte, wann sie ihn störte! Er beherrschte sich und nahm seinen kleinen Sohn auf den Arm. Wenn es um die Kinder ging, bemühte er sich stets, heitere Ausgeglichenheit zu zeigen. Es gelang nicht immer, denn seit Regina im vergangenen Jahr Philipp Ehem, den Sohn des vornehmen kurpfälzischen Geheimen Rates und Großkanzlers geheiratet hatte und ihm nach Heidelberg gefolgt war, spannte Barbara ihren Mann wesentlich häufiger ein. Kepler legte Ludwig auf seinen Schoß und rieb ihm mit kreisenden Bewegungen den geblähten Bauch. Der Knabe kam allmählich zur Ruhe, ließ mit Getöse die Ursache seiner Koliken fahren und lächelte den Vater zufrieden an.

»So, Weib, und jetzt, ich bitte dich, laß mich arbeiten«, sagte Johannes und reichte ihr das Kind.

»Wo war ich noch«, murmelte er für sich und versuchte die Unterbrechung abzuschütteln. Um sicher zu gehen, daß der Anschluß gelang, nahm er noch einmal das erste Blatt seiner Geschichte und rekapitulierte sie von Anfang an:

Auf Island lebte einst ein Knabe mit Namen Duracotus. Als er drei Jahre alt war, verstarb sein Vater, ein Fischer, im Alter von einhundertundfünfzig Jahren. Von Stund an erzog ihn nur noch die Mutter, Fiolxhilda, eine zierlich gebaute Alte mit oftmals gar zu spitzer Zunge. Sie sammelte Kräuter, kochte diese unter allerlei merkwürdigen Zeremonien und verkaufte sie dann getrocknet in kleinen Beuteln, die sie aus Widderhaut nähte. Vor allem aber verfügte Fiolxhilda über magische Kräfte und konnte mit Geistern sprechen. Strengstens verbot sie dem kleinen Duracotus, die Kräutersäckchen anzufassen, auch ihre magischen Kontakte pflegte sie nur, wenn ihr Sohn nicht zugegen war. Der folgte den mütterlichen Verboten, bis ihn im vierzehnten Lebensjahr die Neugierde übermannte und er einen der geheimnisvollen Beutel aufschnitt, um den Inhalt genau zu inspizieren. Außer den getrockneten Kräutern fand er darin einen Leinfetzen, der mit seltsamen Zeichen bestickt war. Als seine Mutter bemerkte, was geschehen war, geriet sie in eine große Rage. Einmal geöffnet, hatte der nämliche Beutel seine Zauberkraft verloren. Er war jedoch bereits verkauft und bezahlt von einem Schiffer. Fiolxhilda wollte diesem das Geld nicht zurückgeben und überließ ihm als Ersatz ihren Sohn Duracotus. Der Seemann nahm den Knaben mit auf eine weite Reise, ankerte eines Tages vor der Insel Hven und ließ den schwer seekranken Duracotus dort in der Obhut eines berühmten Astronomen zurück. Tycho Brahe hieß der Mann, der den Jungen aus Island in den folgenden fünf Jahren in die Mysterien der Planeten einweihte.

Das Heimweh trieb Duracotus zurück nach Hause. Seine Mutter schloß ihn voller Reue in die Arme. Dem erwachsenen Sohn wollte sie ihre Geheimnisse nicht länger vorenthalten und bereitete ihm eine phantastische Einführung, deren Höhepunkt eine Geisterbeschwörung war. Als der Mond eine zunehmende Sichel zeigte, die Sonne sank und in Konjunktion mit Saturn im Zeichen des Stieres stand, wanderte die Mutter mit ihrem Sohn zum nächsten Kreuzweg und rief einige Worte in die Nacht. Dann verrichtete sie verschiedene merkwürdige Zeremonien. Gerufen von ihren magischen Formeln erschien ein freundlicher Geist aus Levania – dem Land des Mondes. Wie befohlen bedeckte Duracotus sein Haupt mit einem Stück Tuch. Als er nichts mehr sehen konnte, hörte er, wie eine rauhe, übernatürliche Stimme in der Sprache Islands zu flüstern anhob.

»Die Insel Levania«, so raunte der Geist, »liegt fünfzigtausend deutsche Meilen im tiefen Äther. Der Weg dorthin kann jedoch nur sehr selten betreten werden, nämlich bei einer Mondfinsternis, wenn der Geist auf dem Erdschatten dahingleitet, der den Mond trifft. Menschen zu befördern ist schwer und lebensgefährlich. Am besten eignen sich saftlose, alte Frauen, die es von Jugend an vermögen, auf Böcken, Gabeln oder verschlissenen Decken reitend, weite irdische Räume zu durcheilen.« Der Dämon erzählte von der langen Reise zum Mond, die wegen großer Beschleunigung und Kälte nicht ungefährlich für die Menschen sei. »Der Anfangsstoß der Beschleunigung ist das schlimmste, denn der Reisende wird wie durch eine Explosion von Schießpulver nach oben katapultiert.« Duracotus lauschte fasziniert den Worten des Geistes. »Daher«, fuhr dieser fort, »müssen die Menschen vorher mit Schlafmitteln betäubt und ihre Glieder sorgfältig geschützt werden. Sonst würden sie ausgerissen, denn der heftige Rückstoß betrifft den ganzen Körper. Es folgen schreckliche Kälte und Atembeschwerden. Doch wenn diese überstanden und der erste Teil der Reise zurückgelegt ist, wird es leichter. Langsam entrinnt der Körper der magnetischen Kraft der Erde und gerät in die des Mondes, die jetzt die Oberhand gewinnt.«

Duracotus wagte unter seinem Tuch kaum zu atmen, so gespannt war er auf das, was nun folgte. Ausführlich berichtete der Dämon, wie es auf dem Mond zugeht.

»Ein Tag auf dem Mond dauert etwa vierzehn Erdentage und eine Nacht ebenso lang – denn der Mond braucht einen Monat, um sich einmal um die eigene Achse zu drehen, das heißt, genau so lange, wie er braucht, um einen Umlauf um die Erde zu vollführen. Deswegen seht ihr Erdbewohner auch immer nur die gleiche Mondseite. Die Sonne geht zwölfmal auf und unter – genauer gesagt, in acht Jahren neunundneunzigmal. Auf dem

Mond gibt es Berge, viel höher als die der Erde, Pflanzen und Geschöpfe sind üppiger und größer als alles, was ihr kennt. Das Wachstum geht windgeschwind vor sich, doch ist alles sehr kurzlebig, weil es sich zu einer derart großen, körperlichen Masse entwickelt. Leben und Tod umfassen nur einen einzigen Tag.« Der Dämon machte eine kleine Pause. Duracotus versuchte, sich ein Leben vorzustellen, das nur einen einzigen Tag dauerte, konnte jedoch den Gedanken nicht weiterverfolgen, denn der Geist berichtete bereits weiter:

»Beide Seiten des Mondes sind von Mondgeschöpfen bewohnt. Die meisten gleichen riesigen Schlangen. Sie haben keine festen Behausungen. In einem Tag durchziehen sie in Horden ihre gesamte Welt. Dabei folgen sie den zurückweichenden Wassern entweder auf Beinen, die höher als die eurer Kamele sind, oder auf Flügeln – manchmal sogar mit Schiffen. An den Wassern leben Taucher, die sehr langsam atmen, so daß sie vor der glühenden Sonne auf den Grund der tiefen Wasser fliehen können. Wer das nicht rechtzeitig schafft und an der Oberfläche bleibt, wird von der Mittagssonne gekocht und dient den herumziehenden Schlangennomaden als Nahrung. Mondbewohner, die nicht leben können, ohne zu atmen, ziehen sich in die Höhen der Mondberge zurück. Dort suchen sie Schutz vor der Hitze des Tages. Die Rinde von Bäumen oder das Fell von Tieren, oder was dem entspricht, bildet ihre Haut. Sie ist schwammig und porös. Wenn sie der brennenden Sonne ausgesetzt wird, versengt sie, verhärtet und fällt am Abend ab. Über die ganze löchrige Landschaft, den von Höhlen durchsetzten Mondboden verteilt, sind Dinge verstreut, die der Form nach Tannenzapfen sein könnten. Ihre äußeren Schuppen verbrennen durch die Tageshitze. Aber nachts oder im Schatten bringen diese Zapfen lebende Wesen hervor.«

Zu gerne hätte Duracotus in seinem Traum noch mehr von den eigenartigen Wesen gehört, die den Mond bevölkerten, doch ein Wolkenbruch, der ihn weckte, bereitete der Geschichte ein jähes Ende.

Kepler war so versunken in seine Fabelwelt, daß er nicht hörte, wie Barbara ihn bereits zum dritten Mal zum Essen rief.

»Geh, Kind, hol ihn aus der Schreibstube, sonst verhungert er uns noch«, sagte sie zu Susanna, die flugs die Stufen der engen Stiege erklomm und an des Vaters Tür klopfte. Kepler schrak hoch.

»Du sollst zu Tisch kommen und dich beeilen, sonst mußt du sterben«, kolportierte das Mädchen die mütterliche Order, deren Formulierung Kepler nachdenklich stimmte. Er schloß das Tintenfaß und folgte seiner Tochter.

Fest entschlossen, den »Mondtraum« eines Tages drucken zu lassen, überarbeitete er ihn mehrfach und fertigte verschiedene Abschriften an.

Doch bevor er sich weiter mit dem Ergebnis seiner literarischen Arbeit beschäftigen konnte, forderten traurige Ereignisse die ganze Kraft und Aufmerksamkeit des Astronomen. Das feste Gefüge, in dem er so zufrieden lebte, geriet aus den Fugen.

1610 war in Prag ein Fürstentag abgehalten worden, der den ganzen Sommer bis in den Herbst gedauert hatte. Allen diplomatischen Bemühungen zum Trotz gelang es nicht, die Schwierigkeiten aus dem Weg zu räumen, und so setzte Leopold, Bischof von Passau und ein Vetter Rudolfs II., im Winter seine Truppen in Marsch. Die Soldaten fielen in Österreich ein, wandten sich von da aus nach Böhmen und besetzten schließlich im Februar 1611 die Kleinseite Prags. Daraufhin rotteten sich bewaffnete böhmische Männer in der Neustadt zusammen und stürmten unter wüsten Ausschreitungen gegen die Feinde. Die Stände schritten ein und verlangten den Abzug der fremden Truppen. Am Ende der schrecklichen Auseinandersetzungen stand ein Machtwechsel an oberster Stelle. Rudolf II. mußte Zepter und Krone an seinen Bruder Matthias abgeben, der im folgenden Jahr in Frankfurt zum Kaiser gewählt wurde.

Zur selben Zeit wütete eine Pockenepidemie in der Stadt.

Nacheinander erkrankten auch die drei Keplerkinder, Susanna, Friedrich und Ludwig. Während sich Tochter und jüngster Sohn langsam erholten, rang der kleine Friedrich, Sonnenschein und ausgemachter Liebling beider Eltern, mit dem Tod. Am 19. Februar starb der sechsjährige Junge und hinterließ seine Familie in tiefster Trauer. Barbara Kepler erholte sich nicht mehr von ihrem Kummer. Um nicht in ihrer Schwermut zu versinken, widmete sie sich der Krankenpflege. Sie bezahlte ihren vorbildlichen Einsatz mit dem Leben. Wenige Monate nach dem Tod seines Kindes trug Johannes Kepler am 3. Juli 1611 auch seine Frau zu Grabe.

»Betäubt durch die Schreckenstaten der Soldaten und den Anblick des blutigen Kampfes in der Stadt, verzehrt von der Verzweiflung an einer besseren Zukunft und von der unauslöschlichen Sehnsucht nach dem verlorenen Liebling, wurde sie zum Abschluß ihrer Leiden vom ungarischen Fleckfieber angesteckt, wobei sich ihre Barmherzigkeit an ihr rächte, da sie sich von dem Besuch bei den Kranken nicht abhalten ließ. In melancholischer Mutlosigkeit, der traurigsten Geistesverfassung unter der Sonne, hauchte sie schließlich ihre Seele aus.«

Die traurige Botschaft traf mit einiger Verzögerung in Leonberg ein. Als Benedikt Beutelspacher den Brief verlesen und Katharina eine Kerze zum Gedenken entzündet hatte, waren die Prager Tage ihres Sohnes bereits gezählt. Kein Jahr verging, da verstarb Kaiser Rudolf II. Zwar bestätigte sein Nachfolger, Kaiser Matthias, Johannes Kepler in seiner Funktion als erster Mathematiker des Hofes, doch den Witwer hielt es nicht länger in der Stadt seiner unglücklichen Erinnerungen. Die Stände in Linz unterbreiteten ihm das Angebot, die Stellung des Landschaftsmathematikers zu bekleiden. Der Astronom zögerte nicht lange und verließ Prag.

BÖSE REDEN UND INTRIGEN

Katharina Kepler bewohnte inzwischen das Häuschen in der Leonberger Kirchgasse allein. Durch einige Wiesen und Felder, die zum Teil verpachtet waren, sowie durch das eigene Haus hatte die alte Frau ein sicheres Dach über dem Kopf und verfügte über ein ausreichendes Einkommen. Margarete hatte sich mit der Zustimmung ihres Bruders durchgesetzt und 1608 den Leonberger Präzeptor, Magister Georg Binder, geheiratet. Als dessen Vater starb und mit seinem Tod die Pfarrei in Heumaden frei wurde, trug man Binder an, sie zu übernehmen. Das junge Paar packte die wenigen Habseligkeiten und zog unter den Tränen, aber doch mit dem Segen der Keplerin fort. Die Trennung von ihrer geliebten Tochter fiel Katharina schwer.

»Sie war alles, was ich hatte«, schluchzte sie, und Benedikt Beutelspacher, der eigentlich nur gekommen war, ihr beim Beschneiden der Obstbäume zu helfen, wußte nicht recht, wohin mit seiner Verlegenheit.

»Mutter Kepler, das ist der Lauf der Welt. Seid doch froh, daß sie jemanden gefunden hat, der sie liebt. Und außerdem habt ihr doch noch den Johannes und den Christoph«, sprach er ihr Trost zu.

Digitalis purpurea

»Ach der Johannes«, Katharina schneuzte sich geräuschvoll. »Der ist so weit weg. Jetzt hat es ihn und die beiden Kinder nach Linz verschlagen, das ist auch nicht viel näher als Prag. Und Christoph«, sie räusperte sich verächtlich, »Christoph hat mit seiner alten Mutter nicht viel zu tun. Den interessiert nur seine Gießerei und die Miliz.«

Der stille, unauffällige Christoph Kepler hatte sich sein Leben ein wenig abseits der Familie eingerichtet. In der Nähe der Mutter war es ihm schier unmöglich gewesen, aus dem Schatten seines berühmten Bruders zu treten. Was immer er tat, vorschlug oder wollte, Johannes hatte es bereits getan, vorgeschlagen und gewollt.

»Ich kann doch machen, was ich will«, beschwerte sich der Knabe einmal bei seiner Schwester Margarete. »Johannes hat es immer schon besser gemacht, als ich es jemals könnte. Und wenn ich einmal krank bin, ist es immer der Heiner, der kränker war, als ich jemals sein werde. Und du bist sowieso ihr Augenstern. Für mich ist hier einfach kein Platz.« Stumm hörte Margarete die traurigen Worte ihres jüngeren Bruders und wußte nichts zu entgegnen. In ihrem Innersten spürte sie, daß er recht hatte.

So absolvierte Christoph ohne nennenswerte Höhen und Tiefen seine Lehre als Zinngießer, machte den Abschluß als Geselle und begab sich nach den Regeln der Zunft auf eine mehrjährige Wanderschaft.

»Lern ordentlich und komm gesund wieder«, ließ Katharina ihn ziehen und beschäftigte sich weiter mit den einzukochenden Kirschen. Als Christoph nach der festgelegten Zeit wieder in Leonberg eintraf, war aus dem Jungen ein Mann geworden, der einen klaren Plan für seine Zukunft hatte und sich daran machte, diesen auch umzusetzen. Er war weit herumgekommen und hatte dabei nicht nur Erfahrungen in seiner Profession gesammelt. In fernen Ländern war er in Kriegswirren geraten und konnte sich als tapferer Soldat profilieren. Neben seinem Meistertitel interessierte ihn vor allem die Miliz. Hier herrschten Zucht, Ordnung und Disziplin. Hier fand man solche, die Befehle gaben, und andere, die sie befolgten. Hier fühlte er sich wohl. Dank seiner erwiesenen Tapferkeit machten ihn die Leonberger zum Korporal, im Laufe der Jahre brachte er es zum Drillmeister und erfüllte seine Aufgaben mit großer Gewissenhaftigkeit. Dank der versierten Meister, bei denen er gelernt hatte, verstand er sich auf kunstreiche Arbeiten, und man rühmte ihn als großen Könner seiner Zunft. Mit einer stets ausgelasteten Werkstatt und der Tochter des Eltinger Schultheißen Caspar Wendell, einer freundlich unbedarften Frau an seiner Seite, war Christoph Kepler ein wohlangesehenes Mitglied der Leonberger Bürgerschaft. Um seine Mutter kümmerte er sich wenig. Ihr Ratschläge zu geben oder gar in ihr Treiben hereinzureden war – so seine Erfahrung – ohnehin sinnlos.

Die Geschäfte des Zinngießers gingen gut. Ob kleine Glokken, Kannen, Krüge oder andere Gefäße, Christoph Kepler konnte über mangelnde Aufträge nicht klagen. Und je üblicher es wurde, die Fassaden der Häuser mit bleiverglasten Fenstern zu schmücken, um so häufiger traten Kunden in die Werkstatt und fragten Meister Kepler nach dem Preis seiner Arbeit.

So kam es, daß Christoph immer öfter mit dem Glaser Jakob Reinbold zu tun hatte. Wenn irgend möglich versuchte er darauf zu achten, daß er dessen Frau nicht antraf. Der Ruf der Reinboldin hatte im Laufe der Jahre schwer gelitten. In Leonberg wußte jeder um ihre schändliche Vergangenheit:

Ursula Reinbold war in der Apotheke von Ansbach erzogen worden und hatte schon als junges Mädchen vom Gesellen der Pharmazie verbotene Mittel erhalten, um eine Schwangerschaft zu verhüten. Nach ihrer frühen Hochzeit war sie bald verwitwet und gab sich zum Entsetzen der wohlanständigen Gemeinde einem derart lasterhaften und unkeuschen Leben hin, daß sie schließlich wegen Unzucht für einige Zeit im Diebesturm eingesperrt worden war. Kurz vor ihrer Verhaftung hatte sie dem Glaser Jakob Reinbold in einer Weise den Kopf verdreht, daß dieser sie noch im Gefängnis ehelichte. Auch in ihrer zweiten Ehe blieb sie eine leichtfertige Person. Um keine Kinder empfangen zu können, versuchte sie, sich von einem angeblichen Arzt unfruchtbar machen zu lassen. Ungeniert pflegte sie einen solch liederlichen Lebenswandel, daß sich ihr Mann vor Scham kaum zu helfen wußte. Doch ganz gleich, wie sehr er seiner Frau ins Gewissen redete, Ursula Reinbold war unbelehrbar.

»Ich pfeife auf deine Predigten«, fuhr sie ihn an. »Und ebenso pfeife ich auf das moralische Getue der Stadt. Was schert's die Leute, wie ich lebe. Und du, du bist doch ohnehin den ganzen Tag nur in deiner Werkstatt. Werde glücklich mit deinen Bottichen und Pötten, dampf die Asche ein, bis sie zu feinstem Staub zerfällt und laß mich meiner Wege gehen.« Jakob Reinbold hatte nicht die Kraft, sich gegen sein vehementes Weib zur Wehr zu setzen, und mußte ein ums andere Mal mit ansehen, wie sie auf ihren ehebrecherischen Pfaden wandelte.

Eines ihrer Opfer, eine betrogene Frau, war es, die schließlich den Stein ins Rollen brachte. Flehentlich hatte sie die Reinboldin gebeten, die Finger von ihrem Mann zu lassen, und für ihre Tränen nur Hohn und Spott geerntet. Endlich wußte sie sich nicht anders zu helfen und ging, die Reinboldin anzuzeigen.

Wie Diebstahl, Hehlerei und Betrug waren Unzucht und Ehebruch Delikte, um die sich die Gerichtsbarkeit zu kümmern hatte. Die Beweislage war eindeutig, und ehe sie sich versah, war Ursula Reinbold schuldig gesprochen. Keifend und um sich schlagend wurde sie zum Pranger geführt. Der Pranger, zentraler Schauplatz aller Ehrenstrafen, befand sich direkt neben der Kirche. Zwei Stunden nutzten die Leonberger Bürger ihr Recht, die Ehebrecherin mit Kot und Unrat zu bewerfen, bevor sie die Reinboldin losbanden und ihr zum Zeichen der Schande für ihr Dirnengebaren einen geflochtenen Strohkranz auf den Kopf drückten. Damit nicht genug, drückte man ihr die Griffe eines vollbeladenen Mistkarrens in die Hände und zwang sie, diesen durch alle Straßen der Stadt zu schieben. Mit der erniedrigenden Prozedur war die Strafe abgegolten und Ursula Reinbold verkroch sich für einige Zeit in ihrer Hütte.

»Metze bleibt Metze«, kommentierte Christoph Kepler Wochen später, als das Gerücht ging, die Reinboldin habe ihre außerehelichen Aktivitäten wiederaufgenommen. Diesmal trieb sie es so wild, daß es sogar ihrem geduldigen Mann beinahe zuviel wurde. Noch rang er mit sich, die Missetäterin jetzt seinerseits zu verklagen und – wie in solchen Fällen Usus – verkehrt herum auf einem Esel sitzend aus der Stadt treiben zu lassen, da zwang ein hohes Fieber die Reinboldin auf ihr Lager.

Zwei Tage schenkte der zornige Jakob Reinbold seiner Frau keinerlei Beachtung, dann konnte er nicht mehr umhin, das Blut zu bemerken, daß zwischen ihren Beinen rann. Von bösen Ahnungen getrieben, lief er zu Katharina Kepler.

»Kätterle, du mußt mir helfen. Schließlich bist du doch ihre Freundin. Es geht ihr schlecht. Sehr schlecht, Weibersache, verstehst du? Ich weiß nicht, wohin ich mich sonst wenden soll«, flüsterte er mit zittriger Stimme. Katharina stand mit dem Rücken zu ihm und scheuerte den Tisch in ihrer Stube.

»Weibersache, so, so. Ich will dir ehrlich sagen, wie es steht, Reinbold. Sie ist meine Freundin schon lange nicht mehr. Wer sich benimmt wie eine läufige Hündin, kann meine Freundin nicht sein«, sie schrubbte den groben Sand über die Tischplatte, als gelte es ihr Leben. »Weibersache! Was soll sein!« schnaubte sie weiter. »Eine verbotene Frucht wird's gewesen sein und jemand hat sie ihr genommen und hat's versaut! Und jetzt kommst du zu mir.« Die Keplerin holte tief Luft und beruhigte sich allmählich. »Laß mich meine Arbeit hier fertig machen, dann komme ich zu dir herüber und sehe nach ihr. Nicht für sie! Um deinetwillen, weil du mir leid tust, hörst du!« Reinbold hatte Tränen in den Augen.

»Es wird ja so einiges über dich gemunkelt, Kätterle, aber du bist und bleibst ein feiner Kerl«, sagte er dankbar und ging.

Eine Stunde später fand Katharina die Kranke in erbärmlichem Zustand, beide Schenkel über und über mit verkrustetem Blut besudelt. Das Gesicht weißer als Kalk, farblos die Lippen, heiß die Stirn.

»Laß mich mit ihr allein«, befahl sie, und Jakob Reinbold beeilte sich, die Stube zu verlassen. »So, und jetzt zu dir. Ich brauche nicht lange zu raten, was es ist, und mir ist gleich, wer es war, aber wann es war, das wirst du mir schon sagen müssen, wenn du willst, daß ich dir um der alten Zeiten willen helfe«, wandte sie sich an die Freundin von einst. Ursula Reinbold hätte sich eher die Zunge abgebissen als preiszugeben, wem sie ihre jämmerliche Lage verdankte. Ihr leiblicher Bruder, Urban Kräutlein, Hofbarbier und Chirurg war es gewesen, der mit seiner Medikation die Beschwerden der Schwester verschlimmert hatte.

»Neun Tage«, antwortete diese schwach. »Neun Tage Leibschmerzen und das Blut will nicht aufhören zu rinnen«, hauchte sie.

»Neun Tage, das ist nicht eben wenig. Kein Wunder, daß in deinem Gesicht keine Farbe mehr ist. Spreiz die Beine und beiß die Zähne zusammen, ich muß es mir ansehen, sonst kann ich nichts für dich tun«, sagte sie unwirsch. Ursula Reinbold schloß vor Scham die Augen und öffnete gehorsam die Schenkel. Katharina tastete sich vorsichtig vor und atmete erleichtert auf.

»Das ist nicht so schlimm, wie es aussieht. Mit Mutterkorn kriege ich die Blutung still. Bleib liegen und rühr dich nicht. Ich hole es von zu Hause, derweil soll dein Mann heißes Wasser richten, daß ich dich ein bißchen waschen kann. Man sieht ja kaum etwas vor lauter Blut.« Sie schlug die Decke wieder hoch und verschwand. Kurz darauf stand sie erneut am Krankenlager und stellte ein Töpfchen ab. Nachdem das verkrustete Blut abgewaschen war, hob sie den Deckel und langte mit bloßen Fingern in den rötlichbraunen Brei.

»Das sind gekochte Blätter von Mutterkorn. Ich werde dich inwendig damit bestreichen, das sollte helfen. Du mußt aber noch ein paar Tage fest liegen bleiben. Hier, davon trink jeden Tag einen Becher, das stärkt das Herz.« Sie stellte einen kleinen Krug neben das Bett – Wein vermischt mit Kardone, Ingwer und Wermut, ihr bitter schmeckendes Geheimrezept, auf dessen Wirkung die Keplerin schwor. »Versuch, viel zu schlafen und nimm täglich zwei Eier mit Rotem verkleppert. Das bildet neues Blut.«

Rotwein mit rohem Ei vermischt, Ursula Reinbold schüttelte sich angewidert, gab aber keine Widerrede, sondern sagte statt dessen:

»Wenn du mich nur wieder auf die Beine bringst, will ich alles schlucken, was du sagst.« Zwei Tage später ging es der Patientin deutlich besser. Die Mutterkornpaste hatte die Gefäße geschlossen, das Fieber war gesunken, und allmählich kehrte eine gesündere Farbe auf die Wangen zurück. Dennoch war Ursula Reinbold noch sehr schwach, und die Keplerin verordnete weitere Bettruhe. Wohl hatte Katharina die Blutung zu stoppen verstanden, aber die unerträglichen Kopfschmerzen, die sich mit Einnahme der Medizin des Bruders eingestellt hatten, wollten nicht verschwinden. »Und der Leib schmerzt heftiger als je zuvor«, klagte die Kranke und rieb sich den Bauch in der Magengegend.

Die Woche war noch nicht vorüber, die Reinboldin saß halb aufgerichtet, von einem Kissen gestützt in der Stube, da stand Christoph Kepler in der Tür, fertige Bleirahmen beim Glaser abzuliefern.

»Na, Reinbold, wie geht's, wie steht's?« fragte er und würdigte dessen Frau keines Blickes. Der Glaser druckste ein wenig.

»Ach, Kepler, es könnte besser gehen. Sag, kannst du mir das Geld noch ein wenig stunden? Ich hab's zur Zeit einfach nicht. Aber ich schwöre bei allem, was mir heilig ist, du bist der erste, dem ich die Schulden zahle, wenn wieder ein paar Gulden in der Kasse sind.« Christoph Kepler runzelte die Stirn. Reinbold, das war stadtbekannt, verfügte über ein recht ansehnliches Vermögen und trennte sich nur schwer von seinem Geld.

»Was soll das heißen, du hast es nicht. Das geht jetzt schon seit Wochen so. Meinst du, bei mir kommt es von alleine? Ich habe auch Mäuler zu stopfen, also schick dich und sieh zu, daß du mir meine Arbeit bezahlst, sonst nehme ich die Rahmen hier wieder mit.« Alle Freundlichkeit war aus seiner Stimme gewichen. Jetzt mischte sich vom Lager aus die Reinboldin ein.

»Kepler, blas dich nicht so auf. Wenn der Jakob es nicht hat, hat er es nicht. Wo soll er's denn hernehmen. Und wenn du ihm die Rahmen nicht läßt, kann er auch nichts verdienen. Also, halt an dich und gedulde dich noch eine Weile.« Doch um sich zu gedulden, hatte der Zinngießer zu viel Keplersches Temperament in den Adern. Wütend dreht er sich um.

»Was maßt du dir an, dich in meine und die Geschäfte deines Mannes zu mischen. Mit dir spreche ich kein Wort – jetzt nicht und in Zukunft nicht. Eine wie du gehört aus der Stadt gejagt. Statt anständige Leute mit deiner unverfrorenen Rede zu behelligen, solltest du lieber sehen, daß du hier fortkommst. Eine Schande für ganz Leonberg bist du«, ereiferte er sich und wollte eben herausstürmen, da rannte er beinahe seine Mutter um.

»Was tust du denn in diesem Haus?« raunzte er und trat verärgert einen Schritt zur Seite. »Dasselbe wie du, Gott zum Gruß, lieber Christoph. Ich gehe meiner Arbeit nach«, antwortete Katharina, die die letzten Worte ihres Sohnes von draußen gehört hatte.

»Arbeit! Hier kannst du keiner Arbeit nachgehen, denn Arbeit muß bezahlt werden, und Geld ist hier keines zu holen, wie ich eben erfahren habe.« Christoph war wütend.

Katharina sah Jakob Reinbold an.

»Ist das wahr? Deine Frau hat ohnehin noch Schulden bei mir und du, hast du mich etwa geholt, ohne mir zu sagen, daß du kein Geld für mich hast?« fragte sie unverblümt. Der Glaser schlug die Augen nieder.

»Aber Kätterle, du hast doch gesagt, du hilfst mir um der alten Zeiten willen«, meldete sich jetzt seine Frau aus dem Hintergrund zu Wort und lieferte mit diesem Einwurf den Funken, der bei Christoph Kepler einen Schwall übelster Beschimpfungen auslöste. Keine Viertelstunde später lagen alle vier in einem so heftigen Streit, daß eine Schlichtung bis auf weiteres unmöglich schien. Seite an Seite mit ihrem Sohn erinnerte Katharina Kepler die Reinboldin an all ihre Schandtaten.

»Du bist und bleibst ein liederliches Weibsbild. Da kannst du Koppenschmalz gebrauchen und Bäder nehmen, wie du willst. Du hast kein Kind haben, aber gut leben wollen, jetzt mußt du dein Leid dafür tragen. Jeder in der Stadt weiß es, was meinst du, wie die Leute über dich reden!« fauchte sie. Das konnte Ursula Reinbold nicht auf sich sitzen lassen und keifte ihrerseits:

»Ach, über mich reden die Leute, ja! Über mich und meinen Lebenswandel. Was glaubst du denn, wie über dich gesprochen wird. Hättest ja am liebsten ein Bett im Badehaus, wenn du nur nicht so alt und vertrocknet wärest, daß sich ohnehin keiner zu dir legen will. Dein Heinrich – Gott hab ihn selig – wird schon gewußt haben, warum er dich und die Kinder so plötzlich verlassen hat!« Jetzt riß Christoph der Faden.

»Mutter, von einer Hure brauchen wir uns nicht dumm anreden zu lassen!« Er nahm Katharinas Hand und zog sie mit sich aus dem Haus.

Der Disput hatte schlimme Folgen. Kaum war die Reinboldin wieder einigermaßen genesen, stapfte sie durch Leonberg und begann Stimmung gegen Katharina Kepler zu machen. Sie wählte ihre hinterlistigen Worte so geschickt, daß selbst jene ihnen Glauben schenkten, die um ihre Vergangenheit wußten.

Es war Martini 1613, als die rachsüchtige Glasersfrau einen unerwarteten Verbündeten fand. Luther Einhorn wurde als Untervogt nach Leonberg versetzt. Kaum hörte er von dem Zwist der beiden Frauen, da witterte er auch schon die Chance, auf die er so lange gewartet hatte. Nachtragend, hatte er der Keplerin nicht einen Tag verziehen, daß sie ihn seinerzeit als Schwiegersohn abgelehnt und wie einen dummen Buben abgekanzelt hatte. Jetzt sollte sie dafür büßen.

»Reinboldin, du weißt, dein Bruder und ich sind gute Freunde. Wenn ich in dieser Sache etwas für dich tun kann, laß es mich wissen«, sagte er mit schmeichelnder Stimme und hörte sich aufmerksam die bösen Verleumdungen an. Jede einzelne wollte er sich merken, um sie gegen Katharina Kepler verwenden zu können.

Diese ahnte nichts von dem, was sich da hinter ihrem Rücken zusammenbraute. Arglos ging sie ihren Geschäften nach und kümmerte sich nicht um das Geschwätz der Leute. Wenige Tage zuvor war ein Neugeborenes ihres Sohnes Christoph verstorben. Sie hatten es in Leonberg neben Melchior Guldenmann bestattet. Katharina ging auf den Friedhof, nach dem Grab ihres Vaters zu sehen und das kleine Kreuz mit einem Blumenkranz zu schmücken. Sie sprach ein Gebet, zupfte das Unkraut und dankte leise dem Herren, daß sie erleben durfte, wie wenigstens ein Teil ihrer Kinder erwachsen geworden war. Da fiel ihr Blick auf den Totengräber, der unweit eine Grube schaufelte. Katharina ging zu ihm.

»Gut, daß ich dich treffe, ich habe eine Bitte an dich.« Der Mann sah sie fragend an. »Wo du gerade hier mit deiner Schaufel zugange bist, könntest du mir doch den Schädel meines Vaters ausgraben, nicht wahr? Ich will ihn in Silber fassen lassen und meinem Sohn Johannes zum Geschenk machen. Ich habe oft gehört, daß es bei Gelehrten Brauch ist, aus den Schädeln ihrer verstorbenen Vorfahren zu trinken, um an die Vergänglichkeit aller irdischen Dinge gemahnt zu werden«, begründete sie ihr merkwürdiges Anliegen. Der Totengräber traute seinen Ohren nicht und tippte sich an die Stirn.

»Kätterle, bist du noch bei Sinnen? Was soll denn das für eine Idee sein? Laß deinem Vater doch die letzte Ruhe und reiß ihm nicht im Tod noch den Kopf ab. Außerdem kann ich so etwas ohnehin nicht tun, ohne vorher der Obrigkeit Bescheid zu geben, das weißt du ganz genau!« Katharina zuckte die Schultern.

»Na, dann laß gut sein, es war nur so ein Gedanke.«

DER VERLORENE SOHN

Mit Briefen hielt Johannes Kepler seine Mutter über die Ereignisse auf dem laufenden. Auf diese Weise erfuhr sie nicht nur, daß der Astronom nach Barbaras Tod in Linz ein zweites Mal geheiratet hatte, sondern auch, daß ihr verschollener Sohn Heinrich in Prag aufgetaucht war. Glücklich hörte sie, daß es ihm gutging und der einflußreiche Bruder ihm sogar eine Arbeit verschafft hatte. Einzelheiten kannte sie nicht, war aber davon überzeugt, daß sie ihren Zweitgeborenen eines Tages wiedersehen würde. Als es schließlich soweit war, ließ sie dennoch vor Schreck und Überraschung den Krug fallen, den sie eben ausgewaschen hatte.

Heinrich zuckte zusammen und lachte:

»Mutter, was machst du mit dem schönen Geschirr, wirfst es einfach zu Boden!« Er breitete die Arme aus, und Katharina flog ihm um den Hals.

Levisticum officinale

»Heinerle, mein Heinerle, laß dich anschauen! Wie geht es dir? Wie ist es dir ergangen? Meiner Seel, ist das lange her, daß du fortgegangen bist.« Katharina war kaum zu bremsen, da sah sie hinter ihrem Sohn zwei kleine Mädchen stehen, die die Begrüßung schüchtern beobachteten. »Wer seid ihr denn? Heiner, sind das deine, ich meine, hast du mir etwa Enkelkinder mitgebracht?« Er nickte und schob die Kinder nach vorne.

»Anna und Anna Maria, Mutter. Mädchen, das ist eure Großmutter.« Die Kinder knicksten und streckten Katharina verlegen die Hände entgegen. Vier braune, melancholische Augen schauten sie erwartungsvoll an.

»Na, dann kommt erst einmal herein. Ihr seid sicher hungrig, nicht wahr?« Anstelle einer Antwort stürzten sich Heinrich und seine Töchter gierig auf alles, was Katharina auf den Tisch stellte. Hintereinander verschwanden Fladen, Gerstenmus und eingekochtes Obst in den hungrigen Mündern. Katharina sah ihnen schweigend zu. Endlich waren die Kinder satt und sahen sich neugierig in der Stube um.

»So, ihr beiden Hübschen, jetzt wollen wir erst einmal feststellen, wie ihr wirklich ausseht, denn bis jetzt habe ich eure richtigen Gesichter unter all dem Dreck noch gar nicht gesehen.« Anna kratzte sich am Kopf. »Ja, das denke ich mir, Läuse habt ihr sicher auch, aber das macht nichts, dagegen weiß eure Großmutter ein gutes Mittel.« Katharina machte sich am Badezuber zu schaffen. »Und du mein Lieber«, sagte sie mit dem Rücken zu Heinrich, »kommst nach deinen Töchtern an die Reihe. So wie du aussiehst, kann ein Bad auch dir nicht schaden. Und dann erzählst du mir alles – aber haarklein.« Heinrich reagierte mit keiner Silbe und als seine Mutter sich umdrehte, sah sie, daß er auf der Bank fest eingeschlafen war. Während Anna und Anna Maria langsam in der Kräuterlauge einweichten, suchte Katharina in einer Truhe nach alten Kleidern von Margarete.

»Ich sag's doch immer, nur nichts wegwerfen, man weiß nie, wofür es noch mal gut ist«, murmelte sie, als sie endlich Unterwäsche, zwei passende Kleidchen und Schürzen in der richtigen Größe zutage förderte.

Liebevoll half sie den Schwestern, sich zu waschen.

»Du, meine Kleine mußt noch mal an den Hals ran, da kann man ja Petersilie pflanzen, so dreckig ist der.« Anna Maria kicherte. »Du brauchst gar nicht zu lachen, in deinen Ohren würden prächtige Rüben gedeihen, wie ich das sehe.« Das Kind schwieg verschämt.

»Nun, nun, schnapp mir nicht gleich ein. Das ist doch nur Spaß. Ich kriege euch schon sauber.« Vorsichtig entflocht Katharina die verfilzten Zöpfe.

»Au, das ziept!« jammerte Anna. »Das glaube ich dir. Sei ehrlich, die hat deine Mutter dir schon lange nicht mehr gebürstet.« Dicke Tränen kullerten über Annas Wange.

»Die Mama ist tot«, sagte sie tonlos.

»Das tut mir leid.« Katharina streichelte ihr über die Wange. »Laßt uns an etwas anderes denken. Erzählt mir lieber, wo ihr mit eurem Vater überall gewesen seid.«

Untermalt von Heinrichs kräftigem Schnarchen, plapperten die Mädchen munter darauf los und berichteten ihre Version einer Geschichte, die wenig später aus dem Mund ihres Vaters ganz anders klang.

»Und als die bösen Männer dem Vater das ganze Geld weggenommen hatten, da mußten wir ja dahin, wo man ihn kennt. Und da hat er gesagt, jetzt gehen wir nach Leonberg, da zeige ich euch eure Großmutter, die hat auch was zu essen für uns. Und deswegen sind wir hier«, schloß Anna Maria während Katharina ihr die Haare schnitt.

Zwei Stunden später waren die Kinder nicht wiederzuerkennen. Mit leuchtenden Augen und glänzenden Nasen drehten sie sich begeistert in den sauberen Kleidern.

»Wenn ihr mögt, könnt ihr noch ein wenig nach draußen gehen, aber lauft nicht zu weit weg, es wird bald dunkel. Und dann mache ich euch ein kuscheliges Lager. Und wenn ihr ganz brav seid, gibt es sogar einen heißen Stein unter die Decke«, versprach Katharina ihren Enkelinnen und eroberte sich damit endgültig einen festen Platz in den beiden Kinderherzen.

Am Abend, die erschöpften Mädchen waren längst eingeschlafen, saßen Heinrich und seine Mutter in der Stube. Auf dem Tisch stand zur Feier des Tages ein großer Krug vom besten Roten.

»Junge, dünn bist du, und deine Töchter auch. Hannes hat geschrieben, du hast eine gute Stellung in Prag gefunden, aber nach einer guten Stellung seht ihr mir nicht gerade aus«, eröffnete Katharina das Gespräch und vermied dabei absichtlich, direkt an die entsetzliche Nacht zu erinnern, in der ihr Sohn heimlich das Haus verlassen hatte.

»Ach, Mutter, wenn es nur in Prag gewesen wäre, wo das Schicksal mir übel mitgespielt hat, würde ich ja nichts sagen. Die ganzen Jahre waren schrecklich, fast immer nur schrecklich.« Genüßlich schlürfte Heinrich den Wein. »So gut, wie jetzt gerade bei dir, ist es mir wohl kaum jemals gegangen«, seufzte er. »Als der Vater mich damals an die Soldaten verkaufen wollte, habe ich es so sehr mit der Angst zu tun bekommen, daß ich gar nicht anders konnte als fortzulaufen. Um nichts in der Welt wollte ich in den Krieg – und dreimal darfst du raten, wo ich gelandet bin!« Er zog sein linkes Hosenbein hoch und zeigte seiner Mutter eine grobe Narbe, die sich vom Knöchel über das Knie zum halben Oberschenkel wand. »Im Krieg bin ich gelandet. Bis Ungarn bin ich ungeschoren gekommen, und dann plötzlich geriet ich irgendwie an die Front gegen die Türken. Und da hat mich eine Hellebarde am Bein erwischt.« Heinrich krempelte die Hose wieder herunter. »Als ich wieder laufen konnte, habe ich mich nach Wien durchgekämpft und dort eine Weile gelebt«, er kicherte. »Weißt du, womit ich meinen Lebensunterhalt verdient habe?« Katharina schüttelte den Kopf. »Ich habe auf der Straße gesungen – die Lieder, die du mir beigebracht hast, wenn ich als Kind von meinen Anfällen gequält war. Außerdem habe ich eine Weile Brot gebacken. Das war eine gute Arbeit«, er schaute seine Mutter traurig an. »Aber dann kamen die Anfälle wieder und ich mußte gehen. Zufällig habe ich erfahren, daß Hannes in Prag ein wichtiger Mann geworden war, und da bin ich dann von Wien nach Prag gegangen. Hannes hat mir sehr geholfen, er hat mir tatsächlich über Nacht eine gute Stellung verschafft. Und denk dir, ich habe sogar eine Frau gefunden, die Mutter der Mädchen, die mit mir und meiner Krankheit zu leben bereit war. Aber als der Kaiser starb und Hannes die Stadt verlassen hat, war es aus mit den guten Zeiten. Sie haben mich sofort hinausgeworfen bei den Hatschieren, denn da dürfen eigentlich nur Hochwohlgeborene dienen. Eine Weile konnte ich noch auf der Burg bleiben, habe die Kamine gesäubert und am Tor Wache geschoben. Und dann ist meine Frau gestorben, und ich habe wieder öfter die Anfälle gehabt. Da verlor ich auch diese Arbeit. Allein mit den beiden Mädchen stand ich da. Ich habe getan, was ich konnte, aber oft hatten wir nicht einmal ein Stück Brot zu essen.« Er leerte mit einen ordentlichen Schluck seinen Becher und füllte gleich nach.

»Das Ende ist schnell erzählt; als ob das alles noch nicht genug wäre, bin ich in die Fänge einer Räuberbande geraten, und ob du es glaubst oder nicht, sie haben mir wirklich nur die Fetzen gelassen, die ich am Leib trage. Und da habe ich beschlossen, zurück nach Leonberg zu gehen und hier mein Glück zu versuchen.« Er machte eine kurze Pause. »Obwohl ich mir eigentlich geschworen hatte, nie wieder einen Fuß in diese Stadt zu setzen.« Katharina schwieg betreten. »Wie haben wir uns an dem Jungen versündigt«, dachte sie und beschloß, beim nächsten Kirchgang ein Gebet extra zu sprechen.

Acht Wochen waren vergangen, seit Sohn und Enkeltöchter sich bei Katharina eingenistet hatten. Acht Wochen, in denen sie die Familie versorgt und durchgefüttert hatte, ohne einen Heller oder andere Gegenleistungen dafür zu verlangen. Jetzt hielt sie die Zeit für gekommen, daran etwas zu ändern.

»Sag, Heiner, denkst du nicht, daß es langsam an der Zeit wäre, dir einen Arbeit zu suchen? Du bist erholt und wohlgenährt, und wenn du schon hier wohnst, könntest du wenigstens ein bißchen dazu beitragen. Ihr fresst mir sonst noch die Haare vom Kopf.«

Mit der Erschöpfung war auch die Demut gewichen. An Schmach und Schläge der Kindheit heftig erinnert, hatte sich der Sohn vorgenommen, seiner Mutter eine Entschädigung für alle erlittene Unbill abzufordern. Katharina traute ihren Ohren nicht, als sie seine Worte hörte:

»Du bist mir einiges schuldig, Mutter, und du weißt es. Im

Haus ist Platz genug für uns alle, ich habe vor, mit den Mädchen noch eine ganze Weile hierzubleiben. Und du wirst für uns sorgen. So wie die Dinge hier stehen, geht es dir nicht eben schlecht, und so hast du Gelegenheit wiedergutzumachen, was ihr mir angetan habt.« Seine Mutter sah ihn durchdringend an.

»Heinrich! Wie redest du mit mir?« sagte sie schließlich. »Bätest du mich, für dich und die Kinder um Obdach und Kost, würde ich kein Wort verlieren, aber ganz gleich, was war, zu fordern hast du kein Recht. Ich bin eine alte Frau, die sich ihr geringes Hab und Gut sauer erarbeitet und bewahrt. Für drei weitere Mäuler reicht es vorne und hinten nicht. Nein, Junge, so haben wir nicht gewettet! Für eine Weile habe ich euch gerne bei mir aufgenommen. Aber jetzt mußt du dir Arbeit und irgendwann auch eine eigene Bleibe suchen.«

Ihr Sohn protestierte vehement, doch Katharina Kepler wich kein Jota von ihrem Standpunkt.

Heinrich quittierte es, indem er tat, als habe sie nie gesprochen, und mit seinen Töchtern unverfroren Tag um Tag und Nacht um Nacht bei der Mutter logierte und sich beköstigen ließ. Als seine Mutter merkte, daß er nichts unternahm, um diesen Zustand zu beenden, war sie nicht willens, das auf sich beruhen zu lassen.

»Was denkst du dir, du Taugenichts? Du kannst doch nicht einfach hier auftauchen, dich unter meinem Dach und an meinem Tisch breitmachen und fortan den lieben Gott einen guten Mann sein lassen!« eiferte sie. Heinrich sah sie aus glasigen Augen an und erlitt wenige Minuten später einen so heftigen epileptischen Krampf, daß Katharina fürchtete, er könnte sterben.

Tatsächlich hatte die Krankheit im Laufe der Jahre bleibende Schäden hinterlassen und Heinrichs Geist in einer Weise verändert, daß auch Katharina keine realistische Möglichkeit sah, wie er noch einmal geregelt in Lohn und Brot gelangen sollte. Es mußte eine andere Lösung geben. Heinrich spürte, daß seine Mutter ihn loswerden wollte, und reagierte mit Streit und Beschimpfungen einerseits, andererseits ertränkte er seinen Kummer darüber in Alkohol, um dann noch heftiger zu streiten und zu schimpfen. Nach Lust und Laune lief er durch die Stadt und pöbelte, er, ein Trabant des Kaisers, müsse bei der eigenen Mutter Hunger leiden.

»Was ist das für eine Mutter, die ihrem kranken Sohn die Hilfe verweigert, die ihre Enkeltöchter darben läßt. Das ist keine Mutter! Das ist nicht einmal eine rechte Frau! Versteht ihr, was ich meine? Keine rechte Frau!« brüllte er ungeachtet der Tatsache, daß er sie mit dieser Aussage gefährlich beschuldigte und in verdächtige Nähe zur Hexerei brachte.

Als er eines Spätnachmittags schwer angetrunken aus der Wirtschaft kam und sich an den Tisch setzte, baute sich Katharina vor ihm auf und stemmte die Hände in die Hüften.

»Du brauchst dich gar nicht niederlassen. Du bist besoffen wie ein Schwein, und besoffene Schweine essen bei mir nicht am Tisch. Das habe ich deinem Vater gesagt, und das sage ich auch dir. Schlaf deinen Rausch aus, und wenn du nüchtern bist, kannst du kommen und dir etwas zu essen holen.« Sie zerrte ihn vom Stuhl. Heinrich hob die Rechte und machte Anstalten, seine Mutter zu schlagen.

»Wag es nicht! Wag es nicht, mich anzurühren!« fauchte diese und funkelte ihn an. Er schubste sie mit einem groben Stoß zur Seite und stürmte aus der Tür. Sekunden später hörte Katharina schreckliches Getöse aus dem Stall, und dann brüllte ein Kälbchen so herzzerreißend, daß ihr das Blut in den Adern gefror. Mit gerafftem Rock lief sie nachzusehen, was die Ursache des Lärmes war, und sah ihren Sohn am Boden über das Tier gebeugt. Mit wirrem Blick und blutbeschmierten Händen warf er ein großes Messer von sich und rannte aus dem Stall. Katharina stand fassungslos vor dem toten Kalb. Mit eigenen Händen hatte sie es auf die Welt geholt, über Monate gemästet und jetzt war es beinahe so weit, daß sie es für einen ordentlichen Batzen Geld hätte verkaufen können. Sie spürte eine rasende Wut gegen ihren Sohn in sich aufsteigen.

Heinrich irrte inzwischen durch Leonberg, ging in jede offene Haustüre und schrie, daß es die ganze Stadt hören konnte:

»Eine Hexe ist meine Mutter, sie ist eine Hexe! Ein Kalb hat sie zu Tode geritten, es mir als Braten vorzusetzen, doch solch ein Fleisch esse ich nicht! Soll es der Teufel fressen – jawohl, der Teufel soll es fressen. Ich werde sie verklagen! Bei der Obrigkeit werde ich sie verklagen. Erst besuche ich meine Schwester in Heumaden und dann verklage ich meine Mutter«, schrie er endlich mit letzter Kraft und brach auf offener Straße zusammen.

DIE RACHE DES LUTHER EINHORN

Am nächsten Tag war Heinrich Keplers Auftritt Stadtgespräch. Wer zufällig nicht Zeuge seiner Ausbrüche geworden war, bekam in den schillerndsten Farben beschrieben, wie er tobend, mit Schaum vor dem Mund, von Haus zu Haus gezogen war. Und so konnte es nicht ausbleiben, daß auch Luther Einhorn von den Ereignissen hörte. Angestachelt von den Reinboldschen Vorwürfen, war der Vogt seit geraumer Zeit fest davon überzeugt, daß Katharina Kepler eine Hexe sei und als solche auf den Scheiterhaufen gehörte. Nach allem, was er von den Reden des Sohnes hörte, galt es jetzt nur noch die entsprechenden Beweise zusammenzutragen.

Was lag zu diesem Zweck näher, als sich im Umfeld der Verdächtigen etwas gewissenhafter kundig zu machen. Die erste, die Einhorn dabei in die schrecklichen Fänge geriet, war Appolonia Wellinger. Katharinas Freundin, inzwischen verwitwet, hatte das Geschäft aufgegeben, zog statt dessen mit einem kleinen Karren über Land und verkaufte Kräuter und Gewürze. Der Großteil ihres Angebotes war tatsächlich nur bestimmt, Lake und Sud zum Pökeln und Einkochen schmackhafter zu machen, doch ein Teil der Kräuter diente durchaus auch der Heilung des einen oder anderen Gebrests. Natürlich verkaufte

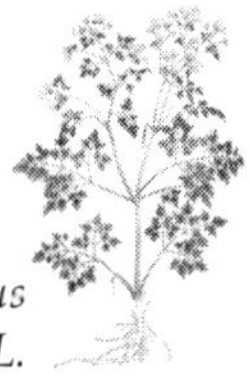

Anthriscus cerefolium L.

sie auch Asche, die von den Feuern religiöser Feste übriggeblieben war, und damit als allgemeines Heilmittel galt. Einhorn veranlaßte seine Schergen, die bis dahin unbescholtene Witwe ein wenig genauer zu beobachten. Schließlich meinte er, ausreichend Material gesammelt zu haben und ließ sie verhaften.

»Was tut ihr mit mir? Was wollt ihr von mir? Was habe ich getan?« schrie Appolonia verzweifelt vor Angst, als sie ins Narrenhäuslein geworfen wurde. Sie wehrte sich mit Händen und Füßen, aber die beiden Männer, die sie in ihrer kleinen Stube verhaftet hatten, waren stärker und zerrten sie mit roher Gewalt hinter sich her.

»Ich bin eine alte Frau, unbescholten! Seid ihr noch bei Trost, mich so zu behandeln!« schimpfte sie, erhielt aber kein Wort der Erklärung. Das Narrenhäuslein gehörte zum rückwärtigen Teil des Rathauses. Es war der Platz für Missetäter, die nicht gleich in den Turm geworfen wurden. Zwar lagen die Delinquenten auf diese Weise nicht in einem finsteren Verlies, dafür waren sie jedoch dem Hohn und Spott des Pöbels auf Gedeih und Verderb ausgesetzt. Schadenfrohe Schaulustige schauten durch das vergitterte Fenster und warfen Pferdeäpfel und anderen Mist durch die Eisenstreben. Gemeinsam mit einem Trunkenbold saß Appolonia in dem elenden und ärmlichen Schuppen und erhielt zwei Tage lang nichts als eine Schale mit modrigem Wasser. Das Stroh im Narrenhäuslein war feucht und stank nach Exkrementen. Appolonia sah sich um. Die Wände starrten vor Schmutz, hier und da hatten Gefangene ihr Unglück mit den Fingernägeln in die Holzbalken gekratzt.

Nach achtundvierzig Stunden der Ungewißheit öffnete sich die Tür, und einer der Männer, der sie verhaftet hatte, befahl Appolonia, aufzustehen und ihm zu folgen. Auf schwachen Beinen ging sie mit ihm und fand sich wenig später in der Amtsstube von Luther Einhorn. Der Vogt saß hinter einem großen Tisch und schaute sie hämisch aus seinen wäßrigen Augen an.

»So, da haben wir dich also endlich erwischt«, eröffnete er die Befragung.

»Was heißt erwischt? Und wobei? Ihr habt mich zu Hause in meiner Stube angetroffen, wo ich hingehöre und mich aufhalte, wenn ich nicht mit meinem Karren herumziehe, um mein tägliches Brot zu erwerben.« Appolonia Wellinger sah Einhorn gerade ins Gesicht.

»Wo du hingehörst, wird sich bald herausstellen. Aber ich bezweifele stark, daß es deine Stube ist. Denn wie du deinen Lebensunterhalt verdienst, das geht ja wohl nicht mit rechten Dingen zu.« Der Vogt wischte sich mit dem Ärmel einen Rotztropfen von der Nase. Appolonia verzog leise die Mundwinkel und mußte an Margarete denken, wie diese seinerzeit ihren Freier imitiert hatte.

»Was gibt's da zu grinsen, Alte?« fuhr Einhorn sie an. »Dir wird das Grinsen noch vergehen, das kannst du mir glauben!« Appolonia machte auf der Stelle ein ernstes Gesicht.

Die Ernsthaftigkeit ihres Ausdrucks wich in den nächsten Minuten blanker Angst. Einhorn erhob Klage »wegen überaus bösem Zeugnis und gräßlich auf sich geladenen Verdachtes der Hexerei«. Minutiös aufgelistet, deklamierte er die gegen sie zusammengetragenen Anklagepunkte. »... und nicht zuletzt bist du dabei beobachtet worden, wie du aus einem Taschentuch für ein Kind eine kleine Maus geknüpft hast. Oder willst du das vielleicht abstreiten? Und das, verehrte Frau Wellinger, das sagen die Zeugen übereinstimmend, das ist pure Zauberei! Bei dieser Beweislast kann ich dir nur raten, dein Gewissen zu erleichtern und zu gestehen, daß du mit dem Teufel im Bunde bist. Tust du das nicht, so wird dir die Tortur nicht erspart bleiben.« Appolonia starrte ihn fassungslos an.

»Ich! Eine Hexe!« sie rang nach Luft. »Meint Ihr wirklich, daß ich so ärmlich leben würde, wie ich lebe, wenn ich eine Hexe wäre und zaubern könnte?« Der Vogt kniff die Augen zusammen.

»Jawohl. Du hast richtig gehört und brauchst dich gar nicht zu verstellen. Wir können alles beweisen. Du bist eine Hexe – und nicht nur du!« fügte er vielsagend hinzu.

Sosehr sich Appolonia auch bemühte, die gegen sie erhobenen Vorwürfe zu entkräften, blieb ihr die Folter nicht erspart. Vor Schmerzen schreiend, blieb sie jedoch unbeugsam und gestand weder eigene Schuld, noch gab sie Namen angeblicher anderer Hexen preis. Einhorn, dem es vor allem darum zu tun war, Belastendes gegen die Keplerin zu erfahren, ließ Appolonia grausam quälen. »Sie muß eine Hexe sein, sonst könnte sie das gar nicht aushalten«, bemerkte er zum Protokollführer und drehte sich angewidert ab, als der Henker der alten Frau die Daumenschrauben noch fester drehte. Aus der Kehle der gemarterten Frau drang ein grausiges Gurgeln, dann fiel sie in Ohnmacht. Als die eisernen Stifte des Folterinstruments gelöst wurden, wurde eine furchtbare Verletzung sichtbar. Zur Unkenntlichkeit gepreßt, war ein Daumen abgequetscht worden. Der anwesende Wundarzt stoppte die Blutung durch Versengen des Fleisches und verband den Stumpf.

Als Katharina vom bitteren Los ihrer Freundin erfuhr, lief sie auf der Stelle zu Schulmeister Beutelspacher.

»Benedikt! Ich brauche deine Hilfe, und zwar ganz eilig!« platzte sie in die Schulstube.

»Mutter Kepler! Was seid Ihr so aufgeregt! Holt erst einmal Luft und dann sagt mir in Ruhe, was so drängt, daß ihr mir den Unterricht stört«, wies Beutelspacher sie sanft zurecht.

»Nichts da Luft, nichts da Ruhe«, japste die Keplerin, vom schnellen Lauf noch ganz außer Atem. »Du mußt dem Hannes schreiben! Der Vogt hat die Appolonia verhaften lassen und torquiert sie schon seit Tagen. Schreckliches fügt er ihr zu! Der Hannes muß ihr helfen. Ich weiß sonst niemand, und wenn nicht bald etwas geschieht, bringt der Einhorn sie noch um!« Jetzt sah Beutelspacher die Dringlichkeit der Sache ein, gab den Kindern eine Aufgabe zu lösen und ging an sein Pult, um Katharinas Bitte zu erfüllen.

Johannes las die Zeilen mit großer Besorgnis. Mit dergleichen war nicht zu spaßen. Er konnte die Aufregung seiner Mutter – der Freund und Schulmeister hatte sie plastisch geschildert – gut verstehen. Seit Kindertagen hegte er noch immer eine unverändert tiefe Zuneigung zu Appolonia Wellinger und war daher bereit, alles in seinen Kräften Stehende zu tun, der mütterlichen Freundin zu helfen.

Christoph Besold, Rektor der Tübinger Universität und einer der fähigsten Rechtsgelehrten seiner Zeit, hatte soeben den Vorlesungssaal verlassen und war auf dem Weg nach Hause, als ihm ein Bote noch auf der Straße einen Brief seines Freundes Johannes Kepler übergab. Die beiden Männer, einander seit Studienzeiten sehr verbunden, pflegten ihre Freundschaft in regelmäßigen Briefen, so daß Besold keine Eile verspürte, das Schreiben zu öffnen. Erst nach einem ausgiebigen, von seiner Frau Barbara liebevoll zubereiteten Mittagsmahl, kramte er es aus seiner Tasche, brach das Siegel und freute sich auf eine erbauliche Lektüre. Was er dann las, war jedoch keineswegs erbaulich und brachte den Juristen um das wohlverdiente Nickerchen, das er normalerweise um diese Zeit zu halten pflegte.

Professor Besold war ein vielbeschäftigter Mann, doch wenn ein Freund wie Kepler um Hilfe bat, mußte alles andere warten. Ohne zu zögern, übernahm der Anwalt die Verteidigung der bemitleidenswerten Appolonia Wellinger. Noch während diese im Narrenhäuslein schmachtete und voller Angst vor der ständig drohenden Folter kaum mehr essen konnte, zog ihr Peiniger auch das Netz um Katharina Kepler immer enger zusammen.

Nachdem er trotz aller Grausamkeit aus Appolonia Wellinger nichts hatte herauspressen können, spannte er den Wächter der Inhaftierten für seine Zwecke ein. Jörg Haller, ein armer Köhler und Tagelöhner, besserte sein mageres Einkommen durch Wachdienste auf. Er und seine Familie gehörten dem untersten gesellschaftlichen Stand an und wohnten etwas abseits in einer strohgedeckten, niedrigen Hütte aus Lehm und Holz. Tagelöhner kamen fast immer aus der kleinbäuerlichen Schicht, waren oft die nachgeborenen Kinder eines Bauern oder hatten als Gesinde so lange gedient, bis sie sich mit dem wenigen Ersparten ein winziges Grundstück kaufen konnten. Die kleinen Parzellen warfen meist nicht genug zum Leben ab, und so verdingten sich die Besitzer als Leiharbeiter oder übernahmen andere Aufgaben, um ein Auskommen zu haben.

Auf das Wohlwollen und bare Münze des Vogtes angewiesen, war Jörg Haller nicht schwer zu überreden und verbreitete auf dessen Anweisung eine ganz und gar erfundene Geschichte. »Mit eigenen Augen hab ich's gesehen und mit eigenen Ohren gehört«, log der Wachmann dreist auf dem Leonberger Marktplatz. »Es war dunkel, da ist das Kätterle gekommen und hat der Wellingerin zugerufen, sie soll nur ja nichts bekennen, und dann hat sie sie ausgeforscht, was sie schon zugegeben habe. Ich sag's euch, Leute, die beiden Weiber stecken unter einer Decke!« Zustimmendes Gemurmel begleitete seine Worte.

»Wen wundert's. Wenn man an das denkt, was der eigene Sohn – Gott gnade seiner Seele – über sie gesagt hat«, ließ sich ein Bürger vernehmen und schlug im Andenken an Heinrich ein Kreuz über der Brust.

Nach dem schrecklichen Ausbruch war Heinrich Kepler schon am nächsten Tag nach Heumaden zu seiner Schwester Margarete aufgebrochen und dort eine ganze Weile geblieben. Seine Töchter hatte er bei Katharina gelassen.

Der pragmatische Pfarrer Binder hatte schnell erkannt, daß er im Bruder seiner Frau einen schwerkranken, hilfsbedürftigen Mann vor sich hatte. Lange würde es nicht mehr dauern, und sein Schwager würde kaum ohne tägliche Obhut und Pflege existieren können. In manchen Klöstern wurden Menschen wie er aufgenommen und von den Mönchen im letzten Lebensabschnitt begleitet. Da Heinrich schon vor einiger Zeit zum katholischen Glauben übergetreten war, galt es lediglich, ein solches Kloster zu finden. Wohl auch, weil er der jüngere Bruder des berühmten Astronomen war, erging tatsächlich ein kaiserlicher Erlaß, der Heinrich einen Platz im zu St. Blasien gehörigen Kloster Nellingen verschaffte. Bevor er jedoch aufgenommen werden konnte, starb Heinrich Kepler, betrauert von seinen Töchtern, am 17. Februar 1615. Anna und Anna Maria blieben bei ihrer Großmutter.

IN DER FALLE

Es war ein vergnügliches Beisammensein, zu dem man sich am 14. August des Jahres 1615 getroffen hatte: Prinz Achilles Friedrich, der Bruder des regierenden Fürsten von Württemberg, ließ in den Wäldern um Leonberg zur Jagd blasen und lud anschließend zu einem ausgiebigen Mittagessen, das erlegte Wildbret zu genießen. Unter den zahlreichen Gästen waren auch das Ehepaar Reinbold, Metzger und Gerichtsbeisitzer Christoph Frick, Vogt Luther Einhorn und sein Kumpan Urban Kräutlein.

Die Sonne brannte vom Himmel, der gut gekühlte, süffige Wein floß in Strömen, und besonders Vogt und Barbier amüsierten sich prächtig. Mit von Trunkenheit gelöster Zunge kam Kräutlein auf seine am anderen Ende des langen Tisches sitzende Schwester zu sprechen: »Ich gebe ja zu, daß sie in ihrem Leben nicht immer alles richtig gemacht hat«, lallte er, »aber nenn mir eine Frau, die überhaupt etwas richtig macht!« Brüllend vor Lachen, schlugen sich die Männer auf die Schenkel.

Betonica officinalis L.

»Sei's drum! Luther, eines ist klar, die Beschwerden, die sie seit Jahren hat, die können gar nicht normal sein, denn wenn sie eine normale Ursache hätten, würde ich diese finden und beheben. Schließlich bin ich Leibbarbier und Chirurg bei Hofe!« Einhorn nickte, beeindruckt von Position und Logik des Freundes. »Und weil ich sie nicht beheben kann, die Beschwerden, meine ich«, fuhr dieser fort, »können sie nur angehext sein! Und die einzige Frau, die über entsprechende Fertigkeiten verfügt und meiner Schwester nah genug war, ist und bleibt das Kätterle. Wer sonst sollte es gewesen sein?« schloß Kräutlein, stolz auf seine präzisen Überlegungen. Wenn der Vogt diesen Gedankengängen folgte, waren er und seine Medikationen über jeden Verdacht erhaben. Die Analyse des Barbiers war Wasser auf Einhorns Mühlen.

»Natürlich, wer sonst sollte es gewesen sein?« wiederholte er mit schwerer Zunge. Es verging kaum eine weitere Stunde, da hatten sich die beiden Zecher derart in Rage geredet, daß sie auf Beendigung des Gelages drängten, um sofort aufbrechen und Katharina Kepler in die Vogtei befehlen zu können.

Wenig später standen Katharina Kepler, allein und ohne jeden Beistand, sowie Ursula Reinbold mit ihrem gesamten Anhang vor dem Vogt. Der angetrunkene Urban Kräutlein ergriff das Wort:

»So, Keplerin, jetzt ist es soweit! Du wirst für deine Schandtaten geradezustehen haben. Sei ehrlich und gib endlich zu, daß du eine Hexe bist und meiner Schwester mit deinen Hexentränken schreckliches Leid zugefügt hast!« Im Angesicht der bedrohlichen Übermacht zitterte Katharina vor Angst.

»Was redet Ihr? Ich und eine Hexe, wer hat Euch denn diesen Unsinn erzählt«, wehrte sie sich dennoch tapfer. Der Barbier zückte sein Schwert und hielt es der ängstlichen Frau wütend unter die Nase.

»Ich kann auch anders! Wenn du im Namen des dreieinigen Gottes nicht augenblicklich dafür sorgst, daß meine Schwester ihre verlorene Gesundheit wiedererhält, stoße ich dir dies blanke Schwert in den Leib!« donnerte er.

Jetzt mischte sich Einhorn ein. Einen blutigen Angriff in seiner Amtsstube konnte er auf keinen Fall zulassen. Wehe ihm, wenn der Herzog von dergleichen erführe.

»Keplerin! Wenn du deinen Zauber jetzt und hier löst, so will ich ein gutes Wort für dich einlegen und sehen, daß du nicht allzu hart bestraft wirst«, versprach er scheinheilig und bedeutete Kräutlein, die Waffe zu senken.

»Du alte keifende Zänkerin!« schrie der Barbier. »Versuch

nicht, dich herauszureden. Wir wissen, wie es um dich bestellt ist. Laß ihn endlich hören, den Spruch, mit dem du meine Schwester von ihren Qualen erlösen kannst.« Er trat noch einen Schritt näher an Katharina heran. Deren Stimme bebte, als sie stammelnd entgegnete:

»Ich habe der Ursula niemals etwas zuleide getan. Ihre Krankheit hat mit Zauber nichts zu tun. Sie ist Folge der Unzucht, in der sie gelebt hat. Ihr wißt es alle, daß es so ist. Gott ist mein Zeuge! Ich bin ein altes Weib, weiß von all diesen Hexendingen rein gar nichts und beschwöre Euch, mir zu glauben, daß ich keinen Spruch und kein Mittel kenne, ihr zu helfen. Was Ihr von mir verlangt ist teuflisch, und ich kann es nicht. Wenn Ihr meint, etwas gegen mich in der Hand zu haben, so bringt mich vor Gericht. Da wird sich meine Unschuld erweisen.« Sie schlug die Hände vor ihr Gesicht.

»Vor Gericht willst du! Das kannst du haben! Aber vorher lasse ich dich in den Turm werfen. Wäre doch gelacht, wenn du bei Wasser und Brot nicht mürbe werden solltest«, drohte jetzt Luther Einhorn mit erhobener Stimme. Urban Kräutlein tat noch zwei Schritte auf die Keplerin zu und begann sie in der Stube herumzustoßen. Er schubste die alte Frau so heftig, daß diese strauchelte und gegen Ursula Reinbold prallte.

»Da hast du! Und noch einen!« schrie Kräutlein und hob erneut sein Schwert. »Töten werde ich dich! Töten, hörst du, wenn du meiner Schwester nicht hilfst«, krakeelte er mit hochrotem Kopf, während Ursula Reinbold, unterstützt von ihrem Mann, unaufhörlich kreischte:

»Sie ist eine Hex! Sie ist eine Hex!«

Katharina meinte, ihr letztes Stündlein habe geschlagen, denn während Gerichtsbeisitzer Frick dumpf betrunken vor sich hin stierte, ließen Kräutlein und Einhorn sie auch nach weiteren Unschuldsbeteuerungen nicht gehen. Erst als der Abend anbrach, stellten sie ihre Mißhandlungen ein und schickten die erschöpfte Frau halb tot vor Angst nach Hause. Weinend brach sie auf ihrem Lager zusammen und verbrachte eine schlaflose Nacht. Was sollte nur aus ihr werden, wenn sie tatsächlich in den Turm geworfen würde. Und aus den verwaisten Kindern. Im Dunkeln hörte sie die regelmäßigen Atemzüge ihrer Enkelinnen.

Am nächsten Morgen hatte sie sich so weit von den Schrekken des Vortages erholt, daß sie klare Gedanken fassen konnte. Sie wusch sich das Gesicht mit kaltem Wasser und machte sich auf den Weg zur Werkstatt ihres Sohnes.

Christoph Kepler war schon bei der Arbeit, als seine Mutter in der Tür stand.

»Mutter, welch seltener Besuch. Was führt dich denn zu mir?« fragte er argwöhnisch. Die Keplerin setzte sich auf einen Hocker, strich ihren Rock glatt und erzählte in knappen Sätzen, was sich zugetragen hatte.

»Und so war es wirklich? Du hast nichts hinzugedichtet oder geträumt?« Der brave Zinngießer konnte kaum glauben, was ihm da zu Ohren kam.

»Stoffel, ich bitte dich, was sollte ich da wohl noch hinzudichten? Es reicht doch auch so, findest du nicht?« entgegnete Katharina. Ihr Sohn stimmte zu.

»Das ist wahrhaftig eine Ungeheuerlichkeit und kann so nicht belassen werden. Du mußt Anzeige erstatten. Eine Verleumdungsklage gegen die Reinboldin und ihren Mann, das ist wohl das mindeste.« Seine Mutter nickte.

»Aber auch Barbier und Vogt können nicht einfach so davonkommen. Zumindest der eine nicht, er hat mich immerhin mit dem Säbel bedroht!« forderte sie.

»Ich werde noch heute nach Heumaden reiten und mit Margarete und Binder sprechen. Er ist ein kluger Mann und weiß immer guten Rat. Du geh derweil nach Hause, verhalte dich unauffällig und warte, bis ich zurückkomme.« In einer für ihn ungewöhnlichen Anwandlung von Fürsorge strich er seiner Mutter über das ergraute Haar.

Einige Tage später erging beim Stadtgericht in Leonberg eine Anzeige wegen Verleumdung gegen Jakob und Ursula Reinbold sowie gegen Urban Kräutlein wegen Attackierens mit der Waffe. Unterstützt wurde Katharinas Klage von ihrer Tochter Margarete, Schwiegersohn Pfarrer Georg Binder und Christoph Kepler, Zinngießer und Herzoglich-Württembergischer Drillmeister. Gemeinsam hatten sie beschlossen, den rechtlich unhaltbaren Übergriff in der Amtsstube des Vogtes nicht ungesühnt hinzunehmen.

Durch diesen Schritt befand sich Luther Einhorn plötzlich in einer äußerst verzwickten Lage. Zum einen hatte er die Vorführung der Katharina Kepler vor allem seinem Saufkumpanen Kräutlein zuliebe angeordnet, zum anderen war er auch noch Zeuge von dessen tätlichem Angriff auf die alte Frau geworden. Entwickelte sich aus der Verleumdungsklage ein reales Verfahren, so müßte er, der Vogt, seine Zeugenaussage vor Gericht beschwören. Was dann käme, malte er sich in den düstersten Farben aus: Urban Kräutlein würde mit Sicherheit vor Gericht gestellt, aus der Freundschaft mit dem einflußreichen Hofbarbier würde eine Feindschaft, und obendrein würde er selbst wegen unberechtigter Amtshandlungen in betrunkenem Zustand zur Rechenschaft gezogen. Das alles durfte auf keinen Fall geschehen.

Der Vogt, gemeinhin eher ein Mann der Tat als der Schrift, verbarrikadierte sich in seiner Amtsstube und widmete sich tagelang dem Studium von Akten und Büchern. Auf der Suche nach allem, was sich in seinem Interesse und gegen Katharina Kepler verwenden ließ, las er vor allem die umfangreiche »Peinliche Gerichts-Ordnung« – kurz »Carolina« – von vorne bis hinten und zurück.

Kaiser Karl V. hatte darauf bestanden, daß mit diesem Werk ein erstes deutsches Strafgesetz niedergeschrieben wurde. Es schuf die Voraussetzung für die gesetzlich organisierte Durchführung von Hexenprozessen. Selbstverständlich stand bei der Abfassung die Hexenlehre der Kirche Pate: Zauberei wurde neben Mord, Totschlag, Räuberei und Brandstiftung als schweres Verbrechen geführt. Das bedeutende Novum bestand darin, daß durch dieses Gesetzeskonvolut die bis dahin üblichen Ordalprozesse abgelöst wurden. So galt seit der Einführung nicht mehr das Gottesurteil, sondern ein Indizienprozeß mit anschließendem Geständnis als zwingende Voraussetzung für die Bestrafung der Angeklagten.

Diese Geständnisse waren nicht durch bloße Befragung zu erhalten, und so regelte die »Carolina« seit 1532 auch und vor allem die Methoden der Folter bis ins kleinste Detail. Das Maß der Qualen blieb der richterlichen Willkür und Grausamkeit der Folterknechte überlassen. Doch zuvor war es Sache des Anklägers, ausreichende Verdachtsmomente unanfechtbar zu formulieren. Und just darum ging es Luther Einhorn. Getreu seinem Motto »Auf den Scheiterhaufen mit den alten Weibern!« hatte er im Verlauf seiner Amtszeit die Erfahrung gemacht, daß es beinahe nichts gab, was die Verhafteten nicht gestanden, wenn man ihnen nur genügend Schmerzen zufügte. Abgesehen von der alten, häßlichen Wellingerin, die war wahrhaftig eine Ausnahme gewesen!

Im Fall der Katharina Kepler, und – das hatte sich der Vogt geschworen – einen solchen würde es geben, mußte er nun gut darauf achten, die vorgeschriebenen Gesetze einzuhalten und keinerlei Versäumnis zu riskieren. Sorgsam las er die Paragraphen einen nach dem anderen und notierte alles, was seinen hinterhältigen Zwecken dienlich sein konnte.

»Artikel VI, von CVI und CIX ganz zu schweigen. Na also, da haben wir doch etwas«, murmelte er, rieb seine Hände und lehnte sich zufrieden zurück, nachdem er die entscheidenden Passagen – zur Sicherheit gleich zweimal – gelesen hatte. Hier stand es schwarz auf weiß: Neben schadensstiftender Zauberei und kultischen Hexenaktionen wie Gottesverleugnung, Teufelshochzeit, Hexentanz und Hexenflug konnte auch bloßer übler Leumund ausreichen, um Verdächtige mit einem Verfahren zu überziehen. Und wenn in Leonberg jemand einen üblen Leumund hatte, dann ja wohl diese vermaledeite Keplerin, die ihm schon so lange ein Dorn im Auge war.

Zunächst müsse der Richter aber gewissenhaft prüfen, ob die Übeltat auch wirklich geschehen sei, las Einhorn weiter und grinste hämisch. Das sollte kein Problem sein, denn Zeugen für das böse Treiben seiner Erzfeindin würde er schon aufzutreiben wissen. Nach einigen Tagen intensiver Lektüre hatte der Vogt zusammengestellt, was ihm nützlich schien und verabredete ein Treffen mit Urban Kräutlein, um gemeinsam eine teuflische Strategie festzulegen. Ziel ihres Lügengebäudes war es, Zeit zu gewinnen, Material zu sammeln, den Spieß umzudrehen und Katharina Kepler so schnell wie möglich in ein Malefizverfahren zu verwickeln. Im Verdacht der Hexerei hatte sie ihrerseits dann keinerlei Rechte mehr, eine eigene Klage zu verfolgen, und die beiden Männer wären alle Sorgen los. Es folgten zwei Anhörungen, in denen es Vogt und Barbier tatsächlich gelang, sich durch geschickt einmütiges Taktieren einstweilen aus den gegen sie gerichteten Vorwürfen herauszuwinden.

Mit der tätigen Hilfe von Jörg Haller und seiner Frau Walburga sowie der Unterstützung des Ehepaares Reinbold machte sich Luther Einhorn ans Werk und erstellte in den folgenden Wochen eine nicht unerhebliche Auflistung der Keplerschen Schandtaten. Ganz nebenbei waltete er mit akribischer Grausamkeit seines Amtes, überführte vier Frauen als Hexen, brachte sie auf den Scheiterhaufen und kümmerte sich gewissenhaft um die Überführung weiterer Inhaftierter. Unter ihnen war auch Appolonia Wellinger, die, obwohl inzwischen von Christoph Besold betreut, noch immer gefangengehalten wurde.

Bis zu dem Zeitpunkt, als in Leonberg die ersten Hexenverbrennungen stattfanden, hatten Kinder und Schwiegersohn der Keplerin geglaubt, die Angelegenheit werde sich mit entsprechender Vernunft zu ihren Gunsten lösen lassen. Als jedoch deutlich wurde, welch Geistes Kind Einhorn wirklich war und daß er auch vor den perfidesten Kniffen nicht zurückschreckte, begann vor allem Margarete, sich ernsthafte Sorgen um das Wohl ihrer alten Mutter zu machen. Vogt und Barbier hatten sich gegenseitig bei den Vernehmungen so geschickt unterstützt, daß man für Katharina das Schlimmste befürchten mußte:

»Christoph, Georg, ich bitte euch. Ihr seht doch selbst, daß wir dem Einfluß der beiden Lügner nicht gewachsen sind. Wer weiß, was sie hinter ihrem Rücken bei Hof alles über die Mutter verbreiten. Wir müssen Johannes einweihen, ihm einen Brief schreiben und alles schildern. Hannes ist ein gescheiter Mann. Er hat schon viel gesehen von der Welt und wird wissen, was zu tun ist.« In ihrer Eitelkeit getroffen, zögerten Bruder und Ehemann noch ein wenig, mußten jedoch schließlich zugeben, daß ihnen kein zündender Gedanke kam und es daher vielleicht doch besser war, einen Bericht nach Linz zu schicken. Das Schreiben, am 22. Oktober verfaßt, erreichte Johannes Kepler am 29. Dezember 1615.

FLUCHT NACH LINZ

Als der einundvierzigjährige Astronom im Mai 1612 in der oberösterreichischen Hauptstadt Linz eingetroffen war, war ihm die kleine Stadt nach den Herrlichkeiten Prags als ein trauriger Abstieg erschienen. Kaiser Matthias hatte ihn für ein Jahresgehalt von dreihundert Gulden zuzüglich sechzig Gulden Holz- und Wohngeld in seinem Amt als Mathematiker des Hofes bestätigt und ihm gleichzeitig die Freiheit gegeben, die eigens für ihn geschaffene Stelle des Linzer Landschaftsmathematikers anzutreten. Hier wurde er jährlich mit weiteren vierhundert Gulden entlohnt. Der Auftrag, eine Karte von Oberösterreich anzufertigen, ließ ihm ausreichend Zeit für seine Forschungsarbeiten, und Johannes Kepler wäre zufrieden gewesen, hätte ihm die Einsamkeit nicht so sehr zu schaffen gemacht. Doch über ein Jahr sollte noch vergehen, bis sich daran etwas änderte.

Auf dem Sterbebett hatte ihm Barbara ans Herz gelegt, sich eine neue Frau zu suchen.

Ruta graveolens L.

»Auch um der Kinder willen, Kepler, darfst du nicht alleine bleiben. Sie brauchen eine weibliche Hand. Wenn du also jemanden findest, sei gewiß, meinen Segen hast du.« Schon in Prag war der Witwer wieder auf Freiersfüßen gewandelt, konnte sich jedoch unter all den Damen, die in Frage kamen, nicht entscheiden. Zu jung, zu alt, schon vergeben. Elf an der Zahl zog er in die engere Wahl, bis er sich endlich für eine entschied.

Susanne Reuttinger, die früh verwaiste Tochter eines Schreiners, war am 25. Dezember 1589 geboren und seit ihrem zwölften Lebensjahr im Waisenhaus der Herrin von Eferding, Baronin von Starhemberg, erzogen worden. Auf deren Landsitz, wenige Meilen westlich von Linz, ging Johannes Kepler als gerngesehener Gast ein und aus. Hier lernte er Susanne kennen, die dank ihrer ausgezeichneten Manieren und eines überaus liebenswürdigen Charakters im Hause der Baronin eine Stellung als Gesellschafterin bekleidete.

Hochgewachsen und von schlanker Gestalt, fiel sie dem Astronomen sofort auf, und nachdem er sich bei einigen Besuchen versichert hatte, daß die bescheidene Susanne auch noch ein gutes Herz hatte und mit seinen Kindern umgehen konnte, hielt er schließlich um ihre Hand an. Das Ehepaar Starhemberg war entzückt über die gute Partie, die ihr geliebter Zögling auf diese Weise machen würde, und auch Susanne hatte keine Einwände.

Am 30. Oktober 1613 heirateten die Brautleute in der Gemeinde Eferding und feierten anschließend im »Gasthaus zum Löwen« ein von Baron und Baronin ausgerichtetes rauschendes Fest. Es gab ein fürstliches Bankett mit vorzüglichem Wein. Kepler, überglücklich, diesmal eine gute Wahl getroffen zu haben, sprach demselben in einem Maße zu, das den Vollzug der Hochzeitsnacht unmöglich machte. Dieses Versäumnis holte er allerdings in den siebzehn Jahren seiner harmonischen Ehe gewissenhaft nach: Die fruchtbare Susanne gebar in regelmäßigen Abständen acht Kinder, die jüngste Tochter 1630, wenige Wochen vor dem Tod des Astronomen.

Als Margaretes beängstigende Zeilen in Linz eintrafen, lebte das Paar in der Kurzen Hofgasse mit Susanna und Ludwig, Keplers Kindern aus erster Ehe, und der im Januar 1615 geborenen gemeinsamen Tochter Margarethe Regina. Das kleine Mädchen saß zu Füßen ihres Vaters in dessen Studierstube und beschäftigte sich mit Holzklötzen, die sie von ihrem Halbbruder Ludwig zu Weihnachten bekommen hatte. Kepler öffnete den Brief seiner Schwester. Je weiter er las, um so größer wurde sein Entsetzen. Margarete berichtete nicht nur von dem Angriff auf ihre Mutter, sondern schilderte auch, daß die alte Frau ihrerseits durch ihr Verhalten zu den Verdächtigungen und der Klage beigetragen hatte:

»Weißt ja, wie wunderlich sie ist, die sie in kleinen Dingen Ordnung hält, alles herumliegen und stehen läßt, auch den Wein. Dann kommt es wohl für, daß er sauer und stickig wird und Leute, denen sie davon zu trinken gibt, von Bauchgrimmen befallen werden. Sie schimpfieren alsdann, die Keplerin hätte ihnen was angetan. Auch Mixturen und Medicinen gegen allerhand Gebrest weiß die Mutter, sammelt Kräuter und murmelt Segenssprüche darüber. Hat manch einem schon geholfen. Jetzund aber hat sie einer Nachbarin Salbe für ihren bösen Fuß gegeben und der ist davon schlimmer geworden. Nun ist sie in aller Leute Mäuler, wo sie sich nur blicken läßt, schimpfiert man sie, und die Kinder schreien ›Hex! Hex!‹ Auch der Untervogt ist ihr bös gesinnt. Derweilen er ohnehin auf alte Weiblein, so der Zauberei verdächtigt, fahndet. Allgemein wird ihr bang, weiß sich nimmer zu helfen ...«

Kepler las das Schreiben zu Ende, warf es auf den Tisch, schnappte seine verdutzte Tochter und ging in die Stube, wo seine Frau eben das Essen vorbereitete.

»Susanne, es ist etwas Schreckliches geschehen. Meine Mutter wird der Hexerei verdächtigt. Und denk dir nur, mich bezichtigen sie auch verbotener Künste!« empörte er sich.

Susanne, die ihre Schwiegermutter bis dato nur vom Hörensagen kannte, zog erstaunt die Augenbrauen hoch.

»Deine Mutter eine Hexe? Und dich verdächtigen sie auch? Weshalb denn dich? Du hast doch nun mit dergleichen wahrhaft nichts zu tun.« Kepler setzte das Kind auf den Boden.

»Ich verstehe es auch nicht. Niemals habe ich auch nur irgend etwas in diese Richtung unternommen. Aber meine Schwester schreibt, daß es so ist. Ich muß mich gleich darum kümmern. Wenn wahr ist, was ich eben gelesen habe, schwebt meine Mutter in großer Gefahr.« Er ging zurück an seinen Schreibtisch, nahm einen frischen Federkiel und setzte einen Brief an den Rat von Leonberg auf. Seine Mutter habe an die siebzig Jahre ein unbescholtenes Leben geführt, so schrieb er, und es sei wohl merkwürdig, sie auf Aussage einer Person wie der Reinboldin, die erwiesenermaßen eine leichtfertige Existenz führe, vor Gericht bringen zu wollen. Vier Tage später, am 2. Januar 1616, war er mit den Formulierungen der Details zufrieden und sandte das Schreiben nach Leonberg.

»Kepler, mit dergleichen ist nicht zu spaßen«, mahnte seine ebenfalls besorgte Frau am Abend. »Wer weiß, mit was sie noch alles herausrücken. Ich denke, es ist besser, du bemühst dich um einen Anwalt, und zwar nicht nur für deine Mutter, sondern auch für dich.« Nach allem, was seine Schwester geschrieben hatte, war Johannes tatsächlich höchst unsicher, ob seine Geschwister und der Schwager die Verteidigung der Mutter mit dem nötigen Sachverstand betrieben, und kümmerte sich bereits am nächsten Morgen um entsprechenden Rechtsbeistand. Freund Christoph Besold konnte den Fall nicht übernehmen, er war noch immer zu sehr mit der Sache Wellinger befaßt.

In Leonberg spitzte sich inzwischen die Situation in einer Weise zu, die für Katharina unerträglich wurde.

»Ich kann tun und lassen, was ich will. Ob ich schweige oder spreche, stehe oder gehe, immer kommt jemand und wirft mir Häßlichkeiten an den Kopf«, beschwerte sie sich bei ihrer Tochter, die ähnliches bereits selbst beobachtet hatte.

»Mutter, ich sehe keine andere Lösung, wir packen jetzt ein paar Sachen für dich, schließen die Türe, und dann kommst du mit Anna und Anna Maria zu mir nach Heumaden. Da hast du deine Ruhe, und wir können gemeinsam abwarten, was der Hannes zu allem sagt.« Katharina lächelte beruhigt und sagte gerührt:

»Du bist und bleibst mein gutes Mädchen. Läßt deine alte Mutter nicht im Stich. Aber bevor ich mit dir gehe, müssen wir die Früchte noch einbringen, darauf bestehe ich.« Margarete wußte, daß Widerspruch zwecklos war, und stimmte zu. Als Feld, Sträucher und Bäume abgeerntet waren, verpflichtete sich

Katharina, ihren Kindern für die kommenden drei Jahre den Ertrag ihres kleinen Gutes zu überlassen.

»Aber ihr müßt euch auch darum kümmern, nicht, daß alles verdirbt. Und außerdem müßt ihr mich beköstigen, ich habe ja sonst nichts mehr«, sorgte sie sich.

»Mutter, mach dir keine Gedanken, du wirst schon nicht verhungern.« Margarete half, die paar Habseligkeiten und Kleidungsstücke zusammenzupacken.

Es klopfte an der Tür. Mit einem Jubelschrei fiel Katharina Appolonia Wellinger um den Hals.

»Du hast es geschafft, bist frei!« Sie küßte sie auf die eingefallenen Wangen. Appolonia nickte und wischte sich die Tränen aus den Augen.

»Kätterle, ich war es nicht, die es geschafft hat, der Besold war's, der Freund von deinem Sohn. Ohne ihn wäre ich längst verbrannt. So ist es noch mal glimpflich abgegangen«, sagte sie mit traurigem Blick auf ihre verstümmelte Hand.

»Komm herein, setz dich zu uns. Ganz dünn bist du geworden, geh her, ich geb dir was zu essen, daß was auf deine Rippen kommt. Das Gretchen ist auch da. Wir packen gerade, ich werde für ein Weilchen zu ihr nach Heumaden gehen.« Katharina zog die Freundin am Arm. Appolonia schüttelte den Kopf.

»Nein, dank dir schön, aber ich bleibe nicht eine Minute länger als nötig in dieser Stadt. Und du tust auch gut daran, möglichst weit fort zu gehen. Hier ist die Luft nicht gut für alte Weiber wie uns. Ich jedenfalls nehme meinen Gewürzkarren und verschwinde. Behüt dich Gott einstweilen.« Sie umarmte Katharina innig. Es war ein Abschied für immer, und beide Frauen wußten es.

Während Katharina Kepler bei Tochter und Schwiegersohn in der Pfarrei wohnte, mußte Vogt Einhorn schließlich – amtlichen Zwängen folgend – den ersten Verhörtermin in der Verleumdungsklage Kepler gegen Reinbold anberaumen. Am 21. Oktober 1616 sollte es soweit sein. Beklagte und Klägerin waren gleichermaßen geladen, und so war unabdingbar, daß die Keplerin sich rechtzeitig auf den Weg von Heumaden nach Leonberg begab. Fest überzeugt, nun werde sich alles zum Guten wenden, lief die alte Frau geradewegs in ihr Verderben.

Ihr Weg zurück führte sie an der Ziegelscheune des Zieglers Leibbrandt vorbei. Dort beschickten einige Kinder den Brennofen mit Lehmsteinen. Als die Keplerin an ihnen vorbeiging, tuschelten die Kinder miteinander. Ein Mädchen, das elfjährige Kathrinle Haller, tat sich besonders hervor:

»Das ist eine Unholdin!« flüsterte sie aufgeregt. »Die hat meinem Bruder eine Krankheit angehext!« Auf diese Worte stoben die Kinder schreiend auseinander. Nur das Kathrinle und ihre Freundin, des Zieglers Tochter, arbeiteten weiter.

»Ich kann nicht mehr. Mir tut der Arm so weh«, sagte das Kathrinle über eine Stunde später zu ihrer Gefährtin und ging nach Hause. Dort lief sie schnurstracks zu ihrer Mutter und beschwerte sich:

»Die Kepler Hex ist vorbeigekommen, sie hat mir einen Schlag auf den Arm gegeben, und jetzt schmerzt er ganz heftig und ist beinahe steif.« Walburga Haller hatte nichts Eiligeres zu tun, als damit beim Vogt vorstellig zu werden. Als Tochter eines Abdeckers gehörte sie wie ihr Mann zur untersten Gesellschaftsschicht und war stets auf einen Groschen extra erpicht. »Schinderburga« lautete der Spitzname, den die angesehenen Bürgersleute benutzten, wenn sie über Hallers Frau sprachen. Das Wort an sie persönlich zu richten, vermied man tunlichst, wer wollte schon mit Gesindel wie diesem zu tun haben.

Wenn es ihm in den Kram paßte, machte Luther Einhorn da allerdings bisweilen gerne eine Ausnahme. Heute war so ein Tag, und der Vogt dankte dem allmächtigen Herrn für die Gnade, ihm so etwas in die Hände zu spielen.

»Hallerin, das muß vor Gericht«, sagte er mit wichtiger Miene. »Du weißt, was du zu tun hast?« fragte er und legte wie zufällig ein paar Münzen auf den Tisch.« Die Schinderburga nickte und strich die Geldstücke ein. Mit den Worten: »Ich werde die Keplerin auf offener Straße zur Rede stellen«, verließ sie die Amtsstube.

Wie die meisten Frauen trug die Frau des Tagelöhners unter ihrer Schürze ein Messer um die Taille geschnallt. Das zückte sie, als sie kurz darauf der Keplerin begegnete. Sie fuchtelte der alten Frau damit vor der Nase herum und schrie dabei aus Leibeskräften: »Warum hast du meinem Kind einen solchen Treff gegeben? Du mußt es wiederherstellen oder auf der Stelle sterben.«

Mit dieser öffentlichen Beschimpfung ließ sie Katharina Kepler keine andere Wahl, als in einem zweiten Fall wegen Verleumdung zu klagen. Vogt Einhorn konnte sein Glück kaum fassen, als damit sein sorgfältig geschmiedeter, hinterlistiger Plan aufging.

In größter Eile beraumte er einen Termin in seiner Amtsstube an. Hier hatten sich einzufinden Katharina Kepler, das Ehepaar Leibbrandt nebst Tochter und die Eltern Haller mit Tochter Kathrinle. Christoph Kepler war zur Unterstützung seiner alten Mutter mitgekommen.

Die beiden unmündigen Kinder sagten als erste aus. Das Kathrinle sprach erneut von einem Schlag, den die Keplerin ihr versetzt habe, die Freundin zierte sich ein wenig.

»Nein, direkt gesehen hab ich's nicht, aber das Kathrinle hat's mir ja gleich erzählt«, brachte sie schließlich heraus. Die Aussagen der Eltern richteten sich selbstverständlich gegen Katharina Kepler. Im Namen seiner Tochter bestand Jörg Haller auf einer Schadensersatzklage gegen die Keplerin, die ihrerseits heftig gegen die erhobenen Vorwürfe protestierte.

»Ich habe das Kind nicht angefaßt«, wollte sie ihre Verteidigung eben beginnen, da verbot ihr der Vogt jedes weitere Wort. Er erhob sich von seinem Amtsstuhl und kam hinter dem imposanten Tisch hervor.

»So, Kathrinle, jetzt wollen wir uns deinen Arm erst einmal genau betrachten.« Einhorn nahm die Hand des Kindes, streckte den Arm ein wenig, befühlte den Ellbogen und sagte voller Überzeugung. »Das ist fürwahr ein Hexengriff.« Empört wollte sich Zinngießer Kepler einmischen, aber der Vogt untersagte auch ihm das Wort. Nach allem, was die Kinder erzählten und er soeben diagnostiziert hatte, war die Keplerin eindeutig der Hexerei verdächtig, wenn nicht gar schon so gut wie überführt. In diesem Stadium galt sie als rechtlos und durfte sich weder verteidigen, noch mußte ihre Klage wegen des mörderischen Überfalls der Schinderburga weiter verfolgt werden. Durch seine hintertriebenen Machenschaften hatte Vogt Luther Einhorn eine weitere wichtige Etappe auf dem Weg, Katharina Kepler zum Tod durch Verbrennen zu verurteilen, gewonnen.

Christoph Kepler unternahm einen erneuten Versuch, der Angelegenheit doch noch zu einem gerechten Verlauf zu verhelfen, und bat den Vogt inständig, er möge doch vor allem der Verleumdungsklage seiner Mutter gegen Ursula Reinbold nachgehen.

»Wenn das endlich geschähe, würde sich ganz von selbst erweisen, daß meine Mutter keine Hexe ist«, sagte er zum Vogt, nicht ahnend, daß es Einhorn besonders darum ging, ebendiese Klage nicht weiter zu verfolgen. Der Vogt schüttelte den Kopf.

»Drillmeister Kepler, ich kann Euch voll und ganz verstehen, wäre es meine Mutter, ich spräche nicht anders, aber so, wie sich die Sache nach dem heutigen Tag darstellt, kann ich da gar nichts für Euch tun«, sagte er scheinheilig. Christoph Kepler sah ihn mit gespielter Betroffenheit an.

»Wollte Gott, ich könnte dieser Stadt über Nacht den Rükken kehren«, seufzte er und verließ die Amtsstube.

Jetzt waren Katharina und Luther Einhorn allein. »Vogt, ich will Euch ein Angebot machen«, sagte die alte Frau in der Hoffnung, ihre Lage auf diese Weise verbessern zu können. »So, so, ein Angebot.« Ihr Gegenüber tat, als sei er höchst beschäftigt mit dem Studium seiner Akten, und machte sich nicht einmal die Mühe aufzusehen.

»Ich bin keine Hexe, war nie eine Hexe und werde auch nie eine Hexe sein. Und wenn Ihr endlich meinen Vorwürfen gegen die Reinboldin Gehör schenkt, kann ich das auch beweisen.« Katharina Kepler nahm all ihren Mut zusammen. »Ich habe einen wunderschönen, kostbaren silbernen Becher, den will ich Euch gerne verehren, wenn Ihr mir zu meinem Recht verhelft«, sagte sie leise. Luther Einhorn konnte sein Glück kaum fassen:

»Was soll das heißen, Keplerin? Willst du mich bestechen?« Er sah sie durchdringend an. »Ja, du willst mich doch wahrhaftig bestechen. Nun, es tut mir wahrhaftig leid, aber das muß ich natürlich zu Protokoll nehmen.« Während Katharina Kepler niedergeschlagen das Amtszimmer verließ, notierte er den Bestechungsversuch, um ihn tatsächlich später dem Herzog zu melden.

Katharina war wieder in Heumaden, ein fürstlicher Bescheid war noch nicht ergangen, da verbreitete Einhorn schon das Gerücht, die Keplermutter werde in der Folterkammer landen.

Jetzt wurde es Christoph, Margarete und deren Mann wirklich bange. Sie berieten sich und kamen schließlich zu dem Ergebnis, daß die Mutter um ihrer Sicherheit willen außer Landes gebracht werden mußte.

»Sie sollte eilig zu Johannes nach Linz reisen. Nur dort ist sie im Augenblick sicher«, sagte Pfarrer Georg Binder, dem ohnehin nicht wohl war bei dem Gedanken, seine Schwiegermutter könnte der Hexerei überführt werden.

»Binder, du hast recht. Sie muß fort von hier, und zwar so schnell wie möglich«, pflichtete ihm Christoph bei. Auch ihm war es unter anderem um den Erhalt seines guten Rufes zu tun. Eine Hexe als Mutter war da eher abträglich. Unbeeinflußt von derlei Gedankengut, verfolgte Margarete nur das Ziel, ihre alte Mutter zu schützen.

»Noch ist sie frei und nicht verhaftet, kann gehen, wohin sie will. Wir sollten alles ganz offiziell machen und uns beeilen, bevor dieser Einhorn auf schlimmere Gedanken kommt«, sagte sie.

Christoph Kepler erklärte dem maßgebenden Gerichtsbeamten sein Anliegen, die Mutter nach Linz zu Johannes zu bringen. Da der Mann zu diesem Zeitpunkt nichts in der Hand hatte, mit dem er die Reise hätte verhindern können, gab er dem Antrag statt.

»Was soll das. Ihr könnt doch nicht einfach über meinen Kopf hinweg entscheiden. Ich will nicht nach Linz. Ich habe mir vor Gott und den Menschen nichts zuschulden kommen lassen und will hier in Heumaden bleiben.« Katharina war ganz und gar nicht begeistert von der Idee und ließ sich nur durch die einfühlsamen Worte ihrer Tochter überreden. Zwei Taschen waren schnell gepackt, und schon saß die Keplerin zur Erleichterung ihrer Kinder auf einem Fuhrwagen. Damit sollte es bis Ulm gehen und von dort auf einem Schiff nach Linz. Es war Spätherbst, und als sie am 30. Oktober in Ulm ankam, brach unerwartet eine solche Kälte herein, daß der Fluß zufror.

»Das ist ein Wink des Schicksals«, dachte Katharina, fackelte nicht lange und kehrte hoch zufrieden um.

Margarete riß die Augen auf, als stünde ein Gespenst in der Pfarrei.

»Mutter, was machst du denn hier? Ich denke, du bist auf dem Weg zu Hannes!« Sie nahm der alten Frau die wärmende Schaube ab und hängte den Mantel an einen Haken.

»Das Wasser war gefroren, es ging kein Schiff nach Linz, nicht einmal kleinste Boote haben sie getreidelt, und laufen konnte ich ja wohl schlecht«, Katharina grinste verschmitzt. Margarete lächelte sie liebevoll an.

»Mutter, Mutter, wenn davon der Christoph erfährt, er wird außer sich sein«, sagte sie warnend. Drei Tag später stand ihr Bruder mir zornrotem Gesicht in der Stube.

»Mutter, ganz gleich, wie du dich sträubst, das nächste Fuhrwerk ist unseres. Und wenn ich dich hinter mir herzerren muß. Du fährst zu Hannes nach Linz.« Er knallte ein kleines Reisebündel auf den Boden.

»Stoffel, was hab ich dir denn getan, daß du so grob mit mir sprichst. Man meint ja gerade, daß du mich um jeden Preis loswerden willst«, seine Mutter schüttelte verständnislos den Kopf.

»Ich will dich nicht loswerden. Niemand will dich loswerden. Du mußt von hier fort, weil dich Luther Einhorn sonst auf die Streckbank schnallt, bis du Dinge gestehst, die du nie getan hast.« Verzweifelt über die Naivität seiner Mutter rang Christoph die Hände.

»Aber ich habe tatsächlich nichts getan, und deswegen werde ich auch nichts gestehen«, beharrte diese auf ihrem Standpunkt.

Die nächste Gelegenheit, nach Ulm zu fahren, ergab sich im November. Am Vorabend füllte Margarete Katharinas Schuhe mit Salz.

»Das dir nichts Böses geschieht und du gesund zurück kommst.«

Christoph Kepler half seiner Mutter auf das Fuhrwerk, verstaute das Gepäck und setzte sich neben sie.

»Und diesmal kehren wir nicht um«, sagte er mit strenger Miene. Die Reise verlief ohne Zwischenfälle, die Donau war wieder schiffbar, und am 13. Dezember 1616 traf Katharina Kepler wohlbehalten in Linz ein.

Schwiegertochter Susanne schloß sie herzlich in die Arme. Die junge Frau war ihr auf den ersten Blick um vieles sympathischer als die verstorbene Barbara.

»Die hast du dir aber gut ausgesucht!« flüsterte sie Johannes zu.

»Und so schlank und so jung«, ihr Sohn strahlte. Gemeinsam mit den Enkeln verbrachte Katharina ein ruhiges, unbeschwertes Weihnachtsfest und fügte sich der Order ihrer Kinder, bis auf weiteres in Linz zu bleiben. Der Januar 1617 war bitter kalt, und Katharina fror manches Mal ganz entsetzlich. Ein böser Husten setzte sich auf ihre Brust. Hohes Fieber zwang sie, das Bett zu hüten, und als Johannes Kepler im Februar für zwei Monate nach Prag mußte, fürchtete er beim Abschied, seine Mutter nicht lebend wieder zu sehen.

»Ich werde mich gut um sie kümmern«, versprach Susanne. Sie hielt Wort, und sogar der hinzugezogene Arzt wunderte sich, daß die zierliche alte Frau wieder völlig gesund wurde.

»Wie du dich um mich gesorgt hast, das vergesse ich dir nie. Warte nur, in ein paar Monaten will ich es dir schon vergelten. Jetzt iß die Quitten hier, daß dein Kleines so gescheit wird, wie der Hannes.« Sie warf einen Blick auf Susannes Bauch, der sich langsam zu runden begann. Am 31. Juli 1617 gebar sie mit Hilfe ihrer Schwiegermutter ein gesundes Mädchen, das zum Zeichen dankbarer Verbundenheit auf den Namen Katharina getauft wurde.

»Das ist aber eine Ehre, die ihr mir da zuteil werden laßt.« Die Wangen der Großmutter glühten vor Stolz, als der Pfarrer den Segen sprach. Wenige Wochen später folgte dem freudigen ein trauriges Ereignis im Hause Kepler. Am 8. September starb die noch nicht dreijährige Schwester des Neugeborenen.

»Husten, Epilepsie und Auszehrung«, diagnostizierte der Arzt und schloß dem Mädchen die Augen. Voller Mitgefühl versuchte Katharina ihre Schwiegertochter zu trösten.

»Das Leben ist oft traurig. Aber du bist noch so jung. Ihr werdet weitere Kinder haben. Jetzt sieh, daß du deine kleine Katharina gesund groß bringst, und gräm dich nicht zu sehr, sonst versiegt dir die Milch.«

Während der ganzen Zeit war Johannes Kepler in der Angelegenheit seiner Mutter nicht untätig gewesen. Unterstützt von seinen verschiedenen Rechtsbeiständen hatte er Brief um Brief verfaßt und an den württembergischen Herzog geschickt. Endlich schien sich das Blatt zum Besseren zu wenden. Aus Leonberg kam eine gute Nachricht; es hieß, Katharina Keplers Verleumdungsklage gegen Ursula Reinbold werde demnächst aufgenommen. Sie beschloß, auf der Stelle den Heimweg anzutreten.

»Mutter, ich beschwöre dich, du machst einen Fehler. Dieser Vogt ist ein verschlagenes Ungeheuer! Wer weiß, was er sich einfallen läßt. Bleib um alles in der Welt hier bei uns, bis wir sicher sein können, daß dir nichts geschieht.« Doch Johannes mußte einsehen, daß all seine guten Worte nichts nützten. Die Keplerin wollte nach Hause und packte ihre Sachen.

»Du hast selbst gesagt, daß Hofkanzlei und Hofgericht angeordnet haben, daß der Prozeß jetzt stattfinden muß. Darüber kann sich ja wohl auch ein Herr Einhorn nicht hinwegsetzen.«

»Mutter, wenn ich dich hier schon nicht halten kann, tu mir wenigstens den Gefallen und hör auf, den Leuten deine Tränke und Salben zu verkaufen, damit man dir nicht noch was nachsagen kann.« Seine Mutter sah ihn aus wütend zusammengekniffenen Augen an.

»Was bildest du dir eigentlich ein? Meinst wohl, nur weil du ein berühmter Mann bist, muß ich mir alles von dir gefallen lassen? Wer soll mir was nachsagen?« Johannes unterbrach sie: »Du kennst weder das Heilkundebuch des Baedus, weißt nichts von Aegina und Plinius, hast keine Ahnung, wie man den grauen Star sticht, aber willst Kranke gesund machen.«

»Was weißt du schon, was ich für Bücher kenne oder nicht kenne, du Neunmalklug! Ich habe schon Kranke geheilt, da hast du noch in die Hosen geschissen! Und jetzt sieh dich an – liegst dem Kaiser auf der Tasche, pinselst magische Kreise und redest dummes Zeug. Ach, geh mir aus den Augen, morgen bin ich fort, dann muß ich dein blödsinniges Geschwätz nicht mehr hören und habe meine Ruhe!« schnaubte Katharina zornig.

BEWEGTE TAGE

Zurück in Leonberg, wurde sie allerdings eines Besseren belehrt. Luther Einhorn dachte gar nicht daran, der obersten Order Folge zu leisten und verschleppte die Anhörung weiterhin. Nachdem es ihm immer wieder gelungen war, verdächtige Frauen als Hexen zu überführen und die gesprochenen Urteile vollstrecken zu lassen, galt er inzwischen über die Leonberger Stadtmauern hinaus als gefährlicher Mann.

»In der Stadt kannst du nicht bleiben«, sagte Margarete, als sie ihre Mutter auf dem Marktplatz empfing. »Was heißt, ich kann hier nicht bleiben«, protestierte Katharina. »Ich muß hierbleiben. Schlimm genug, daß ich die ganzen Monate in Linz vertan habe. Sieh nur, wie mein Gärtchen aussieht. Alles voller Unkraut. Und die Bäume! Was ist denn in den Benedikt gefahren, sie so verwahrlosen zu lassen. Ich muß ein ernstes Wort mit ihm reden.« Die Keplerin war außer sich vor Zorn. »Mit Benedikt brauchst du nicht zu sprechen, der hat die Seiten gewechselt«, antwortete ihre Tochter. Katharina sah sie fragend an und mußte sich setzen, als sie erfuhr, was sich in ihrer Abwesenheit zugetragen hatte.

Agrimonia eupatoria L.

Auf der Suche nach glaubwürdigen Zeugen gegen seine Erzfeindin hatte Vogt Einhorn zuallererst das Gespräch mit all jenen gesucht, die in regelmäßigem Kontakt zu Katharina Kepler standen. So auch mit Schulmeister Beutelspacher, der seit Kindesbeinen bei ihr ein und aus ging. Das Schicksal wollte es, daß Benedikt kurz vor Katharinas Abreise noch bei ihr gewesen war und ihr, wie schon so oft, einige Gefälligkeiten im Haus erwiesen hatte. »Ach Benedikt, was wäre ich ohne deine Hilfe«, hatte diese gesagt und ihm als Dank den üblichen Trunk angeboten. Wenig später war der Schulmeister für alle sichtbar von einer Lähmung befallen worden, konnte kaum mehr gehen und zog sein Bein nach.

Jeder in Leonberg wußte, daß Beutelspacher die kindische Angewohnheit hatte, statt Stege zu benutzen und einen Umweg zu gehen, über kleine Bächlein und Zäune zu springen. Tausendfach hatte seine Mutter ihn schon gewarnt, er werde eines Tages stürzen und sich Schaden zufügen. »Du bist kein behender Knabe mehr. Und wenn du dich schon wie ein Ziegenbock gebärden mußt, dann stell wenigstens die schweren Obst- und Holzkörbe vorher ab«, waren ihre Worte gewesen, doch der Sohn hatte nicht hören wollen. So kam es, daß er eines Tages einen Sprung zu kurz ansetzte, fiel und sich so verletzte, daß er nicht mehr richtig gehen konnte. Just zu diesem Zeitpunkt rief ihn der Vogt in seine Amtsstube. Beutelspacher schämte sich, den wahren Sachverhalt zu schildern und seine Kinderei zuzugeben. Er wand sich ein wenig und äußerte schließlich einen Verdacht: »Beschwören kann ich es nicht, aber ich möchte wohl meinen, daß meine Schmerzen im Bein mit dem Trunk zu tun haben, den das Kätterle mir vor ihrer Abreise gegeben hat«, druckste er zu Einhorns großer Freude.

Katharina Kepler war fassungslos. »Das hat er wirklich gesagt?« Sie sah ihre Tochter ungläubig an. »Das hat er wirklich gesagt, Mutter. Du siehst, hier sind inzwischen die Feinde auch unter den Freunden. Es ist nicht gut, wenn du bleibst. Um deinen Garten und die Bäume kümmern wir uns, wenn alles vorbei ist, und bis dahin kommst du zu mir«, bestimmte sie und brachte Katharina nach Heumaden.

In der Pfarrei hatte es zuvor heftige Wortwechsel gegeben. Georg Binder fürchtete sich vor dem Gerede der Leute und wollte die umstrittene Schwiegermutter um nichts in der Welt in seinem Haus haben. Als er aus dem Fenster sah, wie sich diese an Margaretes Seite näherte, befiel ihn ein Gefühl zorniger Ohnmacht. »Was soll das? Ich habe ausdrücklich gesagt, daß ich sie nicht hier sehen möchte. Und du setzt dich einfach darüber hinweg. Wie denkst du es dir, eine Frau, die demnächst als Hexe vor Gericht gezerrt wird, bei uns zu beherbergen?« herrschte er seine Frau verärgert an. »Zum einen ist sie nicht irgendeine Frau, sondern meine Mutter, und zum zweiten verbürge ich mich dafür, daß sie nichts als ein altes, harmloses Weiblein ist und mit Zauberei so viel wie du und ich zu tun hat«, erwiderte Margarete und weigerte sich standhaft, Katharina zurück nach Leonberg zu schicken. »Zur Zeit habe ich dank deiner Mutter weitaus mehr mit Zauberei zu tun, als mir lieb sein kann! Ich will sie nicht in meiner Amtsstube sehen, und eigentlich will ich sie überhaupt nicht sehen«, sprach der Pfarrer ein Machtwort. Für Katharina bedeuteten die Worte ihres Schwiegersohnes, daß sie, wann immer dieser im Haus auftauchte, in einer kleinen Kammer unter dem Dach verschwinden mußte. »Ich will es dir so bequem wie möglich herrichten«, sagte ihre Tochter und schob einen kleinen Tisch in das Stübchen. »Das nennt der Herr Pfarrer also Nächstenliebe«, murrte Katharina, sah aber ein, daß sie bis auf weiteres besser in Heumaden als in Leonberg aufgehoben war.

Vogt Einhorn hatte in der Zwischenzeit ihre Reise nach Linz, obwohl von der Behörde genehmigt, für seine Zwecke zu nutzen gewußt. »Na, wenn das kein Schuldgeständnis ist. Genauso steht es im ›Hexenhammer‹, wer flieht, gesteht damit seine Schuld! Als nächstes wird sie ihrem Bürgerrecht in Leonberg entsagen und ihr Hab und Gut über die Grenze bringen«, mutmaßte er und nahm den Vorfall zu den Akten.

Der Verdacht, Katharina Kepler könne Häuschen und Grundstück verkaufen und sich mit dem Erlös nach Linz absetzen, rief Jakob Reinbold wieder auf den Plan. »Wir müssen sehen, daß wir uns rechtzeitig schadlos an der Alten halten, sonst ist sie auf einmal über alle Berge und uns bleibt nichts als das Nachsehen«, sagte er zu seiner Frau. Ursula Reinbold teilte die Sorge ihres Mannes ganz und gar. »Warum reichen wir nicht zusätzlich eine Klage auf Schadensersatz ein, so wie es der Haller und die Schinderburga getan haben. Die wollen Geld, weil das Kätterle ihrem Kind so grob mitgespielt hat. Wenn wir es machen wie sie, bekommen wir doch in jedem Fall unseren Anteil zugesprochen.«

Tatsächlich hatte Tagelöhner Haller auf Betreiben Luther Einhorns bei Gericht eine Petition eingereicht. Man solle ihm, so bat der Vater, eine Entschädigung aus dem Vermögen der Katharina Kepler gewähren, da sie sein Kind durch Zauberei übel und erbärmlich zugerichtet habe. Der Antrag landete zunächst auf dem Tisch des Vogtes, der ihn mit einem unterstützenden Zusatz versah. Die Aussagen des Taglöhners seien wahr, »... er, Haller, ein ganz armer Geselle, er besitzt außer sechs Kindern nur ein kleines Häuschen, die Keplerin aber macht von umfangreichem Vermögen Gebrauch, solches ich auf ungefähr tausend Gulden schätze«, schloß er den Brief und schickte ihn ab.

Auf eben diese Weise gedachten sich auch Ursula und Jakob Reinbold zu bereichern.

Während Katharina Kepler in der Dachkammer der Heumadener Pfarrei saß und hoffte, der Spuk würde bald vorübergehen, drehte das hinterhältige Paar weiter an dem Strick, der sie zu Fall bringen sollte.

Nach reiflicher Überlegung und Rücksprache mit dem Vogt forderte Jakob Reinbold in seiner Schadensersatzklage die immense Summe von eintausend Gulden als Wiedergutmachung für die Erkrankung seiner Frau. Diese untermauerte derweil den Vorwurf der Hexerei mit weiteren Details. Jederzeit wollte die Reinboldin bezeugen, daß es natürlich das Kätterle gewesen sei, die sie mit einem giftigen Trunk krank gemacht habe. Damit nicht genug, sei inzwischen erwiesen, daß sie des Schützenbastians Töchterlein im Hexenwerk habe unterrichten wollen. Ganz zu schweigen davon, daß sie Mensch und Vieh in einer Weise verhext habe, so daß diese die Wände heraufgelaufen seien.

Um ihren Worten Nachdruck zu verleihen, simulierte Ursula Reinbold bei extra geöffneten Fenstern einen heftigen Schmerzanfall. So laut sie konnte, schrie sie ihr Leid und Wehe hinaus und vergaß dabei nicht, Katharina Kepler dafür verantwortlich zu machen. Dem tödlichen Wahnsinn angeblich ganz nahe, ließ sie Dekan Buck kommen und sich von ihm das heilige Abendmahl geben.

Johann Bernhardt Buck war erst vor wenigen Wochen nach Leonberg versetzt worden. Überzeugt von teuflischer Hexerei und magischen Zauberkräften, hatte er sich den Zielen der Inquisition verschrieben und glaubte Ursula Reinbold jedes Wort und jeden Klagelaut. Nachdem er dieser tröstlich zugesprochen hatte, machte er sich daran, überall in der Stadt zu berichten, in welch erbärmlichen Zustand die Keplerin des Glasermeisters Frau versetzt hatte. Bald wußte man auch im letzten Haus, wie schlimm es um die Reinboldin stand.

Kaum hatte der Dekan die Patientin allerdings verlassen, erholte sich diese auf wundersame Weise und fügte gemeinsam mit ihrem Mann dem Bericht noch eine Auflistung der bisher entstandenen Kosten hinzu. Dann ging das Schreiben mit Luther Einhorns tätiger Unterstützung an den Herzog von Württemberg.

Beunruhigt über die Abreise seiner Mutter, saß Johannes Kepler in Linz und vermochte sich nicht so recht auf die Arbeit zu konzentrieren. »Ich muß nach Württemberg. Tag und Nacht verfolgen mich düstere Ahnungen, ich traue Christoph und Binder einfach nicht zu, daß sie verstehen, der Mutter wirklich zu helfen«, sagte er eines Morgens zu seiner Frau, als es an der Tür klopfte. Der Bote brachte traurige Nachrichten.

Keplers geliebte Ziehtochter aus erster Ehe war gerade siebenundzwanzigjährig am 4. Oktober 1617 verstorben. Im Winter zuvor war Regina Ehem an den Blattern erkrankt und befand sich vermeintlich auf dem Weg der Genesung, da bildeten sich – wohl als Folge der Krankheit – gefährliche Abszesse im Unterleib. Nach monatelangem Siechtum und einer Lungensucht, die im Sommer zu den anderen Beschwerden hinzukam, litt sie schließlich unter heftigen Krämpfen, denen sie erlag. Die junge Frau hinterließ einen untröstlichen Witwer und kleine Kinder. »Er bittet uns, ihm Susanna für eine Weile zu schicken, damit sie auf die Kleinen achtet, bis er seine Angelegenheiten geordnet hat. Was meinst du, ist sie mit ihren fünfzehn Jahren schon in der Lage, eine solche Aufgabe zu übernehmen?« Johannes Kepler sah seine Frau unsicher an. »Sie ist erwachsener, als du denkst«, antwortete diese. »Und was sie nicht kann, wird sie auf diese Weise ganz schnell lernen. Erinnere dich, wie es war, als du mit ihr und Ludwig nach Barbaras Tod allein warst. Wie wärst du froh gewesen, wenn jemand wie sie dir hätte zur Seite stehen können.« Kepler nickte. »Aber nicht für immer, oder?« fragte seine Tochter, die gerade mit ihrer kleinen Halbschwester hereingekommen war. »Nein, nicht für immer«, lachte ihre Stiefmutter und zog das Mädchen scherzhaft am Zopf. »Für immer kann ich doch gar nicht auf dich verzichten.« Sie gab ihr einen kleinen Kuß auf die Nase.

So brach Johannes Kepler Anfang des Monats auf, um Susanna mit dem Schiff vierhundert Kilometer nach Ulm und von dort mit dem Fuhrwerk nach Walderbach bei Regensburg zu bringen. Von hier reiste er, sich um seine Mutter zu kümmern. In Leonberg wurde ein aufwendiges Fest vorbereitet, die erste große Einhundertjahrfeier anläßlich der fünfundneunzig Ablaßthesen von 1517. Am 30. Oktober 1617 traf Kepler pünktlich zum Lutherjubiläum ein, doch anders als seinem Bruder Christoph und dessen Familie war ihm nicht nach Feiern zumute.

Statt dessen ließ er sich über den Stand der Dinge unterrichten. Das Ergebnis gab Anlaß zu höchster Beunruhigung. »Mutter, es hilft alles nichts, du kannst auch hier in Heumaden bei Margarete nicht bleiben«, versuchte er die alte Frau zu überreden, wieder zu ihm nach Linz zu kommen. »Ich weiß, du meinst es gut, Junge, aber ich gehöre hierher. Sie werden es mir als Geständnis meiner Schuld auslegen, wenn ich das Land verlasse. Ich bin eh schon viel zu lange fort gewesen. Oder meinst du, der Benedikt hätte es gewagt seinen Unsinn zu verbreiten, wenn ich neben ihm gestanden hätte?« Das konnte und wollte ihr Sohn nicht beurteilen, aber er wußte, daß es in jedem Fall besser war, die Mutter außer Landes zu bringen.

Um dieses Ziel zu erreichen, verfaßte er am 20. November einen wohlformulierten Brief an den Herzog und versicherte, er werde Geld- und Grundbesitz seiner Mutter bis zum hoffentlich glücklichen Ende der Angelegenheit nicht antasten. Außerdem sei er bereit, sollte ihr Vermögen nicht ausreichen, für alle notwendigen Zahlungen zu bürgen, schloß er mit der untertänigsten Bitte, der Mutter die Reise nach Linz zu erlauben. Dank seiner herausragenden Stellung als Mathematiker des Kaisers und der Prominenz des Astronomen genehmigte der Herzog von Württemberg Keplers Anliegen. Zusätzlich änderte er einen zuvor ergangenen Bescheid, aufgrund dessen das Vermögen der Keplerin konfisziert werden sollte. Der Herzog verfügte, daß dies nicht erforderlich sei, wenn auch Christoph Kepler und Georg Binder sich verpflichteten, weder Gut noch Geld außer Landes zu bringen und alles wohl zu verwahren.

»Mutter, jetzt hast du von höchster Stelle die Erlaubnis, mich zu begleiten. Niemand kann es gegen dich verwenden. Also sei so gut und pack deine Sachen. Seit Wochen bin ich nun schon hier. Ich muß zurück. Meine Arbeit wartet und Susanne und die Kinder auch«, drängte er. Christoph und Margarete unterstützten den älteren Bruder nach Leibeskräften, Georg Binder suchte nach immer neuen Argumenten, doch Katharina Kepler ließ sich nicht überreden. »Kinder, laßt es gut sein, ihr könnt mich nicht zwingen. Ich gehe nicht noch einmal fort. Ich bleibe hier.« Starrsinnig kniff sie die Lippen zusammen und weigerte sich, ein weiteres Wort in der Angelegenheit zu hören oder zu sprechen.

Nachdem er Appolonia Wellinger zur Freiheit verholfen hatte, hoffte Johannes Kepler, Freund Christoph Besold werde sich nun doch des Falles seiner Mutter annehmen. Wie groß war seine Enttäuschung, als dieser ihm einen abschlägigen Bescheid erteilte. Durch die Verteidigung der Keplerfreundin und seine bekannte Nähe zu den Protestanten befand sich Besold selbst in einer schwierigen Lage und hatte mit heftigen Anfeindungen zu kämpfen. In dieser Situation bot er zwar an, Kepler mit Ratschlägen zur Seite zu stehen, doch die juristische Verantwortung für seine Mutter wollte er nicht übernehmen.

Schweren Herzens reiste der Astronom am 7. Dezember wieder nach Linz und ließ seine Mutter zurück. Katharina hatte sich bei ihrer Tochter häuslich eingerichtet und kam auch mit den Auflagen ihres Schwiegersohnes einigermaßen zurecht. Der wiederum suchte noch immer nach einer besseren Lösung des Problems und beriet sich zu diesem Zweck regelmäßig mit seinem Schwager Christoph Kepler. »Was meinst du, Binder, wie meine Frau und ich uns davor fürchten, wenn am Ende herauskommt, daß die Mutter wirklich eine Hexe ist? In Leonberg heißt es schon, man habe gesehen, wie sie durch geschlossene Türen gegangen sei. Bedenke, wenn da etwas dran ist, dann gibt es keine Rettung für sie«, der Zinngießer runzelte die Stirn. »Drillmeister der Miliz und Sohn einer Hexe. Was das für mich und meine Familie heißt, ist ja wohl keine Frage. Wir können dann nur noch unser Bündel schnüren und uns davon machen.« Binder teilte seine Besorgnis. »Mich betrifft es ebenso wie dich. Ich habe auch schon darüber nachgedacht, die Pfarrei zu wechseln. Aber mit Margarete ist nicht zu reden. Sie hängt so sehr an der Mutter. Egal, wo ich hingehen würde, ich hätte sie immer im Schlepptau. Wir müssen das alles jetzt aushalten und hoffen, daß es bald vorüber ist.« Er faltete die Hände wie zum Gebet. »Hast du dir eigentlich jemals Gedanken gemacht, was mit den Mädchen vom Heiner wird, wenn die Mutter einmal nicht mehr ist?« Christoph Kepler vermied, seinem Gegenüber in die Augen zu sehen.

Binder schüttelte den Kopf: »Nun, hier können sie nicht bleiben. Die Pfarrei ist so nicht ausgerichtet, und ich dulde das nur, solange die Mutter hier ist«, sagte er mit Bestimmtheit. »Zu mir können sie auf keinen Fall«, Christophs Worte klangen nicht minder bestimmt. »Es ist ohnehin schon eng bei uns.« Der Pfarrer zuckte die Achseln. »Dann wird sie wohl der Hannes zu sich nehmen müssen, ihm war der Heiner ohnehin näher als uns, wenn man es genau nimmt«, befand der fromme Mann.

RECHT UND GERICHTSBARKEIT

Die Abreise des prominenten Astronomen paßte dem Vogt hervorragend in sein perfides Konzept. Letztlich waren es nur Verstand und Engagement des ältesten Sohnes, die er wirklich fürchtete. »Wenn er fort ist, kann auch ich beim Herzog viel mehr ausrichten«, versicherte Urban Kräutlein, der noch immer regen Anteil nahm. Der Leibbarbier des Herzogs wurde nicht müde, alles in seiner Macht Stehende zu tun, um seinen Freund, den Vogt, zu unterstützen.

Vor Jahren mit viel Phantasie geschrieben, existierte zwar noch keine gedruckte Auflage von Johannes Keplers »Mondtraum«, aber es kursierten einige handschriftlich kopierte Exemplare der wundersamen Geschichte. Eine dieser Ausgaben war auf Umwegen in die Hände von Urban Kräutlein gelangt, der sie gelesen und zunächst zur Seite gelegt hatte. Eines Tages kam ihm jedoch in den Sinn, daß die Keplersche Schrift angesichts des gegen Katharina geäußerten Verdachts doch vielleicht von größerem Interesse sein könnte, als ursprünglich angenommen. Und während Kräutlein Haare schnitt und

Mentha spec.

schor, Köpfe entlauste und Bärte stutzte, brachte er die ausgefallenen Ideen des Astronomen im wahrsten Sinne des Wortes an den Mann. Dabei unterließ er es nie, ausdrücklich auf die Ähnlichkeit der Hauptfiguren Fiolxhilda und Duracotus mit Katharina und Johannes Kepler hinzuweisen. Das Geschwätz in der Barbierstube zeigte bald Wirkung. Nicht lange, und es entstand ein gefährliches Gerücht, das schließlich den Astronomen selbst in den Verdacht merkwürdiger Machenschaften rückte. Einhorn und Kräutlein waren sich einig, dergleichen konnte für sie nur von Nutzen sein.

In Linz betrauerten Johannes und Susanne Kepler derweil den Tod ihrer am 9. Februar 1618 verstorbenen Tochter Katharina. Unglücklich und mit untröstlichem Gemüt verfaßte Kepler dennoch Brief um Brief, Eingabe um Eingabe, mit denen er bat und forderte, die Verleumdungsklage seiner Mutter gegen Ursula Reinbold endlich zu befördern.

Doch Luther Einhorn verschleppte das Verfahren weiterhin und widersetzte sich auf dreiste Weise den Befehlen seiner Vorgesetzten. Erst Anfang Mai 1618 kam es zu der längst überfälligen Anhörung verschiedener Zeugen. Vom Vogt handverlesen, bestätigten sie überwiegend das, was die Reinboldin behauptete. Seinen anschließenden Bericht verfälschte Einhorn, indem er die wenigen Aussagen zugunsten der Keplerin nicht in das Schriftstück aufnahm.

Auf sein Protokoll der Zeugenvernehmung folgte ein herzogliches Dekret, das befahl, weitere Zeugen zu suchen und nötigenfalls Rechtsgelehrte zu konsultieren. Einhorn dachte gar nicht daran. Furcht vor Repressionen kannte er nicht. Man hatte ihn bisher gewähren lassen, warum sollte sich das ändern. Er schob die Akte mit der Verleumdungsklage während der folgenden Monate ganz weit von sich und knüpfte in aller Ruhe weiter an dem Netz, mit dem er Katharina Kepler ein für allemal zu fangen gedachte. Und wieder einmal war das Glück auf seiner Seite.

Am 10. März 1619 starb Kaiser Matthias. Unter dem Namen Ferdinand II. folgte ihm Erzherzog Ferdinand am 28. August auf den Thron. Von dessen Politik hatte Kepler bereits in Graz eine Kostprobe erhalten. Eines seiner Dekrete war es damals gewesen, das den Astronomen gezwungen hatte, die Stadt zu verlassen und nach Prag zu ziehen. Ferdinand II. war noch immer ein erklärter Feind der Protestanten und darüber hinaus interessierte ihn alles, was mit Wissenschaft zu tun hatte, herzlich wenig. Als Konsequenz dieser Haltung verzichtete Seine Hoheit darauf, Johannes Kepler in seinem Amt als kaiserlicher Mathematiker zu bestätigen. Dadurch des Kaisers Schutz beraubt, verringerte sich Johannes Keplers Ansehen mit einem Schlag derart, daß er mit Recht fürchten mußte, seiner Mutter kaum noch helfen zu können. Damit nicht genug, brach der Krieg über Deutschland herein. Nachrichten nach Württemberg zu schicken oder von dort zu erhalten wurde beinahe unmöglich. Und zu allem Überfluß hatte der Astronom in Linz nicht nur die Sorge um seine Mutter, sondern auch noch die Belagerung der Bayern zu ertragen. Letztere brachte für ihn alsbald eine Sperre seiner Besoldung und riß damit ein beängstigend tiefes Loch in die Keplersche Haushaltskasse.

Es gelang Johannes Kepler trotz aller Hindernisse, dafür zu sorgen, daß sein Freund Christoph Besold ein Exemplar der Anklageschrift gegen seine Mutter erhielt. Der versierte Anwalt prüfte jeden einzelnen Punkt und kam in einem Brief vom 25. April zu dem Schluß, daß zwar noch nicht alles verloren, Katharina Kepler aber wahrhaftig in großer Gefahr sei. Eindeutig, so der Professor der Jurisprudenz, lege es die Gegenseite darauf an, aus einem Zivilverfahren – ein solches bedingte die Verleumdungsklage – einen Hexenprozeß zu machen. Er riet Kepler dringend, sich mit Hilfe der bereits empfohlenen, anerkannten Rechtsgelehrten um seine Mutter zu kümmern.

Obwohl Luther Einhorn versuchte, es zu verhindern, übertrug das Leonberger Stadtgericht schließlich das ewig schwebende Verfahren in Sachen Keplerin gegen Reinbold dem Amtsschreiber in Merklingen. Melchior Nördlinger war ein gewissenhafter Mann. Nach eingehendem Studium der Akten gab er als erstes der Gegenklage wegen Hexerei offiziell statt. Dann beraumte er einen Verhandlungstag für den 10. November 1619 an. Um neun Uhr am Morgen des nämlichen Tages sollten alle Beteiligten im Rathaus von Leonberg erscheinen.

Und so geschah es. Die Zeugen wurden vereidigt, Männer schworen mit erhobenen drei rechten Fingern, Frauen hatten die rechte Hand auf ihre linke Brust zu legen. Die Schwüre waren geleistet, jetzt wurden mit Spannung die jeweiligen Aussagen erwartet. Vogt Einhorn hatte schon vieles zu Protokoll genommen, doch galt es noch den Zeugen Stoffel Frick zu vernehmen. Der mit Familie Reinbold eng befreundete Metzger erinnerte sich genau:

»Es war ein grauer Tag, ein gewaltiges Gewitter war im Anzug, da begegnete mir auf offenem Feld das Kätterle.« Ein Raunen ging durch den Raum, schließlich wußten hier alle, daß schlechte Wetter jeder Art, vor allem aber Gewitter, nichts weiter als schiere Hexenkunst waren. Voraussetzung für das Gelingen des Zaubers war allerdings, daß die Hexe sich auf freiem Feld befand. Der Zeuge Frick fuhr mit wichtiger Miene fort. »Ich habe sie angesprochen und gefragt, was sie denn bei solchem Unwetter hier auf dem Feld zu tun habe. Und sie antwortete mir, indem sie ganz schnippisch drohte. Ich solle mich lieber vorsehen mit solchen Reden. Und so wahr mir Gott helfe«, er hob die Hand erneut zum Schwur, »nicht lange danach ist mir bei der Arbeit ein schrecklicher Schmerz ins Bein gefahren. Ich konnte kaum noch laufen und habe mich mit letzter Kraft auf den Kirchturm geschleppt. Dort bin ich geblieben, bis ich von oben das Kätterle unten habe stehen sehen. Und weil ich mir nicht anders zu helfen wußte, habe ich ganz schnell dreimal vor mich hin gesagt: Kätterle, hilf mir um des dreieinigen Gottes willen. Und nach dem dritten Mal war der Schmerz wie weggeblasen.« Die Zuschauer atmeten erleichtert auf, und Metzger Frick deutete, zum Zeichen, daß er seine Aussage hiermit beendet habe, eine leichte Verbeugung an. Der Protokollführer kratzte mit seiner Feder über das Papier und allgemein herrschte Einigkeit, daß dies wahrhaft ein wichtiges Zeugnis sei. Enthielt es doch drei der schwerstwiegenden Indizien, wenn es um Zauberei ging. Das Kätterle hatte zu zaubern gedroht, die Drohung ausgeführt und schließlich den ersten Zauber durch einen zweiten gelöst.

Jetzt war die Reihe an Jakob und Ursula Reinbold. Der Glaser und seine Frau hatten sich mit Hilfe des Vogtes gut vorbereitet. Mit einer Anklageschrift, die nicht weniger als neunundvierzig Punkte und drei Zusatzartikel umfaßte, traten sie vor den Tisch:

»Vor Euch, den Ehrenwerten, Fürsichtigen, Ehrsamen und Weisen, Herr Vogt, Bürgermeister und Richtern, seinen insonders günstigen Herrn, erscheint Jakob Reinbold im Namen seiner lieben Hausfrau Ursula und bringt wider Katharina Keplerin folgende Meinung an Eidesstatt klagweise vor mit der rechtlichen Bitte, selbige auf einen Artikel, insonderheit ohne einigen verbotenen Anhang durch das Wort ›glaub wahr – oder – nicht wahr sein‹ Antwort zu geben. Punkte, die widersprochen werden sollten, erbietet er sich zu beweisen.

1) Sagt wahr sein, wie wohl verboten, daß kein Mensch den anderen an seinem Leib und Gesundheit verletzen und beschädigen solle,

2) Sondern wahr, wenn dergleichen geschieht, der Schuldige allen Schaden und Kosten zu tragen verbunden ist,

3) Und wahr, daß die Keplerin solches mit Reinbolds Werk vorgenommen und ins Werk gesetzt hat.

4) Wahr, daß die Keplerin im Jahre 1613 Reinbolds Hausfrau zu sich in die Behausung forderte und derselben einen Trunk gegeben,

5) Daß auf der Stelle die Ursula krank geworden

6) Und bis dato deswegen unaussprechliche Schmerzen hat ausstehen müssen.

7) Wahr, daß selbige allerhand ordentliche Mittel gebraucht, davon große Kosten gehabt, aber nichts helfen wollen.

8) Wahr, daß die Beklagte vor dem Herrn Vogt bekannte, der Reinboldin einen Trunk gegeben zu haben,

9) Wahr, daß die Keplerin ausgesagt, daß sie das unrechte Kännlein erwischt,

10) Wahr, daß die Ursula einen leiblichen Eid mit gutem Gewissen zu Gott ablegen könne, daß solcher Trunk ihre jetzige beschwerliche Krankheit verursacht habe, welches aber auch aus folgenden hexischen Untaten gründlich abzunehmen sei:

11) Wahr, daß die Keplerin bei ihrer Base (der Streicherin) zu Weil der Stadt (so eine Hexe gewesen und daselbst verbrannt wurde) aufgezogen worden ist.

12) Wahr, daß die leibliche Mutter der Keplerin (nachdem sie wieder nach Eltingen zu ihren Eltern gekommen) ausgesagt, sie wolle ihrer Tochter gern das Buhlenleben übersehen, wenn sie nur nicht das Werk der Unholdin zu Weil erlernt hätte.

13) Ferner wahr, daß der Keplerin eigener Sohn geklagt, seine Mutter führe nicht rechte Sachen, sie habe ein Kalb zu Tode geritten,

14) Und daß eben dieser Heinrich vorgeschlagen, er wolle sie Hexerei halber bei der Obrigkeit verklagen.

15) Wahr, daß sie auch des Schützen-Bastians Töchterlein, Barbara, verführen und sie hat bereden wollen, das Hexenwerk zu betreiben, wie auch

16) Wahr, daß sie gegen diesem gesagt, es gebe weder Hölle noch Himmel, sondern wenn einer stürbe, so sei alles wie mit dem unvernünftigen Vieh, aus.

17) Auch wahr, daß die Keplerin gesagt, wenn einer der Unholdin Werk treibe, so habe er gut Leben und Sach;

18) Wenn die Unholden zusammenkommen, haben sie die hübschesten Buhlen, wie auch zu essen und zu trinken und eine solche Wollust, davon kein Mensch genug sagen und rühmen kann.

19) Wahr, daß die Beklagte ihres Vaters Totenkopf begehrt.

20) Wahr, daß sie die Zieglerin allhier an einem Schenkel dermaßen verletzt, daß sie noch jetzt arbeitsunfähig ist.

21) Wahr, daß sie dem Schulmeister und auch einer anderen Person einen Trunk gegeben, daß der eine danach lahm, der andere gar gestorben ist.

22) Nicht weniger wahr, daß sie einem Barbiergesellen einen solchen Trunk zugestellt, wonach er sehr krank geworden.

23) Wahr, daß sie dem Hausbäcker ein zweijähriges Kalb angegriffen, daß es hat sterben müssen.

24) Nicht weniger wahr, daß sie auch dem Michael Stahl, Sattler allhier, um Mitternacht eine Kuh geritten, daß sie sich wie unsinnig und wütend gebärdet und getobt, so daß, wenn man ihr nicht gleich zu Hilfe gekommen und ihr eingegossen hätte, selbige die Nacht auch krepiert wäre.

25) Wahr, daß sie dem Metzger Stoffel Frick, da er unterm Rathaus Fleisch ausgehauen, also an einem Fuß so beschädigt hat, daß er davon große Schmerzen hat ausstehen müssen, und

26) Daß sie ihm auch wiederum geholfen.

27) Wahr, daß sie der Guldenmannin einen Sack voll Kraut geschickt und als das Vieh dieses gefressen, es die Wände hat hinaufspringen wollen;

28) Und es hat angefangen zu schlegeln, auch selbigem davon der Hals aufgelaufen.

29) Wahr, daß sie dem alten Ziegler Görge Bretzern zwei Schweine geritten, bis sie haben sterben müssen.

30) Wahr, daß sie Jörg Hallers Mägdelein den Arm beschädigt.

31) Wahr, daß Haller sie deswegen beim Vogt verklagt.

32) Wahr, daß sie hiergegen durchaus keine rechte, bestandhafte Entschuldigung, die das Ansehen einer Wahrheit hätte, hat anbringen können;

33) Daß der Herr Vogt sich hat vernehmen lassen, er könne solche sträfliche Verhandlungen nicht verschweigen, sondern müsse eideshalber berichten.

34) Wahr, daß die Beklagte den Herrn Vogt aufs äußerste gebeten hat, solches zu unterlassen,

35) Und daß sie ihm für sein Schweigen einen silbernen Becher versprochen;

36) Ferner wahr, daß auch der Keplerin Kinder ihn zu verführen und von der Wahrheit abzuhalten sich unterstanden, aber

37) Daß der Herr Vogt weder Geschenk noch Gabe annehmen wollte.

38) Wahr, daß hierauf die Keplerin stracks zum Obertor hinausgelaufen.

39) Wahr, daß beiden Vögten anbefohlen, die Keplerin wo sie zu betreten, einzufangen.

40) Wahr, daß die Beklagte, als sie alles dies durch ihre Spione erfahren, gar außer dem Herzogtum und nach Österreich geflohen.

41) Und obwohl wahr, daß klagende Partei etliche Male bei Gericht angetragen, daher die Ausgewiesene eine rechte gute Sache hätte, so solle sie sich in Person vor Gericht stellen und verantworten,

42) So auch wahr, daß sie sich niemals gestellt,

43) Und daß dergleichen Ausflüchte, sonderlich das Ausreißen, ein starker Beweis ihrer Schuld ist.

44) Wahr, daß Beklagte nach geschehener Flucht von Leonberg, als selbige gen Stuttgart gekommen, daselbst ein junges Mädlein, von Gerbersheim gebürtig, auf freier Straße angegriffen und so beschädigt, daß selbige lange Zeit große Schmerzen hat ertragen müssen.

45) Wahr, daß selbst die Verwandten der Keplerin sie für eine Hexe gehalten, auch einige Unholdenstücke umständlich zu erzählen wissen,

46) Daß sie auch ihren Mann (ohne Zweifel mit Unholden Werk) etliche Male von Haus vertrieben, also daß selbiger endlich im Kriege erbärmlich sterben und verderben mußte.

47) Wahr, daß sie einem Bürger allhier zwei Kinder angegriffen, welche auch sterben mußten.

48) Wahr, daß die Klägerin zu Leonberg im allgemeinen

Ruf steht, sie habe der Klägerin Ursula den bewußten Leibesschaden zugefügt.

49) Wahr endlich, daß klagende Ursula viel lieber tausend Gulden geben oder verlieren wolle, als ihre unaussprechlichen Schmerzen täglich aushalten.

Da nun die Sachen, wie hier erzählt, wahrhaftig beschaffen, worauf wir einen leiblichen Eid ablegen können, so ist demnach unser ernstliches Begehren zu erkennen, daß die Keplerin die billig erforderten tausend Gulden für alle aufgewandten und künftighin noch auflaufenden Kosten und Schaden zu zahlen schuldig und verbunden sein solle.«

Jakob Reinbold kramte umständlich in seinen Unterlagen und reichte die drei Zusätze seiner Klageschrift nach:

1) »Wahr, daß vielerwähnte Keplerin einer Frau von Höfingen vor dieser Zeit einen Trunk gegeben, wovon sie arbeitsunfähig geworden

2) Wahr, daß diese Frau durch solchen Trunk große Schmerzen an ihrem Leibe hat aushalten müssen.

3) Wahr, daß die Keplerin auch einen Knecht, welcher ihr beim Einbringen des Heus nicht willfahren wollte, einen großen Schaden zugefügt, wodurch ihm der Hals dermaßen anschwoll und auflief, daß er daran ersticken mußte.

Weitere Umstände kann der Herr Kommissarius von Zeugen erkunden«, beendete der Glaser seinen niederschmetternden Antrag.

Im Rathaus herrschte atemlose Stille, und keiner der Anwesenden bezweifelte auch nur für einen Augenblick, daß dies das Todesurteil für Katharina Kepler bedeutete. Melchior Nördlinger erklärte die Anhörung für beendet. Als Luther Einhorn mit Urban Kräutlein am Abend in der Schenke saß, hob er den Labebecher und prostete dem Freund zu: »Nur immer auf den Scheiterhaufen mit den alten Weibern!« feierte er den Sieg des Tages.

BEI NACHT UND NEBEL

Der Krieg tobte und so konnte Johannes Kepler Linz nicht verlassen, um seiner Mutter beizustehen. In der Zwischenzeit machten sich sein Bruder Christoph und Eidam Binder an deren Verteidigung. Ohne Advokat Johannes Rueff, den vom Astronomen eigens engagierten Anwalt, zu konsultieren, verfaßte Christoph Kepler eine Gegenschrift, gab sie dem Schwager zur Prüfung und legte sie dann dem Gericht vor. Mit nicht weniger als einhundertundsechzehn Fragen und Behauptungen gedachte er die Vorwürfe gegen seine Mutter zu entkräften. Wohl hatte er sich viel Mühe gegeben, doch die Art und Weise, wie er seine Standpunkte darstellte, bewirkte das Gegenteil von dem, was er und Pfarrer Binder bezweckten. Gleich zu Anfang beschuldigte er Luther Einhorn, er sei von der Gegenseite bestochen, um sodann im folgenden den unschicklichen Lebenswandel der Ursula Reinbold in drastisch unangemessenen Worten zu schildern. Dies und ähnliches führte lediglich zu weiteren Beschuldigungen gegen Katharina Kepler. Wieder traten Zeugen auf, die nichts taten, als die ursprünglichen Vorwürfe zu bestätigen, und am Ende gab es ein paar Akten mehr, doch keinerlei Hinweis auf eine Entlastung der Angeklagten.

Papaver somniferum L.

Am 23. Dezember 1619 war Luther Einhorn überzeugt, die notwendigen Beweise beisammenzuhaben, um die alte Frau der Hexerei überführen zu können. Sorgfältig sortierte er die Folianten und schickte sie gemeinsam mit Melchior Nördlinger an den Oberrat in Stuttgart.

Zur gleichen Zeit traf beim Herzog von Württemberg ein weiterer Brief von Johannes Kepler ein. Dringlich und voller Sorge bat der Sohn, seiner Widerlegung der Anklagepunkte gegen die Mutter Glauben zu schenken und ein erneutes Zeugenverhör anzuberaumen, zu dem dann auch er, der Astronom, persönlich erscheinen wollte. Der Herzog ließ sich Zeit mit der Beantwortung – zu viel Zeit, denn am 24. Juli 1620 traf die Entscheidung aus Stuttgart ein. Dort hatte man das vom Vogt zusammengetragene Material sorgfältig durchgesehen und war zu einem eindeutigen Ergebnis gekommen:

Luther Einhorn wurde angewiesen, so schnell wie möglich zu erkunden, wo Katharina Kepler sich derzeit aufhielt, ob irgendwo im Lande, bei ihren Kindern oder im Ausland. Wenn sie sich innerhalb der Landesgrenzen befände, so ergehe hiermit Befehl, sie auf der Stelle zu verhaften und nach Leonberg zu bringen. Dort sei die Delinquentin ein letztes Mal in aller Schärfe zu den gegen sie gerichteten Vorwürfen zu befragen und mit den Zeugenaussagen zu konfrontieren. Weigere sie sich daraufhin immer noch, ein Geständnis abzulegen, so sei sie in die Folterkammer zu führen und dem Scharfrichter zu überstellen, daß dieser seines Amtes walte.

Vogt Einhorn war am Ziel. Nach all den Jahren waren seine intriganten Pläne endlich aufgegangen. Er konnte sein Glück kaum fassen.

»Diese alte Hexe kann uns nicht mehr gefährlich werden«, triumphierte er und schlug seinem Freund Urban Kräutlein auf die Schulter.

»Ich werde mein Amt behalten und du deinen guten Ruf als Leibbarbier.« Auch Kräutlein fiel ein Stein vom Herzen.

»Denk nur, Luther, was hätte geschehen können, wenn sie mit ihrer Klage durchgedrungen wäre. Alles wäre ans Tageslicht gekommen, auch die Sache damals in deiner Amtsstube. Schon bei dem Gedanken graust es mich.«

»Jetzt braucht es dich nicht mehr zu grausen. Sie zu finden wird ein leichtes sein, dann haben wir gewonnen, und die Alte wird lodern wie eine Fackel – trocken genug ist sie ja!« Die beiden Männer wollten sich schier ausschütten vor Lachen über diesen gelungenen Scherz.

Luther Einhorn blies zur endgültigen Hatz auf Katharina Kepler. Um herauszufinden, wo die Verdächtige sich aufhielt, bediente er sich eines erprobt willfährigen Gehilfen und sandte den Glaser Jakob Reinbold aus, den Verbleib der alten Frau zu erkunden. Reinbold brauchte nicht lange, die Aufgabe zu lösen. Nachdem er schnell festgestellt hatte, daß die Keplerin sich weder in ihrem Häuschen noch bei Sohn Christoph verbarg, machte er sich auf den Weg Richtung Stuttgart. Zwei Tage später wußte er mit Bestimmtheit, daß Katharina keineswegs außer Landes geflohen war, sondern für jedermann sichtbar in Heumaden bei ihrer Tochter wohnte.

Ihre Anwesenheit war Pfarrer Georg Binder nach wie vor ein Dorn im Auge. Täglich ging er in seine Kirche und betete inständig, die gegen seine Schwiegermutter vorgetragenen Schrecklichkeiten mögen sich als nichtig erweisen. Doch von Stunde zu Stunde wuchs auch in ihm der Verdacht, an den vorgebrachten Klagen könnte mehr Wahres sein, als allen Beteiligten lieb war. Wer konnte schon wissen, ob sie nicht doch eine Hexe war? Letztlich blieb tatsächlich nur ein Gerichtsverfahren und nötigenfalls die Folter, um herauszubekommen, welcher Schandtaten sich die Mutter seiner Frau schuldig gemacht hatte. Binder grübelte. Sogar deren leiblicher Sohn, der sie doch kennen sollte, so schien ihm, war nicht mehr sicher, was er glauben sollte und was nicht.

»Was mich beunruhigt«, sagte Christoph zu seinem Schwager, »ist, daß es so viele Zeugen gegen sie gibt. Warum sollten sie alle sich etwas ausdenken, um es dann einer alten, bis dato unbescholtenen Frau vor Gericht an den Kopf zu werfen?«

»Das ist das eine, und das andere ist, erinnere dich genau, lieber Christoph. Gerade einmal vier Bürger aus Leonberg haben zu ihren Gunsten gesprochen. Vier gegen beinahe vierzig.

Ich sage dir, mir gibt das auch zu denken.« Binder fuhr sich mit der flachen Hand über den weit zurückgewichenen Haaransatz.

Wieder und wieder entbrannte zwischen Margarete und ihrem Mann heftiger Streit über die Tatsache, daß die Mutter immer noch bei ihnen lebte. Sonst brav und geduldig wie ein Lamm, spie Margarete regelmäßig Gift und Galle, wenn der Pfarrer das Thema anschnitt:

»Wie lange willst du sie hier noch beherbergen? Denkst du eigentlich irgendwann auch einmal an mich und meinen Ruf?«

»Ach, Binder, was bist du doch für ein mustergültiger Christ! Liebe deinen Nächsten wie dich selbst, heißt es nicht so? Und heißt es nicht auch, du sollst Vater und Mutter ehren? Ich habe es dir schon an die tausend Male gesagt, sie ist meine Mutter, ich liebe sie und ich muß und werde sie so lange wie nötig schützen vor den Menschen, die sie in Leonberg auf der Straße bespucken und beschimpfen! Du kannst reden, was du willst, sie bleibt hier, denn es ist auch mein Haus, in dem wir leben. Schlimm genug, daß du sie ständig in die kleine Kammer verbannst, wo im Winter die Eiszapfen von der Decke hängen und es jetzt im Sommer heiß zum Ersticken ist!«

»Du fauchst wie eine Hexe!« Der Pfarrer sah seine Frau zornig an. »Vielleicht bist du auch eine! Vielleicht lebe ich, Georg Binder, Pfarrer zu Heumaden, mit zwei Hexen unter einem Dach und weiß es nicht einmal!« Er verließ wutschnaubend die Stube.

Es war die Nacht zum 7. August 1620, als zwei fremde Männer dem Pfarrer von Heumaden seine diesbezüglichen Sorgen bis auf weiteres nahmen. Im Haus waren längst alle Kerzen gelöscht, Margarete und ihr Mann schliefen, einander die Rücken zukehrend, in ihrem Bett. Oben in der Kammer lag Katharina Kepler und schnarchte leise. Da rollte ein scheppernder Pferdewagen durch die Gassen des Ortes und hielt schließlich vor der Pfarrei. Jedes überflüssige Geräusch vermeidend, glitten zwei Gestalten vom Wagen und schlichen auf leisen Sohlen zur Haustür.

Binder brauchte eine Weile, bis er ihr Klopfen wahrnahm und als solches erkannte. Nur mit Unterwäsche und Nachtmütze bekleidet, stand er auf. Verschlafen stolperte er beim Verlassen des Zimmers über seine auf dem Boden verstreute Kleidung, stieß sich den kleinen Zeh an der Türzarge und fluchte leise, als er die schmale Treppe hinabstieg. Die hölzernen Stufen knarzten unter seinen bloßen Füßen. In der stockfinsteren Stube tastete der Pfarrer nach dem Messinghalter und zündete mit einem Kienspan die Kerze an. Das Klopfen an der Tür war inzwischen lauter geworden.

»Wer ist da?« Binder war nächtliche Störungen dieser Art gewöhnt. Immer wieder kam es vor, daß er, aus dem Schlaf gerissen, Sterbenden den letzten Segen spenden oder eilig die Taufe eines todgeweihten Neugeborenen vollziehen mußte.

Fragend sah er die ihm völlig unbekannten Männer durch den Türspalt an. Einer der beiden trat mit der Schuhspitze ein wenig gegen das Holz und erweiterte die Öffnung, dann reichte er schweigend ein Papier hindurch. Binder nahm es entgegen und sah im Schein seiner Kerze, daß es das herzogliche Wappen und Siegel trug.

»Wer seid Ihr, und was wollt Ihr zu dieser Stunde von mir?« In der einen Hand den Messingleuchter, in der anderen das versiegelte Dokument, wußte Binder nicht recht, wie er, ohne etwas fallen zu lassen und gar zu ungeschickt zu wirken, das Pergament öffnen und lesen und gleichzeitig die Kerze halten sollte.

»Max Walter, Vogt zu Stuttgart«, schnarrte der größere der beiden Männer. »Seid ihr Pfarrer Georg Binder, Ehemann der Margarete Binderin, geborene Keplerin?«

»Bin ich«, Binder nickte irritiert, »aber was tut das mitten in der Nacht zur Sache?«

»Bei Euch wohnt eine gewisse Katharina Keplerin, verdächtig, mit dem Teufel im Bunde zu stehen, und deshalb auf der Stelle in amtliches Verwahr zu bringen. Wenn Ihr meinen Worten nicht glaubt, brecht das Siegel des Herzogs und lest selbst.«

Binder trat einen Schritt zurück. Die beiden Männer nutzten den entstandenen Platz und drängten sich an ihm vorbei in die Stube. Erst jetzt sah der Pfarrer den Pferdekarren auf der Gasse. Er wischte sich die Schweißperlen von der Stirn. Es war also soweit. Sie waren mit versiegeltem Befehl gekommen, um seine Schwiegermutter abzuholen. Was würden die Nachbarn, was würde das Dorf, was würde die Welt sagen? Wie sollte er seinem Herrgott jemals wieder unter die Augen treten, die eigene Schwiegermutter eine Buhlschaft des Teufels und alles unter seinem Dach. Vor Aufregung pulte er sich die Nagelhaut vom linken Daumen, bis das Blut auf das Papier in seiner Hand tropfte.

Ein Stockwerk höher hatte Margarete im Halbschlaf mitbekommen, daß ihr Mann die Kammer verlassen hatte. Auch sie kannte diese Unterbrechungen in der Nacht und wunderte sich nach einer Weile lediglich, daß Georg nicht wie üblich wieder zurückkehrte, um sich anzuziehen. Sie stand auf und schlich auf Zehenspitzen vor die Tür, um zu horchen, was unten vor sich ging.

Fremde Männerstimmen drangen an ihr Ohr. Margarete unterschied deren zwei und war verunsichert. Zwar konnte sie nicht verstehen, was die beiden mit ihrem Mann beredeten, doch kam ihr die Situation auf merkwürdige Weise befremdlich und ungewöhnlich vor. Sie wagte ein paar Schritte die Stiege hinunter. Sorgfältig setzte sie die Füße so, daß die Stufen keinen der üblich ächzenden Laute von sich gaben.

»Wie soll ich das anstellen, jetzt um diese Uhrzeit? Ich verstehe die plötzliche Hast nicht«, hörte Margarete Georg Binder sagen. »Meine Schwiegermutter lebt seit Jahr und Tag bei uns, und Ihr könnt versichert sein, daß sie auch morgen noch hier sein wird, wenn unser Herrgott sie nicht über Nacht zu sich nimmt.«

»Dazu wird er keine Gelegenheit haben«, ertönte eine schnarrende, befehlsgewohnte Stimme, »denn bevor er sie zu sich nimmt, nehmen wir sie mit, und zwar jetzt gleich! Leistet also bitte keinen Widerstand, sondern zeigt uns, wo wir sie finden.« Margarete spürte ihr Herz in Hals und Schläfen pochen. Während sie behutsam Stufe um Stufe zurückging, überschlugen sich in ihrem Kopf die Gedanken: »Es muß etwas geschehen. Sie sind da, die Mutter zu verhaften. Was kann ich tun? Wo kann ich sie verstecken? Sie muß fort von hier, unbemerkt! Aber wie?« Jetzt stand sie vor der kleinen Kammer unter dem Dach. Schwüle Hitze und die stickige Luft trieben ihr augenblicklich den Schweiß aus den Poren. Durch die angelehnte Tür drang das regelmäßige Schnarchen ihrer Mutter. Margarete betrat den Raum. Da lag die alte Frau, nur mit einem Leintuch bedeckt, und schlief ganz fest. Margarete setzte sich zu ihr, nahm ihre knochige Hand und versuchte sie vorsichtig zu wecken.

»Mutter, wach auf! Mutter, hörst du mich, du mußt aufwachen, es ist etwas geschehen. Mutter!« Katharina Kepler gab einen gurgelnden Laut von sich, schmatzte dreimal, drehte sich zur Seite und schlief weiter. Das Leintuch verrutschte, so daß sie der Tochter den nackten Rücken zudrehte. Jeden Wirbel, jede Rippe konnte Margarete im Licht des Mondes ausmachen. Gerührt streichelte sie die welke Haut und beugte sich ein wenig vor.

»Mutter, Himmel hilf! So höre mich doch! Du mußt aufwachen, es eilt!« Sie rüttelte an der hageren Schulter. Katharina öffnete die Augen und kam langsam zu sich.

»Was ist los? Warum weckst du mich? Ist es etwa schon Zeit aufzustehen? Es ist doch noch ganz dunkel. Geh, Kind, ich bin so müde, laß mich noch eine Weile schlafen.« Margarete hörte Schritte auf der ersten Treppe.

»Mutter, es sind Leute da, die dich mitnehmen wollen. Du mußt dich verstecken. Es ist höchste Zeit. Gleich sind sie in meiner Schlafkammer und dann werden sie hier nach dir suchen.«

»Nach mir suchen? Warum? Was soll das? Wer will mich mitnehmen und wohin?« Katharina, vom Schlaf benebelt, richtete sich auf und rieb sich die Augen. Die Schritte kamen näher. Margarete sah sich um. Ihr panischer Blick fiel auf die große, hölzerne Truhe, die an der Längswand der Kammer stand. Sie zerrte am Arm ihrer Mutter.

»Eil dich, steh auf und klettere hier herein.«

»Bist du von Sinnen? Da ersticke ich drin!« sträubte sich die Keplerin, tat aber doch, was ihre Tochter forderte.

»Du wirst nicht ersticken, ich lasse einen Zipfel des Leintuches heraushängen, dann schließt sie nicht richtig und du bekommst ausreichend Luft.« Margarete klappte leise den schweren Deckel der Truhe herunter, machte einen Satz in das Bett ihrer Mutter und stellte sich schlafend, da wurde auch schon die Türe aufgestoßen.

»Margarete Binderin?« Die Angesprochene erkannte die schnarrende Stimme von vorhin und simulierte tiefe Verschlafenheit.

»Ja! Was gibt es denn?«

»Wir sind auf der Suche nach Eurer Mutter. Uns ist zugetragen worden, sie lebe hier im Haus. Sie ist verdächtig eines Paktes mit dem Teufel, wir müssen sie mitnehmen.«

»Meine Mutter, ein Pakt mit dem Teufel, was redet ihr da? Mein Mann ist Pfarrer!« versuchte Margarete Zeit zu gewinnen.

»Dies ist nicht der Ort für einen Disput, Binderin, sagt uns jetzt, wo wir Eure Mutter finden!« Das Schnarren wurde grimmiger.

»Wer seid Ihr überhaupt, daß Ihr es wagt, hier in der Nacht einzudringen und uns zu behelligen?« Margarete sann noch immer verzweifelt nach einer glaubwürdigen Aussage.

»Das ist Vogt Walter aus Stuttgart, er hat den Befehl, deine Mutter zu verhaften«, klärte ihr Mann sie auf. Georg Binder war eben erst hinzugetreten und sah sich baß erstaunt in der Kammer um. »Sie ist auf dem Besen davongeritten!« durchzuckte es ihn.

»Was schaust du so kalbsblöd? Etwa weil du mich hier in der

Kammer findest? Du hast so geschnarcht, daß ich zum Schlafen nach oben gezogen bin«, sagte Margarete und wandte sich an den Vogt: »Was meine Mutter betrifft, Herr Vogt, Ihr wißt ja selbst, wie das ist mit den alten Weibern. Sie machen, was sie wollen und lassen sich von niemandem hereinreden. Ja, meine Mutter hat hier bei uns gelebt, aber dann wollte sie zurück nach Leonberg. Ob sie da jetzt in ihrem Häuschen oder bei meinem Bruder ist, oder ob sie gar zu meinem anderen Bruder, dem berühmten Astronomen Johannes Kepler, nach Linz gereist ist, ich kann es Euch nicht sagen.« Der Vogt kratzte sich am Hinterkopf.

»Ja, wenn sie gar nicht hier ist, die Katharina Keplerin, dann hat man uns wohl etwas Falsches berichtet. Warum habt Ihr das nicht gleich gesagt, Pfarrer? Da bitte ich doch recht herzlich um Entschuldigung für die Störung und wünsche noch eine gute Nacht.« Er drehte sich um und wollte eben die Kammer verlassen, da fiel sein Blick auf den Zipfel des Leintuches, der aus der Truhe hing. Der Mann machte einen Schritt zurück in die Kammer.

»So, so, die Mutter ist also abgereist!« Die Stimme des Vogtes schnarrte jetzt äußerst bedrohlich. Er trat an die Truhe, hob mit einem Ruck den Deckel und hielt die Kerze so, daß die Keplerin, vom Licht geblendet, die Augen zusammenkniff.

»Das wurde ja auch Zeit, oder soll ich hier drinnen verrecken?« keifte Katharina Kepler ihm in der Annahme, ihre Tochter wollte sie endlich befreien, entgegen. Sie richtete den Oberkörper auf und bemerkte noch immer nicht, daß sie splitterfasernackt einem Vertreter der Obrigkeit gegenübersaß.

»Mutter! Zieh das über!« Margarete warf ihr ein Wäschestück zu.

»Katharina Keplerin, Ihr seid verdächtig der Zauberei und müßt mit uns kommen«, der Vogt war jetzt ganz Amtsperson.

»Ich! Mitkommen! Mit Euch! Mitten in der Nacht! Wer seid Ihr überhaupt? Was soll der Unfug. Schert Euch zum Teufel und kommt morgen wieder, mich zu fragen, ob ich mit Euch gehen will. Jetzt laßt mich in mein Bett und mir die Ruhe!« Katharina durchschaute weder den Ernst der Lage noch die Aussichtslosigkeit ihres Widerspruches.

»Mutter«, mischte sich jetzt Margarete ein, »es hat keinen Sinn, du wirst mit ihnen gehen müssen.«

»Sie hat recht«, pflichtete Binder seiner Frau bei und fing dafür ihren bitterbösen Blick.

»Ja hat sich denn die ganze Welt gegen mich verschworen?« zeterte die Keplerin. »Was soll denn mein Verbrechen sein, daß ich hier bei Nacht und Nebel abgeholt werde! Faßt mich nicht an!« schlug sie die Hand des Vogtes zur Seite.

»Keplerin, seid nicht so widerborstig und hört auf zu jammern. Es hilft Euch doch nichts. Zu zweit sind wir immer stärker als Ihr, und wenn Ihr Euch weiterhin wehrt, legen wir Euch einfach in Ketten, dann ist es aus mit der Zappelei!« Vogt Walter versuchte erneut, Katharina am Handgelenk zu packen.

»Laßt mich aus! Ich schreie den ganzen Ort zusammen, wenn Ihr mir Gewalt antut! Grobian!« kreischte Katharina jetzt außer sich.

»Wenn sie schon mit Euch muß, dann steckt sie wenigstens in die Truhe, daß nicht alle Leute sehen und hören, wie sie abgeführt wird«, wagte Binder von der Tür aus einzuwerfen. Das schien dem Vogt und seinem Helfer eine gute Idee. Gemeinsam verfrachteten sie die schimpfende und wild um sich schlagende Frau in den Holzkasten, schlossen den Deckel und schoben einen Riegel vor. Margarete sprach beruhigend auf ihre Mutter ein.

»Mach dir keine Sorgen, ich komme mit dir. Es dauert gewiß nicht lange.« Aus der Truhe drangen nur Tritte und dumpfes Wehklagen.

Während Binder den Amtsmännern half, die Truhe die beiden schmalen Stiegen hinunter- und dann hinauszutragen, kleidete sich Margarete an und packte für ihre Mutter etwas zum Anziehen, Obst, ein wenig gekochtes Huhn vom Vorabend und ein Stück Fladen in ein Körbchen. Die Truhe stand schon auf dem Pferdekarren, als Margarete auf die dunkle Straße trat.

»Gretchen, bleib hier. Du kannst doch auch morgen noch fahren, nach ihr zu sehen.« Binder legte begütigend die Hand auf die Schulter seiner Frau.

»Gretchen! Gretchen! Laß mich nur zufrieden mit deinem Getue! Du bist wohl vollkommen verrückt geworden? Meinst du wirklich, ich lasse sie in der Dunkelheit, schutzlos diesen beiden Kerlen ausgeliefert, einfach fortbringen von hier. Was bist du nur für ein Mann?« Sie warf ihm einen verächtlichen Blick zu, kletterte auf die Pritsche und setzte sich neben die Truhe.

»Mutter, hörst du mich? Ich bin bei dir. Ich fahre mit.« Der Karren rumpelte davon und Margarete beobachtete im Wegfahren, wie Binder sich noch einmal rechts und links vergewisserte, daß nur ja kein Nachbar etwas von der Verhaftung seiner Schwiegermutter mitbekommen hatte. »Was habe ich nur für einen feigen Fickfacker geheiratet«, dachte sie bei sich und versuchte eine Sitzposition zu finden, in der sich das Holpern des Pferdewagens einigermaßen ertragen ließ.

Katharina lag eingepfercht in der Truhe und spürte jeden Stoß. Nach ihrem wütenden Ausbruch hatten sie alle Kraft und jeglicher Widerspruchsgeist verlassen. Statt dessen fühlte sie, wie kalte Angst ihr das Herz zusammenschnürte. Die erste Etappe der nächtlichen Fahrt ging nach Stuttgart. Der Weg dorthin kam ihr endlos lang vor. Leise weinend, jammerte sie vor sich hin.

»Keplerin, Keplerin, wo bist du nur gelandet. Was ist das für ein Lebensabend, mit über siebzig Jahren auf einem Pferdekarren ins Gefängnis gebracht zu werden. Lieber Gott«, sie faltete die Hände, »wie oft habe ich mich schon gefragt, ob es dich wirklich gibt. Und immer wieder habe ich mich in Treu und Glauben zu dir bekannt. Aber jetzt frage ich dich in aller Demut, warum tust du mir das alles an? Was, um alles in der Welt, habe ich verbrochen, daß ich unter deinen Augen an einen Mann gerate, der säuft und prügelt, einen Sohn mit Fallsucht auf die Welt bringe und am Ende eingesperrt werde für Dinge, die ich nie in meinem Leben getan habe.« Sie zog schniefend die Nase hoch. »Was soll jetzt aus mir werden? Auf den Scheiterhaufen werden sie mich stellen und verbrennen.« In ihrer ohnmächtigen Hilflosigkeit weinte die alte Frau bittere Tränen.

Endlich hielt der Wagen an.

Mit steifen Gliedmaßen rutschte Margarete herunter und mußte tatenlos mit ansehen, wie die Truhe mit ihrer alten Mutter in die Amtsstube des Vogtes getragen wurde.

»Binderin, Ihr wartet draußen«, befahl der Vogt. »Mit Euch und Eurem Mann wird noch zu reden sein, weil Ihr eine der Hexerei verdächtige Weibsperson beherbergt und versteckt habt.«

»Gebt ihr wenigstens die Kleider, daß sie sich etwas anziehen kann«, bat Margarete. Der Vogt nahm das Körbchen und stellte es auf den Deckel der Truhe. Ängstlich sah Margarete ihm nach und setzte sich auf die Treppe. Es dämmerte bereits, als Max Walter und sein Helfer wieder herauskamen. In ihrer Mitte ging Katharina Kepler, die Hände mit einem Strick gefesselt. Ihr unglückliches Gesicht hellte sich nur wenig auf, als sie ihre Tochter sah.

»Sie bringen mich nach Leonberg, diesem unsäglichen Einhorn direkt in die Fänge«, jammerte sie.

»Ich fahre mit!« sagte Margarete entschieden. Sie wartete, bis ihre Mutter auf dem Karren festgebunden war, kletterte dann selbst hinauf und setzte sich neben sie. Katharina weinte während der ganzen Fahrt. Die Sonne schickte erste Strahlen über die Kirche, als der Pferdekarren in die Stadt einfuhr. Direkt vor dem schwerbewachten Turm des Stadttores hielt er an. Gröber als nötig, zerrte der Helfer des Vogtes die Keplerin herunter und stieß sie vor sich her.

»Für heute ist Schluß!« schnarrte Max Walter. »Hier könnt Ihr nicht mit hinein. Wenn Ihr etwas wollt, müßt Ihr schon bei Luther Einhorn vorstellig werden.« Er schloß die schwere Tür hinter Katharina und bedeutete Margarete, sich zu entfernen.

»Mutter, ich komme morgen in aller Frühe! Ich bringe Christoph mit!« rief diese und machte sich auf den Weg zu ihrem Bruder, das Entsetzliche zu berichten.

GEFANGEN

Erst als Katharinas alte Augen sich an das schummrige Licht gewöhnt hatten, vermochte sie zu erkennen, an welch schrecklichen Ort man sie gebracht hatte. Eisige Kälte kroch ihr in die Knochen. Der Boden ihres Gefängnisses war mit modrigem Stroh bedeckt, das stank, als sei es seit Jahren nicht gewechselt worden. Die steinernen Wände des Turmes waren feucht. Zwei winzige, vergitterte Löcher im Mauerwerk dienten als Fenster und reichten bei weitem nicht aus, die dringend benötigte frische Luft hereinzulassen. Der Geruch von Salpeter biß Katharina in die Nase.

In einer Ecke kauerte eine junge Frau. Schmutzstreifen zogen sich über ihr Gesicht, die Haare waren verfilzt und starrten vor Dreck. Katharina grüßte höflich, doch die andere sah mit apathischen Augen durch sie hindurch und reagierte nicht. Angewidert blickte die Keplerin um sich und fand bei bestem Willen kein Eckchen, wo sie sich hätte niederlassen können. »Soll ich die Nacht im Stehen verbringen«, fragte sie den Wächter, der sie hergebracht hatte. Der Mann ging zur Tür, drehte sich nicht einmal nach ihr um.

Acanthus spec.

»Ich denke, du kannst hexen! Dann nutz doch deine Zauberkräfte und verschaff dir ein trockenes Lager, vielleicht sogar ein weiches Federbett und eine silberne Platte mit Eßbarem!« feixte er.

»Wenn du das schon weißt, dann weißt du auch, daß ich durch geschlossene Türen gehen kann. Gib nur ja acht, daß ich nicht plötzlich vor dir stehe und dich verhexe«, versetzte Katharina ungeachtet der Tatsache, daß sie sich mit solch unbedachten Aussagen schwer schadete. Der Wächter zuckte entsetzt zusammen, machte, daß er hinauskam, schob einen schweren Riegel vor die Tür und trug den hingeworfenen Satz der Verhafteten sofort weiter.

»Sprichst du nicht?« wandte sich Katharina an die Frau in der Ecke. Die rückte noch ein wenig weiter von ihr ab.

»Bist du wirklich eine Hexe?« Sie sah die Keplerin angstvoll an.

»Unsinn, das habe ich nur so gesagt, um ihn zu erschrekken.« Katharina schichtete das modrige Stroh um und suchte vergeblich nach trockenen Binsen. Bei jeder noch so geringen Bewegung rieben die Eisenketten an ihren Füßen, mit Gewichten beschwert an den Knöcheln. Katharina setzte sich. Aus dem Stroh piekten spitze Halme. Sie schloß die Augen. Hinter ihrem Rücken raschelte etwas. Die Keplerin sah drei fette Ratten vorbeihuschen und zog sich die widerwärtig stinkende Decke aus zerfetzter Jute unter das Kinn.

»Wenn du ihnen nichts zu essen gibst, knabbern sie im Schlaf deine Zehen an«, ließ sich ihre Nachbarin vernehmen. Katharina sah sie entsetzt an.

Drei Tage waren die beiden Frauen gemeinsam eingesperrt. Am frühen Abend des dritten Tages kam der Wachmann und stellte die beiden Näpfe mit der üblichen Gerstengrütze auf den Boden.

»Du da!« blaffte er die Jüngere an. »Du kommst morgen frei. Dein Mann wird hängen, aber du kannst gehen.« Als er fort war, begann die Frau zu weinen.

»Er hat es nicht getan, und jetzt hängen sie ihn für einen Raub, den er nicht begangen hat, und ich sitze allein mit vier Kindern.« Sie schluchzte auf.

»Das kenne ich, allein mit vier Kindern«, sagte Katharina voller Mitgefühl. »Sieh nur zu, daß dir niemand etwas Böses nachsagen kann, sonst sitzt du ganz schnell ohne Grund, so wie ich.« Die Frau kramte in den tiefen Falten ihres Rockes und zog ein kleines Messer hervor.

»Hier, das schenke ich dir. Vielleicht kannst du es mal brauchen, und so finden sie es auf keinen Fall bei mir.«

»Ich danke sehr. Das wird mir sicher gute Dienste leisten.« Katharinas Lächeln entblößte ihre zahnlosen Kiefer. »Wer weiß«, sie zeigte auf die Schüsseln mit dem Gerstenmus, »und irgendwann gibt es mal was, das man kauen muß. Dann bin ich froh, wenn ich's kleinschneiden kann.«

»Du machst wohl Witze. Wenn du etwas haben möchtest, das du schneiden kannst, mußt du erst einmal ordentlich zahlen. Wer kein Geld hat, kriegt hier nur Gerstenbrei, dreckig fauliges Wasser und verschimmeltes Brot.«

Inzwischen hatte Margarete ihrem Bruder unter Tränen berichtet, was sich zugetragen hatte. Christoph war ratlos.

»Hätte sie doch nur auf uns gehört und wäre zu Hannes nach Linz gegangen. Da säße sie jetzt in aller Seelenruhe, und niemand könnte ihr etwas anhaben.«

»Stoffel, wir müssen etwas unternehmen. Laß uns gleich zum Federkiel greifen und erst an den Herzog und dann an Hannes schreiben«, schlug Margarete vor. Gemeinsam verfaßten sie eine Petition an den Herzog und baten, sich auf das vierte Gebot Gottes berufend, die alte Frau mit hartem Gefängnis zu verschonen. Dann schrieben sie an den älteren Bruder in der Hoffnung, dieser könne einen Ausweg aus der verfahrenen Situation weisen.

Margarete, ernstlich um das Wohl ihrer Mutter besorgt, gelang es, einen der Wächter zu bestechen. Gegen ein nicht zu verachtendes Entgelt ließ dieser sie von Zeit zu Zeit heimlich in Katharinas Arrestzelle. Die Tochter brachte gekochte Eier und frisches Obst, vor allem aber steckte sie der Mutter immer wieder einen Gulden zu, mit dem sie dann ihrerseits den Wächter dazu bringen konnte, ihr zu besorgen, was fehlte.

Als Johannes Kepler den Brief seiner Geschwister gelesen und sich von seinem ersten Schrecken erholt hatte, suchte er sofort Rat und Hilfe bei seinem alten Freund Besold. Dessen

Reaktion war niederschmetternd wie zuvor. Mit deutlichen Worten schrieb er nach Linz, wie er die Lage einschätzte:

»Komm Du selbst mein Johannes, und versuche mit allen reichen Mitteln Deines Geistes, Deine unglückliche Mutter vor Folterqualen und dem möglichen, ja wahrscheinlichen Flammentode zu retten. Meine Macht ist durch die Hilfe erschöpft, die ich der würdigen Frau Wellinger konnte angedeihen lassen. Außerdem bin ich jetzt in diesem Lande kein sehr beliebter Mann; man schielt auf meinen Umgang mit einigen Vätern der Gesellschaft Jesu und hat die Reinheit meines protestantischen Glaubens stark in Verdacht, und in der Tat, mein verehrter Jugendfreund, möchte ich lieber ein Mitglied der heiligen Mutterkirche sein, deren Bräuche schon wegen ihres Alters ehrwürdig sind, als mitten unter diesen zankenden, haarspaltenden Protestanten stehen, die, wie bissige Hunde wegen eines Knochens, sich gegenseitig ankläffen wegen eines Buchstabens in der Lutherischen Bibelübersetzung. Ist das die Reinigung des Christentums, die Verbesserung der Religion, von der man uns so pomphaft vorgesprochen? O mein Freund, mein Bruder, der Friede wohnt in meinem Herzen nicht, der Glaube, in dem man mich erzogen hat, scheint mir ein ekles, schales Formenwesen; aber Deine Liebe, Du Guter, Du Trefflicher, wird und kann mich nicht täuschen! Komm zu mir, eile, eile; auch Deine unglückliche Mutter bedarf Deiner, aber sicherlich nicht mehr, als Dein leidender Freund Besold.«

Jetzt war guter Rat teuer. Johannes saß wegen des Krieges in Linz fest und konnte noch immer nicht nach Württemberg reisen. Also schickte er eine weitere Petition an den Herzog und bat inständig, man möge das Verfahren gegen seine Mutter so lange aussetzen, bis er kommen könne. Der Bitte wurde nicht stattgegeben. Am 4. September 1620 wurde offiziell Klage wegen Hexerei gegen Katharina Kepler erhoben. Parallel dazu verfolgte Einhorn den Zivilprozeß weiter, in dem das Ehepaar Reinbold Schadensersatz wegen Ursula Reinbolds Erkrankung forderte.

Der Vogt von Leonberg, der bisher immer verstanden hatte, alles, was gegen seine Interessen ging, zu verzögern und entsprechend amtliche Weisungen eigenmächtig nicht zu befolgen, legte diesbezüglich auf einmal einen bis dato ungekannten Eifer an den Tag. Als Termin für die erste Vernehmung setzte er den 11. September 1620 fest. Am nämlichen Morgen war Margarete zum Stadttor gegangen, hatte dort jedoch nicht den wohlgesonnenen Wachmann, sondern seinen bärbeißigen Kollegen angetroffen. In einem günstigen Moment schlich sie unbemerkt vor die Zelle ihrer Mutter und versuchte, sich durch vorsichtige Klopfzeichen bemerkbar zu machen. Katharina hörte die Tochter und legte ihr Ohr an die Tür.

»Mutter, sie werden dich gleich vernehmen. Doch bevor das geschieht, hat mir Christoph aufgetragen, dir etwas zu sagen. Ganz gleich, was du getan hast, gib nichts zu. Du ruinierst damit seine und meine Stellung und schadest auch dem Hannes in gewaltigem Ausmaß. Halt durch! Auch wenn sie dich torquieren und bei der Folter strecken. Denk immer, es ist nicht mehr als nur ein böses Stündlein, das du auszustehen hast, und dann ...« Weiter kam sie nicht, denn der Stadtknecht hatte das Getuschel gehört, riß sie am Mieder fort und beförderte sie unsanft auf die Straße.

Bange harrte Katharina dessen, was da kommen sollte. Folter, hatte ihre Tochter nicht eben von Folter gesprochen? Die alte Frau zitterte am ganzen Leib, als sie abgeholt wurde. Schon auf dem Weg zum Vogt lauerte die Reinboldin an einer Ecke und verhöhnte sie:

»Na, Kätterle, jetzt wird sich zeigen, wie es um die Wahrheit bestellt ist. Wir sind viele und du bist ganz allein. Möge der Teufel mit dir sein.« Sie lachte hämisch.

Luther Einhorn sparte nicht mit Drohungen und konfrontierte die Angeklagte zunächst mit vierzehn geladenen Zeugen. Dann verlangte er Antworten auf die schriftlich niedergelegten Aussagen von drei weiteren Bürgern, die Beweise für Katharinas Schuld zu Protokoll gegeben hatten. Die Keplerin taumelte vor Angst und Erschöpfung. Sie brachte all ihre Kräfte auf, um die Fragen des Vogtes wahrheitsgemäß zu beantworten. Viele der vorgeworfenen Ereignisse lagen Jahre zurück. An manches konnte sie sich gar nicht mehr erinnern, warf in ihrer Not Zeitabläufe durcheinander und verstrickte sich immer wieder in Widersprüche. Gehässig protokollierte der angeblich unparteiische Stadtschreiber »liederliche Ausreden« und »heillose Entschuldigungen«, während er plausibel klingende Rechtfertigungen der Angeklagten unterschlug und nicht in sein Protokoll aufnahm. An das Ende seiner willkürlichen Aufzeichnungen setzte er eine persönliche Zusammenfassung. Die Keplerin, so fixierte er dort, habe den Zeugen nicht rechtschaffen ins Gesicht sehen können, ihre Entschuldigungen seien gering, und sie habe nicht geweint, als ihr »gütlich und ernstlich« zugeredet worden sei. Am schlimmsten jedoch sei gewesen, daß sie sich zu ihrer Verteidigung immer nur auf solche Personen berufen habe, die ihresgleichen und verdächtig seien, so ganz besonders auf die Appolonia, Jakob Wellingers Witwe, die wegen »überaus bösem Zeugnis und gräßlich auf sich geladenen Verdachtes der Hexerei« zu Leonberg beklagt und torquiert worden sei.

Der Inhalt des Protokolls führte zu einer Entscheidung, wie sie nicht anders zu erwarten gewesen war. Noch einmal, so wurde angeordnet, sei die Keplerin ernsthaft und unter Androhung der Folter zu vernehmen. Sollte sie dann immer noch nicht gestehen, sei sie zu foltern. Was dabei herauskommen würde, daran bestand zumindest für Luther Einhorn und seine Anhänger kein Zweifel.

»Das hält sie niemals aus. Sie wird singen wie ein Vögelchen und dann rösten wie ein Kapaun«, amüsierte er sich auf Kosten der Angeklagten.

Bald nach der Verhaftung seiner Mutter hatte Christoph Kepler eine Bittschrift in eigener Sache an den Herzog von Württemberg geschickt. Flehentlich ersuchte er seinen Landesfürsten, Katharina aus Leonberg an einen anderen Ort bringen zu lassen, um ihr dann dort den Prozeß zu machen. Der brave Zinngießer wohnte ganz in der Nähe des Rathauses und mußte im Vorfeld jeder Vernehmung mit ansehen, wie die Keplerin in Ketten an seinem Haus vorbeigeführt wurde. Das, so legte er in blumigen Worten nieder, sei für ihn, seine Frau und die Kinder unerträglich. Stets seien auch sie Hohn und Spott, mit dem die Leonberger Bürger die alte Frau auf ihrem Weg begleiteten, ausgesetzt. Ganz zu schweigen von dem Schaden, den seine Reputation als Herzoglich-Württembergischer Drillmeister auf diese Weise nehme. Der Herzog hatte Verständnis für die Nöte seines tüchtigen Untergebenen und erließ Befehl, »die verhaftete Hexe von Leonberg«, wie er Katharina titulierte, nach Güglingen zu überstellen. Die Kosten der Ortsveränderung habe selbstverständlich die Beklagte zu tragen.

Sie wurde auf einen Armesünderkarren verfrachtet, der, begleitet vom Spott mancher Bürger und johlenden Kindern, vor die Tür rumpelte. Neben der gefesselten Angeklagten türmten sich die Akten des bisherigen Verfahrens. Luther Einhorn hatte ein Begleitschreiben verfaßt, in dem er zutiefst bedauerte, den Prozeß nicht zu Ende bringen zu können. Um sicherzustellen, daß sein Amtskollege von vornherein den richtigen Weg einschlug, teilte er ihm schriftlich mit, daß die Angeklagte sicher schuldig sei und nach seinem Dafürhalten am Ende des Verfahrens nur die Folter und der Scheiterhaufen stehen könnten.

GÜGLINGEN

In Güglingen, einem kleinen Städtchen südwestlich von Heilbronn, hatte ein Vogt namens Ulrich Aulber das Sagen. Dieser zeigte sich über die Maßen dankbar dafür, daß ihm mit der Fracht aus Leonberg neben allen Akten auch gleich eine wertende Zusammenfassung zugestellt wurde. Besten Gewissens verzichtete er daher auf das mühselige Studium der Vernehmungsprotokolle. In der von Einhorn vorformulierten »Peinlichen Gerichtsklage« ersetzte er behende die Ortsangabe »Leonberg« durch »Güglingen«, schrieb statt »Luther Einhorn« seinen eigenen Namen darunter und reichte die umfangreiche Klage alsbald ein.

Luther Einhorn hatte die neunundvierzig Punkte des Ehepaares Reinbold in dreiundzwanzig Artikeln zusammengefaßt und schweren Herzens einige Beschuldigungen gestrichen, weil sie sich auch bei großzügigster Auslegung nicht durch Zeugenaussagen erhärten ließen. Aulber, aus gleichem Schrot und Korn wie sein Amtskollege, witterte eine Chance, sich mit der Überführung einer Hexe zu profilieren und verfolgte Katharina Kepler mit ähnlicher Akribie. Binnen zwei Monaten gelang es ihm tatsächlich, der bestehenden Klage weitere fünfunddreißig Additionalartikel hinzuzufügen.

Asparagus officinalis

Die österreichischen Fronten hatten sich inzwischen verschoben. In und um Linz war ein wenig Ruhe eingekehrt, so daß Johannes Kepler seine Kinder und die schwangere Gattin auf ein Fuhrwerk setzte, sie zu Freunden in Regensburg brachte und so schnell wie möglich nach Güglingen aufbrach, um seiner Mutter zu helfen. Dort traf er am 28. September 1620 ein. Er fand Katharina in erbärmlichen Zustand. In Ketten lag sie, eingesperrt im feuchtkalten, nicht heizbaren, finsteren Turm der Stadt. Die weißen Haare hingen zottelig um ihr faltiges und verhärmtes Gesicht, ihre Kleidung, fleckig und zerrissen, starrte vor Schmutz. Die Keplerin war zum Skelett abgemagert und litt unter gefährlichem Husten. In ihrer Not hatte die Gefangene einen großen Fehler begangen:

»Bringt mir noch etwas frisches Wasser«, bat sie den Stadtknecht, der ihr soeben das Essen hingestellt hatte. Der Mann nahm den kleinen Krug und ging zur Tür.

»Ach, bitte, ich habe so lange keine frische Luft mehr geatmet. Könnt Ihr nicht die Tür einen Augenblick offenlassen, bis Ihr zurückkommt? Ich habe schon den Geschmack des Gewölbes in der Brust.« Der Wachmann schüttelte den Kopf. »Oh, was seid Ihr für ein böser Mann«, seufzte die alte Frau und versuchte es zwei Tage später noch einmal: »Mann, lieber Mann, laßt mich doch hinaus. Ich will euch hundert Gulden geben.«

»Keplerin, ganz gleich, wieviel du mir anbietest, ich kann dich nicht herauslassen.« Katharina sah ihn traurig an.

»Ach, auf diese Weise will ich auch gar nicht heraus. Der Stoffel und die Grete sind ohnehin schon ganz unwillig mit mir, weil das alles so viel kostet und kaum mehr Geld da ist.« Sie knackte eine Laus, die über ihren weißen Scheitel lief.

Der Wächter verriegelte die Türe und meldete der Obrigkeit, daß die Gefangene einen Bestechungsversuch unternommen habe. Dies wog um so schwerer, als im Protokoll natürlich auch der silberne Becher vermerkt war, den sie Luther Einhorn seinerzeit angedient hatte.

Gleich nach seiner Ankunft bemühte sich Johannes Kepler um eine andere Unterbringung für seine ausgemergelte, kranke Mutter. Es dauerte eine Weile, doch dann gewährte der Herzog die Gnade, die Keplerin in das »Torstübl« zu bringen.

Ulrich Aulber folgte dem Erlaß seines obersten Dienstherrn. Jetzt lag die Angeklagte, noch immer in eisernen Ketten in einem Durchgangsraum.

»Was soll ich mit einer Hexe vor der Tür?« beschwerte sich der Torwart, der mit seinem Gesinde Tag und Nacht an ihr vorbeimußte, wenn er in seine Kammer gelangen wollte. Aulber zuckte die Schultern.

»Ich kann es nicht ändern, der Herzog will es so, und einen anderen Ort, sie zu verwahren, gibt es nicht. Aber mach dir keine Sorgen. Du mußt dich nicht um sie scheren. Ich teile ihr zwei Wachleute zu.« Der Torwart war zufrieden und stapfte fortan mehrmals täglich wortlos an Katharina vorbei.

Die beiden Wachmänner nahmen die Arbeit dankbar an. Beide hoch verschuldet, freuten sich über jeden Groschen, den der Dienst ihnen einbrachte und verheizten auf Kosten der Keplerin die besten und dicksten Buchenscheite im Ofen, um es nur ja recht warm zu haben.

»Was willst du? Frisches Stroh? Ich höre wohl nicht recht. Frisches Stroh gibt's hier nicht, es sei denn, du zahlst ordentlich dafür.« So und ähnlich reagierten sie auf jede noch so kleine Bitte der Keplerin. Für alles ließen sie sich extra bezahlen und drohten, sie beim Vogt anzuschwärzen, wenn sie sich weigerte.

Weil sie kaum noch Zähne im Mund hatte, mußte sie die meisten Speisen zerkleinern, um sie unzerkaut herunterwürgen zu können. Zu diesem Zweck benutzte sie heimlich das kleine Messer, das ihr die Mitgefangene in Leonberg zugesteckt hatte. Messer in der Arrestzelle waren verboten, und eines Tages entdeckte Jakob Bidermann, einer der beiden Wächter, die unerlaubte Gerätschaft in der Hand seiner Gefangenen.

»Ei, ei, was haben wir denn hier? Ein Messer! Willst wohl die Fesseln damit zerschneiden? Wo hast du das denn her? Das wird unseren Herrn Vogt aber mächtig interessieren!« Er nahm ihr das Besteck aus der Hand.

»Aber nicht doch, wie soll ich denn mit so einem Werkzeug etwas gegen diese eisernen Bänder ausrichten«, protestierte die Keplerin. »Ich brauche es zum Essen, hab doch kaum mehr ein Gebiß. Ich hab es aus Leonberg mitgebracht, dort hat es mir ein Weib gegeben, das ein paar Tage mit mir im Gefängnis saß«, sie streckte die Hand aus. »Gebt es mir wieder, guter Mann«, bat sie inständig, »sonst verhungere ich noch.« Der Wächter grinste sie an und hielt das Messer dicht vor ihre Nase:

»Nun, wenn du es so dringend benötigst, wird es dir ja sicher etwas wert sein, es wiederzubekommen.«

»Nichts da«, mischte sich sein Kollege ein, »das Messer nehme ich an mich, und wenn du jemals freikommen solltest, kannst du es wiederbekommen.«

»Ich bin den beiden Halunken auf Gedeih und Verderb ausgeliefert«, beschwerte sich Katharina bei ihrem Sohn. Johannes legte den Zeigefinger auf die Lippen.

»Mutter, schweig still. Gib ihnen, was sie haben wollen, ich werde versuchen, es zu regeln«, versprach er und war doch selbst Opfer der verzweifelten Situation.

Auch der Stadtknecht von Güglingen wollte verdienen an der Gefangenen, die ihm da aus Leonberg hereingeschafft worden war. Wasser, Brot und eine dünne Suppe im Wert von fünf Schilling standen ihr täglich zu, doch was darüber hinaus gewünscht wurde, ließ er sich teuer bezahlen. Johannes gab ihm Unsummen für Milch, Eier, Bier und Wein. Am höchsten allerdings war der Preis, den ihm der fünfundzwanzigjährige Martin Franck für die enormen Mengen Fleisch berechnete, die die zahnlose, alte Frau angeblich verzehrte. Der Astronom durchschaute das böse Spiel, doch Woche um Woche schwieg er und bezahlte, was verlangt wurde. Es galt, den Stadtknecht nicht zu vergrämen, denn von dessen Wohlwollen hing das Befinden seiner Mutter ab.

Im November war das Barvermögen der Keplerin auf diese Weise aufgebraucht. Um die Kosten für Unterbringung und Prozeß decken zu können, mußten die Geschwister ein Stück Land verkaufen. Christoph Kepler war darüber höchst verärgert.

»Wärst du doch nur in Linz geblieben«, beschimpfte er seinen älteren Bruder. »Seit du hier aufgetaucht bist, zieht sich alles in die Länge und wird immer teurer.« Der Handwerker hegte wie sein Schwager Georg Binder zu diesem Zeitpunkt bereits die feste Überzeugung, daß Katharina Kepler nicht mehr zu retten war. »Wenn sie schuldig ist, ist sie schuldig. Dann gehört sie auf den Scheiterhaufen. Je schneller alles vorbei ist, um so eher wächst Gras über die Sache, und nach einer Weile kräht kein Hahn mehr danach«, waren sie sich einig.

»Hannes«, Margarete sah ihren Bruder unsicher an, »glaubst du, daß es Hexen gibt?«

Kepler wich ihrem Blick aus.

»Was du immer für Fragen stellst«, sagte er schließlich. »Nun, wenn du es genau wissen willst – ja, es gibt Hexen, daran besteht wohl kein Zweifel. Natürlich existieren Frauen mit magischen Kräften, auch Zauberer, die allesamt mit dem Satan im Bund stehen. Aber nicht unsere Mutter! Sie ist keine Hexe. Sie ist ein altes, armes, wirres Weiblein und hat niemals etwas mit dem Teufel zu tun gehabt.« Davon fest überzeugt, widmete er sich weiterhin der Verteidigung seiner Mutter. Die Bestimmtheit, mit der er sprach, überzeugte auch Margarete. Sie unterstützte ihn nach Leibeskräften.

Am 4. Dezember errang der Astronom einen kleinen Erfolg. An oberster Stelle wurde auf sein Betreiben entschieden, daß Bürgermeister und Gericht von Güglingen für den halben oder zumindest den dritten Teil des Brennholzes aufzukommen hatten, denn schließlich würden sich auch die beiden Wächter in der Torstube am Ofen wärmen. Jetzt reduzierten sich die Holzkosten zwar erheblich, doch der Kleinkrieg zwischen Johannes Kepler und dem Vogt von Güglingen ging weiter.

»Sie ist ein klapperdürres, gebrechliches Weib und braucht nur einen Wächter«, brachte Johannes vor, der die Wachen von Rechts wegen zu entlohnen hatte.

»Sie ist gemeingefährlich und muß außerordentlich beobachtet werden«, setzte Aulber dem entgegen. Der Astronom gab nicht nach, reichte wieder eine Petition ein und wartete. Aus Stuttgart kam schließlich das Urteil: Ein Wächter müsse bei einer in Ketten liegenden über Siebzigjährigen genügen.

Weil sich natürlich auch in Heumaden längst herumgesprochen hatte, daß seine Schwiegermutter, unter dem Verdacht der Hexerei verhaftet, auf ihren Prozeß warte, suchte Pfarrer Binder nach einer neuen Wirkungsstelle. Er fand sie Ende des Jahres 1620 in Roßwälden bei Plochingen, wo er sich um die soeben vakant gewordene Pfarrei bewarb, sie erhielt und sich so schnell wie möglich aus dem Staub machte.

Währenddessen kämpfte Johannes Kepler an allen Fronten. Zum einen mußte er Geld für seine Mutter auftreiben, dann galt es, mit rechtskundigen Beratern die Strategie der Verteidigung zu beraten und eine entsprechende Schrift zu verfassen. Ulrich Aulber mußte in Schach gehalten werden, und obendrein meldete sich immer wieder das Ehepaar Reinbold zu Wort.

»Ich verlange, daß unsere Schadensersatzklage über eintausend Gulden weiterverhandelt und die Angelegenheit so schnell wie möglich durch ein Urteil abgeschlossen wird«, forderte der Glaser, der fürchtete, bei weiteren Verzögerungen leer auszugehen, weil bei Katharina Kepler nichts mehr zu holen sein würde.

Weihnachten nahte, Katharina lag noch immer in Eisenschellen. Vogt Ulrich Aulber wollte festliche Ruhe, er sorgte für eine Unterbrechung des Verfahrens. Johannes Kepler nutzte die Zeit, um nach Regensburg zu seiner Familie zu fahren. In guter Obhut bei den Freunden, hatte Susanne Kepler dort Töchterchen Cordula auf die Welt gebracht, das vierte gemeinsame Kind, von denen bis dahin nur der kleine Sebald überlebt hatte. Der Astronom freute sich über das Wiedersehen und hatte doch nur wenig Zeit für Frau und Kinder.

»Du verstehst mich, nicht wahr? Wenn ich jetzt nicht mit aller zu Gebote stehenden Kraft an die Sache meiner Mutter herangehe, wird sie sterben für etwas, das sie nie getan hat.« Susanne verstand, schwieg und stillte den Säugling.

In Güglingen wurde das Verfahren wiederaufgenommen. Ulrich Aulber hatte die Pause genutzt, nachgedacht und war zum dem Schluß gekommen, daß er Unterstützung benötigte. »Nicht, daß ich nicht Manns genug wäre, eine alte Frau auf den Scheiterhaufen zu bringen, aber dieser Sohn, dieser Johannes Kepler, der macht doch mehr Schwierigkeiten, als ich dachte.« Die Obrigkeit hatte Verständnis für seine Bedenken und stellte ihm in der Funktion des Staatsanwaltes den erfahrenen fürstlichen Anwalt Hieronymus Gabelkofer zur Seite. Noch einmal erschienen alle wichtigen Zeugen vor Gericht und machten ihre Aussagen. Ordnungsgemäß wurden sie eindringlich darauf hingewiesen, was ihnen im Falle eines Meineides drohte:

»Dreierlei Übel lädt der Meineidige auf sich. Erstlich straft ihn die Obrigkeit entweder mit der Abhauung der Finger, die er zum Zeugnis der Wahrheit fälschlich gegen Gott erhoben, oder mit Ausreißung der Zunge, mit der er fälschlich geschworen, auf daß ihn jeder kenne und erfahre, daß er ferner zu keiner Aussage tüchtig und ehrlich sei.« Gabelkofer ließ seine Worte wirken, bevor er fortfuhr: »Zum anderen wird ihn, den Unehrlichen, jedermann meiden, zu keinem Gericht, Rat noch anderem ehrlichen Amt wird er gebraucht, sondern allenthalben von Versammlungen und Gesellschaften ausgeschlossen.« Wieder legte der fürstliche Anwalt eine kurze Kunstpause ein. »Aber die dritte Strafe ist die allergrößte! Ein solch falscher Mensch, der schwerlich seinem armen Mitmenschen die Ehre, die er ihm in so fälschlicher Weise und Unwahrheit abgeschnitten, wiedergeben kann, wird an Leib und Seele verdammt und der ewigen Strafe teilhaftig. So will ich die Zeugen denn hiermit gewarnt haben, damit jeder bedenke, was er sagt, eingedenk des Gottesgebotes ›Du sollst nicht falsch Zeugnis reden wider deinen Nächsten‹.« Aus dem Auditorium war ein ergriffenes »Amen« und anschließend verhaltenes Gekicher zu hören.

So belehrt, schworen die Zeugen, die Wahrheit und nichts als die Wahrheit zu sagen. Schulmeister Benedikt Beutelspacher, als erster aufgerufen, inszenierte einen beeindruckenden Auftritt. Vom Hexentrunk der Keplerin angeblich krumm und als Mann kraftlos gemacht, ließ er sich von seinem Schwiegersohn ins Amtshaus tragen und dort vor dem Richtertisch auf den Boden legen. Mitleidig lauschten die Zuhörer seinen Worten. Als er geendet hatte und wieder herausgetragen wurde, verfehlte sein trauriger Blick auch auf den Richter die Wirkung nicht.

Dekan Johann Bernhardt Buck trat vor das Gericht. »Ich kann leider nichts Gutes über die Angeklagte sagen«, begann der fromme Mann seine Aussage. »Während ich dem Jakob Reinbold und seiner Frau das beste Zeugnis ausstellen möchte, muß ich berichten, daß die Keplerin sich immer wieder einiger Laster befleißigt und seit langem hochverdächtig ist. Auch und nicht zuletzt der Gotteslästerei. Ich denke da ganz besonders an das Sprechen von Segen, das – so steht es in der Heiligen Schrift – verboten ist. Und dann habe ich noch vorzubringen, daß das Weib des Jörg Haller mir jüngst erzählt hat, daß aus der offenen Geschwulst am Bein der Zieglerin erst neulich ein Haar gekommen sei«, gab er zu Protokoll und belastete Katharina Kepler damit schwer. Jeder im Saal wußte, daß dergleichen nur Hexenwerk sein konnte.

»Mir hat sie den Sohn verhext! In meine Stube ist sie gekommen, als ich ihn gerade gebadet habe, und hat ihn mit dem bösen Blick bedacht! Seither ist er krank und siech!« schrie die Schinderburga unaufgefordert dazwischen und erntete dafür neben dem Mitleid der Zuschauer eine Rüge von Hieronymus Gabelkofer.

Schneider Daniel Schmidt war der nächste. »Sie ist oft ohne Grund in mein Haus gekommen. Dann hat sie sich über die Wiege meiner Kinder gebeugt, worauf diese übergroße Knochen bekamen und starben. Wenn sie der Tortur unterzogen wird, kommt sicher ans Tageslicht, daß sie mir entweder eins oder gar beide Kinder umgebracht hat.«

Severin Stahl, Sattler in Leonberg, hatte auch etwas beizutragen: »Als sich die Reinboldin einmal besonders schlecht fühlte, bin ich zu ihr gegangen, sie zu trösten. Die arme Frau war verzweifelt. Sie weinte und schrie, daß sie sich eine Ader nach der anderen aus dem Körper ziehen lassen und dafür sterben wolle, daß die Keplerin ihr all das Leid zugefügt habe.«

Auch der Leonberger Vogt war geladen und brachte erneut den silbernen Becher vor: »Es kann mir keiner sagen, daß dies nur geschah, weil sie ihre eigene Klage bevorzugt wissen wollte. In ihren Bann wollte sie mich ziehen – aber das ist ihr nicht gelungen. Ein Luther Einhorn läßt sich nichts zuschulden kommen!« schloß er beifallheischend.

Am Ende wies Ulrich Aulber – »der Herr Protokollant möge dies bitte aufnehmen« – darauf hin, daß das genaue Alter der Angeklagten noch einmal zu prüfen sei. »Was, wenn die Verhaftete gar nicht so alt ist, wie sie vorgibt. Vielleicht versteckt sie sich nur hinter ihrem angeblichen Alter, weil sie weiß, daß sie mit über siebzig Jahren nicht mehr torquiert werden darf.« Die Feder des Stadtschreibers kratzte geschwind über das grobe Papier.

Während die Anklage Beweis um Beweis gegen Katharina zusammentrug, arbeitete Kepler fieberhaft mit Hilfe von Christoph Besold, Johannes Rueff und eines weiteren Rechtsgelehrten an der Defensionsschrift für seine Mutter. Eindringlich wies er darauf hin, daß der Leumund der Ankläger und Zeugen zu überprüfen sei, bevor man diesen Glauben schenken konnte. Die Schinderburga, ein leichtfertiges, vermessenes, übelredendes, abergläubisches Weib sei wie ihr Mann schon einmal wegen Diebstahls flüchtig gewesen, schließlich erwischt und wegen eben dieses Vergehens abgestraft worden!

Im Frühling reiste der Astronom erneut nach Güglingen, konnte jedoch zunächst wenig ausrichten. Aulber und seine Schergen hatten ihre eigenen Vorstellungen vom Ablauf der Angelegenheit, verzögerten, wo es genehm war und forderten Eile, wenn sie in ihrem Interesse geboten schien.

Der 20. August 1621 war ein wichtiger Tag. »Die Verhaftin

erscheint leider mit Beistand ihres Herrn Sohnes Johann Kepler, Mathematici«, vermerkte der Güglinger Stadtschreiber im Protokoll. Um nichts in der Welt hätte der Astronom es sich nehmen lassen, anwesend zu sein, wenn seine durch die lange Haft zermürbte und völlig verzweifelte Mutter mit der endgültigen Version aller gegen sie vorgebrachten Vorwürfe konfrontiert würde.

Die verlesene »Deduktion und Konfutationsschrift« war so umfangreich, daß die erschöpfte Keplerin unmöglich mit dem ihr zustehenden »letzten Wort« darauf antworten konnte. Am Ende stellte der Ankläger den Antrag, die Verhaftete der Folter zu unterziehen.

»Wir fordern eine angemessene Frist für eine Gegenschrift«, meldete sich Johannes Rueff als Vertreter der Verteidigung. Dem Antrag wurde stattgegeben. Drei Tage gewährte der Richter Johannes Kepler, um eine »Konklusionsschrift« für seine Mutter zu verfassen und vorzulegen. »Aber nur unter der Bedingung, daß Ihr keine neuen Sachen in facto vorlegt«, schloß er.

Der Astronom und seine Berater nahmen sich kaum Zeit zu schlafen und noch weniger zu essen, und so gelang das schier Unmögliche. Bereits achtundvierzig Stunden später konnte am 22. August 1621 die über einhundert Seiten umfassende »Konklusionsschrift« dem Güglinger Gericht übergeben werden. Ulrich Aulber überflog die Folianten und legte sie mit einem verächtlichen:

»Da findet sich ja nun gar nichts Neues. Nur alte Ausflüchte, verzwickte Winkelzüge, den Richter irre zu machen«, zur Seite. Mit diesem Kommentar übersandte der Vogt endlich die gesamte abgeschlossene, dickleibige Akte an den Herzog von Württemberg. Dem wurde die ganze Angelegenheit allmählich äußerst lästig. Eingaben, Protokolle, Petitionen, was hatte er in den vergangenen Jahren nicht alles im Fall Katharina Kepler zu entscheiden gehabt. Und jetzt dieser Berg von Akten. Der Herzog schob die Papiere weit von sich.

»Man übergebe sie der Tübinger Juristenfakultät«, verfügte er. »Dort sitzen gelehrte Herren der Jurisprudenz, die verstehen von dergleichen ohnehin mehr als ich.«

So hatten die renommierten Rechtsgelehrten der Universität zu prüfen und entscheiden, ob mit den fürchterlichen Mitteln der Folter gegen die Angeklagte vorzugehen sei. Am 10. September kam aus Tübingen die Empfehlung, die Keplerin in die Folterkammer zu führen.

Katharina verbrachte die bangen Tage des Wartens wieder angekettet in der Torstube.

»Ach, wenn es doch nur endlich vorbei wäre – ganz gleich, wie«, seufzte sie, als Margarete sie besuchte.

TERRITIO IN DER FOLTERKAMMER

Luther Einhorn las das Dekret aus Tübingen bereits zum dritten Mal. »Dieses vermaledeite Weib! Das hat sie nur und einzig und allein der Berühmtheit ihres Sohnes zu verdanken!« tobte er in seiner Leonberger Amtsstube und knallte den Folianten mit lautem Getöse auf den Tisch.

»Oh, wie ich es hasse, das ganze Pack! Rösten sollen sie im Fegefeuer. Aber ich werde den Tag schon so zu gestalten wissen, daß sie sich am Ende vor der Hölle nicht mehr fürchtet. So leicht kommt sie mir nicht davon! Dafür habe ich nicht all die Jahre Beweise gesammelt!« brüllte er und achtete nicht darauf, daß ihm der Rotz aus der Nase lief.

Es war in den frühen Morgenstunden des 28. September 1621, als der Wachmann Katharina Kepler unsanft weckte:

»Los, aufstehen. Du hast Besuch. Und schlafen kannst du, wenn du erst tot bist, noch genug!« Er löste das eiserne Band, mit dem die Fußketten der Gefangenen an der Wand befestigt waren und baute sich breitbeinig vor ihr auf.

»Hoch mit dir, oder meinst du, ich trage dich?« Katharina rieb sich den Schlaf aus den Augen und versuchte seinem Befehl Folge zu leisten. Steif von vielen unbequemen Nächten, wollten ihre Glieder nicht gleich gehorchen.

Calendula officinalis

»Laßt mir einen Augenblick, zu mir zu kommen«, bat sie und rieb ihre schmerzenden Knöchel.

»Du wirst dir schon bald wünschen, du wärest gar nicht erst zu dir gekommen«, antwortete der Wächter vieldeutig und zerrte grob an ihrem Arm. Erst jetzt sah Katharina die beiden bis zu den Zähnen bewaffneten Hellebardiere, die in der Tür standen und offensichtlich auf sie warteten.

In massiven Ketten wie eine Schwerverbrecherin, mußte Katharina Kepler mit kleinen Trippelschritten ihren Bewachern durch die Gassen Güglingens folgen. Neugierige Passanten schlossen sich an. Im Rathaus ging es zu wie auf einem Volksfest. Die enge Amtsstube platzte aus allen Nähten. Beinahe der ganze Ort war auf den Beinen, der Urteilsverkündung gegen die Hexe beizuwohnen. Das Gedränge war so groß, daß der Wirt des gegenüberliegenden Gasthauses den Tanzsaal zur Verfügung stellen mußte.

Es war sieben Uhr in der Früh, als die Angeklagte an den Schaulustigen vorbei vor den Richtertisch gebracht wurde. Hier hatten sich ihre Peiniger schon versammelt. Ulrich Aulber, Hieronymus Gabelkofer und Luther Einhorn als Vertreter der fürstlichen Anklage, drei Beisitzer und ein Schreiber.

»Ruhe im Saal!« donnerte der Güglinger Vogt. Das Gemurmel der Zuschauer verebbte. Aulber erhob sich und stützte die ausgebreiteten Arme auf den äußeren Tischkanten ab: »Katharina Keplerin, Ihr seid angeklagt, einen Bund mit dem Teufel geschlossen zu haben, mit dessen Hilfe Ihr Menschen und Vieh verhext und gar getötet habt. Ihr seid ferner angeklagt, die Schülerin einer argen Hexe, der Renate Streicherin, zu sein. Gebt Gott die Ehre und redet vor diesem versammelten Gericht die Wahrheit!«

Katharina stand wie betäubt vor dem feindseligen Mann. »Wie eine Spinne in ihrem Netz lauert er darauf, mich mit seinen Fäden einzuwickeln und zu töten«, schoß es ihr durch den Kopf.

»Nun! Wird's bald? Wie lange wollt Ihr Gott und die hier Anwesenden noch auf Euer Geständnis warten lassen?« Aulber sah sie giftig an.

»Hoher Herr, ich habe nichts zu bekennen. Wohl habe ich meine Kindheit und einen Teil meiner Jugend im Hause der Streicherin verbracht, doch von Hexerei und Zauberkunst verstehe ich rein gar nichts. Ich habe nur ...«, wollte sie sich verteidigen, doch der Vogt unterbrach sie und schrie:

»Da hört Ihr's wohl, Ihr Herren! Sie ist geständig, die Schülerin einer Hexe gewesen zu sein!« Bei jedem S-Laut flogen kleine Tröpfchen seines Speichels bis in Katharinas Gesicht. »Stadtschreiber! Nehmt das zu Protokoll! Die Angeklagte gesteht, Schülerin einer Hexe gewesen zu sein!«

»Wenn es ausreicht, mich zu verdammen, daß ich meine Kindheit im Haus dieser Frau verbracht habe, so bin ich schon verdammt, obgleich ich mein Leben lang einen rechtschaffenen Wandel geführt, Gott den Erlöser in meinem Herzen getragen und mir keine anderen Sünden vorzuwerfen habe, als die aus der allgemeinen Schwäche des Menschengeschlechts stammen und zu deren Vergebung ich auf das Blut meines Heilands rechne.«

»Schweigt, böses, hinterlistiges, abscheuliches Weib!« Das Gesicht des Vogtes war rot vor Wut. »Beleidigt mit Euren sanften Mienen und mit Eurer Anrufung des Heilands nicht Gott und ein preisliches Gericht. Gehet in Euch, bekennt die Menge Eurer schwarzen Sünden, damit Ihr wenigstens im Tode Buße tun und Euren Schöpfer versöhnen könnt!«

Doch die Keplerin blieb standhaft.

»Gott ist mein Zeuge, daß ich von all den Untaten, die Ihr mir vorwerft, nicht eine begangen habe. Ich bin unschuldig und bete inständig, daß mein Sohn Johannes mich vor den Qualen und der Schmach des Scheiterhaufens wird erretten können.«

»Schon um dieses Sohnes willen bis du der unerlaubten Zauberei höchst verdächtig«, Aulbers Stimme kippte fast vor Zorn über die renitente Alte, die er da vor sich hatte. Neben ihm saß Luther Einhorn, der ihm ständig kleine Spitzen einflüsterte, um seine Rage noch zu steigern.

»Seine Gelehrsamkeit neigt sich sehr zur Zauberei hin! Ein Sohn, der sich der Zucht der heiligen Kirche nie fügen wollte, der durch unchristliche Bücher und astrologische Prophezeiungen sich gegen Gott versündigt, wird dir nicht die Gnade des Höchsten verschaffen können!«

Seine Worte jagten Katharina einen Schrecken ein. Eben noch mit fester Miene, stand sie jetzt zitternd mit verängstigtem Blick und zum Gebet gefalteten Händen vor dem Vogt.

»Ah! Die Hände fromm geschlossen, wie ich sehe, nun, dann laßt uns wissen, wenn Ihr so gläubig seid, warum habt Ihr nicht eine Träne vergossen, als man Euch die theologischen Artikel vorgelesen hat?« Aulber ließ die Gelenke seiner Finger knacken.

»Ach, Herr Vogt, das ist leicht erklärt. Ich habe in meinem Leben so viel geweint, da sind keine Tränen mehr übrig.« Katharina sah ihm gerade ins Gesicht.

»Man wird gleich noch ganz anders mit Euch reden, Kätterle«, Aulber hatte seine Stimme wieder unter Kontrolle und gab ihr einen liebenswürdig schmeichlerischen Klang. »Besinnet Euch, ob Ihr in Güte gestehen oder ob man zu den Mitteln greift, die dem Gerichte zu Gebote stehen, den verstockten Mund des Verbrechers zu öffnen!«

»Meines Sohnes Wissenschaft und guter Verstand sind Gottes Gaben, und ich baue fest auf ihn. Diese Versicherung wird mein letztes Wort sein, wenn ich meine Seele Gott unter Folterqualen wiedergeben muß.« Demütig senkte Katharina Kepler die Augen.

»Nun denn!« brüllte Ulrich Aulber. »So werde sie gefoltert! Führt die Hexe in die Folterkammer!«

Ein Raunen ging durch den Saal. Johannes Kepler rang verzweifelt die Hände. Seiner Schwester wurde schwarz vor Augen, in ihren Ohren sauste es, Tränen rannen über ihr Gesicht. Das Gefühl aufsteigender Übelkeit bekämpfend, sank Margarete in sich zusammen. Ihr Bruder stützte sie. Während die beiden voller Sorge ausharrten und abwarteten, was als nächstes geschehen würde, verließen Christoph Kepler und seine Frau den Saal.

Zwei Schergen des Henkers griffen Katharina rechts und

links derb an den Armen und schleppten sie mit sich. Gefolgt von den beiden Vögten, den Beisitzern und dem Protokollführer, allesamt in schwarze Roben gekleidet, leistete sie keine Gegenwehr. Als sie vor der Tür des finsteren Verlieses stand, zögerte sie einen Augenblick, den Fuß über die Schwelle zu setzen.

»Vorwärts! Mach nicht so ein Gewese!« Der Henkersknecht schubste sie mit einem unnötig groben Puff in das Gelaß. Ein süßlich stechender Geruch von Angstschweiß, Urin, Kot und Erbrochenem waberte durch den Raum. Für Sekunden verschlug es Katharina den Atem. Sie kniff die Lider zusammen, um sich an das Halbdunkel zu gewöhnen. An den Wänden befestigte Kienfackeln und ein paar glimmende Unschlittkerzen verbreiteten dämmeriges Licht. Langsam erfaßte die Keplerin, wo sie sich befand. Es war ein gewölbter, in der Mitte durch einen stabil gemauerten Pfeiler unterstützter Kellerraum, durch den der rußig schwarze Qualm der Fackeln düstere Schleier zog.

Mit schreckgeweiteten Augen erkannte die Angeklagte all jene Martergeräte, eines nach dem anderen, mit denen Menschen dazu gezwungen wurden, alles zu gestehen, was ihnen blutrünstige Verfolger abverlangten. Winden, Leitern, Streckböcke, Stachelstühle, Gewichte, Wassertrichter, Daumenschrauben, Spanische Stiefel und Hämmer in jeder erdenklichen Größe. Alles ersonnen und geschaffen, um zum Zwecke der christlichen Wahrheitsfindung Haut und Leiber zu schinden, Knochen und Gelenke zu zertrümmern.

Ganz hinten, neben einer kleinen, mit schwerem Eisen beschlagenen Tür, machte Katharina ein Podest aus. Darauf stand der für die amtierenden Richter bestimmte Tisch. Auf beiden Seiten befanden sich in der groben Steinwand vergitterte Öffnungen, Verschläge, in denen sich Personen von höherem Stand verbargen, wenn sie der Tortur unerkannt beiwohnen wollten. »Wie Beichtstühle«, dachte Katharina und heftete den Blick auf einen hochlehnigen, bequem wirkenden Sessel, der neben dem Richtertisch stand.

Die Richter durchquerten den Raum und nahmen ihre Plätze ein. In seiner ganzen Erhabenheit und Leibesfülle ließ sich Dekan Johann Bernhardt Buck auf dem breiten Sessel nieder. Die fleischigen Hände über dem Bauch zum Gebet gefaltet, sah er mit leerem Blick durch die Anwesenden hindurch.

Als letzter betrat ein schmaler Mann mit rötlichem Haar und blassem, spitzen Gesicht die Folterkammer. Die Keplerin wußte sofort, daß sie ihn schon einmal gesehen hatte, brauchte aber einen Moment, bis sie ihn wirklich wiedererkannte. Es war Urban Kräutlein, der Bruder ihrer Erzfeindin Ursula Reinbold und Leibbarbier des Fürsten. Luther Einhorn hatte mit hämischem Vergnügen dafür gesorgt, daß der Freund in seiner Eigenschaft als Wundarzt der daraus erwachsenden amtlichen Verpflichtung folgte und Zeuge des Spektakels war.

Aulber erhob sich von seinem hölzernen Stuhl und fixierte die Keplerin:

»Inkulpatin, der Folterung verfallen, ich ermahne dich noch ein letztes Mal, gib Gott die Ehre und befreie dich selbst durch ein freies Bekenntnis der Wahrheit von den dir drohenden großen Schmerzen und dem Tode!«

»Ich habe nichts zu bekennen. Ich habe die Wahrheit gesprochen«, antwortete Katharina mit erstaunlich fester Stimme.

»Ist das dein letztes Wort hier?«

»Mein letztes hier und überall, Gott möge mir beistehen.« Die alte Frau hielt ihr weißes Haupt stolz erhoben. Dekan Buck begann, leise Gebete zu murmeln, Aulber winkte den Henker heran. Der rückte seine feuerrote Kapuze zurecht und zerrte die Angeklagte noch näher vor den Richtertisch. Urban Kräutlein trat hinzu und verfolgte mit gierigen Augen die Hände des Scharfrichters. Routiniert fuhr dieser seinem Opfer erst in alle Taschen, dann in das grob gewebte Mieder und unter den schlichten grauen Wollrock.

»Nichts«, meldete er dem Vogt nach ein paar Minuten.

»Gar nichts? Kein Talisman, kein Glücksbringer vom Teufel, kein Schutz gegen die peinliche Befragung? Schaut noch einmal gründlich!« befahl Aulber und weidete sich am verzweifelten Gesicht der beschämten Frau. Als auch die zweite Durchsuchung nichts ergab, war dieser Teil der schmählichen Prozedur überstanden.

Der Henker löste die Fußfesseln von Katharinas wundgescheuerten Knöcheln, packte sie am Handgelenk und führte sie vor eine mit Nägeln gespickte, kastenartige Bretterwand. Er griff nach einer Peitsche, deren lederne Riemen an der Spitze mit Bleikugeln versehen waren und ließ diese spielerisch durch seine Finger gleiten.

»Das ist die Bambergische Tortur«, erklärte er mit eintönig leiernder Stimme. Katharina lief ein kalter Schauer über den Rücken. »Mit der Peitsche wird der Rücken der Malefikantin gestreichelt«, unter seiner Haube grinste der Henker über die gelungene Wortwahl, »und wenn sie ausweicht, gerät sie unweigerlich in die Spitzen der Nägel.«

»Oder wir legen sie über den Prügelbock«, ließ sich Einhorn vom Verhörtisch vernehmen. Die Keplerin würdigte ihn keines Blickes. Verärgert wurde er lauter. »Oder wie wäre es mit den Daumenschrauben, hä! Kätterle, erinnerst du dich noch, wie es deiner Freundin Appolonia Wellinger damit ergangen ist? Der Daumen ist ihr hängengeblieben, weil sie nicht zugeben wollte, daß sie eine Hexe ist, wie du eine bist. Ich habe sie schreien hören! Und wie sie geplärrt hat, die alte Vettel!« Voll böser Lust registrierte Einhorn, daß er sein Opfer mit diesen Worten in Angst und Schrecken versetzte.

»Die Appolonia hat nichts zugeben können, weil es nichts zuzugeben gab. So wie auch ich nichts zu gestehen habe«, murmelte die Keplerin leise.

Der Scharfrichter zog sie jetzt zum Stachelstuhl, dessen eiserne Spitzen von hinten durch glühende Kohlen erhitzt werden konnten.

»Und hier, das ist auch etwas ganz Feines, unser Spanischer

Esel. Siehst du die scharfe Kante auf seinem Rücken? Was meinst du, wie gut es sich darauf reitet.« Katharina kniff unwillkürlich die Beine zusammen.

»Wer da drauf sitzt, muß damit rechnen, vom Hintern her in zwei Hälften geteilt zu werden. Und damit man das Schreien nicht hört, gibt's vorher das hier über den Kopf.« Der Kapuzenmann nahm die Foltermaske von einem Wandhaken. »Hier, der Fetzen wird dir ins Maul gestopft, und dann hält die Eisenmaske ihn fest. Du kannst aber auch die Mundbirne haben, wenn du das bevorzugst.« Er zeigte auf ein birnenförmiges Eisenteil, an dessen dünnerem Ende sich eine rostige Schraube befand.

»Schau nur gut hin, du widerborstiges Weib!« schrie Aulber sie an. »Wenn du das in deinem Mund hast und es mit der Schraube gespreizt wird, kannst du all deine Lügen und Zaubersprüche nicht mehr verbreiten. Willst du nicht doch lieber vorher deine Untaten bekennen? Also, wie war das mit dem Trunk, den du der Reinboldin verpaßt hast? War er nicht doch giftig verhext?« Gespannt heftete Urban Kräutlein seine Augen auf die Angeklagte. Doch die schüttelte nur den Kopf:

»Es ist nicht wahr«, sagte sie verzagt.

»Nun, du willst es nicht anders! Zeig ihr die Spanischen Stiefel!« Aulber und Einhorn nickten dem Scharfrichter aufmunternd zu.

»Hier, diese Beinschrauben, wenn dir die angelegt werden, wirst du schon mit der Wahrheit herausrücken! Sie werden so lange enger geschraubt, bis das Blut fließt und die Schrauben dir das Schienbein zermalmen. So etwas habe ich übrigens auch noch für den Kopf.« Mit einem selbstgefälligen Blick zu den beiden Vögten griff er nach dem nächsten Marterwerkzeug.

»Das ist die Pommersche Mütze. Damit wird dir der Schädel zusammengepreßt, bis du meinst, er zerkracht und dein Hirn spritzt an die Wand.« Katharina wurde schlecht vor Angst. »Aber vorher würde ich den hohen Herren empfehlen, dir dies hier anlegen zu lassen.« Er hielt jetzt einen breiten Gürtel aus Metall in die Höhe.

»Das ist ein Korsett aus Eisen, von innen, sieh genau her, mit lauter kleinen, scharfen Stacheln versehen. Kannst du dir vorstellen, wie gut es tut, wenn die sich in deine alte Haut bohren?«

»Der Mann ist wirklich ein Meister seines Faches«, flüsterte Einhorn Aulber anerkennend zu. »Selten habe ich einen Nachrichter erlebt, der die Instrumente so präzise beschreibt, man meint ja beinahe, die Schmerzen selbst zu spüren.« Mit dem Ausdruck tiefster Bewunderung folgte er den weiteren sadistischen Ausführungen des Henkers.

»Wenn alles nichts nutzt, hier wirst du ganz sicher sagen, was der Herr Vogt von dir hören will.« Katharina stand jetzt voller Angst vor der Streckleiter an der Mauer. »Die Arme werden dir aus den Gelenken gerissen. Wer das Knacken einmal gehört hat, vergißt es so schnell nicht! Und dann haben wir natürlich noch das Streckbett. Hier pflege ich nachzuhelfen mit brennenden Kienspänen, die ich unter Fuß- und Fingernägel und unter die Achselhöhlen stecke. Wobei ich ehrlich sagen muß, daß auch ich den Geruch von verbranntem Fleisch nicht besonders mag.« Luther Einhorn hätte am liebsten applaudiert, als er das kalkweiße Gesicht der Keplerin sah.

»Antworte jetzt endlich, vermaledeite Hexe, gestehe deine Sünden und bewahre deinen Leib vor der Tortur und deine Seele vor der Lüge! Sonst ...« Aulber machte eine drohende Handbewegung. In Katharinas Kopf drehte sich alles. Sie konnte keinen klaren Gedanken fassen.

Doch auf einmal war ihr, als stünde sie neben sich. »Ich löse mich auf«, dachte sie wie in Trance und hatte das Gefühl, nicht mehr in ihrem Leib zu stecken. Sie war nicht mehr sie selbst, war eine Fremde, die das grausame Geschehen nur von außen betrachtete. Ein Ruck ging durch ihren mageren Leib, als sie sich, wie von Geisterhand geführt, festen Schrittes vor den Richtertisch begab. Bei Dekan Buck machte sie halt und sah ihn mit ihren kohlschwarzen Augen so lange vernichtend und durchdringend an, daß dem Mann Gottes angst und bange wurde. Dann stellte sie sich vor jeden der drei Beisitzer, den Protokollführer und schließlich genau vor die beiden Vögte. In ihrem Schweigen strahlte die alte Frau eine beinahe magische Kraft und Autorität aus. »Sie wird mich verhexen«, dachte Aulber verdattert und unfähig, sich zu bewegen. »Jetzt rächt sie sich an mir«, fürchtete Einhorn. Beide saßen wie angenagelt auf ihren Stühlen und gewannen die erlösende Kontrolle über ihre Gliedmaßen erst wieder, als Katharina Kepler mit eindringlich klarer Stimme zu sprechen anhob:

»Man mache mit mir, was man wolle, und wenn man mir auch eine Ader nach der anderen aus dem Leibe herausziehen sollte, so wüßte ich doch nichts zu bekennen, lieber will ich sterben. Wäre ich eine Unholdin, so würde ich solches längst bekannt und nicht so lange geschwiegen haben. Gott, dem ich alles empfehle, wird die Wahrheit an den Tag geben und nach meinem Tod offenbaren, daß mir Unrecht und Gewalt geschehen sind. Denn ich weiß, er wird seinen heiligen Geist nicht von mir nehmen, sondern mein Beistand sein und bleiben. Ich habe weder der Glaserin, dem Schulmeister noch sonst jemandem Schaden zugefügt, und wenn ich gleich aus Marter und Pein etwas bekennen sollte, so wäre es nicht die Wahrheit, sondern eine Lüge auf mich selbst. Wer von Euch, die Ihr hier zu unseligem, traurigem Tun zusammen seid, will mir raten, auf mich selbst zu lügen, oder die große Sünde auf sich nehmen, mich zur Unwahrheit zu zwingen? Versündigt Euch nicht an mir, wie Ihr es schon zu Leonberg getan habt. Ich bin dessen gewiß, Gott wird die Zeugen noch strafen, die mich in dieses Elend gebracht haben.«

Katharina fiel auf die Knie und betete ein Vaterunser. Ihr Atem flog, das Herz raste: »Heiliger Gott! Tu ein Zeichen an mir, wenn ich eine Unholdin bin und mit Hexenwerk zu schaffen gehabt habe!« waren ihre letzten Worte. Erschöpft von den ausgestandenen Ängsten, fiel die Keplerin in eine tiefe Ohnmacht.

Aulber und Einhorn sahen sich verärgert an und standen auf. Sie hatten verloren und wußten es. All ihre Ränke, perfiden Intrigen, das hohe Gebäude ihrer Lügen und die gekauften Zeugen, nichts hatten sie auszurichten vermocht gegen die überzeugte Wahrhaftigkeit einer alten Frau und den engagierten Einsatz ihres Sohnes.

»Schafft sie zurück ins Gefängnis!« Aulbers Stimme überschlug sich vor Wut. Ohne ein weiteres Wort verließen die Vögte das Gewölbe und gingen in Aulbers Amtsstube.

Da lag er, der Bescheid der Tübinger Kommission, den sie bis jetzt sowohl der Angeklagten als auch ihrer Verteidigung vorenthalten hatten.

Dem Kollegium der Universität gehörte auch Christoph Besold an. Als die Unterlagen zum Fall Katharina Kepler auf seinem Schreibtisch landeten, nutzte er die Gelegenheit, endlich etwas für seinen Freund und dessen Mutter tun zu können. Mit beredten Worten präsentierte er den Kollegen seine Kenntnisse und Sicht der Angelegenheit und hatte maßgeblichen Einfluß darauf, daß diese entgegen allen Befürchtungen einen glimpflichen Ausgang nahm. Hochzufrieden mit dem Ergebnis, unterzeichnete auch er, was die Kommission beschlossen und formuliert hatte:

»Nachdem uns vor wenigen Tagen weitläufige Gerichtsakten in peinlicher Rechtfertigung zwischen des Durchlauchtigten Hochgeborenen Fürsten und Herrn, Herrn Johann Friedrich, Herzog zu Württemberg und Teck Anwalts und Klägers einesteils, sodann Katharine Keplerin von Leonberg, Beklagten andernteils um unser rechtmäßig Bedenken, welchermaßen hierunter im Punkte der Tortur zu urteilen sein möge, überschafft worden, haben wir solche Akten zu Beförderung heilsamer Justitien nicht allein willfährig angenommen, sondern inmittelst auch collegialiter abgelesen und gebührendermaßen erwogen.

Nun hat zwar fürstlicher Anwalt wider die Verhaftete und

Beklagte allerhand beschwerliche Indizien ausgesprochen und hergeleitet, darum er vermeint, es soll die begehrte Tortur erkannt und vollstreckt werden. Es sind aber selbige teils nicht genugsam zu Recht, teils mit einzigen Zeugen oder sonsten nicht nach Gebühr erwiesen, und ist die Beklagte über siebenzig Jahr. Derowegen und weil die Rechte vermögen, daß zur wirklichen peinlichen Frage die Hinlänglichkeit der Indizien vonnöten und jedes zum wenigsten mit zweien tauglichen Zeugen zu probieren, auch dergleichen und in so hohem Alter stehende Personen in der Tat nicht torquiert werden sollen, so wird eine wirkliche Tortur in diesem Falle keineswegs statthaben …

Wir sind dem allen nach und nach Abwägung alles Abzuwägenden der Meinung, das von Rechts wegen unten geschriebene Urteil in dieser Sache zu erteilen. Es soll aber nur dergestalt vollstreckt werden, als die Verhaftete, damit die Wahrheit aus ihr herausgeschreckt werden möchte, an den gewöhnlichen und zur Tortur bestimmten Ort geführt werde, ihr auch allda der Nachrichter vor Augen gestellt, dessen Instrumente vorgezeigt und damit ernstlich gedroht, jedoch sie von demselben nicht angegriffen, viel weniger angefesselt oder aufgezogen, noch sonsten gemartert werden soll.

In peinlicher Rechtfertigung ist auf alles gerichtlich Für- und Einbringen nach getanem Rechtssatz, genommenem Bedacht und gehabtem Rat im Punkte der Tortur mit Urteil zu Recht erkannt, daß Beklagte zur Erlernung gründlicher Wahrheit peinlich befragt werden soll.

Wollten wir Euch dann, wie auch in anderem Weg angenehme Freundschaft zu erzeigen bereitwillig, neben Wiedersendung aller empfangenen Akten zur Nachrichtung nicht verhalten, göttlicher Allmacht uns damit allseits treulich empfehlend.

Gegeben in unserem Collegio, den 10. Sept. anno 1621.«

Einhorn schlug mit dem Handrücken auf das Urteil.

»Tja, da ist wohl nichts mehr zu machen. Wirklich foltern dürfen wir sie nicht, obgleich ich es gar zu gern getan hätte.« Er zuckte mit Bedauern die Schultern. Sein Kollege pflichtete ihm bei.

»Sie hat der Territio standgehalten. Sich nicht schrecken lassen. Sie wird frei sein«, murrte er und fügte hinzu.

»Die ganze Arbeit für die Katz. Und nur, weil sie zu alt ist, die Hexe!«

DER WAHRHEIT DIE EHRE

»Wieder einer ihrer Ränke«, flüsterte der Stadtschreiber den Beisitzern zu, schloß die Akte und sah angeekelt auf Katharina herab, die noch immer ohnmächtig auf dem kalten Steinboden der Folterkammer lag. Dekan Buck machte einen großen Schritt zur Seite, als fürchte er, die alte Frau könnte plötzlich zu Sinnen kommen und ihn anfallen. Dann ging er gesenkten Hauptes an ihr vorbei. Mit ihm verließen die anderen Männer den Ort des Schreckens. Jetzt waren nur noch die beiden Wachmänner zugegen. Die Hellebardiere nickten sich zu.

»Ich versuche ihre Lebensgeister zu wecken«, sagte der eine und beugte sich mitfühlend über die Keplerin. Sanft rüttelte er an ihrer Schulter und gab ihr kleine Klapse auf die Wange. »Frau, kommt zu Euch. Ihr habt es überstanden! Wacht auf!«

»Man meint ja bald, du magst sie leiden«, feixte sein Kollege.

»Sie erinnert mich an meine Großmutter, die ist auch so klein und zerbrechlich.« Der Wachmann gab seine Bemühungen nicht auf. Aus weiter Ferne vernahm Katharina seine Stimme. »Nun kommt schon! Augen auf! So schwer kann das doch nicht sein. Ihr habt vorerst nichts mehr zu befürchten.«

Rosa gallica

Mühsam hob die Keplerin ihre Lider.

»Wo bin ich? Was ist? Mein Schädel brummt, als wäre ein Bienenschwarm darin.« Sie befühlte eine dicke Beule am Hinterkopf.

»Die habt Ihr Euch eingehandelt, als Ihr zu Boden gegangen seid.« Der junge Hellebardier stützte Katharinas Oberkörper.

Langsam kehrte das Blut in ihre Wangen zurück, der Schleier vor ihren Augen wich, das Sausen in ihren Ohren wurde schwächer. Der Mann half ihr auf, stellte sie auf die Beine und fing sie auf, als Katharinas Knie einknickten. Dankbar sah sie ihn an. »Nur noch einen kleinen Augenblick, dann wird's schon gehen. Was geschieht jetzt mit mir?«

»Wir bringen Euch zurück in die Torstube.«

»Ich habe schrecklichen Durst, die Zunge klebt mir am Gaumen.« Der Hellebardier nickte verständnisvoll.

»In der Torstube gibt's frisches Wasser.«

Draußen wartete der Pöbel. Mit Pflasterquadern und großen Kieseln bewaffnet, hatte sich blutrünstiger Mob versammelt, die Hexe zu steinigen. Die Hellebardiere nahmen Katharina Kepler in ihre Mitte.

»Verschwindet! Hier gibt es nichts zu sehen! Wer es wagt, auch nur einen Stein zu werfen, der wird sofort in ein finsteres Verlies gesperrt.« Die Wachmänner bahnten sich den Weg durch die wütende Horde und brachten die Keplerin unversehrt in die Torstube.

Widerstandslos ließ sie sich erneut in Ketten legen und bedankte sich höflich, als man ihr einen Becher mit Wasser reichte.

»Ich hätte es nicht gedacht, aber ich bin beinahe froh, daß ich wieder hier bin.« Sie strich sich eine schweißverklebte Haarsträhne aus dem Gesicht und lächelte den Stadtknecht zahnlos an. Verärgert darüber, daß er die Hexe noch immer nicht los war, wandte dieser sich wortlos von ihr ab.

Der Abend war bereits angebrochen, als man Johannes zu seiner Mutter vorließ. Liebevoll schloß er sie in die Arme. Katharina spürte wie die Anspannung von ihr abfiel und begann bitterlich zu weinen. Johannes hielt sie fest.

»Jetzt ist's aber gut Mutter«, sagte er nach ein paar Minuten, »mein Kragen ist schon ganz naß.« Die Keplerin zog die Nase hoch.

»Sind wohl doch noch ein paar Tränen in mir«, wagte sie

einen vorsichtigen Scherz. Ihr Sohn löste sich aus der Umarmung.

»Du warst sehr tapfer. Ich bin stolz auf dich. Es wird noch ein wenig dauern, dann kommt das endgültige Urteil, aber ich hoffe, nach dem heutigen Tag wird man dir kein Leid mehr zufügen.«

Fünf Tage vergingen, bis am 3. Oktober der herzogliche Bescheid in Güglingen eintraf. Johann Friedrich von Württemberg hatte sich das Protokoll der Territio genauestens durchgelesen und ein gnädiges Urteil gefällt: Katharina Kepler, so verfügte er, sei freizulassen, das Urteil, so lautete die eindeutige Anweisung, sei am folgenden Tag zu verkünden.

»Schmoren soll sie! Braten soll sie! Bis ihre alten Knochen zu Staub und Asche zerfallen«, wütete Einhorn, als er von der Verfügung erfuhr. Noch einmal versuchte er, seine Macht auszuspielen, und handelte dem Befehl seines Vorgesetzten zuwider, indem er Katharina inhaftiert ließ und den festgelegten Gerichtstermin nicht einhielt. Doch diesmal ließ die Obrigkeit ihm das eigenmächtige Gebaren nicht durchgehen. Ohne Umschweife teilte man ihm mit, daß er ab dem 7. Oktober die Kosten für Logis und Atzung der Katharina Kepler aus eigener Tasche würde bezahlen müssen, wenn er sie nicht augenblicklich auf freien Fuß setze. Diese Feststellung zeigte sofortige Wirkung.

Katharina Kepler verließ die Güglinger Torstube nach vierzehn Monaten Haft, erschöpft und gesundheitlich angegriffen, aber als freie Frau.

»Bring mich nach Hause«, bat sie ihre Tochter, die gekommen war, sie abzuholen. Margarete schüttelte den Kopf.

»Nein, Mutter, sieh dich doch nur an, du bist viel zu mitgenommen, du kannst so nicht alleine in Leonberg leben. Ich nehme dich erst einmal mit zu mir, da kommst du wieder zu Kräften, und dann sehen wir weiter.«

»Aber nicht wieder in die Dachkammer!«

»Nein, nicht wieder in die Dachkammer. Du bist jetzt von jedem Verdacht freigesprochen, da hat auch der Georg nichts dagegen, daß du bei uns lebst.« Margarete wurde rot vor Scham bei dem Gedanken an die schmachvolle Behandlung, die ihre Mutter hatte über sich ergehen lassen müssen.

Aus der Herzoglich-Württembergischen Kanzlei erging nun die Aufteilung der Gerichtskosten für das Verfahren, das so viel Zeit beansprucht hatte. Die Summe war auf den erheblichen Betrag von einhundertundzwanzig Gulden festgesetzt worden.

»Das schlägt ja wohl dem Faß den Boden aus«, Einhorn verstand die Welt nicht mehr, als er den amtlich versiegelten Bescheid erhielt. Schwarz auf weiß stand dort geschrieben, was ihn zu einem seiner berühmt-berüchtigten Tobsuchtsanfälle brachte:

»Einzufordern in folgender Weise:

Von Jakob Reinbold, als dem Verursacher der Gefangennahme, zehn Gulden.

Von Christoph Kepler, weil er angetragen, daß die Verhaftete von Leonberg nach Güglingen möchte überführt werden, dreißig Gulden.

Von dem Amt in Leonberg vierzig Gulden.

Von Luther Einhorn ebenfalls vierzig Gulden.«

Katharina Kepler wurde von allen Kosten freigestellt, denn ihr Sohn Johannes hatte die durch eine Inventuraufnahme bestätigte Angabe gemacht, daß »meine Mutter nach Beendigung des Prozesses nicht einen Heller Werts Vermögen besitzt, auf das ich nicht alle Ansprüche habe.«

Draußen regnete es Bindfäden, aber Luther Einhorn nahm sich nicht einmal die Zeit, seine Schaube zu schließen, als er aus dem Amtszimmer stürmte. Die Nässe rann aus den Falten des Überwurfes, als er in der Werkstatt des Glasermeisters stand.

»Reinbold! Du wirst es nicht glauben, aber sie bitten auch dich zur Kasse«, japste der Vogt. »Nichts werde ich zahlen! Keinen Groschen sollen sie von mir kriegen! Noch ist meine Schadensersatzklage nicht erledigt. Zehn Gulden! Daß ich nicht lache! Die werde ich verrechnen mit den tausend, die mir die Alte schuldet!« höhnte Reinbold in triumphaler Gewißheit.

»Was höre ich da, Geld wollen sie auch noch von uns! Nicht nur, daß das Teufelsweib mein Leben ruiniert hat, jetzt sollen wir auch noch dafür berappen!« keifte aus dem Hintergrund seine Frau. »Sie sollen nur kommen und versuchen, bei uns etwas zu holen! Sie werden schon sehen, was sie hier kriegen!«

Am 15. Oktober 1621 eröffnete der Herzog von Württemberg die Stunde seiner Amtsgeschäfte. »Ja, nimmt das denn nie ein Ende.« Er warf einen verdrießlichen Blick auf eine Eingabe aus Leonberg. Luther Einhorn hatte sie verfaßt. Der Herzog möge, so bat er untertänigst, der Katharina Kepler die Rückkehr nach Leonberg verbieten. Die Bürger der Stadt seien noch immer so aufgebracht gegen sie, daß man mit dem Schlimmsten, sogar mit Totschlag, rechnen müßte, wenn sie ihr Häuschen wieder betrete.

Zum Schutz der alten Frau und um endlich seine Ruhe zu haben, entsprach der Herzog dem Antrag. Einhorn und seine Anhänger verbuchten die Entscheidung des Regenten als Sieg. »Und mein Geld kriegen sie nicht«, Jakob Reinbold fühlte sich völlig im Recht und bereitete sich auf die Verfolgung seiner noch laufenden Anklage gegen die Keplerin vor.

Johannes Kepler hatte sich einen Tag nach dem Freispruch seiner Mutter eine Bescheinigung über die Notwendigkeit seiner langen Abwesenheit ausstellen lassen und war anschließend so schnell wie möglich nach Linz aufgebrochen. Berge liegengebliebener Arbeit galt es zu bewältigen, doch zu allererst, das hatte sich der Astronom fest vorgenommen, mußte sein »Mondtraum« so überarbeitet werden, daß die Geschichte in Zukunft weder ihm noch seiner Familie gefährlich werden konnte.

Bei dem Gedanken an Susanne und die Kinder durchströmte ihn ein warmes Gefühl. Stolz konnten sie auf ihn sein, der Prozeß war gut ausgegangen und anderes in die Wege geleitet. Kurz vor seiner Abreise hatte er gemeinsam mit seinen Geschwistern noch eine Petition eingereicht, das Schadensersatzverfahren der Reinbolds nach Tübingen oder Cannstadt zu verlegen. »Hier in der Gegend kann ihr keine Gerechtigkeit widerfahren, zu viel ist vorgefallen«, waren die Kinder der Keplerin sich einig.

Die Eintreibung der Gerichtskosten erwies sich als mühsame Angelegenheit. Jakob Reinbold weigerte sich so starrsinnig, dem Befehl nachzukommen, daß er schließlich in den Leonberger Stadtturm gesperrt wurde. Hier schmachtete er angekettet im gleichen Verlies, in dem Katharina Kepler den Beginn ihrer monatelangen Haft verbracht hatte. Erst als der letzte Groschen seiner Schuld beglichen war, durfte er das Gefängnis verlassen.

Auch Luther Einhorn mochte seine Verpflichtungen nicht erfüllen und sann auf Möglichkeiten, sich ihrer zu entledigen.

Von alldem bekam Katharina Kepler nichts mit. Schwer gezeichnet von den überstandenen Strapazen, erholte sie sich trotz der liebevollen Fürsorge ihrer Tochter nur sehr langsam. Stets um die Großmutter bemüht, waren auch Heinrichs Töchter Anna und Anna Maria gleich zur Stelle, wenn diese etwas wünschte, doch Katharina Kepler hatte kaum noch Wünsche.

»Ach, Kinderlein, ihr seid so gut zu mir, aber ich bin nur müde, so furchtbar müde.«

So komfortabel es eben ging, hatte Margarete ihr in der Pfarrei eine Kammer eingerichtet. »Sieh nur, Mutter, jetzt hast du einen eigenen Bettkasten, sogar ein Tischchen daneben und eine ganz weiche Decke. Und deine Kleider habe ich auch aus Leonberg geholt, und wenn du erst ein wenig zugenommen hast, werden sie dir auch nicht mehr so um den Leib schlottern.« In der Küche stand der große Holzzuber mit heißem Wasser gefüllt.

»Die Mädchen haben im Sommer schon Rosenblätter gesammelt und Öl daraus gepreßt. Riechst du den Duft?« Katharina nickte müde.

»Rosenöl«, wiederholte sie, »aber das ist etwas für feine Leute und nicht für alte Weiber wie mich.« Margarete half ihr in den Bottich.

»Sag mir, was du essen möchtest, ich will alles herbeischaffen, was in meiner Macht steht, nur daß du etwas zu dir nimmst«, sagte sie mit entsetztem Blick auf ihre ausgemergelte Mutter. »Ach, mein gutes Mädchen, ich habe nicht viel Hunger, wenn es nur etwas Weiches ist, daß ich nicht kauen muß – denn zum Kauen fehlt mir, wie du weißt, das Werkzeug.« Ein verschmitztes Lächeln entblößte ihren zahnlosen Kiefer.

»Anna, nimm das«, Margarete tat einen beherzten Griff in die irdene Schale mit dem Haushaltsgeld, »und geh zum Pastetenbäcker, er soll dir dafür von der feinsten Pastete geben, die er hat, sag, daß es für mich ist.« Kokett blitzte es aus den Augen der Pfarrersfrau, die zu gern selbst gegangen wäre, um mit dem Meister ein wenig zu schäkern. »Wenn sie von ihm spricht, sieht sie immer ganz jung aus«, dacht die Nichte und beeilte sich, dem Wunsch nachzukommen.

»Und daß du mir nicht heimlich naschst!« rief Margarete ihrer Nichte nach, konnte aber nicht verhindern, daß das junge Mädchen auf dem Rückweg ein kleines Stück der Köstlichkeit mit dem Zeigefinger in ihren Mund beförderte.

»Ein warmes Bad, Rosenöl, Pastete, Feuer im Ofen und ein eigenes Bett. Mir scheint, nach Monaten in der Hölle, bin ich jetzt im Paradies«, murmelte Katharina und ließ sich von ihrer Tochter zudecken, bevor sie seit langer Zeit zum ersten Mal in einen erquickenden Schlaf fiel.

»Ich bitte dich, Georg, sei lieb zu ihr. Wir haben einiges an ihr gutzumachen. Sie ist alt und gebrechlich, ich glaube nicht, daß sie sich noch einmal wirklich erholt.« Margarete sah ihren Mann über den Tisch hinweg an. Der kaute seinen Fladen und nickte.

»Mach dir keine Gedanken, hier weiß niemand, was war. Es soll ihr gutgehen bei uns.« Beschämt drückte er die Hand seiner Frau.

Weihnachten stand vor der Tür. Dank der Fürsorge ihrer Tochter war Katharina Kepler ein wenig zu Kräften gekommen. Sie saß am Fenster und löffelte Eintopf aus einer hölzernen Schale.

»Wenn nur erst der Winter vorbei wäre, ich habe solche Sehnsucht nach meinem Haus und dem Gärtchen.« Sie seufzte. »Hast du denn auch immer geschaut, daß nicht alles verkommt?« Margarete nickte. »Wen soll ich denn jetzt bitten, mir die Bäume zu schneiden und bei der Obsternte zu helfen? Benedikt kommt wohl nicht mehr in Frage«, grübelte die alte Frau. »Ach, Mutter, mach dir darum keine Gedanken. Wenn es soweit ist, wird Christoph schon dafür sorgen, daß die Früchte nicht verfaulen.«

»Der Christoph, der Christoph, der glaubt doch bis heute nicht so recht an meine Unschuld.« Sie machte eine wegwerfende Handbewegung.

Der Januar war bitterkalt. Katharina mochte das Haus nicht verlassen und verbrachte die Tage am Ofen in der Stube. Sie kraulte die Katze, die neben ihr lag und ihr Gesellschaft leistete. »Sie sieht beinahe aus, wie eine, die ich als Kind hatte. Minka hieß sie, aber die hatte nur ein Auge.« Ihre Gedanken schweiften in die Vergangenheit.

»Stunde um Stunde sitzt sie da, spricht kein Wort und schaut mit leerem Blick vor sich hin«, sagte Margarete zu ihrem Mann. »Ich glaube, ich sollte den Arzt holen.« Sie sah ihn fragend an.

»Sie braucht keinen Arzt«, der Pfarrer hatte Erfahrung mit alten Menschen. »Ich kenne das, sie zieht sich immer weiter in sich zurück und bereitet sich, ohne es zu wissen, auf den letzten Gang vor.« Margaretes Augen füllten sich mit Tränen. »Sei ganz ruhig, ich werde bei ihr sein«, tröstete Binder.

Die ersten Strahlen der Märzsonne wärmten den Boden,

hier und da zwitscherten die Vögel. »Komm, Mutter, ich helfe dir auf, zieh dir eine Jacke an, ich bringe dich auf die Bank vor dem Haus. Es ist schön warm jetzt um die Mittagszeit, laß dir ein wenig Frühlingsluft um die Nase wehen.« Widerwillig schlüpfte die Keplerin in das grobe Strickzeug und ließ sich auf der Bank in eine Decke wickeln. Sie blinzelte in die Sonne.

»Es ist so grell das Licht, es tut mir weh.« Sie kniff die Augen zusammen, lehnte sich zurück, und wieder dachte sie an die Kindertage, in denen sie dem Vater in der Schenke geholfen hatte. Das Bild Renate Streichers kam ihr in den Kopf. Im Geiste hörte sie ihre Schreie, angstvoll, schrill, ganz so wie damals, als die Flammen des Scheiterhaufens an ihr hochzüngelten. Katharina schüttelte sich. Ihr Mann fiel ihr ein.

»Ach, Heinrich«, sie stöhnte leise. Wieviel Kummer hatte ihr dieser Mann bereitet. Und ihr Sohn, das Heinerle. »Du hast es hinter dir. Was für ein Leben, was für ein Leid, aber du warst auch ein rechter Teufel«, murmelte sie.

»Großmutter, hast du etwas gesagt?« Ihre Enkelin war zu ihr getreten, setzte sich neben sie und streichelte die knochige Hand mit den unzähligen kleinen, braunen Pünktchen.

»Nein, mein Gretchen, es ist alles recht so, wie es ist«, antwortete die alte Frau müde.

»Aber ich bin es doch, Anna Maria, nicht Margarete«, korrigierte das Mädchen, doch Katharina war in ihrer eigenen Welt und nahm es nicht wahr.

»Sie wird immer wirrer im Kopf, vergißt beinahe alles, manchmal erkennt sie mich nicht einmal mehr. Nur was ganz früher war, das weiß sie noch recht genau.« Margarete ließ betrübt ihre Näharbeit sinken.

»Es wird nicht mehr lange gehen. Sie ist schon jetzt sehr weit fort von uns.« Binder nahm seine Bibel zur Hand und begann im Schein der Kerze daraus vorzulesen.

Während der vergangenen Monate hatte Luther Einhorn die Ehepaare Reinbold und Haller weiterhin bestärkt, darauf zu dringen, man möge ihrer Klage wegen Schadensersatzes endlich entsprechen. Doch die Herzoglich-Württembergische Kanzlei war noch immer damit befaßt, die letzte Eingabe der Keplerkinder zu überprüfen. Am 12. April 1621 befahlen die zuständigen Amtsmänner dem Leonberger Vogt, alle betreffenden Akten vollständig zusammenzutragen und für den Remissionsrichter bereitzuhalten.

»Und wenn es das letzte ist, was ich tue, dich kriege ich noch dran«, schimpfte Einhorn in seiner Stube. »Den Prozeß verlegen, das wollen wir ja noch sehen. Hier gehörst du her, hier vor meinen Tisch, und dann wird sich zeigen, wer wem Schaden zugefügt hat und wer was berappen muß!«

Katharina hatte seit Anfang April ihr Bett nicht mehr verlassen. In der Kammer standen jetzt auch noch ein Besucherstuhl und ein Nachtgeschirr; sogar einen eigenen Kamm hatte Margarete ihrer Mutter auf das Tischchen neben dem Bett gelegt. Abwechselnd mit Anna und Anna Maria hielt Margarete Wache bei ihrer Mutter, jederzeit auf dem Sprung, ihr auf Wunsch behilflich zu sein.

Es war der 13. April 1621. Die Keplerin döste die meiste Zeit mit geschlossenen Augen vor sich hin. Feste Nahrung nahm sie schon seit Wochen nicht zu sich. Mühsam schluckte sie ein paar Löffelchen der angebotenen Brühe und drehte dann den Kopf zur Seite zum Zeichen, daß sie mehr nicht mochte. Anna Maria redete ihr begütigend zu:

»Aber Großmutter, du kannst doch nicht von drei Löffeln Suppe am Tag leben, geh her, ich gebe dir noch ein wenig.« Die Alte sah sie aus trüben Augen an.

»Ich brauche nichts mehr zum Leben, ich werde sterben, heute noch oder vielleicht morgen, ich weiß es genau.« Die Enkelin wollte widersprechen, doch Katharina gebot ihr mit der Hand zu schweigen.

»Es hat unserem Heiland gefallen, mir mein bißchen Verstand bis zum Ende zu lassen, so will ich von euch allen Abschied nehmen, solange ich noch die Kraft dazu habe. Sei ein gutes Kind und hol mir die Margarete.« Dicke Tränen kullerten über die Wangen des Mädchens, als sie die Kammer verließ. Margarete setzte sich neben das Bett. Katharina dämmerte zwischen Schlafen und Wachen. Sie spürte, wie ihr alles gleichgültig wurde. Wie sehr hatte sie sich im Gefängnis vor dem Tod gefürchtet – und jetzt, keine Schmerzen, keine Angst.

»Ich habe so kalte Füße, Vater, bitte, darf ich einen heißen Stein unter die Beine haben?« flüsterte sie.

»Mutter, ich bin's, ich gehe schnell und hole dir einen Ziegel – und den Georg«, sagte Margarete, »ich bin dir gleich wieder zur Seite.« Katharina lächelte.

»Schnell, schick einen Boten nach Leonberg zum Christoph. Es geht zu Ende. Und dann komm auch du zur Großmutter«, rief Margarete Anna über die Schulter zu und eilte in die Kirche. »Binder, es ist soweit, komm, die Mutter tut ihre letzten Atemzüge.«

Die ganze Familie hatte sich um das Bett der Keplerin versammelt und betete. Katharina lag auf dem Rücken, den Kopf mit einem Kissen ein wenig gestützt, die Hände über der Decke gefaltet. Lautlos bewegte sie ihre Lippen und zeigte mit den Augen, daß sie sehr gut verstand, was um sie herum vorging.

Am frühen Nachmittag hob sie leicht den Kopf, tat einen tiefen Atemzug, stieß die eingesogene Luft mit einem gurgelnden Geräusch wieder aus, sank zurück und regte sich nicht mehr. Der Pfarrer beugte sich über seine Schwiegermutter, legte sein Ohr auf ihren Brustkorb, richtete sich nach einer Weile auf und schloß ihr die Augen.

»Sie hat ihre letzte Ruhe gefunden«, sagte er leise.

Margarete stand am Bett und betrachtete ihre Mutter.

»So friedlich hat sie schon lange nicht mehr ausgesehen. Möge der Herr sich ihrer annehmen.«

Georg Binder ging in die Kirche und läutete die Sterbeglocke. Während die beiden Enkeltöchter am Bett der Verstorbenen weiter beteten, brachte Margarete ein Öllämpchen ins

Zimmer. Dann schickte sie sich an, Vorbereitungen zu treffen, die Mutter aufzubahren. Es klopfte an der Haustür.

»Binderin, ich habe deinen Bruder nicht angetroffen, er ist zu Geschäften auswärts, aber sie wird es ihm ausrichten, sagt seine Frau.« Margarete bedankte sich und gab dem Mann seinen Lohn und ein paar Groschen mehr.

»Tu mir den Gefallen und hilf mir eben, die Bretter hereinzutragen, sie sind so schwer und mein Mann ist in der Kirche.« Gemeinsam schafften sie drei grobe Holzbohlen in die Stube und legten sie nebeneinander auf abgeflachte Stücke eines Baumstammes. Margarete breitete ein Tuch über das Gestell und verließ den Raum.

»Soll ich eine Leichenfrau kommen lassen, oder willst du sie selbst waschen und ankleiden?« fragte ihr Mann, der eben aus der Kirche zurückgekehrt war.

»Ich habe sie in den letzten Wochen so oft gewaschen und angekleidet, da kann ich es auch heute besorgen.« Er nickte.

Margarete machte ihre Mutter liebevoll und so gut wie möglich zurecht, zog ihr das beste Wollkleid an und kämmte ein letztes Mal die schütteren weißen Haare. Dann trug Georg Binder den Leichnam der alten Frau in die Stube und bahrte sie auf.

Es waren nicht viele Nachbarn, die während der folgenden drei Tage kamen, von Katharina Kepler Abschied zu nehmen. Für diejenigen, die sich an der nächtlichen Totenwache beteiligten, hielt Margarete frisches Bier bereit, achtete aber sorgfältig darauf, daß sich niemand, wie es oft geschah, betrank und ausfällig wurde.

Der Tischler hatte einen einfachen Sarg gezimmert. Im Pfarrhaus waren die Trauernden versammelt. Gemeinsam mit Christoph und seiner Frau nahmen die Binders die Beileidsbekundungen der Gäste entgegen. Als die Totenzehrung verspeist war, schulterten vier Freunde der Pfarrleute den kleinen Sarg. Mit den Füßen zuerst, wie es der Brauch vorschrieb, wurde Katharina aus dem Haus getragen. Die Magd löschte das

Feuer im Herd, schloß alle Fenster und Türen und schüttete einen Zuber Wasser über die Schwelle. Nur so konnte die Familie sicher sein, daß die Verstorbene ihre letzte Ruhe finden und ihr Geist nicht zurückkehren würde.

Auf dem Friedhof scharte sich der Trauerzug um das Grab. Pfarrer Binder hielt eine Predigt für seine Schwiegermutter. Sorgfältig vermied er, auch nur eine Silbe über die schwerste Zeit in Katharina Keplers Leben zu verlieren. Während der Totengräber das Grab zuschaufelte, luden die Hinterbliebenen zum Leichenschmaus.

In Leonberg hatte sich die Nachricht vom Tod der Keplerin wie ein Lauffeuer verbreitet. Die Ehepaare Reinbold und Haller waren außer sich vor Wut.

»Und sie ist doch eine Hexe gewesen, sonst hätte sie uns das nicht antun können! Macht sich aus dem Staub, bevor wir auch nur einen Groschen von ihr zu sehen kriegen!« Das Gesicht der Schinderburga war zorngerötet. Doch all ihr Toben und Zetern half nichts. Mit dem Ableben der Beklagten erloschen die Ansprüche der Kläger. Die Akten wurden geschlossen.

Von Amts wegen wurde das Vermögen der Verstorbenen inventarisiert. Es betrug an barem Geld siebenhundertundzweiundsiebzig Gulden und sechsundvierzig Kreuzer. Nach Abzug aller Schulden und Verbindlichkeiten blieben vierundfünfzig Gulden und einundfünfzig Kreuzer. Diese Summe reichte nicht aus, um die etwa neunhundert Gulden, die Johannes Kepler für die Verteidigung seiner Mutter hatte aufwenden müssen, zu ersetzen. Um die entstandene Differenz begleichen zu können, wurden dem Astronomen Grundstücke aus dem Erbe zugewiesen. Christoph Kepler verzichtete zugunsten seiner Kinder auf sein Erbteil. Johannes nahm Anna und Anna Maria in seinem Haushalt auf und verbürgte sich für eine angemessene Abfindung der beiden verwaisten Töchter seines Bruders Heinrich.

Für Margarete blieb das Haus in Leonberg. Nach einer amtlichen Schätzung des Wertes war es die Aufgabe des zuständigen Vogtes, der Erbin bis zum Verkauf einen Schuldbrief über die errechnete Summe auszustellen.

Das war die Gelegenheit, auf die Luther Einhorn gewartet hatte. Mit diabolischem Grinsen kam er seiner Pflicht nur zu gern nach. Bevor er das amtliche Siegel setzte, zweigte er vierzig Gulden für sich ab und bezahlte auf diese Weise seine Prozeßschulden aus dem Erbe der Katharina Kepler.

GLOSSAR

Acanthus spec. – Bärenklau
Für die Ärzte der frühen Neuzeit galt als gesichert, daß der Bärenklau über vielerlei Heilkräfte verfügte. Äußerlich aufgelegt sollte er gegen ausgekugelte Gelenke helfen, doch auch Geschwüre heilten angeblich, wenn sie mit Bärenklau behandelt wurden. Harntreibende und abführende Wirkung wurde ihm nachgesagt, und Schwindsüchtige erhofften sich Linderung ihres Leidens, wenn sie die Wurzel aßen. Nicht zuletzt vertrauten Menschen, die an einem Eingeweidebruch oder unter schmerzhafter Gicht litten, auf Bärenklau. Heute wissen wir, daß die Pflanze keinerlei medizinischen Nutzen hat.

Agrimonia eupatoria L. – Odermennig
Obwohl der Odermennig allenthalben im Halbschatten von Waldrändern und Lichtungen wuchs, wurde er in den Kräutergärten angebaut und kultiviert. Aus den frisch gequetschten Blättern fabrizierten die Heilkundigen wundheilende Breiumschläge. Im Winter brühte man die behaarten Fiederblätter mit kochendem Wasser über und erhielt so einen stärkenden Tee, der nach längerem Ziehen von blutroter Farbe war.

Allium ursinum – Waldknoblauch
Der Waldknoblauch, auch Bärlauch oder Hexenzwiebel, besitzt im wesentlichen die Eigenschaften des bei uns in der Küche gebräuchlichen Knoblauchs. Seinen Namen erhielt er, weil die Bären nach dem Winterschlaf das Kraut angeblich suchten und fraßen, um Magen, Darm und Blut zu reinigen. Und tatsächlich eignet sich Bärlauch auch beim Menschen für Entschlackungskuren und zur Behandlung von Wurmkrankheiten. Die Blätter müssen allerdings ganz frisch verwendet werden, da sie in getrocknetem Zustand ihre Heilkraft verlieren.

Aloe spec. – Aloe
Die meisten Wirkstoffe der Aloe stecken im Saft der Blätter. Durch längeres Kochen gewinnt man ein Konzentrat, das abgekühlt eine dunkle, harte, glänzende, bitter schmeckende Substanz ergibt. Aloe wird seit Jahr und Tag – bis heute – bei chronischer Verstopfung und hartnäckigen Entzündungen im Magen-Darm-Trakt verabreicht.

Anthemis tinctoria – Färber-Hundskamille
Mit ihren dottergelben Blüten wurde die Färber-Hundskamille, wenn überhaupt, eher versehentlich wie ihre nahe Verwandte, die echte Kamille, auch zu medizinischen Zwecken eingesetzt. Ihre Hauptverwendung fand sie als Färbemittel für Wolle, der sie einen prächtigen Gelbton verlieh, der sonst nur mit dem wesentlich teureren Safran zu erreichen war.

Anthriscus cerefolium L. – Kerbel
Schon in der Antike war die Bedeutung des Kerbel als Küchenkraut größer als seine Anwendung als Heilpflanze. Gemüse, Salat, Gewürz, der kleine Doldenblütler fand vielfältigen Einsatz. Mit Minze und Mohn versetzt wurde die Pflanze bei Blutwallungen und Leibschmerzen angewendet.

Artemisia abrotanum – Eberraute
Wenn die Bäuerin sonntags zum Kirchgang den Stallgeruch des Alltags ein wenig mildern wollte, steckte sie sich ein Sträußchen Eberraute an. So parfümiert trat es sich besser vor den Allmächtigen und seinen irdischen Vertreter.

Der würzige, ein wenig an Zitrone erinnernde Geruch machte die Zweige des Strauches auch als Weihrauchersatz beliebt und gab dem Gewächs seinen zweiten Namen: »Zitronenchrut«.

Artemisia absinthium L. – Wermut
Der Wermut erfreut sich seit dem Altertum einer ununterbrochenen Beliebtheit als Heilpflanze und wird bereits 2000 vor Christus erwähnt. Doch erwies sich der Korbblütler im Laufe der Jahrhunderte nicht bei allen Anwendungen als probates Mittel. So zeigte die Pflanze weder gegen Darmparasiten die erwartete Wirkung, noch vertrieb sie getrocknet und in einem Säckchen unter das Kopfkissen gelegt die Schlaflosigkeit. Hingegen hilft Wermut in der richtigen Dosierung

hervorragend gegen Magen-Darm-Störungen, bei Sodbrennen und Appetitlosigkeit.

Asparagus officinalis – Spargel
Blasen-Nieren-Leber-und Gallenerkrankungen wurden ebenso mit Spargel therapiert wie die Bisse giftiger Tiere, Zahnschmerzen und Frauenleiden. Bewiesen ist allerdings lediglich die entwässernde Wirkung der Pflanze.

Betonica officinalis L. – Betonie
Husten, Bauchweh, Verspannungen, Schlaflosigkeit, Lähmungen, Fieber, Wahnsinn, Krebsgeschwüre und Frauenleiden. Es gab fast nichts, was man nicht mit einem Sud oder Tee der Betonie zu bekämpfen trachtete. Die erhoffte Wirkung des vermeintlichen Allheilmittels trat allerdings keineswegs immer in der gewünschten Weise ein. Immerhin galt jedoch allgemein als erwiesen, daß die abgekochten Blätter die Heilung und Narbenbildung bei infizierten Wunden förderten.

Calendula officinalis – Ringelblume
Wegen ihrer dekorativen Blüten meist als Zierpflanze betrachtet, enthält die Ringelblume sehr wohl Stoffe von medizinischem Nutzen. So wirkt eine Salbe aus Ringelblumen durchaus förderlich bei schlecht heilenden Wunden, Verbrennungen und Durchblutungsstörungen. Ringelblumentee lindert die Beschwerden während der Menstruation und hilft bei Verdauungsstörungen.

Conium maculatum – Schierling
Während im temperierten Eurasien drei Arten des Schierling aus der Gattung der Doldenblütler gedeihen, kennen wir in Europa nur den giftigen Gefleckten Schierling. Im antiken Athen wurde ein Trank, der zu einem hohen Anteil aus Schierlingssaft bestand, zum Vollzug der Todesstrafe verwendet. Das berühmteste Opfer ist Sokrates, der gezwungen wurde, den Schierlingsbecher zu leeren. Geringer dosiert führt das unangenehm riechende Kraut zu Übelkeit und Erbrechen.

Convallaria majalis – Maiglöckchen
Das Maiglöckchen gehört zur Familie der Liliengewächse und wird seit dem 16. Jahrhundert therapeutisch verwendet. Da die Pflanze hoch giftig ist, kam es immer wieder zu Schwierigkeiten bei der Do-

sierung, zumal sie vornehmlich zur Behandlung von Herzschwächen eingesetzt wurde.

Heute steht das Maiglöckchen in Deutschland und der Schweiz unter Naturschutz.

Digitalis purpurea – Fingerhut
Der Fingerhut aus der Familie der Rachenblütler liebt sandige und kalkarme Böden. Dort, wo er einheimisch war, wußte man schon lange um seinen bitteren Geschmack und die entwässernde Wirkung. Entsprechend wurde er bei Leberverstopfung, zur Förderung der Menstruation und bei Bronchialerkrankungen verabreicht. Daß die Wirkstoffe der Pflanze bei Herzinsuffizienz mit gutem Erfolg eingesetzt werden können, entdeckte der britische Arzt William Withering allerdings erst 1785.

Erythraea centaurium – Tausendgüldenkraut
Das Tausendgüldenkraut gehört zur Familie der Enziangewächse und schmeckt wie sein Verwandter, der gelbe Enzian, sehr bitter. Doch ein altes Sprichwort sagt: »Bitter dem Mund, dem Magen gesund«, und tatsächlich hilft die Pflanze ausgezeichnet gegen Verdauungsstörungen. Darüber hinaus wurden die zerstoßenen Blätter des Tausendgüldenkrauts früher auf offene Wunden gelegt, um den Heilungsprozeß zu beschleunigen. Mit im Sud des gekochten Krautes getränkten Tüchern rückte man Entzündungen und Hautkrankheiten zu Leibe.

Glycyrrhiza glabra – Süßholz
Die Süßholzstaude gehört zur Familie der Schmetterlingsblütler. Der wirksamste Teil ist die gelbe, holzige Wurzel. Wie der volkstümliche Name sagt, wird aus dieser Wurzel ein verdickter Saftauszug gewonnen, aus dem Lakritze hergestellt wird. Die Wirkung des Süßholzes ist entzündungshemmend und schmerzlindernd, ganz besonders bei Erkrankungen der Atemwege, aber auch bei Magen- und Zwölffingerdarmgeschwüren.

Hyoscyamus niger – Bilsenkraut
Nach Farbe der Blüten in drei Arten, weiß-, rot- und gelblühend, unterschieden, wußten die Ärzte schon lange um die Gefährlichkeit des Nachtschattengewächses und setzten lediglich den Weißblütler – angemessen dosiert – vorwiegend gegen Kopf- und Zahnschmerzen ein.

Verboten war die Verwendung der rot- und gelbblühenden Pflanzen, weil ihr Konsum zum Wahnsinn führte. Doch eben dieser Wahnsinn, nichts anderes als ein halluzinatorischer Rausch, war es, der die Menschen reizte. Da die bewußtseinsverändernde Wirkung des Gewächses kein Geheimnis war, wurde das Bilsenkraut zum wichtigsten Bestandteil der Hexensalben. War das angewendete Quantum hoch genug, kam es leicht zu Vergiftungen mit Rauschzustand, während dessen unter anderem Flugphantasien auftreten konnten.

Eben diese Wirkung machte sich trotz strenger Verbote der Obrigkeit auch der ein oder andere Bierbrauer zunutze: Um besonders schwach gebrautem Gerstensaft eine intensivere Wirkung zu verleihen, wurde Bilsenkraut zugesetzt.

Iris germanica L. – Schwertlilie/Gladiola
Die Sproßorgane der Schwertlilie speichern Stärke und ein ätherisches Öl mit intensivem Veilchengruch. Früher nannte man das Rhizom daher »Veilchenwurzel« und verkaufte es als aromatische »Beißhilfe« für zahnende Kinder.

Juniperus communis – Wacholder
Der Wacholder ist ein Zypressengewächs, das bei guten klimatischen Bedingungen stolze 500 Jahre alt werden kann. Die alten Römer gaben ihm den Namen Juniperus, was so viel heißt wie: Beeren der Juno.

Aufstoßen, Völlegefühl und Sodbrennen wurden seit jeher mit Wacholder bekämpft. Das Mus fördert die Blutreinigung und beseitigt Ödeme.

Levisticum officinale – Liebstöckel
Liebstöckelwein, Liebstöckelbier, Liebstöckelwasser und Liebstöckelessig! Aus allen Bestandteilen des Doldenblütlers wußten die Menschen Essenzen, Pulver und Extrakte herzustellen. Wurzel, Kraut und Samen wurden gekocht, gestoßen, vergoren und zu Wickeln und Pflastern gegen allerlei Krankheiten verarbeitet. Besonders gegen Blähungen und Krämpfe im Magen-Darm-Trakt galt Liebstöckel als probates Mittel.

Mandragora spec. – Alraune/Manneskraut
Im festen Glauben an ihre Wirkung verwendeten schon die Ägypter die Mandragorawurzeln als Narkotikum, Wurmmittel, bei Lungen-

krankheiten und Geschwüren. Doch den Höhepunkt ihrer Popularität erlebte die Alraune erst viel später.

Kaum eine Pflanze war besonders im 15. und 16. Jahrhundert so geheimnisumwittert wie sie. Ihre menschenähnlich gewachsene Wurzel gab zu allerlei Spekulationen Anlaß, und so ist es nicht verwunderlich, daß der Alraune eine bizarre Entstehungsgeschichte und magische Kräfte nachgesagt wurden.

Marrubium vulgare L. – Andorn
An Wegrändern und Mauern wuchs die stickstoff- und wärmeliebende Pflanze, deren ausgezeichnete Wirkung gegen verschiedene Gifte – so auch das von Schlangenbissen – schon Plinius beschrieb. Heute wird Andorn in der Pflanzenheilkunde vor allem bei Erkrankungen von Magen, Darm, Leber und Galle verwendet.

Melissa officinalis – Melisse
Die heilige Hildegard von Bingen war sicher, daß die Melisse »das Herz freudig« macht, und tatsächlich wird Melissentee bis heute nicht nur bei Verdauungsschwäche und unregelmäßiger Menstruation, sondern auch bei psychosomatischen und Schlafstörungen verabreicht.

Der bekannte »Nie war er so wertvoll wie heute«-Melissengeist wird jedoch keineswegs aus der Melisse, sondern aus Zitronellgras gewonnen.

Mentha spec. – Minze
Grüne Minze, Ackerminze, Bachminze, Krauseminze, Roßminze und natürlich Pfefferminze – alle Sorten des Lippenblütlers enthalten heilsame Wirkstoffe und wurden und werden vielfältig eingesetzt. Als Badezusatz sorgte die Minze für Wohlgerüche, während sie zum Tee gebrüht vor allem gegen Erkältung und Magen-Darm-Beschwerden hilft.

Für einen kräftigen Minzengeist wurde die Pflanze etwa eine Woche mit Branntwein angesetzt und half dann gegen Schwindelanfälle. Wer die Blätter in seine Schuhe legte, vertrieb den Fußschweiß, während Umschläge aus Minze die Heilung von Gelenkverstauchungen beschleunigten.

Narcissus pseudonarcissus – Narzisse
Narzissen können äußerlich angewendet unangenehme Hautreizungen verursachen. Dennoch wurde die Pflanze immer wieder benutzt, um Wunden, Geschwüre und Flechten zu behandeln. Ein Großteil der auf diese Weise therapierten Patienten bezahlte den Einsatz des heiluntauglichen Gewächses mit hartnäckiger Dermatitis. Unwohl erging es auch jenen, deren Speisen Narzissenwasser beigemischt wurde. Heftiges Erbrechen war die keineswegs immer erwünschte Folge.

Nepeta cataria L. – Katzenminze
Ihren Namen erhielt die Pflanze, weil ihr charakteristischer Minzengeruch angeblich Katzen anzieht. In der heutigen Medizin spielt sie kaum noch eine Rolle, während man früher fest von der wundheilenden Wirkung einer Salbe aus Rosenöl und Katzenminze überzeugt war. Diese Salbe wurde nicht nur zum Heilen von Fleischwunden aufgetragen, sondern vor allem, um entstellende Narben verschwinden zu lassen und die Haut wieder zu glätten.

Ononis spinosa – Hauhechel
Früher und heute wurde und wird die Wurzel des Hauhechel zur Herstellung harntreibender Tees verwendet. Durch die Anwendung wird die Harnmenge deutlich erhöht. Dadurch eignet der Hauhechel zur Unterstützung bei der Durchspülungstherapie entzündeter ableitender Harnwege.

Papaver somniferum L. – Schlafmohn
Mohnsamen auf Brot oder Ei gestreut galten als Delikatesse, während sie mit Honig vermischt ein beliebter Nachtisch waren. Schon Plinius wußte um die betäubende Wirkung des Saftes, der aus den angeritzten grünen Mohnkapseln gewonnen wurde. »Der Milchsaft in der Größe einer Linsenwicke eingenommen beschwichtigt Schmerzen, bringt Schlaf, befördert die Verdauung. In größerer Gabe ist er gefährlich und kann Schlafsucht und Tod bewirken.«

Petroselinum crispum – Petersilie
Ursprünglich kommt die Pflanze aus dem Mittelmeerraum, ist aber schon lange in Europa verbreitet. Die Mönche des Mittelalters entwickelten eine spezielle Petersilienkur, um sich damit die schweren

Tage der Fastenzeit ein wenig zu erleichtern. Die Heilwirkung der Petersilie erstreckt sich auf Leberleiden und Erkrankungen im Urogenitaltrakt.

Schon den Heilern der frühen Neuzeit galt sie als harntreibend, entzündungshemmend, steinlösend und die Menstruation regulierend und wurde entsprechend als Tee, Öl oder Extrakt verabreicht.

Pimpinella anisum – Anis

Die Heilkräfte des Anis sind seit dem Altertum bekannt. Sowohl Pythagoras als auch Hippokrates arbeiteten mit der Pflanze, aus deren Samen die Anisessenz gewonnen wird. Anis erleichtert die Verdauung, regt den Appetit an, lindert nervöse Beschwerden und macht die Atemwege frei. Zu Pulver zerrieben mischte man es früher mit Karotten und verabreichte es bei Wurmbefall.

Plantago lanceolata – Spitzwegerich

Neben der Blutreinigung wurde der Spitzwegerich früher hauptsächlich zur Wundheilung verwendet: Zunächst mußte die Verletzung gereinigt und ausgewaschen werden, dann galt es, einige Spitzwegerichblätter so lange darüber zu kneten, bis der Saft in die Wunde tropfte. Ob tollwütiger Hunde- oder Schlangenbiß, aber auch bei geschwollenen Hornissenstichen – legte man dann noch einige Spitzwegerichblätter darauf, so war das die vermeintliche Garantie für eine schnelle Genesung.

Heute nimmt man die Essenzen und Extrakte der Pflanze vor allem bei Erkältungskrankheiten zu sich.

Rosa gallica – Rose

Die Hagebutte, Frucht der Rose, wird seit jeher zu Tee und Mus verarbeitet. Dank ihres hohen Vitamin C-Gehaltes stärkt sie die Abwehrkräfte und gilt als hilfreich bei Erkältungskrankheiten. Aus den Blättern der Rose wurde das kostbare Rosenöl gewonnen, wohlriechend pflegendes Labsal für den Körper.

Ruta graveolens L. – Weinraute

Eisenhut- und Pilzvergiftungen, Schlangenbisse, Stiche von Skropionen, Spinnen, Bienen, Hornissen und Wespen, Gift der Spanischen Fliege und Salamander sowie der Biß eines tollwütigen Hundes – wer sich mit dem Saft der Weinraute eingerieben hatte oder die Pflanze gar bei sich trug, konnte von all diesen Übeln nicht befallen werden. Ganz zu schweigen davon, daß sie wegen ihrer angeblich ansteckungsverhindernden Wirkung ein wichtiger Bestandteil des Pestessigs war.

Heute gilt die Raute als leichtes Beruhigungsmittel. In höheren Dosen kann ihr ätherisches Öl als Abortivum wirken.

Sambucus ebulus – Attich
Blättern und Wurzelrinde des Zwergholunders wurde bei innerer Anwendung entwässernde und abführende Wirkung zugeschrieben. Gleichzeitig wurde der Attich gegen Halsschmerzen eingesetzt, weil er angeblich entzündungshemmend anschlug. Um Geschwulste zu bekämpfen empfahlen kundige Heiler, diese mit den Blättern des Attich zu belegen, eine Gewähr für den Erfolg dieser Behandlung gab es jedoch nicht.

Symphytum officinale – Beinwell
Im Lauf vieler Jahrhunderte wurde die Pflanze mit den zartvioletten Blüten bei Knochenbrüchen, zur Wundheilung, Blutstillung und bei Blutergüssen verwendet. Heute wissen wir, daß die äußerliche Anwendung bei Prellungen, Zerrungen oder verstauchten Gliedern durchaus zweckmäßig ist, während offene Wunden keinesfalls mit Beinwell-Extrakten behandelt werden dürfen, da sie ein Alkoloid enthalten, das leberschädigend und krebserregend ist.

DANK

Drei starken Frauen habe ich dieses Buch gewidmet, doch es ist vor allem ein starker Mann, der mir das Schreiben möglich gemacht hat: Josef, ich danke Dir für all Deine Geduld und Hilfe.

Meinem Sohn möchte ich danken für seine Unterstützung bei der Recherche. Vincent, Du hast einen Superjob gemacht.

Ein Dankeschön allen Freunden und Freundinnen, die meine Arbeit mit Interesse verfolgen, mir Mut machen und Verständnis dafür haben, daß ich währenddessen »abtauche« und mich so selten melde.

Ingeborg, Dir danke ich für Bärlauch und all die Köstlichkeiten, mit denen du mich im Winter immer wieder versorgt hast – wahrscheinlich wäre ich sonst verhungert.

Und Ihnen, Frau Busch, ein herzlicher Dank dafür, daß Sie sich liebevoll um alles kümmern und mir eine so gepflegte Umgebung schaffen. So arbeite ich am liebsten.

Den beteiligten Damen und Herren vom Piper Verlag möchte ich danken für Unterstützung und Einsatz, ganz besonders Ihnen, Markus Dockhorn und meinem Lektor Ulrich Wank: Ich sage herzlichen Dank und weiß sehr zu schätzen, daß Sie sich auch dann Zeit für mich nehmen, wenn Sie eigentlich keine Zeit haben.

Und dann gibt es da noch meine Agentin Karin Graf und ihr Team, denen ich für ihr Engagement danken möchte: Die Zusammenarbeit mit Euch ist und bleibt ein Vergnügen.

PIPER

Katja Doubek

Blue Jeans

Levi Strauss und die Geschichte einer Legende. 361 Seiten mit 16 Seiten s/w-Bildteil. Serie Piper

Als der junge Löb Strauss, Sohn eines armen jüdischen Hausierers, sich auf den Weg von Bamberg nach dem fernen Amerika macht, ahnt er noch nicht, wie viele Menschen er mit diesem Schritt beeinflussen wird. Er möchte nur aus der engen fränkischen Welt ausbrechen. Als er im Jahr 1850 in San Francisco ankommt, sind gerade die großen Goldfunde gemacht worden; die Stadt ist wie im Rausch. Auf der Suche nach dem schnellen Reichtum ist Betrug und Mord, Diebstahl und Kriminalität an der Tagesordnung. Der junge Auswanderer dagegen setzt auf harte Arbeit und Ehrlichkeit – und gewinnt. Aus Segeltuch hat er eine Arbeitshose geschneidert und zieht nun durch die Goldgräbercamps, um sie zu verkaufen. Die Hose ist ein Riesenerfolg in den USA, und die Levi Strauss Company tritt mit der »Blue Jeans« ihren Siegeszug um die Welt an.
Spannend und mit Lust am farbigen Detail erzählt Katja Doubek die Geschichte vom armen Auswanderer, der sein Glück macht – und die gleichzeitig die Geschichte eines Kultobjektes ist, das die Welt verändert hat.

01/1344/01/L